Collection Santé Psycho-Sociale

Philippe A. Genoud
Michael Reicherts
(Éditeurs)

L'analyse du cas singulier
dans la pratique et la recherche psychosociales

EDITION
ZKS

Impressum

CIP-Titelaufnahme der Deutschen Bibliothek
Philippe A. Genoud, Michael Reicherts (Éditeurs)
L'analyse du cas singulier dans la pratique et la recherche psychosociales

Collection Santé Psycho-Sociale
Directeur : Prof. ém. Dr. Michael Reicherts

Coburg: Edition ZKS-Verlag
Tous droits réservés.

© 2016 Edition ZKS-Verlag

Cover-Design : Leon Reicherts
Rédaction technique : Tony Hofmann

ISBN 978-3-934247-85-7

L'édition ZKS est la filière francophone de la "ZKS-Verlag", une structure au sein de la "Zentralstelle für Klinische Sozialarbeit (ZKS)"
UG (haftungsbeschränkt), HRB Nummer 5154
Directeurs : Prof. Dr. Helmut Pauls et Dr. Gernot Hahn.

Adresse:
Edition ZKS Verlag
Zentralstelle für Klinische Sozialarbeit
Mönchswiesenweg 12 A
D-96479 Weitramsdorf-Weidach

Contact:
info@zks-verlag.de
www.zks-verlag.de/edition-francaise
Tel./Fax (09561) 33197

Associés / Gesellschafter der ZKS :
- IPSG-Institut für Psycho-Soziale Gesundheit (gGmbH) – Wissenschaftliche Einrichtung nach dem Bayerischen Hochschulgesetz an der Hochschule Coburg, Staatlich anerkannter freier Träger der Jugendhilfe, Mitglied im PARITÄTISCHEN Wohlfahrtsverband. Amtsgericht Coburg. HRB 2927.
  Geschäftsführer: Dipl.-Soz.päd.(FH) Stephanus Gabbert
- Dr. Gernot Hahn
- Prof. Dr. Helmut Pauls

Les éditeurs :

Prof. Dr. phil. Philippe A. Genoud, Lic. phil., Département des Sciences de l'éducation et de la formation, Université de Fribourg/Suisse.

Prof. ém. Dr. phil. Michael Reicherts, Psychologue diplômé, Psychologue spécialiste en Psychologie de la santé FSP, Master en Sciences économiques, Département de Psychologie, Université de Fribourg/Suisse et Université à distance/Suisse.

Table des matières

Liste des auteurs

Genoud, Philippe A., Prof. Dr. phil., Lic. phil.
Département des Sciences de l'Education
Université Fribourg/Suisse
Rue de Faucigny 2
CH-1700 Fribourg
philippe.genoud@unifr.ch

Gurtner, Jean-Luc, Prof. Dr. phil, Lic. phil.
Département des Sciences de l'Education
Université Fribourg/Suisse
Rue de Faucigny 2
CH-1700 Fribourg
jean-luc.gurtner@unifr.ch

Hahn, Gernot, Dr., Diplom-Sozialpädagoge (FH),
Diplom-Soz.-Päd./Sozialtherapie (Univ.)
Klinik für Forensische Psychiatrie
Klinikum am Europakanal Erlangen
Am Europakanal 71
D-91056 Erlangen
Geschäftsführer der Zentralstelle für Klinische
Sozialarbeit (ZKS)
D-96479 Weitramsdorf
info@gernot-hahn.de

Haymoz, Stéphanie, Dr. phil., Lic. phil.
Département de Psychologie
Universität Fribourg/Suisse
Rue de Faucigny 2
CH-1700 Fribourg
stephanie.haymoz@unifr.ch

Kappeler, Gabriel, Dr. phil.
Département des Sciences de l'Education
Université Fribourg/Suisse
Rue de Faucigny 2
CH-1700 Fribourg
gabriel.kappeler@unifr.ch

Ledermann, Katharina, Dr. phil.,
MSc in Psychology
Département de Psychologie
Université Fribourg/Suisse
Rue de Faucigny 2
CH-1700 Fribourg
katharina.ledermann@unifr.ch

Martin-Soelch, Chantal, Prof. Dr. phil., Lic. phil.
Département de Psychologie
Université Fribourg/Suisse
Rue de Faucigny 2
CH-1700 Fribourg
chantal.martinsoelch@unifr.ch

Pauls, Helmut, Prof. Dr. phil., Diplom-
Psychologe, Psychologischer Psychotherapeut
Hochschule Coburg
Friedrich-Streib-Straße 2
D-96450 Coburg
Geschäftsführer der Zentralstelle für Klinische
Sozialarbeit (ZKS); D-96479 Weitramsdorf
helmut.pauls@hs-coburg.de

Perrez, Meinrad, Prof. em. Dr. phil., Lic. phil.,
Fachpsychologe für Psychotherapie FSP
Departement für Psychologie
Universität Freiburg/Schweiz
Rue de Faucigny 2
CH-1700 Fribourg
meinrad.perrez@unifr.ch

Reicherts, Leon, stud. rer. pol.
Departement für Wirtschafts- und
Sozialwissenschaften
Universität Freiburg/Schweiz
Boulevard de Pérolles 90
CH-1700 Fribourg
leon.reicherts@unifr.ch

Reicherts, Michael, Prof. ém. Dr. phil.,
Psychologue diplômé, Psychologue spécialiste en
Psychologie de la santé FSP
Département de Psychologie
Université Fribourg/Suisse
Rue de Faucigny 2
CH-1700 Fribourg
Université à distance/Suisse
CH-3960 Sierre
michael.reicherts@unifr.ch

Schmid, Holger, Prof. Dr. phil., Diplom-
Psychologe, Fachpsychologe für Gesundheits-
psychologie FSP
Direktor des Instituts für Soziale Arbeit und
Gesundheit
Hochschule für Soziale Arbeit, Fachhochschule
Nordwestschweiz
Riggenbachstrasse 16
CH-4600 Olten
holger.schmid@fhnw.ch

Schoebi, Dominik, Prof. Dr. phil., Lic. phil.
Direktor des Instituts für Familienforschung und
-beratung
Departement für Psychologie
Universität Freiburg/Schweiz
Rue de Faucigny 2
CH-1700 Fribourg
dominik.schoebi@unifr.ch

Avant-propos

Les cas singuliers sont une composante centrale de toute pratique psychosociale, tant en psychologie que dans l'éducation ou le travail social. Les cas singuliers font partie du quotidien de notre engagement envers nos clients et le fait qu'ils soient si particuliers, dans leur individualité, est ce qui rend parfois notre travail difficile, mais également surprenant et captivant. Chaque cas est un défi à notre compréhension des phénomènes : comment peut-on l'appréhender dans son propre contexte, de quelle manière est-il possible de comprendre sa problématique – et quelle influence est-il possible d'exercer sur cette dernière ? Chaque cas enrichit nos expériences et élargit nos connaissances.

Une analyse du cas singulier bien conçue donne l'opportunité d'élaborer et de mettre à l'épreuve des hypothèses afin de parfaire notre savoir. Dans de nombreuses situations, il est possible d'aménager, sans trop de difficultés, une méthodologie qui permette de mieux préparer les résultats et profiter des conclusions que l'on peut en tirer. Nous sommes ainsi convaincus que de nombreux praticiens, étudiants et chercheurs provenant de champs psychosociaux très variés peuvent avoir un intérêt particulier – et contribuer également – à la recherche (appliquée) portant sur des cas singuliers. Forts de cette conviction, nous avons sollicité des représentants de diverses disciplines psychosociales afin qu'ils puissent contribuer, dans cet ouvrage, à la présentation d'un ensemble pertinent d'approches, de méthodes et d'exemples d'analyse de cas singuliers. Grâce à eux, nous présentons ici un recueil de contributions qui, bien qu'hétérogènes, amènent des éléments aisément transférables d'un domaine à l'autre et offrent une approche judicieuse pour le contrôle de cas et les études systématiques, notamment dans un contexte de coopération interdisciplinaire au sujet d'un cas singulier.

Ainsi, ce présent ouvrage rassemble les éléments clés nécessaires à la planification, à l'exécution et à l'interprétation d'analyse du cas singulier dans le domaine psychosocial : connaissances épistémologiques, designs et modèles de recherche, méthodes d'enquête et d'analyse statistique. D'autres éléments importants – comme l'évaluation des buts à atteindre, l'approche psychométrique ou les méthodes graphiques – sont également abordées en détail dans la perspective du cas singulier. Les différentes étapes de la démarche sont expliquées et illustrées par de nombreux exemples didactiques dans le domaine psychosocial. Un large espace est réservé aux approches et aux applications concrètes dans divers domaines : psychologie clinique et neuropsychologie, sciences de l'éducation, travail social clinique et thérapie sociale en milieu carcéral.

Nous avons prévu dès le départ de faire paraître cet ouvrage dans une version francophone et germanophone (cette dernière étant déjà publiée en 2015). L'objectif visé est d'offrir à un plus large public un accès facilité à l'analyse du cas singulier. En effet, la littérature en français dans ce domaine est très peu fréquente, ce qui explique également le peu de références francophones citées dans les divers chapitres.

La réalisation de cet ouvrage n'a été possible que grâce à la contribution de spécia-listes issus de différents domaines qui nous ont accompagnés dans cette aventure. Nous les remercions très chaleureusement pour leurs apports et pour la manière dont ils ont su introduire dans leurs chapitres respectifs une approche nouvelle, intéres-sante et concrète de "l'analyse du cas singulier". Un merci particulier est adressé à Meinrad Perrez et Helmut Pauls, qui ont fait une lecture critique des premières ébauches du livre – à son stade initial de développement – et qui nous ont apporté de nombreuses suggestions. Notre reconnaissance s'adresse à Laurence Defago qui a activement participé à la traduction des chapitres initialement écrits en allemand. Son concours a été bienvenu dans la concrétisation du présent ouvrage. Nous remer-cions également Christoph Leuenberger pour ses conseils relatifs à la présentation des méthodes non-paramétriques. Merci à Leon Reicherts, qui est non seulement co-auteur du chapitre sur les méthodes non-paramétriques, mais qui a mis au point un nouvel outil informatique accessible à tout utilisateur, afin de faciliter le travail avec des méthodes d'analyse du cas singulier, en particulier l'analyse de séries tempo-relle. Ainsi, en parallèle à la publication de ce livre, ce programme d'analyse est en développement sur : www.singlecase-expert.de

Ce livre s'adresse à toute personne intéressée à la pratique psychosociale fondée sur l'évidence (empirique) : praticiens, chercheurs et étudiants en psychologie, sciences de l'éducation et travail social. Néanmoins, il peut être également utile pour les personnes issues de disciplines voisines telles les neurosciences ou la psychiatrie, mais aussi en sciences économiques (notamment en gestion d'entreprise).

Nous nous réjouissons de présenter ici – de manière assez inédite dans le contexte francophone – tout le potentiel des approches quantitatives d'analyse du cas singulier et de visibiliser les possibilités d'un travail interdisciplinaire. Avec la combinaison de différentes perspectives, outils, méthodes et exemples concrets, ce livre ouvre la voie à de futurs travaux prometteurs.

Fribourg / Suisse, juin 2016

Philippe A. Genoud et Michaël Reicherts

Partie I

Fondements

1. L'analyse du cas singulier – son application dans la pratique et la recherche

Michael Reicherts & Philippe A. Genoud

Résumé

Ce chapitre introduit le *concept de "cas singulier"* au niveau de ses contours et variantes fondamentales dans le cadre des pratiques psychosociales. Différents types de cas singuliers sont examinés, comme l'individu, le couple, la famille, les groupes sociaux (p.ex. une classe, une institution), ou les systèmes et sous-systèmes (p.ex. l'organisme et les fonctions biopsychologiques). Ce chapitre donne également quelques exemples historiques et une vue d'ensemble de différentes perspectives relatives aux analyses de cas singulier (casuistique, présentation du cas singulier, analyse qualitative du cas singulier) et aux divers champs d'application. L'*analyse quantitative du cas singulier* ainsi que ses fondements épistémologiques et méthodologiques se trouvent au cœur de ce chapitre.

En se basant sur différents *types de savoirs* (savoir factuel, savoir nomologique et savoir nomopragmatique ou technologique), *types d'hypothèses* (singulières, universelles et hypothèses d'agrégat) et *fonctions* (diagnostic, intervention, etc.), les *formes* les plus importantes d'analyse du cas singulier sont présentées. En particulier la *description* du cas singulier (y compris le diagnostic de son *statu quo*), tout comme la comparaison avec d'autres cas singuliers ou groupes, ainsi que l'*analyse des liens, des changements* et *des processus* correspondant au cas singulier. En cela, des *variantes* de l'analyse du cas singulier dans la recherche et la pratique psychosociales sont esquissées et illustrées par de brefs exemples. Ce chapitre propose une introduction aux plans de recherche (*designs*) et à leurs composantes, et aborde également quelques particularités épistémologiques et statistiques de l'approche du cas singulier.

La conclusion offre quant à elle une vue d'ensemble de l'objectif et de la structure du présent ouvrage collectif.

1.1. Introduction

La plupart des disciplines psychosociales travaillent principalement avec des *cas singuliers* dans leur *pratique* : des individus, des couples, des familles voire d'autres systèmes sociaux, qui possèdent leur problématique spécifique ainsi que leur propre situation ou contexte. Cependant, l'*analyse du cas singulier* – en tant qu'instrument de travail avec le cas, de contrôle du cas et de recherche orientée vers la pratique – n'a pas connu le retentissement qui correspondrait à l'importance et à l'évidence de son aspect pragmatique. En effet, l'approche du cas singulier joue déjà depuis longtemps un rôle à part entière en tant que méthode de recherche en psychologie, en psychiatrie, mais aussi en sciences de l'éducation et en travail social.

On trouve de célèbres exemples historiques de l'approche *qualitative* de l'analyse du cas singulier dans la *recherche* chez Breuer et Freud (1895) dont le cas d'Anna O. dans les "Études sur l'hystérie" qui a contribué au développement de la théorie psychanalytique. Durant les décennies qui ont suivi, Freud a publié une série d'autres études de cas qualitatives ("Le petit Hans" ou "L'Homme aux rats"). C'est cependant encore plus tôt que des analyses du cas singulier utilisant une méthode *quantitative* avec une base expérimentale sont apparues : les recherches de Fechner sur la perception psychophysique (1860 ; loi de Weber-Fechner) ou les recherches sur l'apprentissage verbal d'Ebbinghaus (1885), qui procédait à des mesures expérimentales répétées (sur lui-même) pour déterminer les courbes d'apprentissage ou d'oubli. Un autre exemple intéressant concerne les analyses du processus de l'état psychique (Flügel, 1925) qui sont à considérer comme un dispositif précurseur de l'*évaluation ambulatoire* (*"Ambulatory Assessment"*) puisque des données séquentielles représentant des séries temporelles sont saisies au *quotidien* (voir chapitre 4). Avec la perspective de la psychologie développementale, on peut aussi mentionner les études observationnelles de cas singuliers que Piaget a menées avec ses enfants et qui furent un catalyseur pour le développement de sa théorie. Lewin considérait également l'approche de cas singuliers comme centrale à la fin des années 20 en psychologie *expérimentale* et appréhendait les cas individuels "dans toute leur concrétisation" comme des exemples (Lewin, 1983). Il était d'avis que les "lois psychologiques" pouvaient être confirmées ou infirmées par *un seul* cas singulier en raison de leur domaine d'application universel (Lewin, 1981 ; voir cependant à ce sujet les approches épistémologiques modernes ; Bunge, 1967 ; Westmeyer, 1996 ; voir chapitre 1.4). Une variante particulière est *"One boy's day"* de Barker (1952) – description et analyse théorique sur plus de 400 pages de la vie quotidienne d'un jeune homme – qui a contribué au développement de la "psychologie écologique". Dans les années 30, les "Case Studies" réalisées par l'*école de Chicago* fondent une importante tradition de recherche du travail social, en particulier le *Clinical Social Work* (Tripoldi & Di Noia, 1994, 2008). Ainsi, l'étude de Whyte (1996) sur la "Street Corner Society" (jeunes immigrants italiens des années 40), est aujourd'hui encore considérée comme novatrice.

1.2. Concepts et fonctions de l'analyse du cas singulier

1.2.1. Termes et paradigmes

Dans l'approche du cas singulier, il existe toute une série de variantes et de descriptions multiples. Alors que les différents termes "présentation de cas", "étude de cas", "examen de cas" ou encore "casuistique" décrivent souvent un abord – plus ou moins systématiquement – *qualitatif* (c'est-à-dire n'utilisant pas de mesures), c'est une approche généralement *systématique* et *quantifiante* qui est décrite par "analyse du cas quantitative", "étude N=1" ou "expérimentation du cas singulier", et qui repose sur des mesures multiples de variables relatives au cas singulier. Toutefois, le terme "analyse du cas singulier" se trouve tout autant dans l'approche quantitative que qualitative.

Le *paradigme qualitatif* vise la saisie la plus complète possible de différents aspects d'un cas – incluant souvent son cadre de vie – et cherche à reconstruire le cas dans sa "logique propre". C'est par ce biais-là que la construction de la théorie peut être étayée, comme par exemple dans la recherche "reconstructrice de cas" sur la famille (Hildenbrand, 1999). Ici, la perspective multiple et l'utilisation de diverses méthodes de recueil de données jouent un rôle, telles l'observation (participante), l'interview, l'analyse de documents, etc. (p.ex. Flick, Wolff, Kardorff, Keupp & Rosenstiel, 1991). Le sujet doit être *compris* dans son intentionnalité, ses actions, ses références à l'action et ses raisons. De telles approches *reconstructrices* de cas sont souvent menées dans le travail social (Gildemeister, 1995 ; Heiner, 2005 ; Dörr, 2005, Gahleitner, Schulze & Pauls, 2009). Les résultats ainsi obtenus ne peuvent toutefois pas – ou seulement partiellement (notamment intersubjectivement) – être corroborés ou confirmés. Tout particulièrement, les liens spécifiques entre variables ainsi que les patterns de causalité ne peuvent être clairement mis en évidence ou contrôlés. De même, la généralisabilité des études qualitatives de cas singuliers reste difficilement concevable, cela en dépit du perfectionnement des méthodes comme la mise en contraste ou la comparaison de cas en vue de la construction de types généralisés (p.ex. Kelle & Kluge, 1999 ; Kluge, 1999).

Une approche des cas singuliers – au sens du travail argumentatif avec des cas individuels – est également définie comme *casuistique*, comme on la trouve traditionnellement en médecine, en jurisprudence et également en psychologie clinique. Cela inclut différentes priorités méthodologiques sur la manière dont le cas singulier est utilisé : dans sa fonction d'observation et de description, dans sa fonction d'explication ou d'intervention, dans sa fonction d'argumentation ou d'exemple. Il faut également mentionner le "rapport de cas" le plus souvent informel, limité à la documentation et à la "reconstruction" de cas dans le contexte de la pratique et de la formation.

Actuellement, c'est le paradigme *qualitatif* qui prévaut dans la recherche sur le cas singulier en sciences sociales. Toutefois, la plupart des analyses *quantitatives* de cas singuliers sont réalisées en psychologie, spécifiquement dans la recherche sur les interventions et la thérapie. Par exemple, les critères de l'*American Psychological Association* s'appuient explicitement sur les études de cas singuliers pour l'indication non seulement des *formes de traitements validés empiriquement* (p.ex. APA, 1998), mais également dans un objectif d'assurance de l'efficacité et de l'efficience. Ainsi, un *"well-established treatment"* requiert au moins dix *expérimentations* de cas singuliers (voir chapitre 2.3) avec une preuve nette d'efficacité ; de surcroît, elles doivent s'appuyer sur un design méthodologique irréprochable et l'intervention concernée doit avoir été comparée avec succès ("au moins autant efficace voire plus efficace") avec d'autres traitements ou des *placebos*.

Malgré tout cela, les analyses de cas singuliers restent dans l'ensemble relativement rares en psychologie également – comparativement à des recherches statistiques au niveau de groupes et leurs hypothèses dites "d'agrégat" (voir paragraphe ci-dessous) (p.ex. Köhler, 2008).

Bien que différents auteurs reconnaissent et recommandent l'utilisation des analyses de cas singuliers dans leur forme systématique et quantitative, ces démarches ne jouent actuellement qu'un rôle plutôt subordonné, hormis dans certains domaines de recherche et d'application (p.ex. la recherche en intervention). Cela est d'autant plus regrettable que les analyses de cas singuliers offrent en particulier d'excellentes possibilités dans la *transition entre recherche et pratique*, notamment dans le cadre de la pratique contrôlée du cas singulier qui s'occupe du développement, du contrôle et de l'application d'instruments diagnostiques ou de nouvelles formes d'interventions, et qui contribue à une *pratique basée sur l'évidence*, pour laquelle les résultats sont systématiquement résumés (agrégés) (voir également le tableau 1.3).

1.2.2. Apports pour une définition des analyses quantitatives du cas singulier

Pour définir des analyses quantitatives du cas singulier, on peut citer les trois éléments suivants (selon Petermann, 1996) :

(1) L'analyse du cas singulier considère *une unique* unité de recherche : une personne, un groupe (y.c. un couple), une structure sociale plus complexe (entreprise, organisation) ou une société/culture entière.

(2) Il s'agit ici de l'*unité de recherche en tant que tout* et non (seulement) de ses sous-unités (p.ex. le système et non ses éléments pris séparément ; le groupe et non personnes une à une qui le constituent). Le *comportement caractérisant l'ensemble* de l'unité se situe donc au centre de l'analyse.

(3) On peut analyser l'unité de recherche, respectivement son comportement (au sens large), relativement (a) aux changements survenant naturellement, non induits expérimentalement, ou (b) aux changements qui sont observés, à la suite d'une action – telle une intervention circonscrite – ou qui surviennent par son effet. Petermann nomme (a) l'analyse de cas singulier *descriptive* et (b) *explicative*.

1.2.3. Buts et fonctions

Les analyses du cas singulier peuvent remplir les fonctions, respectivement les objectifs fondamentaux, suivants : gain de savoir, planification, évaluation et contrôle des pratiques, ainsi que transmission du savoir.

En tant que méthode de recherche, elles ciblent premièrement le *gain de savoir*, en particulier le développement et le test d'hypothèses individuelles : par exemple la découverte de "lois individuelles" (ou régularités ; p.ex. "chez une personne donnée, certaines situations sont des déclencheurs des attaques de panique"). Elles peuvent également servir de points de départ pour le développement du savoir nomologique (savoir des conditions) ou technologique (savoir de changement) (p.ex. "l'application de certaines cognitions de réévaluation est suivie d'une réduction du stress perçu").

D'autre part, elles peuvent servir à des *buts directement pratiques* : la description, la planification, l'évaluation ou le contrôle de l'activité pratique, en particulier avec des clients (en tant que cas singuliers) dans les différents domaines de la pratique psychosociale ou dans le cadre de la supervision de cas : en psychologie clinique et en psychothérapie, pour des interventions pédagogiques, dans le travail social, dans le case-management ou le conseil et l'intervention social-thérapeutiques du travail social clinique.

Enfin, les présentations de cas singuliers servent à la *transmission du savoir* : elles sont d'excellents outils d'illustration, de démonstration didactique dans la formation initiale et continue, en vue d'acquérir des compétences complexes (en diagnostic et en intervention) dans divers domaines pratiques, ainsi que dans la communication entre spécialistes et experts. Ici, les analyses et les résultats de cas singuliers ont donc aussi une fonction de modèle et d'argumentation.

Schmitz (1987) cite quatre problèmes spécifiques pour l'*analyse de cas singuliers au niveau des séries temporelles*. Ils sont illustrés par des questions typiques :

(1) "L'humeur d'une personne change-t-elle systématiquement au cours de la journée ?" Une réponse peut être donnée par une *analyse d'une variable liée au processus*, telle que la courbe de l'humeur circadienne ou le nombre de symptômes quotidiens.

(2) "Les différentes mesures concernant une personne corrèlent-elles au fil du temps ?" (p.ex. l'humeur dépressive corrèle-t-elle avec la capacité de concentration ?) ; ou encore "Différentes variables interagissent-elles sur la durée ?" (p.ex. la fréquence des reproches réciproques des partenaires ; le couple étant le cas singulier). Des analyses *bivariées ou multivariées des corrélations croisées* répondent à ce type de question.

(3) "Les processus – ou leurs patterns – diffèrent-ils d'une variable à l'autre chez un sujet ou dans un système ?" Des réponses sont données par une *analyse différentielle* du processus où l'on compare *les caractéristiques de l'évolution temporelle* (des variables ou des personnes).

(4) "Certaines variables, telles que des événements ou des traitements, influent-elles sur d'autres variables d'une personne ?" Un exemple serait l'influence d'événements stressants sur le bien-être d'une personne (p.ex. Reicherts & Pihet, 2000), ou encore l'effet d'un traitement à plusieurs composantes dans un design à ligne de base multiple. Une réponse peut être donnée à l'aide d'une *analyse d'intervention* du cas singulier (voir chapitre 8.2.5).

1.2.4. Analyses quantitatives du cas singulier : figures marquantes et publications

Différentes publications relatives aux diverses variantes d'application de l'approche du cas singulier *mesurante* ou quantitative-systématique ont été présentées depuis les années 70. Du côté anglo-saxon, il s'agit des travaux de Glass, Willson et Gottman (1975), Gottman (1981), Hersen et Barlow (1976 ; aussi Barlow & Hersen, 1984), Kratochwill (1986) ou Kazdin (1982). Dans le contexte germanophone, il s'agit des travaux de Westmeyer (1979), l'ouvrage collectif de Petermann et Hehl (1979), des écrits de Petermann sur le diagnostic du cas singulier (1982) ou du travail de Schmitz (1987, 1989) sur l'analyse de séries temporelles. Comme le souligne Köhler (2008), après ses débuts prometteurs il y a quelques décennies, l'intérêt pour l'analyse du cas singulier quantitative se relâche d'une certaine manière. Selon son point de vue, c'est principalement la complexité des méthodes statistiques relatives au cas singulier qui en est responsable, en particulier l'analyse de séries temporelles (Gottman, 1981 ; Schmitz, 1987). Toutefois, de nouvelles publications sont apparues dans l'intervalle, comme les ouvrages collectifs de Brähler et Adler (1996) ou de Petermann (1996 ; une révision partielle de Petermann & Hehl, 1979) et notamment l'ouvrage de Köhler (2008), qui veut justement donner de nouvelles impulsions, proches de la pratique, dans le domaine de l'analyse statistique du cas singulier (Köhler, 2012 ; voir aussi le chapitre 8.2).

1.3. Formes et plans de recherche pour les analyses quantitatives du cas singulier

Il existe différentes formes, sources de données et approches méthodologiques des analyses quantitatives de cas singulier. La figure 1.1 en donne un survol. Outre les fonctions scientifiques élémentaires d'*exploration* et de *confirmation* (voir chapitre 1.4), différentes *formes* découlent des fonctions pratiques du diagnostic, de la formulation des buts et de l'évaluation, de l'indication et de la planification de l'intervention, ainsi que du contrôle de cas (voir aussi Petermann, 1982).

Les *sources de données* comprennent de l'individu lui-même, d'autres personnes (personne proche faisant également partie du système, ou personne extérieure tel un expert, etc.) ou des systèmes d'enregistrement par le biais d'un équipement technique. Les *méthodes d'enquête/d'enregistrement* comprennent surtout la description (y compris l'auto-description), l'observation systématique et l'auto-observation, ainsi que l'enregistrement automatique à l'aide d'appareils (par exemple l'actigraphe qui enregistre automatiquement les mouvements ; voir chapitre 4). Il s'agit également d'opter entre différents *plans de recherche ou designs* : comme déjà mentionné, une analyse du cas singulier peut être effectuée *expérimentalement* ("explicative" selon Petermann, 1996), dans un *design A-B* simple. Dans un tel design, après une phase contrôle (ou ligne de base) A sans intervention, suit une phase d'intervention B, où une action (variable indépendante) est implémentée (p.ex. méthode didactique spécifique). La *variable dépendante* à influencer (p.ex. la participation active à l'apprentissage) est évaluée à plusieurs reprises durant les phases A et B. Dans un second temps, les changements *intra*-individuels sont analysés : la personne évaluée durant l'intervention (phase B) est son propre contrôle (ligne de base A). En parallèle, il est possible de mesurer et de *contrôler* d'autres variables supplémentaires par lesquelles l'effet de l'intervention pourrait être éventuellement influencé (p.ex. le comportement de l'enseignant ou la participation des autres élèves).

Si l'effet d'une variable (p.ex. la qualité du sommeil) sur une autre variable (p.ex. la productivité cognitive) doit être étudié *sans influence active*, il faut donc compter sur une *variation "naturelle"* et choisir par conséquent un *design observationnel* dans lequel les deux séries temporelles sont étudiées selon une logique "corrélationnelle". Dans ce cas également, il faut définir quelles sont les variables supplémentaires à "contrôler", car de telles variables sont susceptibles d'influencer le rapport entre la VI et la VD. Les designs les plus courants sont présentés de manière plus détaillée dans le chapitre 2.

Il est important de discerner les différentes *composantes du plan de recherche* pour une meilleure compréhension méthodologique d'une analyse du cas singulier (voir tableau 1.1). Le plan de recherche est ainsi défini par :

(1) la question et l'unité de recherche (le "cas") ;

(2) la situation et le contexte de l'évaluation ;

(3) les variables étudiées (comportement, vécu, caractéristiques et processus biologiques ou sociaux) en tant que variables dépendantes, indépendantes et variables de contrôle ;

(4) la structure des données (échelles, points de mesures, échantillonnage) qui dépend de la densité (et de la fenêtre temporelle) attendue des comportements et des événements, tout comme de la dissociabilité de ces derniers dans le flux du vécu ;

(5) le design au sens strict (phases contrôle et expérimentale) ;

(6) les sources de données (le sujet lui-même ou d'autres personnes) et le type de méthode de saisi (rapport/évaluation ou observation systématique) ;

(7) les méthodes de traitement des données et l'analyse statistique. Tous ces éléments sont ajustés avec de multiples rétroactions.

Analyse diagnostique du cas singulier
Évaluation des propriétés de l'unité de recherche, p.ex. caractéristiques
de la personne (états, tendances) / personne en situation ou d'autres
unités de recherche (couple, famille, classe d'école)
Évaluation ou mesure à l'aide d'échelles, p.ex. par le diagnostic
psychométrique

Mesure du changement par l'évaluation des buts à atteindre (ÉBA)
Opérationnalisation personnalisée des buts d'intervention
- échelle de mesure directe et mesure *per fiat*
- mesure directe du changement et de l'état en comparaison avec des
  buts d'intervention individualisés

Mesure du changement par répétition de la mesure
Mesure à deux temps ou multiple dans une comparaison pré-post
Utilisation d'instruments psychométriques ou d'autres outils
d'évaluation (échelles, systèmes d'observation, etc.)
Tests (graphiques, paramétriques, non-paramétriques) pour l'examen
statistique de différences et de changements

Structure des processus
Analyses de séries temporelles basées sur la répétition intensive
de mesures, p.ex. analyse des conditions individuelles
(comportement C, quand situation S ; analyse fonctionnelle)
Tests, p.ex. au moyen de l'analyse de séries temporelles ARIMA
ou méthodes non-paramétriques

Agrégation d'analyses de cas singuliers, respectivement de paramètres
de cas singuliers (p.ex. valeur moyenne, écart, valeur de changement,
variance et covariance, caractéristiques du processus, coefficients
d'auto-corrélation ou auto-régression)
Analyses multiniveaux pour l'estimation des valeurs individuelles,
intra-individuelles, inter-individuelles, ainsi que leur analyse statistique

Figure 1.1 : Formes de l'analyse du cas singulier quantitative

Tableau 1.1 : Composantes des plans de recherche

Étape	Composantes des plans de recherche pour l'analyse du cas singulier
1	**Question de recherche et définition de l'unité de mesure :** Évaluation de l'état, évaluation des conditions/circonstances, des changements et des liens, évaluation du processus, etc., chez un individu, un système social (couple, famille), un agrégat social (classe, groupe)
2	**Situation et contexte de l'évaluation :** Milieu écologique (quotidien/cadre de vie) ou "terrain" *vs* laboratoire
3	**Variables :** Comportements, vécu, événements, etc. ; Variables dépendantes, indépendantes et à contrôler ; Instruments/échelles pour l'opérationnalisation (voir point 6 : sources des données)
4	**Design au sens strict :** Étude observationnelle *vs* d'intervention ; Phases contrôles vs expérimentales ; Plans de recherche A, AB, ABAB, A1-A2-A3-B1-B2-B3 (design à ligne de base multiple), etc.
5	**Structure de l'enregistrement des données :** Points de mesure (unique, multiple, série temporelle), échantillonnage (temporel et/ou événementiel)
6	**Sources des données / méthodes d'évaluation :** Individu, autres personnes, systèmes techniques / rapport, observation, enregistrement
7	**Méthodes de traitement des données et analyse statistique :** Méthodes descriptives, graphiques, tests statistiques pour l'examen de la significativité

1.4. Aspects épistémologiques

1.4.1. Types de savoir

Pour les sciences sociales, trois types de savoir sont d'une importance fondamentale dans la recherche et la pratique : le savoir factuel, le savoir nomologique et le savoir nomopragmatique ou technique (Perrez, 2011) :

(1) Le s*avoir factuel* (*"Know that... "*) se réfère à des énoncés qui concernent la présence de caractéristiques spécifiques chez des individus/objets particuliers : "la personne A a/est X" ; "le groupe G se distingue par la caractéristique d'agrégat X" ; ou encore "il existe au moins une personne, qui a/est Y" (l'hypothèse dite d'existence). La présence de la caractéristique peut être précisée par des conditions spécifiques (p.ex. au temps *t*, etc.).

(2) Le *savoir nomologique* (*"Know why..."*) comprend quant à lui le savoir relatif aux conditions, aux raisons et aux causes qui expliquent ou prévoient l'apparition d'un événement ou d'un phénomène. Il se base alors sur des propositions énoncées sous forme de lois du type "Si X, alors Y" ou "plus X, plus Y". En principe, le fait que les propositions (respectivement leur justification) soient de nature déterministe ou probabiliste ne joue aucun rôle (Bunge, 1967 ; Stegmüller, 1983 ; Perrez & Patry, 1982). Exemple : "La personne A est passive et déprimée, car elle a vécu plusieurs expériences aversives et non contrôlables" (syndrome de l'*impuissance apprise*). Cet énoncé est une "explication d'acquisition" ou étiologie qui vise à expliquer la survenue d'un certain comportement (à savoir ici l'acquisition d'une tendance) chez un individu. À la différence, une "explication de performance" vise les conditions de survenue immédiate ou "contingente" ; exemple : "À chaque fois où le partenaire A fait une remarque critique, le partenaire B se sent humilié ». Les pronostics reposent également sur ce type de savoir ; exemple : "Si la personne A ne reçoit aucun soutien de son réseau social, son risque de rechute va augmenter". Le savoir nomologique, sous forme causale ou corrélative, joue un rôle dans tous les domaines psychosociaux : dans l'explication de la survenue des troubles (p.ex. la réapparition d'un épisode dépressif) au moyen d'hypothèses générales sous formes de "lois" ou régularités, tout comme dans le diagnostic fonctionnel du cas singulier. Exemple : durant la phase de ligne de base du traitement, on observe que "des attaques d'angoisse sociale surviennent chez le client A surtout en face de personnes d'autorité de sexe féminin" ; se référant sur une "loi" ou régularité individuelle). La recherche s'efforce de générer, de justifier et de transmettre un tel savoir.

(3) *Savoir nomopragmatique ou technologique* (*"Know how..."*) repose sur les *règles technologiques* de type "Z *par* Y" ou "Pour atteindre Z (dans les conditions S), réalise l'intervention Y, respectivement fais Y" (Bunge 1985 ; Perrez & Patry, 1982 ; Reicherts, 1999). Ces propositions – notamment dans la recherche – sont d'abord formulées en tant qu'hypothèses technologiques, et ensuite vérifiées empiriquement avec des cas singuliers. Si la preuve de leur efficacité et de leur efficience relative est obtenue (voir aussi les critères de l'APA ci-dessus), l'hypothèse technologique est considérée comme (provisoirement) *fondée empiriquement*. Le savoir nomopragmatique joue un rôle central dans toute pratique psychosociale.

Alors que la recherche psychosociale cherche à générer et à fonder le savoir nomopragmatique et le savoir nomologique, la pratique quant à elle l'applique. Dans les deux cas cependant, les analyses du cas singulier – de différents types – jouent un rôle notable. De plus, d'importantes impulsions ou découvertes issues de la pratique peuvent mener à la reformulation ou la création de telles hypothèses. La pratique – en coopération avec la recherche – peut vérifier un tel savoir et le développer plus avant. En outre, la pratique doit générer du *savoir factuel* dans le cadre de chaque cas singulier, en particulier pour acquérir des informations diagnostiques et pour clarifier les conditions de départ pour l'application de propositions sous forme de lois ; par exemple pour connaître le taux de base d'un comportement ou d'un vécu dysfonctionnels. Ces dernières sont un prérequis pour concevoir l'intervention et pour en mesurer le succès ; exemple : "la personne A applique des techniques de régulation dysfonctionnelles, c'est pourquoi elle souffre d'affects forts négatifs et de variations d'humeur". On peut donc, sur la base d'une telle "explication de performance" (de caractère "loi" individuelle), essayer d'expliquer les problèmes affectifs de l'individu et se prononcer sur l'intervention la plus pertinente, comme l'apprentissage de techniques de régulation efficaces. Après leur réalisation, on devrait mettre en évidence que le taux d'affects négatifs et les variations d'humeur ont baissé.

Tableau 1.2 : Schéma de classification des analyses de cas singulier avec exemples

Types de savoir et structure propositionnelle	Contexte de recherche	Contexte d'application
Savoir factuel	1	2
A a X ou A est X *Il existe des individus qui ont X* *Tous les individus de G sont X*	Analyses de cas singuliers pour la préparation de recherches systématiques sur les groupes visant le savoir factuel	Diagnostic de cas singuliers Évaluation de comportements et d'événements Diagnostic psychométrique des caractéristiques de la personnalité, de traits, etc.
Savoir nomologique	3	4
Si A – alors B *Plus A – plus B*	Expérimentations de cas singuliers, p.ex. (pré)recherches systématiques en laboratoire portant sur des lois causales, respectivement sur des théories Ou : dans un but heuristique, pour trouver des hypothèses dans un contexte de découverte du savoir nomologique	Analyse fonctionnelle Recherche des conditions individuelles (situations, événements) et conséquences (comportement et vécu) → "lois" individuelles respectivement formulation d'hypothèses de lien fonctionnel individuel
Savoir technologique	5	6
B (but) par A (intervention)	Expérimentations de cas singulier, p.ex. recherches systématiques sur l'efficacité de nouvelles interventions (voir les critères de l'APA)	Analyse de cas singulier "pré-expérimentale", p.ex. utilisant un design A-B Détermination de buts d'intervention individuels et analyse de changements en fonction d'interventions spécifiques (ÉBA, voir chap. 3) → "technologie" individuelle

Par ailleurs, le savoir nomologique général ("hypothèses universelles") est utilisé pour l'explication du cas, en vue de déterminer des buts et de proposer des interventions. Le passage entre les contextes de recherche et d'application est de fait d'une importance particulière. Pour cela, l'analyse du cas singulier, en tant qu'approche méthodologique, offre un grand potentiel.

1.4.2. Types d'hypothèses – rejet ou confirmation – généralisabilité

Comme le montre le tableau 1.2, les analyses de cas singuliers peuvent être utilisées pour répondre à des hypothèses qui contiennent des propositions individuelles, à l'exception des hypothèses d'agrégat (Westmeyer, 1996). Les *analyses exploratoires de cas singuliers* ont une grande importance, en particulier dans le contexte de découverte lorsque des théories ou des technologies sont formulées ou mises en évidence pour la première fois. Grâce aux études de cas singuliers, on "corrobore" préalablement des hypothèses spécifiques, qui peuvent être confirmées ultérieurement par des études de groupe systématiques (p.ex. des traitements expérimentaux randomisés et contrôlés ; RCT), pour en améliorer la validité au niveau méthodologique ou pour des raisons économiques. D'un autre côté, les analyses *confirmatoires* de cas singuliers aident, dans un *contexte de justification*, à clarifier de manière systématique des liens théoriques postulés (p.ex. par des expérimentations de cas singuliers en laboratoire). En outre, en tant que recherches systématiques avec réplications, elles servent à clarifier l'efficacité d'une nouvelle forme d'intervention (technologie). Enfin, elles jouent un rôle important dans un *contexte d'application* pour la formulation pratique d'hypothèses, de théories et de technologies (p.ex. dans le diagnostic, le développement de buts et la planification d'interventions, respectivement dans le contrôle du processus et de l'intervention, comme discuté dans le paragraphe précédent).

Dans la conception épistémologique de la *confirmation déductive* (Groeben & Westmeyer, 1975, p. 109 ; Bunge, 1967) – dont les principes fondamentaux sont partagés par beaucoup de scientifiques sociaux – les hypothèses générales doivent *faire leurs preuves* relativement au "savoir d'arrière-fond", également et justement par le biais des résultats d'analyses de cas singuliers. Selon Westmeyer, cette démarche est même la *manière caractéristique* par laquelle des hypothèses universelles peuvent être soutenues, car elles formulent des énoncés sur des individus et *non* sur des collectivités ou des prototypes comme le font les *hypothèses d'agrégat*. Cependant, une telle mise à l'épreuve n'est *pas une preuve* de la *vérité* de l'hypothèse et, de surcroît, ne la rend pas *"plus probable"*. Westmeyer (1996) signale en outre que dans cette conception, le résultat d'*un cas singulier* ne peut *pas rejeter définitivement* une hypothèse générale. Le nombre de résultats de cas singuliers confirmant ou contredisant l'hypothèse, détermine bien plus le *degré d'étayage empirique,* respectivement *le degré d'infirmation/affaiblissement* de l'hypothèse ou de la théorie en question.

La problématique de la *généralisabilité* y est liée : est-il possible de confirmer une hypothèse générale à partir d'un cas singulier voire de plusieurs cas singuliers ? Westmeyer (1996) souligne que dans la *pratique* des sciences sociales, l'examen d'une hypothèse générale se trouve à peine au premier plan, notamment lorsque l'on teste des *hypothèses singulières* qui ne découlent pas d'une proposition générale (relativement au savoir d'arrière-plan) (p.ex. la personne B réduit de manière significative son angoisse sociale suite à un entraînement à l'affirmation de soi).

Si une hypothèse universelle est *avérée dans l'analyse d'un cas singulier*, on devrait continuer avec des *réplications* (à savoir mener des études de réplication) : (a) chez d'autres sujets semblables (par le même "expérimentateur", thérapeute ou diagnosticien), (b) par d'autres expérimentateurs et, le cas échéant, (c) chez des personnes avec d'autres caractéristiques. Si l'hypothèse *n'est pas* confirmée avec un cas singulier, cela amène à diverses implications : (a) on précise les différentes particularités du sujet singulier de la recherche (il s'agit d'une personne de sexe S, d'âge T, avec les antécédents U, dans le contexte de traitement V, etc.) ; (b) on limite le domaine de validité de l'énoncé (p.ex. le succès supposé d'un traitement ne doit pas nécessairement concerner tous les clients, mais seulement les adultes) ; (c) on conserve l'hypothèse en tant que telle, étant donné que des exceptions peuvent expressément survenir au sein de la conception déductive de confirmation (degré d'étayage ; voir plus haut). Par conséquent, dans une telle perspective de généralisabilité, il faudrait alors arriver à une *série de réplications*. Cependant, de nombreuses réplications n'aboutissent pas forcément à une hypothèse d'une validité générale ! Toutefois, une telle analyse d'un cas singulier avec réplications remplit une fonction très importante de filtre, car les études de groupes, souvent coûteuses, peuvent être mieux préparées et ciblées grâce à de telles démarches préalables. Par exemple, sur la base d'une analyse de cas singuliers, il est possible de justifier quels traitements (et sous quelle forme) doivent absolument être menés dans les études de groupes plus coûteuses, par exemple avec un traitement randomisé ou contrôlé (RCT) (Westmeyer, 1996).

L'importance *scientifique* des analyses de cas singuliers – relativement à la question de la généralisation – est donc essentiellement déterminée par les *réplications*. Comme mentionné précédemment, différents types peuvent être différenciés ici, par exemple (1) la réplication *directe* qui cherche à vérifier la possibilité de reproduire les résultats dans des conditions les plus proches possibles chez un (autre) cas le plus semblable possible ; (2) la réplication *systématique* qui fait varier les conditions ou les sujets systématiquement. Par ce biais-ci, on cherche alors à faire fluctuer les variables centrales pour lesquelles on suppose une influence plus ou moins marquée sur le résultat (voir Hilliard, 1993, cité par Brandl, 2005).

En revanche, l'importance *pratique* – surtout le contrôle de cas – réside dans l'*évidence individuelle* pour l'unité de recherche concernée : qu'elle soit descriptive (des valeurs plus élevées sont observées après le traitement) ou statistique (en plus, testé comparativement au hasard). La généralisation concerne ici éventuellement l'extension de l'espace temporel, mais surtout la variété des situations.

1.4.3. Dans quelle situation l'analyse de cas singulier se prête-t-elle ?

On peut différencier les énoncés, respectivement les hypothèses selon les propositions de Bunge (1967) et Westmeyer (1979). La présentation ci-dessous s'appuie sur Köhler (2008, pp. 10ss) :

(1) Une *proposition singulière* se réfère à un objet unique (dans les contextes psychosociaux, souvent à un individu) : par exemple, "Le client A a une faible régulation des émotions" ; "La participation active en classe par le sujet B s'est *clairement* ou *significativement* améliorée après l'intervention". Une *hypothèse d'existence* affirme l'existence d'un ou de plusieurs objets pour lesquels un énoncé singulier est exact : par exemple, "Il y a des personnes chez qui l'expérience répétée d'événements négatifs incontrôlables déclenche l'impuissance apprise".

(2) Une *proposition universelle* se réfère à tous les objets d'un ensemble défini. Il représente une *multitude* d'*énoncés singuliers* qui valent pour *tous* les membres de ce groupe. Par conséquent, une *hypothèse universelle affirme* la pertinence d'un énoncé singulier pour tous les objets : par exemple, "La trisomie 21 peut être dépistée chez toutes les personnes présentant le syndrome de Down". Ainsi, l'affirmation "Les enfants hyperactifs sont en réalité surdoués" (respectivement "Quand l'hyperactivité est présente, alors le potentiel intellectuel est élevé également"), pourrait être toutefois rejetée avec un unique contre-exemple.

(3) En revanche, les *propositions d'agrégat* concernent un groupe agrégé d'objets (typiquement des personnes) *dans leur ensemble* et *non* leurs objets individuels : par exemple, "La durée moyenne d'un mariage au moment du divorce s'élève à 14.6 années en Suisse" ; "Dans la régulation des émotions (p.ex. évalué par le questionnaire DOE; Reicherts, Genoud & Zimmermann, 2011), la moyenne de la population de référence s'élève à 2.22 et l'écart-type à 0.69". De telles propositions d'agrégat ne peuvent pas être transposées à chaque individu de cet agrégat ; en ce sens, l'écart-type n'est pas défini pour un seul individu de l'ensemble.

Ainsi, les hypothèses singulières, d'existence et universelles ne peuvent être examinées *qu'*au niveau de l'analyse du cas singulier (Köhler, 2008 ; Westmeyer, 1996).

Tableau 1.3 : Importance et fonction de l'analyse du cas singulier pour différents types d'hypothèses (adapté de Bunge, 1967 ; Westmeyer, 1996) avec exemples

Type d'hypothèse	Description / caractéristiques	Signification et fonction de l'analyse du cas singulier (ACS)	Variantes / implications
Hypothèse singulière	Se réfère à un objet unique ("cas" / individu) et affirme la présence d'une caractéristique (p.ex. un état psychique ou un comportement spécifiques, un pattern de processus ou encore un lien) Exemple : "L'individu A a (montré) la caractéristique X"	Central pour la description, respectivement la vérification	L'hypothèse "pseudo-singulière" stipule une caractéristique à travers le temps ou les situations, p.ex. une propriété de la personnalité ("trait") ou une disposition à une maladie
Hypothèse d'existence	Stipule la présence d'au moins un objet auquel correspond une proposition unique, ou qui présente une caractéristique (p.ex. un état psychique spécifique, un pattern de processus ou un lien) Exemple : "Il y a au moins un individu qui a (montré) X"	Central pour la description, respectivement la vérification	Une hypothèse d'existence "spécifique ou locale" affirme une limitation temporelle ou spatiale de l'hypothèse d'existence, p.ex. "Il y *avait* des personnes dans l'échantillon dont l'état s'est aggravé", "Au siècle passé, il y *avait* des personnes avec la caractéristique X"
Hypothèse universelle	Stipule que tous les objets d'un ensemble particulier G présentent une caractéristique particulière (p.ex. un état, un pattern de processus, un lien) Exemple : "Tous les individus de G ont X" "Valable pour tous les individus : si X, alors Y"	Central pour la description et la vérification ; mais insuffisant pour une confirmation définitive (à moins que tous les individus de G ne soient contrôlés) ; l'hypothèse sera "étayée" selon un certain nombre de réplications de l'ACS (degré de confirmation / de rejet relatif)	"Hypothèse quasi-universelle" "Hypothèse universelle limitée" La validité de l'hypothèse est limitée à la (sous-)population, l'espace, le contexte temporel, etc.
Hypothèse d'agrégat	Stipule pour un *ensemble* d'objets (non pour chacun de ces individus) une caractéristique particulière – le plus souvent statistique Exemple : "Le groupe / la population P a une moyenne X ou une dispersion S de la caractéristique C" Possibilité de décision (inductive) fondée statistiquement d'un échantillon à une population	Inadéquat pour la description ou la vérification (sauf si l'unité d'analyse consiste en un seul agrégat, p.ex. le niveau d'intelligence d'une classe de l'école) mais possibilité d'"agréger" des énoncés uniques issus de l'ACS, et de formuler ou de vérifier ainsi des énoncés d'agrégat.	La "démarche psychométrique" combine des propositions d'agrégat et des propositions uniques, pour parvenir à des hypothèses de cas singuliers fondées statistiquement, p.ex. "L'individu A montre une régulation des émotions inférieure à la moyenne"

Exemples

(1) La proposition singulière "Le client A présente une régulation des émotions en dessous de la moyenne" suppose un examen précis de la personne (diagnostic psychométrique), si possible au moyen d'un procédé de test standardisé (ici p.ex. le questionnaire DOE ; Reicherts et al., 2012). Des énoncés d'agrégat sont ici inclus dans la mesure où ils fournissent les valeurs de référence pour l'évaluation diagnostique (en l'occurrence moyenne et écart-type). Cependant, l'étude correspondante de l'agrégat (la population de référence au sens de l'analyse psychométrique) a été menée auparavant et transformée en valeur normée ou standardisée. Le processus d'analyse du cas singulier permet aussi une évaluation statistique de l'énoncé et de la probabilité d'obtenir un certain résultat dû au hasard (évaluation stochastique) dans les hypothèses singulières comme celles mentionnées ci-dessus. La démarche sera présentée en détail dans le chapitre 5.2.

(2) Déterminer si la participation active en classe par le client B s'est clairement améliorée par l'intervention (voir l'exemple ci-dessus sur les énoncés de changements singuliers). Ceci exige en revanche au moins deux mesures (l'une avant et l'autre après l'intervention) et même, si possible, plusieurs mesures répétées sur un certain laps de temps donné, afin de parvenir à une estimation plus fiable de la fréquence du comportement avant et après la mesure de pédagogie spécialisée, par exemple.

(3) La vérification d'hypothèses d'existence correspondantes ("Il y a au moins une personne qui …") au moyen de l'analyse d'un cas singulier se déroule de la manière analogue.

(4) Une hypothèse universelle qui revendique sa valeur pour chaque membre individuel d'un ensemble est – pour des raisons logiques – difficile à confirmer. En effet, l'ensemble ne peut normalement pas être étudié. En tirer un échantillon de cas singuliers, que l'on contrôle, pour ensuite tirer une conclusion pour tout cet ensemble, soulève des problèmes inférentiels correspondants. Néanmoins, si l'on voulait étudier ce type d'hypothèse, cela ne serait possible que par des analyses de cas singuliers.

(5) Les énoncés d'agrégat sont les seuls pour lesquels il est possible d'inférer à l'ensemble à partir d'un échantillon ; à condition bien évidemment que l'échantillon soit représentatif de la population (ce qui n'est pas toujours vérifié dans la recherche).

Dans le cadre de la *pratique*, il s'agit le plus souvent d'examiner des énoncés singuliers, respectivement des hypothèses singulières (p.ex. diagnostic, explication, formulation d'interventions et de buts, contrôle de leur réalisation, comme chez les clients A ou B, voir plus haut). Si la pratique est *fondée théoriquement* et *basée sur l'évidence* (p.ex. *"best practice"*), on est toutefois dépendant d'un savoir généralisé, ancré empiriquement. Ce dernier sera développé, contrôlé et mis à disposition par la recherche scientifique. La *perspective de recherche* est, pour cette raison, habituellement intéressée par une généralisation, surtout en regard du savoir *nomologique* (savoir si-alors) ou du savoir *technologique* (savoir nomopragmatique) (Perrez & Patry, 1982 ; Reicherts, 1999). En cela, il peut être très utile de réunir les énoncés acquis par l'analyse de cas singuliers et de les *agréger*. Dans le cas contraire, on devrait alors travailler avec des énoncés "énumérés" comme suit : "On a observé une amélioration nette/significative de la participation en classe chez les clients A, C et E, cependant pas chez B (où elle reste inchangée), et D (où elle s'est péjorée)". Il est néanmoins possible d'agréger les résultats d'analyses de cas singuliers – dans des conditions spécifiques et avec les méthodes adaptées – en des propositions statistiques de groupe, par exemple par le calcul de moyennes et d'écarts-type, et de les contrôler ainsi par rapport à la significativité. De cette manière, la puissance (*"power"*) d'un tel test statistique de groupe peut aussi être augmentée par des évaluations précédentes d'analyses de cas singuliers (Köhler, 2008, p. 12). Cependant, même sans que la significativité ne soit testée, un tel résumé peut être utile car il fournit des estimations plus robustes (voir aussi l'exemple dans le chapitre 12 et son annexe).

L'analyse des données de suivi et de processus : séries temporelles

Outre l'analyse des changements (avant-après), les *patterns de processus* et leurs liens présentent des aspects à part entière dans la recherche et la pratique des sciences sociales. Dans les deux cas, les données de suivi, respectivement les séries temporelles, en constituent la base. Exemples :

(1) les patterns de processus biopsychologiques et leurs liens : p.ex. troubles menstruels (voir Strauss, 1996) ; effets à court et long termes de l'activité corporelle sur l'état de santé psychique et la santé corporelle (pour un survol, voir Reicherts & Horn, 2009) ; relations dynamiques entre des situations professionnelles de stress et l'état de santé psychique des individus (p.ex. Reicherts & Pihet, 2000) ; processus de motivation et d'état de santé dans l'entraînement et la compétition sportive (Schlicht, 1988 ; Wilhelm, 1998) ;

(2) les patterns de processus psychosociaux et leurs liens : p.ex. processus de développement de réintégration sociale et professionnelle d'un délinquant (Hahn & Pauls ; chapitre 12) ; processus de réintégration professionnelle après un grave handicap provoqué par un accident ; dynamique de l'humeur des partenaires dans le couple en fonction de la proximité et de la distance (Reicherts, 1996) ; patterns de conflits dans les systèmes parents-enfant ; patterns d'interactions entre le professionnel et le client dans le conseil et la thérapie sociale ainsi que la psychothérapie (p.ex. Brandl, 2005).

Les méthodes d'analyse des séries temporelles permettant de répondre à ces types de problèmes sont présentées de manière détaillée dans les chapitres 7 et 8.

1.5. Objectifs et structure du présent ouvrage

Nous souhaitons dans ce livre offrir un *accès orienté vers la pratique* pour l'analyse du cas singulier.

Dans la *première partie* – après cette *introduction générale et épistémologique* – nous donnons une vue d'ensemble des *designs* pour les analyses du cas singulier, respectivement les expérimentations concernant le cas singulier, en particulier ceux qui se prêtent au champ des interventions et à leur étude (Reicherts, chapitre 2).

Dans la *deuxième partie – Méthodes de récolte des données* – nous présentons deux approches méthodologiques essentielles pour la pratique psychosociale : l'*évaluation des buts à atteindre (ÉBA* ; "goal atteinment scaling") pour élaborer des buts d'intervention pertinents qui serviront par la suite de cadre de référence pour l'évaluation individualisée et standardisée de ses effets (Reicherts & Pauls, chapitre 3). Ensuite, l'*évaluation ambulatoire ("ambulatory assessment")* est décrite en tant que méthode particulièrement importante pour la mesure au quotidien, qui peut se combiner avec une série de designs et de méthodes d'évaluation (Perrez & Schöbi, chapitre 4).

La *troisième partie – Méthodes d'analyse des données* – commence par le diagnostic psychométrique du cas individuel (Schmid & Reicherts, chapitre 5). Ensuite, cette partie propose un choix de méthodes relativement faciles à utiliser. Tout d'abord, celles-ci concernent la représentation graphique des données propice pour l'analyse préliminaire des séries temporelles (Genoud, chapitre 6). Nous présentons ensuite des méthodes non-paramétriques relativement simples qui permettent la description et l'analyse des tendances des variables temporelles et leurs liens au fil du temps (Reicherts, Genoud & Reicherts, chapitre 7). Le chapitre suivant (chapitre 8, Schoebi & Reicherts) donne un survol des méthodes paramétriques plus complexes pour l'analyse des séries temporelles : en premier lieu celles qui concernent les structures de la dynamique temporelle, les corrélations croisées ainsi que l'"analyse d'intervention" (au moyen des modélisations ARIMA) ; ensuite celles relatives aux analyses multiniveaux qui permettent quant à elles d'examiner différents paliers des données (p.ex. mesures singulières, journées, personnes) dans leur relation et qui se prêtent également à une agrégation de plusieurs cas singuliers.

Dans cette partie, l'accent est mis sur des méthodes qui se prêtent – en principe – à une multiplicité de settings de la pratique aidante et de la recherche appliquée. Elles sont présentées de manière conviviale et accessible, et illustrées par de nombreux exemples d'évaluation, par des grilles, des analyses et des calculs directement issus du terrain. De plus, la présentation des méthodes non-paramétriques est complétée par un nouvel outil informatique (Single-Case Expert ; www.singlecase-expert.de ; Leon Reicherts, 2015). Il a été développé en référence directe au présent ouvrage et au chapitre 7 en particulier. Il aide ainsi l'utilisateur à concevoir le design, à préparer l'introduction des données et à mener l'analyse statistique et l'interprétation du cas singulier.

Dans la quatrième partie – *Applications* – nous présentons des exemples détaillés issus de différents domaines d'activité psychosociale dans lesquels ces méthodes d'analyse du cas singulier sont souvent exploitées : la neuropsychologie (Haymoz, Ledermann & Martin-Soelch, chapitre 9), l'éducation (Genoud, Kappeler & Gurtner, chapitre 10), le travail social clinique (Pauls & Reicherts, chapitre 11) et le travail psychosocial dans le milieu carcéral et la réhabilitation (Hahn & Pauls, chapitre 12 et son annexe).

Dans l'annexe, le lecteur trouve un survol des nombreux cas détaillés tels que présentés dans les différents chapitres du livre.

Le *public ciblé* par cet ouvrage est en premier lieu les praticiens – débutants et expérimentés – ainsi que les chercheurs, en particulier dans le domaine de la recherche appliquée. Nous pensons, ici aussi, à des projets de recherche qualifiante dans la formation universitaire et des hautes écoles, notamment dans le cadre de travaux de Bachelor, de Master ou de doctorat.

Un objectif inhérent de cet ouvrage est de rendre utilisable et de présenter par conséquent la méthodologie – très prometteuse – du cas singulier pour *différentes disciplines psychosociales* et autres champs de la pratique. Il nous semble possible et très souhaitable de contribuer ainsi à démontrer à la fois l'indépendance *et* l'interdépendance des différentes disciplines des sciences sociales. Nous souhaitons ainsi esquisser des approches qui permettent une *procédure* intégrée, mais aussi *méthodique et interdisciplinaire* dans le travail avec le cas singulier. La recherche doit être soutenue de cette manière, et la pratique doit aussi pouvoir en profiter directement, tout particulièrement dans le cadre du travail sur le cas singulier.

1.6. Bibliographie

American Psychological Association (APA) (1998). Update on empirically validated therapies II. *Clinical Psychologist, 51*(1), 3-16.

Barlow, D.H. & Hersen, M. (1977) Designs für Einzelfallexperimente. In F. Petermann (Hrsg.), *Methodische Grundlagen klinischer Psychologie*. Weinheim: Beltz.

Binneberg, K. (1979). Pädagogische Fallstudien. Ein Plädoyer für das Verfahren der Kasuistik in der Pädagogik. *Zeitschrift für Pädagogik, 25,* 395-402.

Bourdieu, P. (1997). Verstehen. In P. Bourdieu (Hrsg.), *Das Elend der Welt* (S. 779-802). Konstanz: Universitäts-Verlag.

Box, G.E.P. & Jenkins, G.M. (1976). *Time series analysis – forecasting and control*. San Francisco: Holden Day.

Brähler, E. & Adler, C. (Hrsg.). (1996). *Quantitative Einzelfallanalysen und qualitative Verfahren*. Gießen: Psychosozial Verlag.

Brandl, T. (2005). *Erkenntnisgewinn in der Psychotherapie-Prozessforschung mit einer Sequenz von Einzelfallanalysen.* (Unveröff.) Dissertation, Otto-Friedrich-Universität Bamberg.

Breuer, J. & Freud, S. (1895). *Studien über Hysterie.* Leipzig und Wien: Franz Deuticke.

Bühler, Ch. (1991). *Das Seelenleben des Jugendlichen* (1. Aufl. 1921). Stuttgart: Fischer.

Bunge, M. (1967). *Scientific Research II: The search for truth.* Berlin: Springer.

Bunge, M. (1985). *Philosophy of science and technology. Part II: Life science, social science and technology.* Dordrecht: Reidel.

Czogalik, D. (1991). Eine Strategie der Interaktions-Prozessforschung. *Verhaltenstherapie und psychosoziale Praxis, 2,* 173-186.

Dörr, M. (Hrsg.). (2002). *Klinische Sozialarbeit – eine notwendige Kontroverse.* Hohengehren: Schneider.

Ebbinghaus, H. (1885). *Über das Gedächtnis. Untersuchungen zur experimentellen Psychologie.* Leipzig: Duncker & Humblot.

Fechner, G.T, (1860). *Elemente der Psychophysik.* Leipzig: Breitkopf und Härtel.

Flick, U., Wolff, S., v. Kardorff, E., v. Rosenstiel, L. & Keupp, H. (Hrsg.). (1995). *Handbuch Qualitative Sozialforschung* (2. Aufl.). Weinheim: Beltz.

Flügel, J.C. (1925). A quantitative study of feeling and emotion in everyday life. *British Journal of Psychology, 15,* 318-355.

Gahleitner, S.B., Schulze, H. & Pauls, H. (2009). ‚Hard to Reach' – ‚How to Reach'? Psychosoziale Diagnostik in der Klinischen Sozialarbeit. In P. Pantucek & D. Röh (Hrsg.), *Soziale Diagnostik. Stand der Entwicklung von Konzepten und Instrumenten* (S. 321-344). Münster: LIT.

Gildemeister, R. (1995). Kunstlehre des Fallverstehens als Grundlage der Professionalisierung Sozialer Arbeit? In M. Langhanky (Hrsg.), *Verständigungsprozesse der Sozialen Arbeit. Beiträge zur Theorie- und Methodendiskussion* (S. 26-37). Hamburg: Agentur des Rauhen Hauses.

Glass, G.W., Willson, J.M. & Gottman, J.M. (1975). *Design and analysis of time-series-experiments.* Boulder: Colorado Associated University Press.

Gottman, J.M. (1981). *Time series analysis.* Cambridge, UK: Cambridge University Press.

Groeben, N. & Westmeyer, H. (1975). *Kriterien psychologischer Forschung.* München: Juventa. (2. Aufl., 1981).

Heiner, M. (2005), Konzeptionelle und methodische Ansätze der Diagnostik in der Sozialen Arbeit. *Neue Praxis, 5,* 535-539.

Hersen, M. & Barlow, D.H. (1976). *Single case experimental designs: Strategies for studying behavior change*. New York: Pergamon.

Hildenbrand, B. (1999). *Fallrekonstruktive Familienforschung*. Opladen: Leske+Budrich.

Hilliard, R.B. (1993). Single-case methodology in psychotherapy process and outcome research. *Journal of Consulting and Clinical Psychology, 61*, 373-380.

Huber, H.P. (1973). *Psychometrische Einzelfalldiagnostik*. Weinheim: Beltz.

Kazdin, A.E. (1982). *Single-case research designs: Methods of clinical and applied settings*. New York: Oxford Press.

Kelle, U. & Kluge, S. (1998). *Vom Einzelfall zum Typus. Fallvergleich und Fallkontrastierung in der qualitativen Sozialforschung*. (Qualitative Sozialforschung, Bd. 4). Opladen: Leske+Budrich.

Kern, H. (1997). *Einzelfallforschung. Eine Einführung für Studierende und Praktiker*. Weinheim: Beltz.

Kluge, S. (1999). *Empirisch begründete Typenbildung. Zur Konstruktion von Typen und Typologien in der qualitativen Sozialforschung*. Opladen: Leske+Budrich.

Köhler, T. (2008). *Statistische Einzelfallanalyse: Eine Einführung mit Rechenbeispielen*. Weinheim: Beltz.

Köhler, T. (2012). Inferenzstatistischer Nachweis intraindividueller Unterschiede im Rahmen von Einzelfallanalysen. *Empirische Sonderpädagogik, 3/4*, 265-274.

Kratochwill, T.R. (1986), *Time-series research*. New York: Academic Press, 1986.

Krauth, J. (1986). Probleme bei der Auswertung von Einzelfallstudien. *Diagnostica, 32*, 17-29.

Lewin, K. (1981). Gesetz und Experiment in der Psychologie. In C.-F. Graumann (Hrsg.), *Kurt-Lewin-Werkausgabe, Bd. 1*. (S. 279-321). Stuttgart: Klett-Cotta.

Lewin, K. (1983). Wissenschaftslehre. In C.-F. Graumann (Hrsg.), *Kurt-Lewin-Werkausgabe, Bd. 2*. (S. 319-473). Stuttgart: Klett-Cotta.

Pauls, H. & Reicherts, M. (2012). *Zielorientierung und Zielerreichungsanalyse in der psychosozialen Fallarbeit. Eine Arbeitshilfe für Beratung, Soziale Arbeit, Sozio- und Psychotherapie* (2. durchges. Aufl.). Weitramsdorf: ZKS-Verlag.

Perrez, M. (2011). Wissenschaftstheoretische Grundlagen: Klinisch-psychologische Intervention. In M. Perrez & U. Baumann (Hrsg.), *Lehrbuch Klinische Psychologie – Psychotherapie* (4. aktual. Aufl.) (S. 68-88). Bern: Huber.

Perrez, M. & Patry, J.-L. (1982). Nomologisches Wissen, technologisches Wissen, Tatsachenwissen – drei Ziele sozialwissenschaftlicher Forschung. In J.-L. Patry (Hrsg.), *Feldforschung. Methoden und Probleme sozialwissenschaftlicher Forschung unter natürlichen Bedingungen* (S. 45-66). Bern: Huber.

Perrez, M., Schoebi, D. & Wilhelm, P. (2000). How to assess social regulation of stress and emotions in daily family life? A computer-assisted family self-monitoring system (FASEM-C). *Clinical Psychology and Therapy, 7,* 326-339.

Petermann, F. (1982). *Einzelfalldiagnose und klinische Praxis.* Stuttgart: Kohlhammer.

Petermann, F. (Hrsg.). (1996). *Einzelfallanalyse* (3. verb. Aufl.). München: Oldenbourg. (1. Aufl.: Petermann, F. & Hehl, F.-J. (Hrsg.). (1979). Einzelfallanalyse. München: Urban & Schwarzenberg.

Plaum, E. (1992). *Psychologische Einzelfallarbeit. Einführendes Lehrbuch zu den Voraussetzungen einer problemorientierten Praxistätigkeit.* Stuttgart: Enke

Reicherts, M. (1996). Zur Stimmungsdynamik in sozialen Systemen: Die Einzelfall-studie eines Paares mit zeitreihenanalytischen und nicht-linearen Methoden. In J.-P. Janssen, K. Carl, W. Schlicht & A. Wilhelm (Hrsg.), *Synergetik und Systeme im Sport* (S. 119-133). Schorndorf: Hofmann.

Reicherts, M. (1999). *Comment gérer le stress? Le concept des règles cognitivo-comportementales.* Fribourg/Suisse: Editions Universitaires.

Reicherts, M. & Horn, A.B. (2009). Emotionen im Sport. In W. Schlicht & B. Strauss (Hrsg.), *Enzyklopädie der Psychologie, Grundlagen der Sportpsychologie, Bd. 1* (S. 563-633). Göttingen: Hogrefe.

Reicherts, M. & Pihet, S. (2000). Job newcomers coping with stressful situations. A micro-analysis of adequate coping and well-being. *Swiss Journal of Psychology, 59,* 303-316.

Reicherts, M., Genoud, P.A. & Zimmermann, G. (Hrsg.). (2011). *Emotionale Offenheit. Ein neuer Ansatz in Forschung und Praxis.* Bern: Huber.

Revensdorf, D. & Vogel, B. (1996). Zur Analyse qualitativer Verlaufsdaten – ein Überblick. In Petermann, F. (Hrsg.), *Einzelfallanalyse* (3. Aufl.) (S. 235-256). München: Oldenbourg.

Schindler, L. (1991). *Die empirische Analyse der therapeutischen Beziehung.* Berlin: Springer.

Schlicht, W. (1988). *Einzelfallanalysen im Hochleistungssport.* Schorndorf: Hofmann.

Schmitz, B. (1987). *Zeitreihenanalyse in der Psychologie. Verfahren zur Verände-rungsmessung und Prozessdiagnostik.* Weinheim: Deutscher Studien Verlag.

Schmitz, B. (1989). *Einführung in die Zeitreihenanalyse.* Bern: Huber.

Stegmüller, W. (1983*). Probleme und Resultate der Wissenschaftstheorie und Analytischen Philosophie (Bd. 1). Erklärung, Begründung, Kausalität* (2.Aufl.). Berlin: Springer.

Strauss, B. (1996). Quantitative Einzelfallanalysen – Grundlagen und Möglichkeiten. In E. Brähler & C. Adler (Hrsg.), *Quantitative Einzelfallanalysen und qualitative Verfahren*. Gießen: Psychosozial Verlag.

Tripodi, T. & Di Noia, J. (1994; 2nd ed. 2008). *Single-case design for clinical social workers*. Washington, DC: NASW Press.

Westmeyer, H. (1979). Wissenschaftstheoretische Grundlagen der Einzelfallanalyse. In F. Petermann & F.J. Hehl (Hrsg.), *Einzelfallanalyse* (S. 17-34). München: Urban & Schwarzenberg.

Westmeyer, H. (1996). Wissenschaftstheoretische Grundlagen der Einzelfallanalyse. In F. Petermann (Hrsg.), *Einzelfallanalyse* (3. verb. Aufl.) (S. 18-35). München: Oldenbourg.

Westmeyer, H. (2003). Cinical case formulation: Introduction tot he special issue. *European Journal Psychological Assessment, 19* (3), 161-163.

White, O.R. (1974). *The split-middle – a „quickie" method of trend estimation*. Experimental Education Unit. Child Development and Retardation Center University of Washington.

Whyte, W.F. (1996). *Die Street Corner Society. Die Sozialstruktur eines Italienerviertels*. Berlin / New York: de Gruyter.

Wilhelm, A. (1998). Zeitreihenanalyse zur Trainingsregulation im Leistungssport. In D. Teipel, R. Kemper & D. Heinemann (Hrsg.), *Sportpsychologische Diagnostik, Prognostik, Intervention* (S. 236-242). Köln: bps.

2. Designs pour l'analyse du cas singulier

Michael Reicherts

Résumé

Le chapitre porte un regard pointu sur des designs importants pour l'analyse du cas singulier. En premier lieu, la distinction entre les plans de recherche expérimentaux et non-expérimentaux est précisée. Par la suite, le chapitre présente les designs appelés design A-B, design A-B-A-B et design à ligne de base multiple, en utilisant également – dans un but illustratif – de courts exemples d'application dans le contexte psychosocial. Par ailleurs, ce chapitre traite d'autres composantes des plans de recherche telles que la structure temporelle et le plan d'échantillonnage des mesures. D'autres variantes de design sont brièvement présentées. Finalement, un exemple de cas – le traitement d'un trouble de sommeil – utilisant un design à ligne de base multiple donne une illustration du procédé dans la pratique.

2.1. Introduction

Les designs pour sujet unique ("single-subject design") sont des procédures, respectivement des protocoles, planifiés pour l'étude du cas singulier. Ils visent de ce fait l'évaluation contrôlée de variables, de leur relation ainsi que de leur évolution au cours du temps. Le cas singulier y représente la plus petite unité élémentaire de recherche et d'application. Une distinction centrale concerne la structure élémentaire – expérimentale ou non-expérimentale – de l'analyse du cas singulier :

(1) *Designs non-expérimentaux* ou *observationnels* : les *variations naturelles* des variables en question (variables indépendantes, dépendantes et à contrôler) sont saisies et évaluées au fil de leur évolution temporelle, respectivement à plusieurs points de mesure, au moyen de l'observation systématique et sous le contrôle des conditions de mise en pratique.

(2) *Designs expérimentaux* : par une variation systématique de la variable indépendante (qui a été provoquée comme le serait par exemple une intervention spécifique), toutes choses égales par ailleurs (c'est-à-dire en maintenant sous contrôle d'autres conditions), les changements de la variable dépendante sont saisis à plusieurs points de mesure (p.ex. Fichter 1989).

Dans les deux cas, l'objet de l'évaluation est une *unité unique*, à savoir une personne, un couple, une famille, un groupe plus ou moins grand (p.ex. une classe d'école), un réseau de personnes, une communauté ou une organisation (p.ex. une unité d'entreprise) ou un système fonctionnel (p.ex. un système biopsychologique).

Le choix et la réalisation d'un design suivent différents critères tels que la question de recherche, les variables d'intérêt et leurs caractéristiques ou la trame temporelle des types de comportements, situations ou événements à évaluer. Ces composantes sont résumées dans l'aperçu suivant (tableau 2.1 ; voir aussi chapitre 1). Le présent chapitre met l'accent sur (4) les designs au sens strict (chapitre 2.3), ainsi que (5) sur la structure de récolte des données (chapitre 2.4). D'autres aspects sont parfois aussi abordés au fil de ce chapitre, selon leurs liens avec les composantes principales.

Certains des éléments développés ci-dessous sont directement en relation avec d'autres chapitres, notamment le chapitre 1 qui aborde les *bases conceptuelles* (en particulier les aspects épistémologiques et les types d'hypothèses à examiner dans l'analyse du cas singulier), les chapitres 3 (sur *l'évaluation des buts à atteindre*) et 4 (sur *l'évaluation ambulatoire*) comme méthodes d'évaluation, mais également les chapitres concernant les *méthodes d'analyse des données* (chapitres 7 et 8). Ce n'est qu'en examinant différentes alternatives qu'une étude du cas singulier peut être planifiée et menée de manière efficace, que ce soit dans la pratique – notamment dans le contrôle de cas – ou dans la recherche.

Tableau 2.1 : Composantes des plans de recherche

Étape	Composantes des plans de recherche pour l'analyse du cas singulier
1	**Question de recherche et définition de l'unité de mesure :** Évaluation de l'état, évaluation des conditions/circonstances, des changements et des liens, évaluation du processus, etc., chez un individu, un système social (couple, famille), un agrégat social (classe, groupe)
2	**Contexte de l'évaluation :** Milieu écologique (quotidien/cadre de vie) ou "terrain" *vs* laboratoire
3	**Variables :** Comportements, vécu, événements, etc. ; Variables dépendantes, indépendantes et à contrôler ; Instruments/échelles pour l'opérationnalisation (voir point 6 : sources des données)
4	**Design au sens strict :** Étude observationnelle *vs* d'intervention ; Phases contrôles vs expérimentales ; Plans de recherche A, AB, ABAB, A1-A2-A3-B1-B2-B3 (design à ligne de base multiple), etc.
5	**Structure de récolte des données :** Points de mesure (unique, multiple, série temporelle), échantillonnage (temporel et/ou événementiel)
6	**Sources des données / méthodes d'évaluation :** Individu, autres personnes, systèmes techniques / rapport, observation, enregistrement
7	**Méthodes de traitement des données et analyse statistique :** Méthodes descriptives, graphiques, tests statistiques pour l'examen de la significativité

2.2. Designs non-expérimentaux ou observationnels

Selon le nombre de variables étudiées, il est possible de distinguer les designs observationnels *univariés* (le cas le plus rare), *bivariés* et *multivariés*.

2.2.1. Designs visant la description des caractéristiques et pattern des processus

Les designs non-expérimentaux – ou observationnels – sont similaires aux formes expérimentales quant au type et au nombre de variables, à leur évaluation et aux méthodes d'échantillonnage pour des séries temporelles (voir ci-dessous). Néanmoins, à la différence de la plupart des variantes expérimentales, la *description* se trouve au premier plan : fréquence d'apparition, modalités ou intensité des phénomènes pour lesquels, grâce à des méthodes d'échantillonnage adéquates, une estimation pertinente est possible, concernant par exemple le niveau moyen (moyenne) ou la dispersion et variation (écart-type) des valeurs observées. Un autre but consiste à découvrir ou à rendre visible des *patterns temporels* (tendances, rythmes circadiens, rythmes hebdomadaires, etc.) ou des *processus*, par exemple ceux concernant le développement.

2.2.2. Designs visant l'analyse de relations

Les designs non-expérimentaux s'appliquent aux *"expérimentations naturelles"* (p.ex. Patry, 1982) où la variable indépendante (VI) n'est pas introduite ni modifiée de manière systématique et contrôlée – mais "survient" dans des circonstances naturelles où elle est observée. L'observation de l'émergence de la VI, des conditions sous-jacentes ainsi que des changements de la variable dépendante (VD) est effectuée *de manière systématique et contrôlée*.

D'autres designs visent la *relation* entre deux ou plusieurs variables et décrivent leur *covariation* (par exemple, le lien entre la qualité de vie et des événements stressants normatifs). Dans le cadre d'études longitudinales, il est également possible de prendre en compte des changements à plus long terme. Les designs dans lesquels une variable dépendante (VD) est étudiée en lien avec des *"interventions"* naturelles (par exemple les relations entre la VD "propension à la migraine" selon la VI "conditions météorologiques") font également partie de cette catégorie. Avec de telles questions de recherche, une série temporelle est nécessaire pour chaque variable, séries qui seront saisies en parallèle et qui pourront, dans un second temps, être exploitées par l'analyse de *corrélations croisées* (la corrélation entre séries temporelles) ou *"analyses d'interventions"* (Schmitz, 1989 ; voir également chapitres 7.4.3 et 8.2.5).

Une alternative intéressante dans ce contexte consiste à *décaler progressivement* les séries temporelles les unes par rapport aux autres (selon l'unité temporelle choisie), ce décalage étant appelé *"lag"* (p.ex. par rapport au jour n, le décalage vers le passé d'un jour *n-1*, de deux jours *n-2*, etc.). De cette manière, on peut aborder les éventuelles relations de cause à effet par ce qui précède ("antécédents", le jour n-1) *versus* ce qui suit ("conséquences", le jour n+1). Il est également possible d'examiner les conditions précédentes immédiates (à court terme ; p.ex. lag-1, c'est-à-dire décalé d'un point de mesure) *versus* des conditions précédentes plus distantes (à plus long terme ; p.ex. lag-3, c'est-à-dire décalé de trois points de mesure). Pour cela, il existe également des méthodes spécifiques pour l'analyse des séries temporelles (voir chapitre 8 ; voir aussi Schmitz, 1989) permettant de se rapprocher de conclusions "causales" : élaboration de conclusions faisant le lien entre des conditions précédentes qui "facilitent" certaines conséquences, en contrôlant la séquence temporelle et d'autres variables – ladite *causalité de Granger* (voir chapitre 8.2.5 ; Kirchgässner, 1981 ; Schmitz, 1989). Dans le *contrôle de cas pratique*, on va toutefois souvent se contenter de l'étude de liens plus simples (bivariés), où la *description* se situe au premier plan face aux décisions statistiques.

La conception du *schéma temporel* – autrement dit la densité et la fréquence de l'évaluation des mesures – dépend du type de comportement, des situations ou des événements d'intérêt et repose donc en premier lieu sur la question de recherche. S'il s'agit d'une saisie à haute résolution de plusieurs mesures (p.ex. dans un laps d'une heure ou moins dans un self-monitoring comportemental au quotidien), on peut parler d'une *microanalyse* des processus ou liens psychologiques sous-jacents. Le lecteur trouvera chez Reicherts et Pihet (2000) un exemple d'évaluation de l'impact du stress sur le bien-être affectif illustrant ainsi une telle démarche.

Certaines formes d'analyses non-expérimentales du cas singulier présentées ici peuvent également s'appliquer durant la phase initiale *(ligne de base A)* des designs expérimentaux. Ainsi, on peut par exemple s'intéresser aux liens entre situations et réactions problématiques que l'on investigue à l'aide d'un design observationnel bivarié. Des interventions correspondantes peuvent alors se référer aux liens mis en évidence, dont leur influence durant la phase B peut non seulement s'exprimer sur la VD (réaction problématique) comparativement avec le début de l'investigation, mais aussi par le biais d'un changement du *lien* initial observé.

2.3. Les designs expérimentaux et quasi-expérimentaux

2.3.1. Le design A-B

Ce plan de recherche expérimental – le plus simple pour cas singulier – est employé dans beaucoup de domaines. C'est le design le plus répandu dans la pratique pour aborder de nombreuses questions de recherche en intervention psychosociale. Moins exigeant dans la planification et le suivi, il est toutefois plus limité au regard de sa validité que les designs A-B-A-B ou à ligne de base multiple. Dans la plupart des cas, le design A-B est à considérer comme un design quasi-expérimental, car certains critères expérimentaux essentiels ne sont remplis (et ne peuvent être remplis), notamment l'assignation aléatoire des conditions expérimentales.

Avec l'utilisation concrète du *design A-B* (voir Kazdin, 1993), c'est d'abord le comportement du client qui est généralement évalué plusieurs fois avant l'intervention (ce qui correspond à la *ligne de base* ou taux de base avant traitement) et plusieurs fois par la suite, respectivement de manière continue tout au long de la période de l'intervention, jusqu'à son terme, et souvent même au-delà (mesure *follow-up*). L'analyse se focalise sur la comparaison *intra-individuelle* de la phase expérimentale (intervention) avec la phase contrôle (ligne de base). Selon l'intervention (la *variable indépendante*) et le changement visé (la *variable dépendante*), l'évaluation peut s'effectuer par une procédure d'observation (auto- ou hétéro-observation), par divers tests, par des auto-descriptions du client ou par des estimations d'experts ou de personnes de référence. La récolte des données est effectuée au début, puis à plusieurs reprises au fil du temps – selon la question de recherche et le *setting* – éventuellement de manière hebdomadaire, quotidiennement ou plusieurs fois par jour. L'évaluation régulière des données constitue une série temporelle qui permet d'étudier le pattern et la stabilité du comportement (p.ex. la fréquence ou l'ampleur de certaines activités comme la collaboration active ou le climat socio-affectif dans une classe d'école, de l'utilisation de substance ou de symptômes anxieux d'une cliente) *avant l'intervention (A)* puis *au cours de l'intervention (B) jusqu'à son terme*. La saisie des données d'une série temporelle doit être caractérisée par une évaluation robuste et valide des caractéristiques, des liens et des processus auxquels on s'intéresse.

Si le design est mis en place dans une application pratique visant le *contrôle du cas* (pour la mesure progressive du succès, respectivement d'éventuelles modifications liée à l'intervention), les aspects suivants peuvent être soulignés :

- La phase initiale (ligne de base A) sert à décrire les manifestations présentes du comportement problématique (fréquence et intensité) et à prédire le futur immédiat. Elle fournit des informations sur l'ampleur du comportement qui est à changer, respectivement sur des indicateurs de la situation du client avant l'intervention.

- Ensuite, l'intervention est mise en œuvre et constitue la phase ou période B. On se trouve alors dans d'autres conditions que durant de la ligne de base, conditions censées avoir un effet visible par le biais des mesures répétées. Ainsi, les modalités du comportement après l'introduction de l'intervention peuvent être évaluées *en comparaison* avec le comportement mesuré en ligne de base. Si le design sert au contrôle de cas, un contrôle progressif du succès de l'intervention peut être effectué, et cette dernière éventuellement modifiée.

- Au terme de la phase d'intervention (changement de conditions), le comportement devrait être à nouveau évalué, notamment pour mettre en évidence ce qui concerne la stabilisation des changements. Cette phase peut être étiquetée (A). Une telle démarche vise à mettre en évidence que l'intervention a *des effets durables*. Par exemple, elle permet de démontrer que chez un client, un nouveau comportement appris avec l'intervention ou un changement apporté se maintiennent ou qu'une décision prise est effectivement mise en œuvre, soit en présence des conditions du traitement, soit avec leur retrait.

Voici un exemple tiré du domaine de l'enseignement : Supposons que l'intervention d'un enseignant en classe (*classroom intervention*) viserait l'amélioration de la collaboration des élèves et du climat social dans la classe. Ainsi, on déterminerait des indicateurs de collaboration (p.ex. nombre d'élèves prêts à donner une réponse, temps de latence, qualité des réponses) et du climat (p.ex. intensité des comportements perturbateurs, niveau sonore dans la classe). Les indicateurs opérationnalisés correspondants seraient à saisir – à plusieurs reprises – via un échantillon temporel ou événementiel – avant l'intervention et, d'autre part, dès le début de l'intervention. Pour déterminer si l'amélioration de la collaboration et du climat s'avèrent durables, on évaluerait ces variables dépendantes au-delà de la phase d'intervention et durant un certain temps (phase A).

2.3.2. Le design A-B-A-B

Le *design A-B-A-B* peut être envisagé comme l'élargissement du *design A-B* (ou ce dernier comme la simplification de celui-ci) et est également appelé design "inversé" (*reversal design* ; Yule & Hemsley, 1977 ; voir aussi Hersen & Barlow, 1976). Le plan de recherche A-B-A-B joue un rôle important dans la recherche, notamment celle dans le domaine de la thérapie comportementale.

Dans ce design, la variable expérimentale (B1) est introduite après une ligne de base (A1). Ensuite, la variable expérimentale est retirée ou supprimée ("inversée") et les conditions de la ligne de base (A2) sont donc réintroduites, suivies plus tard par une nouvelle apparition de la variable expérimentale (B2). Par l'alternance entre ligne de base et phase expérimentale, on souhaite répliquer l'*effet spécifique* de la condition de traitement (de B1 à B2). Si cette preuve s'observe, une relation "fonctionnelle" entre l'intervention (VI) et la variable dépendante est corroborée (voir aussi les "explications de performance" ; voir chapitre 1.4.1). Dans la *recherche* psycho-sociale, ce design sert à dégager et à préciser les effets des conditions d'intervention, c'est-à-dire les changements qui en résultent. Dans la *pratique* du traitement psychosocial du cas singulier, la démonstration de cette fonctionnalité joue surtout un rôle dans le cadre de l'*analyse fonctionnelle du comportement* (et de l'explication du dysfonctionnement), ainsi que dans la préparation de nouvelles "contingences" ou de setting de stimulus qu'il s'agit d'implémenter.

Exemple : Une intervention vise à modifier le comportement problématique d'un enfant à l'aide d'un changement des conditions de renforcement proposées par un adulte. Le comportement souhaité chez l'enfant (VD) consiste en des conduites assertives mais constructives pour démontrer ses intentions : par exemple parler de manière intelligible, s'adresser clairement à la personne concernée, s'exprimer calmement et sans émotions négatives (provocation, etc.). Ce comportement cible est suivi régulièrement et immédiatement de l'attention et de l'appréciation verbale de l'adulte (VI : renforcement positif et contingent). En parallèle, les comportements inadéquats de l'enfant sont ignorés (extinction).

Un autre exemple dans le domaine du travail social est relatif à l'évaluation systématique d'une structure visant l'encadrement d'un client. Durant sa préparation, on évalue le comportement du client en définissant alors une ligne de base diagnostique (A1). Dans un deuxième temps, on introduit effectivement cet encadrement – ce qui constitue la première phase expérimentale (B1) – puis on le retire provisoirement (A2) pour évaluer ses effets (en comparaison à la phase B1 et à la première ligne de base). Si cet encadrement a montré les effets souhaités, il est par conséquent mis en place de manière définitive (B2).

2.3.3. Le design à ligne de base multiple

Le *design à ligne de base multiple* (voir Kazdin, 1993) vise l'examen simultané de plusieurs variables dépendantes avec diverses mesures parallèles auxquelles les variables indépendantes (interventions ou éléments d'intervention) sont assignées.

De cette façon, chaque variable du traitement peut être introduite de manière décalée dans le temps et produire l'effet correspondant sur la variable dépendante au cours de la série temporelle. Le début de chaque phase de traitement est donc différé sur des séries temporelles parallèles : après la phase initiale (ligne de base avec évaluation parallèle de VD1, VD2, etc.) suit la première intervention (VI1 qui vise un changement sur VD1), puis VI2 (sur VD2), etc. À l'instar du design A-B, ce plan de recherche est fréquemment utilisé dans la *recherche* en thérapie cognitivo-comportementale (mais moins souvent dans la pratique) ; il se prête toutefois aussi à plusieurs autres domaines d'intervention psychosociale.

Un prérequis nécessaire pour une utilisation pertinente et valide de ce design *dans la recherche* concerne le fait que les séries temporelles des différentes VD doivent être indépendantes les unes des autres. Un contrôle expérimental n'est atteint que si – après la ligne de base – un changement (spécifique) de la série temporelle (la VD) s'observe après l'introduction d'une VI (spécifique) correspondante (p.ex. Fichter, 1996, p. 67). En revanche, lorsque des changements s'observent dans *plusieurs VD* suite à l'apparition d'une VI, on peut parler de "généralisation" des effets. Si une telle généralisation de l'effet d'interventions est souvent souhaitée dans la pratique, dans une perspective de recherche, elle entrave cependant la mise en évidence séparée des effets spécifiques de la VI, et nuit par conséquent à la *validité interne*.

On peut différencier trois formes de designs à ligne de base multiple (voir Fichter, 1996) :

(1) L'analyse de *différents types ou registres de comportement* : c'est la variante la plus répandue, surtout dans la pratique des interventions. Un exemple est présenté ci-dessous (chapitre 2.3.5).

(2) L'analyse de *différentes situations* : on s'intéresse particulièrement à diverses situations dans lesquelles un comportement peut survenir ; par conséquent, le comportement sera évalué en fonction de situations spécifiques et influencé par un traitement qui tient compte de ces situations.

(3) L'analyse de *différentes personnes* : les mêmes types de comportements sont étudiés dans le même contexte situationnel chez plusieurs personnes en même temps. Le contrôle expérimental est atteint lorsque le comportement des personnes individuelles se modifie (seulement) suite à l'intervention ciblée (voir l'exemple dans le chapitre 6.2).

2.3.4. Autres designs

Il existe encore d'autres designs plus particulièrement présents dans la théorie du comportement et la modification comportementale (voir Fichter, 1996). Un exemple est le design avec des contingences multiples (*multiple schedule design* ; Leitenberg, 1977) : dans le contexte thérapeutique, il s'agit parfois d'utiliser des stimuli discriminatifs (p.ex. liées à différents lieux ou différents moments de la journée) pour lesquels de nouveaux comportements sont à apprendre, respectivement à éviter. Dans une perspective pratique, ce design est identique au *design à ligne de base multiple sur des situations* décrit ci-dessus.

D'autres designs ciblent spécialement l'étude des effets de généralisation, où des changements visés dans un domaine comportemental particulier "s'élargissent sur" ou "affectent" d'autres comportements. Pour mettre en évidence de tels effets, il est possible d'introduire une *variable contrôle*, régulièrement évaluée en parallèle avec la variable dépendante désignée, formant une série temporelle propre. Cette variante se prête aussi à nombre d'interventions pratiques. Il est possible de viser des changements d'une telle variable contrôle, mais cela n'est pas forcément obligatoire puisque l'on vise avant tout les VD centrales censées répondre aux interventions spécifiques. Toutefois, quand la variable contrôle est sélectionnée adéquatement (sur la base de réflexions théoriques), elle peut servir d'indicateur de la généralisation des effets de l'intervention. De plus, de tels effets devraient être examinés de plus près seulement lorsque les *effets principaux* attendus de la VI ont été atteints (p.ex. Kazdin, 1973) ; ils représentent alors un aspect d'évaluation complémentaire.

À côté de cela, il existe la possibilité de *combiner différents designs*. Ces *designs combinés* peuvent aider à renforcer des contrôles expérimentaux (pour discerner plus précisément les effets) ou aussi à justifier des généralisations. De plus, ils permettent également de vérifier systématiquement les *combinaisons d'éléments de traitement*, en particulier quand il est possible de répliquer les études avec différentes personnes ou clients. Une variante spéciale – qui se prête notamment à l'étude de nouvelles interventions – est le *design randomisé* dans lequel certains éléments de l'intervention sont présentés à des moments aléatoires auprès d'un nombre limité de sujets, et leurs effets étudiés au moyen de plusieurs variables. À ce sujet, le lecteur trouvera un exemple intéressant en psychologie de la santé chez Sniehotta, Presseau, Hobbs et Araujo-Soares (2012). Ces auteurs ont étudié des interventions influençant l'auto-régulation dans le but d'augmenter la distance quotidienne courue, ceci à l'aide d'un design factoriel et randomisé sur un cas singulier.

Le *design au sens strict* – sa structure de base relative à l'observation ou la manipulation (intervention) des variables indépendantes et dépendantes – est l'élément central d'une analyse de cas singulier adéquate et détermine principalement sa *validité interne*. Mais les autres composantes du plan d'étude (voir tableau 2.1) sont également indispensables pour le choix et la bonne conception d'un plan de recherche et pour l'organisation d'une étude : le contexte de l'évaluation, le type et les caractéristiques des variables en question, les instruments et les sources de données, et finalement les méthodes d'analyse statistique. L'ensemble de ces aspects est à articuler avec le design au sens strict du terme.

Une présentation plus détaillée de ces variantes et des réalisations méthodologiques qui y sont liées (incluant leurs critères de validité) peut être trouvée chez Kazdin (1993). Pour un survol des critères aidant à sélectionner et à concevoir des designs expérimentaux, voir aussi Petermann (1996, pp. 37-43 et pp. 44-46).

2.4. La récolte des données : points de mesure, séries temporelles et méthodes d'échantillonnage

L'organisation de l'échantillonnage, la fréquence (densité) et la définition des points de mesure sont des éléments très importants dans les mesures répétées, respectivement dans la génération de séries temporelles (pour une vue synoptique des composantes des plans de recherche, voir tableau 2.1 ; voir aussi le chapitre 4 concernant l'évaluation ambulatoire).

Dans les *méthodes d'échantillonnage* il s'agit de :

(1) déterminer le *cadre temporel*, à savoir la structure ou la fréquence de l'évaluation : par exemple, fréquence faible (comme l'évaluation hebdomadaire de l'intensité du stress ; pour les 7 derniers jours) *versus* élevée (comme l'évaluation d'heure en heure de la charge de stress vécue) ;

(2) définir la *référence temporelle* portant sur l'évaluation (p.ex. "en ce moment") ou dans un intervalle de temps déterminé (p.ex. "pendant les 7 derniers jours" ; "depuis la dernière évaluation") ;

(3) décider du *contrôle du moment d'évaluation* : le moment peut être (a) déterminé par le sujet (p.ex. "le soir avant d'aller au lit"); (b) par un événement (après la survenue d'une situation critique) ; (c) déclenchée aussi par un support technique (niveau du rythme cardiaque, par exemple, qui franchit une valeur seuil) ; (d) par le sujet même, par une autre personne (de l'entourage, un spécialiste, un expérimentateur) ; ceci (e) selon un plan fixe et préétabli *versus* un plan aléatoire, ou sur l'initiative du sujet même ;

(4) enfin, déterminer le nombre de variables saisies ; en plus des VD et VI principales, d'autres variables également dont les variables contrôle (voir aussi généralisation).

Fondamentalement, l'*échantillonnage événementiel* se différencie de l'*échantillonnage temporel*. Dans le premier cas, il y a enregistrement (saisie d'informations) quand un événement particulier survient. Le moment de la survenue, sa durée et d'autres caractéristiques qui décrivent l'événement, sont déterminés. Il en résulte une série temporelle – éventuellement des sous-séries temporelles par caractéristique enregistrée – qui se présente avec des mesures discontinues. Dans le deuxième cas, l'enregistrement des informations se fait en fonction de moments définis au préalable (de manière régulière par exemple), et donc indépendamment des événements particuliers. La difficulté réside souvent à trouver le bon intervalle de temps, à savoir suffisamment court pour cerner les fluctuations, mais pas trop cependant pour éviter de perturber le sujet par l'accumulation de prises de mesures récurrentes. Sur la base des informations récoltées, il est possible de déterminer la fréquence des événements, leur densité par intervalle de temps, leurs probabilités conditionnelles ou leurs contingences.

Exemple de comparaison entre échantillonnage événementiel versus temporel dans les sciences de l'éducation

Dans le domaine des sciences de l'éducation, le *paradigme processus-produit* est une approche par le biais de laquelle on cherche à montrer quels sont les gestes ou les comportements de l'enseignant (processus) qui ont une influence sur les résultats de l'élève (produit). Par l'analyse du déroulement de l'enseignement, il est possible ainsi de détecter quelles stratégies didactiques entraînent les effets ou les attitudes de l'élève les plus favorables. Pour structurer les observations, deux options sont envisageables.

On peut tout d'abord saisir les observations sur la base d'un *échantillon temporel*. À l'aide d'une grille de codage, on enregistre ce qui se passe en classe toutes les 10 ou 15 secondes. Les données récoltées peuvent être analysées de diverses manières. On peut ainsi relativement facilement déterminer la fréquence et la durée des comportements et identifier les changements (p.ex. quel comportement de l'enseignant rend plus probable telle ou telle réaction de l'élève).

La seconde façon de procéder est l'*échantillonnage événementiel*. Ici, ce n'est pas le temps qui détermine le rythme des observations, mais les changements de comportement survenant en classe (de la part de l'enseignant ou des élèves). L'événement est enregistré à l'aide d'une grille d'observation pour chaque changement, qu'il dure quelques secondes ou plusieurs minutes. Ce type d'enregistrement présente l'avantage de saisir plus clairement l'enchaînement des événements, même si ces derniers ne surviennent que pendant un bref laps de temps, par exemple quelques secondes. Cependant, l'information concernant la durée du comportement n'est ici plus du tout disponible.

Il existe d'autres formes intermédiaires d'échantillonnage comme la *randomisation* de l'enregistrement à l'intérieur d'une fenêtre temporelle fixe : le sujet connaît les fenêtres fixes (p.ex. 8-10h matin, 12-14h midi, 16-18h après-midi) mais, au sein de chaque fenêtre, le moment de l'enregistrement est aléatoire. Un tel dispositif augmente la validité de la saisie de données dans des contextes temporels sensibles, et préserve en même temps une certaine variabilité.

Dans le contrôle du cas utilisant *l'évaluation ambulatoire* (auto-enregistrement ou *"self-monitoring" ;* chapitre 4) – comme on le trouve en psychothérapie par exemple – les modalités suivantes de *l'échantillonnage temporel* sont répandues : (1) un cadre temporel d'un jour, et (2) une référence temporelle d'un intervalle d'un jour (p.ex. évaluation du nombre de symptômes et de leur intensité chaque soir, mais portant sur toute la journée), (3) effectué par le sujet (p.ex. le soir avant d'aller au lit).

Les études basées sur la méthode d'échantillonnage des expériences (*Experience-Sampling-Methode,* ESM) avec un échantillonnage temporel utilisent souvent une évaluation *ponctuelle* (moment) avec une résolution temporelle plus ou moins élevée (p.ex. plusieurs fois par jour) où le moment d'évaluation peut être contrôlé par le sujet, par l'expérimentateur ou à l'aide des signaux fournis par des supports informatiques (voir chapitre 4). Les *designs événementiels* se retrouvent quant à eux plus fréquemment dans des études d'intervention, comme l'évaluation (a) des conditions de déclenchement (b) d'un comportement problème en question.

Les caractéristiques de l'échantillonnage finalement utilisé dépendent non seulement de la structure temporelle des *événements* (fréquence, étendue, etc.) et du *caractère des variables* étudiées. La structure temporelle de l'*impact* et le "mécanisme" de son influence y joue également un rôle, en fonction de l'hypothèse d'influence : un impact immédiat, un impact retardé, un impact à plus long terme, reposant sur la *fonction de transfert* attendue (voir chapitre 8.2.5, Analyse d'intervention et fonction de transfert). Pour tester de telles hypothèses d'influence, le design doit tenir compte de cette structure temporelle des données.

Dans nombre d'études de cas singuliers, on rencontre un dilemme (voir Reicherts & Pihet, 1999, p. 8) : choisir entre une fréquence d'enregistrement élevée par le sujet (par exemple pour retracer des processus rapides à haute résolution) ou une série de variables pour saisir différentes facettes des processus multivariés (dans le cas de phénomènes complexes, tels les changements dans un trouble post-traumatique avec plusieurs variables). Comme il y a des limites relativement étroites pour éviter la fatigue, la perte de concentration et de motivation, il faut "optimiser" la méthode d'enregistrement et trouver un équilibre pour, d'une part, ne pas surcharger le sujet (auteur des enregistrements) et, d'autre part, ne pas trop biaiser les comportements et les expériences en milieu réel et au quotidien. De toute façon, si l'on souhaite réaliser des analyses multivariées du cas singulier dans le contexte de la *recherche*, il faut soigneusement tester au préalable la faisabilité pratique de ces méthodes d'enregistrement avec les sujets concernés (effectuer une phase pilote). Cela vaut par exemple pour les processus biopsychologiques susceptibles de montrer des fluctuations et changements rapides, tels le vécu émotionnel au quotidien (p.ex. Reicherts et al., 2007) ou le stress familial et sa gestion (p.ex. Perrez, Schoebi & Wilhelm, 2000 ; voir aussi chapitre 4).

Pour les deux variantes, il faut définir la manière dont les variables – en particulier les VD – sont évaluées ; pour les VI, il faut éventuellement introduire une variable contrôle pour s'assurer de la validité du traitement, ou – dans le cas d'un design observationnel – pour exclure des influences tierces (et indirectes) sous-jacentes. Dans nombre de cas, une évaluation *multimodale* et *multivariée* est judicieuse, tout en tenant compte des restrictions mentionnées plus haut.

La procédure concrète peut naturellement se baser sur différents plans de recherche. C'est l'évaluation de l'intervention en cours ainsi que le feedback pour les professionnels et les clients quant aux progrès réalisés – notamment en intervention psychologique ou en psychothérapie – qui comptent parmi les options les plus répandues d'un design du cas individuel. Dans le travail social ou en pédagogie, le design du cas singulier est malheureusement bien moins utilisé en Europe qu'aux États-Unis où il représente une méthode courante dans le domaine du *travail social clinique ("clinical social work")* par exemple. En psychologie clinique et de la santé ou en neuropsychologie, les designs à un sujet sont appliqués plus souvent (voir les exemples dans Ackermann, Aebi & Revenstorf, 1996 ; les études de Reicherts & Pihet, 2000, ou de Sniehotta et al., 2012). Cependant, ici aussi, tout leur potentiel n'est de loin pas exploité.

2.5. Exemple de cas du Monsieur S. : troubles du sommeil dans un design à ligne de base multiple

Dans cet exemple de cas, nous présentons un *design à ligne de base multiple* qui se prête à de nombreuses situations d'intervention pratique pour un contrôle de cas différencié. Son application standard (p.ex. pour l'évaluation de la thérapie) prévoit plusieurs registres de buts ou critères à atteindre, respectivement *plusieurs problèmes ou comportements cible* qui correspondent aux variables dépendantes (VD) qui sont visées par différentes interventions spécifiques (VI), ceci de manière différée. Le design prévoit des mesures régulières de tous les indicateurs pertinents pour les buts (p.ex. fréquence du comportement ou d'une situation, intensité du problème). Il s'agit de montrer que les interventions spécifiques aux domaines de buts, réalisées en différé (l'une après l'autre), influencent spécifiquement les VD liées à ces buts. Dans la pratique, ce design sera – de préférence – combiné avec la méthode d'*évaluation des buts à atteindre* (Pauls & Reicherts, 2015) dont les buts ou critères à atteindre sont opérationnalisés en collaboration avec le sujet et mesurés à plusieurs reprises (voir chapitre 3).

Pour Monsieur S., qui souffre d'un sévère *trouble de l'endormissement*, trois domaines de buts sont déterminés ; ils sont à évaluer et à traiter avec trois éléments de traitement spécifiques. On les voit alors apparaître sur la ligne de base (durant les semaines 1 et 2) successivement (l'un après l'autre).

Domaine cible 1, contrôle du stimulus : La première intervention vise le fait d'aller systématiquement au lit à la même heure ; aucun objet susceptible de détourner l'attention (téléphone mobile, lectures, nourriture, etc.) ne se trouvera à portée de main. L'intervention porte sur une meilleure préparation à l'endormissement ("hygiène de l'endormissement") et des conditions invariantes favorisant l'endormissement (p.ex. contrôle par stimuli discriminatifs : température, aération et lumière adaptées). La variable psychologique visée est la *"disposition à l'endormissement"* (VD intermédiaire).

Le domaine cible 2 concerne l'état corporel de détente, respectivement de décontraction, qui devrait si possible précéder l'endormissement. L'intervention comprend des *exercices de relaxation* musculaire progressive afin d'occasionner le calme et la décontraction corporelle et atteindre ainsi une certaine *"disposition corporelle à dormir"* (variable psychologique visée ; VD intermédiaire mesurée par exemple sur une échelle subjective de l'état de tension-détente allant de 0 [extrêmement tendu, agité] à 9 [complètement et profondément détendu]).

Le domaine cible 3 concerne les *émotions et cognitions négatives* perturbantes, les ruminations et les éléments cognitifs et affectifs généraux d'un cercle vicieux qui peuvent compliquer l'endormissement et le fait de se rendormir, avec la variable psychologique visée (VD intermédiaire : *"affectivité et cognitions neutres-positives"* favorisant le sommeil).

Les trois domaines sont pris en compte explicitement dans la définition des buts à atteindre et sont évalués pour mettre en évidence l'impact des interventions. Les interventions apparaissent ensuite de manière *différée*, en plusieurs étapes. Dans notre exemple :

Phase d'intervention 1 : Après la phase de ligne de base sans intervention A (semaines 1 à 2), les conditions situationnelles de l'endormissement (domaine cible 1 ; application durant les semaines 3 à 4) sont d'abord traitées (p.ex. horaire, arrangement du lit, lumière, rituels avant de dormir, etc.).

Phase d'intervention 2 : Une fois que le contexte du coucher se trouve relativement exempt de perturbations et que l'endormissement a atteint une certaine normalisation (rester éveillé moins d'une heure), la phase 2 de l'intervention commence après trois semaines. Ainsi le client s'entraîne à la *relaxation spécifique* avant l'endormissement (semaines 5 à 7).

Phase d'intervention 3 : Après l'intégration de la relaxation dans la préparation à l'endormissement (après 7 semaines), suit la phase 3 de l'intervention qui se focalise sur les ressentis, pensées et ruminations perturbantes. Elles sont traitées avec des techniques cognitives (p.ex. analyse des pensées automatiques et exercices de restructuration) et des méthodes focalisées sur les émotions (p.ex. exploration et clarification des significations et processus émotionnels associés ; p.ex. Reicherts, Pauls, Rossier & Haymoz, 2012), ceci durant les semaines 8 à 10.

Il y a trois VD "output" évaluant la qualité du sommeil – qui représentent les variables dépendantes symptômatiques – à changer au final. Elles sont évidemment évaluées durant toute l'étude : (a) "délai avant l'endormissement", (b) "fréquence des réveils nocturnes" et (3) "qualité du sommeil", autoévalués le matin.

Ces trois séries temporelles devraient montrer (a) un changement (une amélioration) dans les trois registres de symptômes vers la fin des interventions respectives, (b) comme effet *décalé* démontrant l'influence spécifique de chacune des trois interventions. Par le protocole des indicateurs au quotidien (p.ex. le matin après le réveil), une série temporelle des données est générée pour chacun des trois domaines cible (endormissement, absence de réveil nocturne et qualité du sommeil globale perçue) ; elle documente alors les effets du traitement. Ces données peuvent ensuite être mises en lien direct avec les changements dans l'évaluation des buts à atteindre (ÉBA).

Les processus psychologiques visés (variables dépendantes intermédiaires ou de premier ordre) sont également contrôlés lors des trois phases d'intrvention.

2.6. Comment concevoir un design pour le contrôle du cas et son évaluation

Pour la réalisation d'un tel design – en particulier pour le cas singulier dans le domaine clinique (contrôle du cas) – il s'agit de prendre en compte les étapes suivants :

(1) *Définir* de manière la plus précise possible – et en collaboration avec le client – les domaines problématiques centraux et *les comportements et le vécu cible* à modifier (*target behaviours* ; les variables dépendantes VD). Pour la démarche, voir chapitre 3 (l'évaluation des buts à atteindre). Discuter des possibilités d'intervention, de collaboration et contribution du client à celle-ci ainsi que de l'importance d'une évaluation accompagnant le diagnostic et le traitement afin de mettre en évidence et contrôler certains aspects du fonctionnement psychosocial et les effets du traitement.

(2) *Opérationnaliser,* c'est-à-dire décider *comment* les comportements cibles sont *évalués* ou mesurés précisément, les définir donc en termes d'unités comportementales ou cognitives concrètes et facilement observables, et déterminer leur fréquence, durée et/ou intensité. Déterminer la *source des données* – rapports personnels, tests, entretiens, observations directes du comportement (auto- ou hétéro-observations) – et *qui* réalisera l'évaluation (le client lui-même, le personnel qualifié, un membre de la famille, etc. ; voir chapitre 4). Chercher à atteindre la plus grande *objectivité* – ou intersubjectivité – de mesure. Prêter aussi attention au fait que des *indicateurs observables* du problème peuvent être définis positivement ou négativement (p.ex. les buts liés à un déficit *versus* à une amélioration, ou les buts liés à des symptômes *versus* à des compétences ; voir chapitre 3.2.2). Les mesures ou observations doivent être valides. Prendre garde à une possible *réactivité* de l'observation ou de la mesure (le processus de mesure lui-même peut influencer les données, par exemple au sens de la désirabilité sociale, lorsque le client cherche à plaire au soignant et modifie par conséquent les modes de comportements à évaluer en niant des comportements évalués négativement).

(3) *Tracer la ligne de base* en prévoyant un nombre suffisant de points de mesure (p.ex. une fois par jour pendant 14 jours, selon la fréquence des comportements problématiques) afin d'assurer, respectivement d'augmenter la validité interne. Le but consiste à mettre en évidence une tendance ou un pattern stable des comportements problématiques qui servira de référence pour la comparaison des valeurs avant et après (ou au cours de) l'intervention (p.ex. la fréquence et durée des problèmes d'endormissement).

(4) *Choisir l'intervention* (la variable indépendante) sur la base des meilleures hypothèses et théories disponibles, notamment du savoir nomopragmatique. *Réaliser l'intervention* en l'opérationnalisant et l'articulant avec le(s) problème(s) cible. Structurer les interventions dans le temps. *Effectuer* simultanément des évaluations suivant les opérationnalisations de la ligne de base.

(5) *Planifier et effectuer l'analyse des données* : en premier lieu, contrôler *graphi-quement* les patterns de données et leur évolution, inspecter visuellement les tracés (p.ex. des déviations évidentes de la courbe ; voir méthodes présentées dans le chapitre 6). Appliquer ensuite des procédures statistiques appropriées (chapitres 7 et 8) pour mettre en évidence les valeurs moyennes et dispersions, les tendances suivant l'évolution ou l'impact de l'intervention, les liens entre variables (covariations "concomitantes" ou "décalées" dans le temps). Mettre en évidence les changements (de moyennes, de niveau, de liens) et contrôler la probabilité que ces différences dans les données (par exemple avant et après l'intervention) ne sont pas dues au hasard et sont par conséquent *statistiquement significatives* (voir chapitres 7 et 8). La *signification clinique ou pratique* peut également être appréciée : le changement observé dans le comportement cible représente-t-il vraiment un changement substantiel – ou cliniquement important – pour le client ? *L'évaluation des buts à atteindre* (ÉBA) offre une variante pour l'appréciation directe de la signification ou de l'importance clinique (voir chapitre 3).

(6) *Contrôler, voire améliorer la validité externe* du design par un suivi (*follow-up*) adéquat et par une réplication des résultats (voir chapitre 1) ou au moyen de l'agrégation des cas singuliers (voir chapitre 8.3), si l'on souhaite une généralisation des résultats. Utiliser notamment un *design du cas singulier* pour étudier des problématiques ou situations rares et hors du commun qui ne se prêtent pas (encore) à des études de groupe. De cette manière, de nouvelles interventions, prometteuses, peuvent également être étudiées avant que, par exemple, ne soient réalisées des études de groupe expérimentales. De même, des liens corrélationnels ou causaux entre variables peuvent être étudiés à l'aide d'une première mise en évidence.

Des informations supplémentaires concernant la conception et l'analyse des designs du cas singulier se trouvent sur le site-web du programme Single-Case Expert : www.singlecase-expert.de

2.7. Bibliographie

Fichter, M.M. (1996). Versuchsplanung experimenteller Einzelfalluntersuchungen in der Therapieforschung. In F. Petermann (Hrsg.), *Einzelfallanalyse* (3. verb. Aufl.) (S. 61-79). München: Oldenbourg.

Hersen, M. & Barlow, D.H. (1976). *Single case experimental designs*. New York: Pergamon Press.

Kazdin, A.E. (1973). Methodological and assessment considerations in evaluating reinforcement programs in applied settings. *Journal of Applied Behavior Analysis, 6,* 517-531.

Kazdin, A. (1993). *Single case research designs. Methods for clinical and applied settings* (2nd ed.). New York: Oxford University Press.

Kirchgässner, G. (1981). *Einige neuere statistische Verfahren zur Erfassung kausaler Beziehungen zwischen Zeitreihen*. Göttingen: Vandenhoeck & Ruprecht.

Leitenberg, H. (1977). Einzelfallmethodologie in der Psychotherapieforschung. In F. Petermann & C. Schmook (Hrsg*.), Grundlagentexte der Klinischen Psychologie, Bd. 1: Forschungsfragen der Klinischen Psychologie*. Bern: Huber, 1977.

Pauls, H. & Reicherts, M. (2015). Evaluation in zielorientierter Fallarbeit – die Zielerreichungsanalyse ZEA als exemplarisches Instrument für Diagnostik, Monitoring und Evaluation. In G. Hahn & M. Hüttemann (Hrsg.), *Evaluation psychosozialer Interventionen, Klinische Sozialarbeit, Band 7* (S. 156-175). Köln: Psychiatrie-Verlag.

Perrez, M., Schoebi, D. & Wilhelm, P. (2000). How to assess social regulation of stress and emotions in daily family life? A computer-assisted family self-monitoring system (FASEM-C). *Clinical Psychology and Therapy, 7,* 326-339.

Reicherts, M. & Pihet, S. (1999). *About the dynamics of stress, coping and well-being in daily life – A micro-analysis combining event and time-based self-monitoring, time series and meta-analytical procedures.* (Research Report No. 143). Fribourg/Suisse: University, Department of Psychology.

Reicherts, M. & Pihet, S. (2000). Job newcomers coping with stressful situations. A micro-analysis of adequate coping and well-being. *Swiss Journal of Psychology, 59,* 303-316.

Reicherts, M., Salamin, V., Maggiori, C. & Pauls, K. (2007). The Learning Affect Monitor (LAM): A computer-based system integrating dimensional and discrete assessment of affective states in daily life. *European Journal of Psychological Assessment, 23* (4), 268-277.

Reicherts, M., Pauls, H., Rossier, L., & Haymoz, S. (2012). L'Ouverture émotionnelle dans les interventions psychologiques : Bases conceptuelles et éléments pratiques. In M. Reicherts, P.A. Genoud, & G. Zimmermann (Eds.), *L' « Ouverture émotionnelle ». Une nouvelle approche du vécu et du traitement émotionnel* (pp. 217-244). Bruxelles : Mardaga.

Schmitz, B. (1989). *Einführung in die Zeitreihenanalyse*. Bern: Huber.

Sniehotta, F.F., Presseau, J., Hobbs, N. & Arauji-Soares, V. (2012). Testing self-regulation interventions to increase walking using factorial randomized N-of-1 trials. *Health Psychology, 31* (6), 733-737.
doi: 10-1037/a0027337

Yule, W. & Hemsley, D. (1977). Single-case method in medical psychology. In S. Rachman (Ed.), *Contributions to medical psychology* (pp. 211-229) New York: Pergamon Press.

Partie II

Méthodes de récolte des données

3. L'évaluation des buts à atteindre (ÉBA) dans l'analyse du cas singulier

Michael Reicherts & Helmut Pauls

Résumé

Publiée d'abord par Kieresuk et Sherman (1968), la méthode du *Goal Attainment Scaling* (GAS) a été appliquée de diverses manières et dans nombre de settings. C'est de cette approche que s'inspire aussi la méthode de *l'évaluation des buts à atteindre* (ÉBA ; *Zielerreichungsanalyse*, ZEA, Pauls & Reicherts, 2001, 2012), méthode simple et robuste pour *développer et définir des buts individuels* et *évaluer leur atteinte*. Dans le contexte psychosocial, l'ÉBA requiert que le client et le professionnel développent ensemble – à partir d'une analyse des problèmes – des buts centraux : chaque but est *opérationnalisé* par des comportements et des vécus précis ainsi que par différents niveaux ou degrés d'atteinte. Les différents buts sont pondérés et liés à des stratégies d'intervention. Ainsi, on peut saisir des améliorations pas à pas et but par but lors de la réalisation des interventions. Cette *mesure directe du changement* – selon une échelle individuellement opérationnalisée – ainsi que son interprétation se basent sur des principes et algorithmes simples.

L'ÉBA s'applique très bien à l'analyse du cas individuel et permet une combinaison avec différents designs du cas singulier et méthodes d'analyse de données (notamment le self-monitoring ou l'évaluation ambulatoire, voir chapitre 4). En plus de la formulation et de l'évaluation des buts, l'ÉBA contribue également à d'autres fonctions centrales dans le conseil et la thérapie, telles l'anticipation et la résolution de problèmes, la coopération ainsi que l'acceptation de la responsabilité et la motivation du client.

La réalisation de la méthode est présentée de manière détaillée, à l'aide d'un *schéma procédural*, et illustrée par un exemple concret.

3.1. Introduction

La méthode nommée *Goal Attainment Scaling* (GAS) a été publiée pour la première fois par Kieresuk et Sherman 1968 (voir aussi Kieresuk, Smith & Cardillo, 1968). Depuis, il y a pléthore de publications sur ce thème. D'après Green et Herget, le GAS a été décrit jusqu'en 1989 dans plus de 800 settings de recherche et de pratique psychologiques (pour un bref survol des procédures GAS voir aussi Scholz, 1996). Des variantes de la méthode originale ont été développées, telles que le *Automated Goal Attainment Rating Program* d'Ellis et Mumpower (1975). D'autres variantes proposent des inventaires de buts pré-formulés, comprenant des domaines et items (p.ex. Braaten, 1989) ou accentuent encore plus le caractère "interventionniste" de la méthode (p.ex. le programme de l'atteinte des buts à 4 phases de Ng & Tsang, 2002). Une technique similaire est utilisée par le *Personal Questionnaire* de Shapiro et collègues (Shapiro, Caplan, Rohde & Watson, 1975). L'importance de la technique – tant pour l'étude individuelle que pour celle de groupe – est démontrée, entre autres, par l'utilisation des indicateurs de changement issus des analyses de l'atteinte de buts dans des grandes études méta-analytiques réalisées par Grawe et collaborateurs. Ces indicateurs ont contribué à mettre en évidence l'impact et les effets importants des méthodes psychothérapeutiques (Grawe, Donati & Bernauer, 2001).

Nous avons développé l'*évaluation des buts à atteindre* (ÉBA) comme méthode aussi simple que robuste pour mesurer les changements dans le cas unique – et ceci dans différents domaines d'application (Pauls & Reicherts, 2001, 2012). L'ÉBA s'inspire du GAS simplifié d'après Romney (1976). Reposant sur des buts personnels, formulés de manière systématique à l'aide de critères opérationnalisés, elle utilise des *mesures directes* des changements individuels : le client évalue ("traduit") le degré de réalisation de son but – à un moment donné – en attribuant des chiffres prédéfinis (allant 0% à 100% d'atteinte). Pour réaliser ces mesures directes ainsi que leur interprétation, l'ÉBA utilise des principes et algorithmes simples.

Nous avons conçu cette démarche à la fin des années 1990, puis examiné sa mise en application dans des domaines d'application variés : pour le travail avec des cas individuels en psychothérapie, dans des contextes de *counselling* en travail social clinique avec des enfants, des adolescents (aide à la jeunesse) et des adultes, dans des institutions de pédagogie curative (Pauls, 2002), dans une étude d'assurance de qualité d'une thérapie de la dépendance à diverses substances en milieu hospitalier (Hemmerich, 2013), ainsi que dans la formation en thérapie et en conseil. La méthode a été mise en œuvre dans une étude basée sur l'évidence en thérapie de la Gestalt (Pauls & Reicherts 1999) et récemment dans une étude d'intervention visant le traitement affectif et la régulation des émotions (Reicherts, Pauls, Rossier & Haymoz, 2013). L'ÉBA a été publiée pour la première fois dans une batterie d'instruments pour l'approche centrée sur la personne (Pauls & Reicherts, 2001 ; dans Tscheulin, 2001). Le texte que nous présentons ici se base en bonne partie sur notre livre "Zielorientierung und Zielerreichungsanalyse in der psycho-sozialen Fallarbeit" (Pauls & Reicherts, 2012).

3.2. Importance de l'ÉBA dans le contexte de l'analyse du cas singulier

3.2.1. Fonctions méthodologiques et fonctions orientées vers les tâches

L'évaluation des buts à atteindre vise une compréhension orientée vers des interventions pour le cas individuel. Elle peut favoriser la coopération entre client et conseiller, la réalisation et le succès des interventions ; elle est évidente et intuitivement compréhensible pour la majorité des clients. Plusieurs aspects particuliers sont à souligner :

- *Activation, motivation, implication et responsabilisation – "hope work".* La détermination de buts personnellement importants stimule la motivation du client en favorisant l'alliance de travail et l'intervention. Elle fait appel à ses souhaits, demandes et espoirs, tout en privilégiant – de par le respect et la reconnaissance qu'il reçoit du conseiller – sa propre responsabilité et sa collaboration. L'exploration des buts que le conseiller mène de manière empathique, comprenant l'anticipation d'un futur avec moins de problèmes, la concrétisation d'un objectif et l'élaboration d'un consensus, aura une fonction de "modèle" pour le client. Un "problème" ou "déficit" est alors à appréhender par un but "constructif" et devient le point de départ pour prendre connaissance de ses propres possibilités et pour expérimenter ses propres "forces" ; pour la compréhension, l'action, la participation et l'expérience d'un "sens" dans un *processus de changement visant la salutogénèse* (Antonovsky, 1997). Le développement des buts et l'évaluation de leur atteinte favorisent un nouvel espoir (*"hope work"*).

- *Collaboration lors de l'élaboration des buts.* L'ÉBA possède – grâce à la collaboration entre le client et son conseiller – des effets positifs à différents niveaux du processus d'intervention. À l'aide de consignes claires et explicites – pour définir les buts ensemble, pour convenir des procédures, pour fixer les critères de leur atteinte, ainsi que pour expliciter leur contrôle lors de la prise en charge – l'ÉBA encourage client et conseiller à se concentrer conjointement sur des problèmes et des buts essentiels et circonscrits.

- *Anticipation.* L'élaboration des buts d'importance personnelle qui *représentent*, accentuent et structurent l'éventail des problèmes du client devient le point de référence pour l'anticipation et la planification des étapes de changement ; elles sont liées aux stratégies thérapeutiques ou de conseil, y compris au développement de la relation d'aide. Il est crucial pour nombre de clients qu'ils puissent se confronter à une anticipation "réaliste" de leurs buts en les concrétisant et en en discutant avec le conseiller. L'ÉBA est par conséquent une méthode de mesure "réactive" qui peut – en tant que telle – engendrer certains changements (aussi d'ordre thérapeutique) car elle stimule des *méta-compétences* telles que l'anticipation, la résolution de problèmes, la décision et la capacité à s'assigner des buts et à les poursuivre par ses propres compétences ou par le soutien social par exemple.

- *Structuration et contrôle du déroulement de l'intervention.* L'ÉBA donne un cadre de référence pour l'intervention, sans restreindre *a priori* le choix de certaines formes d'intervention. Elle favorise un *contrôle individualisé* des interventions (aussi en termes d'objectifs) car elle explore ce qui est faisable et se focalise sur ce qui est réaliste et atteignable de manière optimale. Les buts formulés grâce à l'ÉBA fonctionnent également comme *correctif* pour les deux partenaires dans le déroulement des interventions. Celles-ci demandent alors des réajustements réguliers de ce qui se passe en termes de buts convenus et de degré de leur atteinte.

Pour ceci, il est nécessaire que le conseiller dispose de compétences adaptées : pour la création d'une relation d'aide, pour la conduite des entretiens et des interventions ciblées telles que le questionnement, la confrontation, la clarification ou des directives à l'action (voir p.ex. Reicherts, 2015 ; Pauls & Reicherts, 2013).

3.2.2. Dimensions et domaines des buts dans le travail avec le cas singulier

Pour le conseiller, il est important de connaître les différents domaines et dimensions des buts en général et d'avoir à disposition des exemples pour leur formulation individuelle. Ceci l'aidera à délimiter l'espace de la recherche des buts du client, à lui donner des idées (impulsions) ou à mieux discuter avec lui les buts initialement énoncés. La psychothérapie, le conseil et le travail avec des cas psychosociaux, mais aussi la psychologie de la santé ou la pédagogie, connaissent un large éventail de problèmes type – ainsi que des buts potentiels liés. En simplifiant, on peut les distinguer en quatre domaines (voir aussi Pauls, 2011) :

- buts concernant des problèmes, des symptômes ou des déficits (à "réduire") ;
- buts concernant des ressources ou des compétences (à "augmenter") ;
- buts concernant l'individu ;
- buts concernant des relations, l'entourage ou le réseau.

Outre les buts "négatifs" ou *buts portant sur les déficits*, il y a une grande variété de *domaines concernant les buts positifs* (p.ex. Lutz et al., 2006) : promotion des capacités d'orientation, de décision et d'action ; promotion de l'autonomie ; promotion des capacités mises à profit dans les relations sociales, dans l'utilisation du soutien social et dans l'intégration du sujet dans les structures sociales ; amélioration des compétences élémentaires au quotidien ; amélioration de la "compliance" et de l'adhésion, de l'auto-engagement et de la contribution active au processus de changement.

Exemple : Pour un client au chômage longue durée qui risque une rechute à la dépendance à l'alcool, le but qu'il importe de réduire ou surmonter en premier lieu est un *but de "déficit" et "individuel"* (car lié à la personne-même), à savoir le risque que représente l'alcool. Par conséquent, il faut définir des critères d'atteinte du but et prévoir des interventions qui la favorisent. De plus, il est important de pouvoir décrocher des entretiens de conseil – au sein des mesures de réhabilitation professionnelle – et d'obtenir un soutien actif dans l'offre d'un nouveau poste de travail (ou d'un nouveau stage), ou encore de l'aide pour une qualification ultérieure. Un tel élargissement des possibilités d'action, du réseau professionnel et/ou social concerne les *buts de ressources* qui sont, en même temps, des buts au niveau des *relations, de l'entourage ou du réseau.*

Chaque but doit être adapté au client et se révéler important pour ce dernier : il doit porter sur des situations concrètes de ce client, sur son comportement et son vécu ; il doit être décrit de manière *opérationnelle* par des critères (de préférence qualitatifs *et* quantitatifs) attestant son atteinte ; finalement, il doit être étroitement lié à l'action (intervention) afin d'en permettre la gestion ou le contrôle.

En premier lieu, il s'agit d'élaborer et définir des buts *pour* et *avec* le client, c'est-à-dire des *buts individuels*. Cependant il peut être utile voire nécessaire (p.ex. dans un programme de traitement standardisé) d'utiliser *des buts prédéfinis et standardisés* au début tout comme au fil de l'intervention. Ces buts sont aussi à discuter en détail avec le client, et l'opérationnalisation est éventuellement adaptée à sa situation spécifique. Grâce aux domaines et critères des buts comparables, différents clients peuvent avoir une procédure unifiée. Cette démarche se prête à l'agrégation des cas individuels (voir aussi chapitre 8.3) pour l'évaluation des effets de l'intervention ou de programmes de traitement standardisés. Elle est également intéressante pour l'assurance qualité dans le domaine de la prise en charge (voir aussi les cas présentés dans les chapitres 11 et 12).

Les buts standardisés peuvent être *combinés* avec des buts individuels.

3.2.3. L'évaluation des buts à atteindre dans les designs du cas singulier

Les analyses du cas individuel réalisées pour évaluer, contrôler ou étudier des interventions reposent – de manière explicite ou implicite – sur un plan de recherche et un design (voir chapitre 2 ; voir aussi Kazdin, 1994). Dans le design le plus simple et le plus répandu – le *design A-B* – le comportement en question est saisi et évalué (de préférence plusieurs fois) *avant* l'intervention pour définir ainsi la *ligne de base A*, et ensuite durant (voire à la fin de) la *phase d'intervention B*. Les données du cas proviennent de l'observation systématique, de tests, de l'auto-description ("self-report", y compris par le biais de questionnaires) ou de l'hétéro-description, réalisée par exemple par des personnes de l'entourage. Les mesures répétées de ces données permettent d'étudier les changements et les patterns du comportement cible (p.ex. fréquence ou intensité des symptômes anxieux, de l'abus de substances ou des activités sociales) *(A) avant* l'intervention, *(B) durant* (après le "onset") voire *après* l'intervention relative aux modifications visées. S'il s'agit de plusieurs comportements cible – ou de buts partiels – il est envisageable de les traiter de manière décalée, comme le prévoit le *design à ligne de base multiple* (voir chapitre 2.3). L'ÉBA peut être directement incorporée à ces designs.

3.3. Réalisation et déroulement de l'ÉBA

3.3.1. Définition du problème et contrat

Un prérequis pour l'ÉBA concerne son intégration dans une démarche adéquate du diagnostic orienté vers l'intervention, comprenant aussi l'établissement d'un contrat avec le client (voir aussi Cournoyer, 1996). Lorsqu'on rédige un contrat de travail, les différentes problématiques à travailler sont spécifiées. Ceci nécessite non seulement une réflexion de la part du client, mais aussi la transformation de ses idées en une formulation pertinente de la part du conseiller, qui y intègre également son propre point de vue. C'est seulement sur cette base que des buts opérationnalisés peuvent être déterminés et qu'un plan d'intervention, de travail ou de traitement – tout comme des étapes d'action – sont développés.

Favoriser la description des problèmes dans le cadre de référence du client, les refléter et les élaborer font partie des compétences de base de l'entretien psychologique et de l'approche centrée sur la personne (voir Reicherts, 2015). Par ce biais, le conseiller communique au client qu'il le prend au sérieux avec ses problèmes et qu'il le comprend. Outre l'aide à l'explicitation des buts par le client, il est normalement nécessaire d'offrir un autre regard (expérimenté) sur la problématique et les buts atteignables à définir et à retenir. Il s'agit également de nommer et concevoir des problèmes que le client ne thématise pas (encore). Il est parfois crucial – notamment dans des contextes du travail social clinique (p.ex. dans le contexte judiciaire ; voir chapitre 12) ou psychiatrique – que le conseiller ou le professionnel prenne une plus grande responsabilité dans la définition du problème et du but ; par exemple lorsqu'il s'agit d'une situation mettant en cause la vie du client (p.ex. tentative de suicide, intoxication grave) ou d'une situation où il y a un manque de motivation (p.ex. dans un contexte "de contrainte" judiciaire ; voir chapitre 12). Sans mettre en cause l'intégrité du client, même involontairement, il importe de pouvoir formuler des perspectives du problème qui s'appuient sur la connaissance professionnelle des liens et conditions potentielles du dysfonctionnement.

Exemple : Si un client est souvent fatigué, éprouve des difficultés de dormir, souffre d'une perte d'appétit et perd le plaisir dans des activités agréables tout en réduisant son engagement social, le professionnel psychosocial devrait poser des questions spécifiques de clarification (p.ex. demander s'il est confronté à une perte, s'il souffre d'une maladie somatique ou s'il éprouve éventuellement un épisode cliniquement dépressif).

Une formulation type est par exemple : *"Lorsque nous avons parlé de vous et de votre situation, je me suis posé la question, si éventuellement _____. Qu'est-ce que vous en pensez ? Est-ce un problème, un aspect dont nous devrions prendre en compte également ?"*.

Les définitions des problèmes sont développées à partir des informations du client, complétées par les appréciations du professionnel, voire discutées entre eux sous forme d'un compromis. La spécification des problèmes s'effectue ainsi par un *"accord négocié"*. Elle sert de base et de ligne directrice dans l'explicitation des buts dans le cadre de l'ÉBA. Les domaines problématiques doivent être formulés de manière claire et concrète. En ce qui concerne la procédure pour définir des problèmes et pour les fractionner en sous-problèmes abordables (décomposition de problème) le lecteur trouvera nombre d'informations utiles dans Pauls et Reicherts (2013).

Une formulation type pour résumer une problématique de manière explicite peut être par exemple : *"Je pense nous sommes maintenant d'accord sur les problèmes que nous allons aborder dans notre collaboration. Nous allons les revoir encore une fois, et je les noterai. Ainsi nous pourrons y revenir (sur cette liste) plus tard encore."*

Une formulation type pour l'entrevue suivante (durant laquelle le travail sur les problèmes débute) pourrait être : *"Pourriez-vous donner votre accord avec cette liste et vous engager explicitement à collaborer pour la résolution de ces problèmes ?"*

3.3.2. Développement des buts de l'intervention

Généralement, les buts devraient être formulés en termes de comportements, respectivement de capacités ; ceci vaut également pour les buts de déficit. *"Ne plus être gros"* n'est pas une définition de but pertinente ; "faire un régime" ou "perdre du poids" reste trop vague. Par contre : "atteindre un poids de 70 kilos et le maintenir pendant 6 mois" est une définition de but à la fois claire, spécifique et facile à vérifier. Il est crucial que les critères de succès (ou d'échec) soient compréhensibles et évidents pour le client comme pour le professionnel. "Se sentir mieux reposé" n'est pas assez clair non plus. Par contre : *"Se sentir mieux reposé dans le sens : avoir dormi au moins 7 heures – d'un trait – et ceci pendant au moins 5 jours sur 7"* est une définition opérationnalisée, dont l'atteinte peut être évaluée (ici : chaque semaine) sans aucune ambiguïté.

La démarche concrète peut être structurée en trois étapes (voir aussi Cournoyer, 1996 ; Pauls, 2013, p. 248) :

(1) Encourager à formuler le but de manière précise (après la détermination commune des domaines problématiques) :

Formulation type : *"Si l'on utilise des termes précis : Comment / de quelle façon allez-vous considérer que le problème _____ est effectivement résolu / amélioré de manière manifeste ?"*

(2) Réfléchir sur un but :

Formulation type : *"À votre avis, un but de notre travail serait alors _____ ?"*

(3) Faire savoir comment le conseiller voit le but en question, dans sa perspective :

Formulations type : *"Je me demande s'il y aurait du sens pour vous, de considérer aussi _____ comme un but de notre travail"* ou *"Pourriez-vous imaginer aussi _____ comme un but de notre travail ?"*

3.3.3. Formulation des buts et développement de l'échelle de l'atteinte du but

Les étapes suivantes sont à réaliser de préférence en lien avec la grille (voir en annexe de ce chapitre 3). Une illustration du travail avec la grille est donnée avec le cas de Mme X. dans le chapitre 3.4, ainsi que dans le tableau 3.1 plus bas.

Étape 1 : lister les domaines problématiques importants

Il faut d'abord établir une liste des domaines problématiques (difficultés, soucis) les plus importants qui sont à modifier par le traitement (voir aussi plus haut). On a recours aux données du diagnostic initial, de l'anamnèse et de l'exploration, tout comme de l'analyse de problèmes. Pour des raisons d'intelligibilité, il est recommandé de *choisir au maximum cinq problèmes*. Il est tout de même préférable d'en retenir *au moins deux* afin que la motivation de changement soit mieux étayée et que d'éventuelles améliorations différentielles soient visibles (p.ex. stagnation pour le but 1, mais progrès pour le but 2). Le professionnel veille à ce que les problèmes sélectionnés soient représentatifs de la situation du client et à ce qu'ils concernent différentes facettes. Les problèmes choisis reçoivent un libellé parlant (p.ex. "perdre le contrôle en mangeant …").

La sélection se réfère aux besoins du client et est explicitée en collaboration avec lui. Les domaines problématiques et les buts peuvent également, pour un enfant ou une personne présentant un handicap mental, être déterminés par le conseiller, voire en collaboration avec d'autres personnes (p.ex. les parents de l'enfant).

Étape 2 : définir l'état cible à l'aide d'indicateurs

Pour chaque problème (p.ex. faible estime de soi avec auto-critiques exagérées) on définit un état cible qui exprime la réduction ou la résolution du problème (p.ex. arriver à s'accepter). Pour ceci, on cherche des *indicateurs d'atteinte du but*. On devrait les formuler de manière précise – en termes quotidiens – et le plus objectivement possible afin qu'ils puissent être évalués à chaque moment par le client (et dans la mesure du possible par un observateur ; p.ex. le partenaire). Les indicateurs sont alors des comportements et des vécus dans des situations concrètes (p.ex. émotions anxieuses et/ou comportements d'évitement vis-à-vis de certaines personnes). Ils sont précisés par leur fréquence et/ou leur intensité et forment ensemble les critères d'atteinte du but.

L'*état cible optimal* correspond à l'état qui est fortement souhaitable et qui – d'après l'expérience professionnelle – pourrait être atteint chez le client sous des conditions favorables ; autrement dit, il est *"réaliste"* ou objectivement atteignable, sans être toutefois garanti. Lorsque l'on définit l'état cible optimal il faut tenir compte que certains clients ont tendance à sur- ou à sous-estimer ce qui leur est possible. Par conséquent, déterminer cet état cible optimal doit faire l'objet d'une discussion commune entre client et professionnel. Éventuellement, la *modification du niveau d'aspiration* peut devenir un but supplémentaire en tant que tel de l'intervention envisagée.

- Ceci veut dire, pour la démarche concrète, que l'on demande au client de décrire sa vision de son état cible optimal.
- Le professionnel va "valider" cette vision ou peut proposer de l'adapter vers le haut ou vers le bas.
- Si client et professionnel sont finalement d'accord, l'état cible optimal est fixé de manière définitive à l'aide d'indicateurs opérationnalisés ; il est reporté ensuite dans la grille d'évaluation.

L'état cible optimal peut être décrit tant en termes de *critères négatifs* (p.ex. "réduire les auto-critiques à un minimum optimal : une fois par jour au maximum, et ceci sur un sujet peu important") qu'en termes de *critères positifs* (p.ex. "développer la capacité de se concentrer 30 minutes d'affilées – optimum individuel – et savoir reprendre après une petite pause de 5 minutes, ceci pendant une journée de travail, excepté les pauses prévues"). Concernant les buts portant sur la personne même, on distingue des catégories de buts *au niveau du vécu affectif* (p.ex. vécu affectif et régulation des émotions ; voir Reicherts, Genoud & Zimmermann, 2012) et *au niveau du comportement* (ouvert et raisonné) (p.ex. comportements d'évitement ; cognitions catastrophiques) (voir plus loin le chapitre 3.2.2, ou les *designs* dans le chapitre 2).

Étape 3 : Description de l'état actuel et définition des niveaux sur l'échelle

L'état actuel (avant ou au début de l'intervention) est décrit à l'aide d'indicateurs élaborés et est reporté dans la grille d'évaluation. *L'état actuel* et *l'état optimal* forment les points d'ancrage de l'échelle avec laquelle on évalue l'atteinte du but (voir plus loin). À ce moment, il ne s'agit pas seulement de rendre visible l'écart entre ce qui est et ce qui devrait être *(Soll-Ist-Diskrepanz)* mais aussi de montrer qu'il existe différents niveaux intermédiaires entre ces "extrêmes". Il est en effet très important que le client comprenne ces gradations ou degrés dans l'atteinte du but. Il est recommandé de définir au moins le *niveau moyen* d'atteinte du but à 50%, représentant une "amélioration sensible", ceci en l'opérationnalisant également par des comportements concrets. Si possible, on définit aussi les niveaux de 25% et 75%, voire encore des points intermédiaires à 12.5%, 37.5%, 62.5% ou 87.5% ; voir p.ex. le cas de "Petra" dans le chapitre 11).

Étape 4 : valider la plausibilité de l'atteinte du but "optimale" – et son adaptation éventuelle

Vu l'importance de l'état optimal en tant "maximum" de l'échelle (100%), l'écart entre ce qui est et ce qui devrait être *(Soll-Ist-Diskrepanz)* doit être examiné dans la perspective de pouvoir "surmonter" le problème ; il faudrait ainsi, en particulier, évaluer à diverses reprises – et en se référant aux descriptions opérationnelles – si l'état cible optimal est effectivement à la portée du client dans des conditions favorables, et tenant compte des moyens et interventions à disposition. Cette étape est également à discuter et négocier avec le client. Le cas échéant, il faut réadapter la définition opérationnalisée des buts.

Étape 5 : pondérer l'importance des différents buts

Les buts élaborés doivent être pondérés selon leur *importance subjective* pour le client. La pondération sert à rendre visible les progrès non seulement en fonction de la proximité des buts, mais aussi selon leur importance initiale (au début de l'intervention). Il y a 100 points (pourcentage) qui sont distribués par le client en fonction de l'importance de chaque but. Ensuite, les pondérations sont indiquées dans la grille d'évaluation.

Formulations type pour cette étape : *"Pour vous, un but peut être plus important qu'un autre. Imaginez que vous avez à disposition 100 points à répartir entre vos buts. Maintenant, donnez à chaque but des points en fonction de* l'importance qu'ils ont pour vous. *S'il y a par exemple deux buts d'une importance comparable, vous attribuerez 50% à chacun des deux buts. Si l'un est plus important que l'autre, vous pouvez lui accorder 60% ou 70% ; par conséquent, l'autre recevra 40% ou 30%."*

3.3.4. Planifier des étapes et des activités concrètes et les intégrer dans l'ÉBA

Une fois les buts explicités, pondérés et reportés dans la grille d'évaluation, il s'agit de préparer le travail ultérieur avec le client. Le professionnel et le client doivent en effet clarifier de quelle manière la récolte des données diagnostiques et de l'intervention va se dérouler, et quels sont les angles d'attaque pour les changements. On distingue les tâches du professionnel de celles du client, tout comme la participation d'autres personnes. Les *tâches du client* concernent les activités que ce dernier effectue non seulement durant les séances mais surtout entre les séances, au quotidien. Les *tâches du professionnel* comprennent les activités variées durant les séances, mais aussi leur préparation préalable.

Pour identifier les angles d'attaque et les activités, Cournoyer (1996, p. 271) propose les formulations type suivantes : *"Selon vous, quel changement indiquera un premier pas en direction du but _____ ? ou : Qu'est-ce que vous pourriez faire pour y arriver ?"*

Il importe de diriger l'attention du client sur le futur proche. Pour faciliter ceci, il est également possible de proposer un exercice d'imagination dans lequel le client visualise une situation où il vient de faire ses premiers progrès, situation qu'il doit alors décrire. Cette "visualisation" permet souvent de trouver des indices précieux pour les actions et étapes que le client devrait traverser pour se rapprocher du but. Formulation type pour l'amener à une telle démarche : *"Le premier (ou le prochain) pas que vous voulez faire (ou voulez que je fasse) consiste à _____. Vous allez (ou je vais) remplir cette tâche jusqu'au _____ (la date convenue). Nous en reparlerons lors de notre prochaine séance."*

3.3.5. Évaluer l'atteinte du but

Concrètement, l'évaluation de l'atteinte du but consiste le plus souvent en une *évaluation de l'état actuel* généralement effectuée par le client et le professionnel.

Les changements sont toujours évalués en *référence à l'état cible optimal* (en pourcentage d'atteinte de cet état, selon l'échelle opérationnalisée), tel qu'il a été défini au début de la procédure. Ainsi, on évalue ce qui a changé *depuis le début de l'intervention* (ou depuis la première mesure) et non pas ce qui a changé depuis la dernière séance. L'ÉBA repose sur des critères orientés vers le futur qui devraient rester constants dans le temps.

L'atteinte du but est évaluée sur une échelle allant de 0% (correspondant à l'état initial, inchangé) à 100% (correspondant à l'état cible optimal). Avec les degrés intermédiaires, l'échelle comprend normalement 5 à 6 niveaux :

- 100%   totalement amélioré (de manière optimale)
- 75%   assez fortement amélioré (de manière marquée)
- 50%   moyennement (sensiblement) amélioré
- 25%   légèrement (un peu) amélioré
- 0%   inchangé, sans amélioration
- (–)   détérioré / empiré

Le niveau zéro et le niveau maximal sont dans tous les cas définis par l'état initial et l'état cible optimal (voir exemple ci-dessous). Des valeurs intermédiaires (p.ex. 12.5% ou 33.3%) sont admises.

Il est recommandé de définir également les niveaux intermédiaires, non seulement en termes de quantification (pourcentages) mais aussi de manière opérationnalisée ; il importe au moins de fixer de cette manière le niveau moyen (50% ; amélioré "moyennement" mais "sensiblement"). Les évaluations sont directement indiquées dans la grille avec une gradation sous-jacente pour les niveaux intermédiaires. La première évaluation a lieu directement après l'élaboration et la pondération des buts à atteindre. Selon les consignes, cette évaluation correspond à *l'état initial* opérationnalisé ; le client évalue donc l'atteinte des buts à 0% (aucune amélioration).

Dans les exemples de cas des chapitres 11 et 12, une échelle différenciée à 9 niveaux d'atteinte du but est utilisée ; elle repose sur l'échelle standard à 5 niveaux mais propose des niveaux intermédiaires (p.ex. 37.5% entre 25% et 50%). Cette échelle à haute résolution s'avère pratique dans différents contextes, notamment pour les séries temporelles.

Détériorations

Lors d'interventions psychosociales, des détériorations – le plus souvent à caractère transitoire – peuvent se produire. Cependant, il n'est pas judicieux de proposer une échelle négative analogue, allant "vers le bas". Non seulement les évaluations négatives sont assez rarement utilisées, mais il est en outre difficile (voire contre-intuitif) de construire et d'ancrer subjectivement un niveau de -75% par exemple. De plus, une telle échelle sur-accentuerait le côté négatif, ce qui également inapproprié pour une approche d'intervention qui vise l'amélioration. C'est pour cette raison que nous proposons dans la présentation graphique une seule ligne en dessous du niveau "0". Or, il est théoriquement possible de définir différents niveaux de détérioration : par exemple "un peu détérioré" 25%, "sensiblement détérioré" 50% ou "fortement détérioré" 75%, sans pour autant arriver à un ancrage aussi plausible et parlant que l'atteinte du but. Ces valeurs pourraient éventuellement être introduites dans la grille d'évaluation. Elles doivent alors être multipliées par l'importance du but concerné et soustraites des indicateurs composites (tel que "l'indice de changement global").

Nombre et décalage des évaluations (points de mesure)

L'évaluation des buts à atteindre prévoit *au minimum deux évaluations :* au début et à la fin d'une intervention. Nous recommandons d'effectuer la *mesure initiale* lors de la 2ème ou 3ème séance et la mesure finale lors de l'avant-dernière ou la dernière séance. Pour une situation extrême, tel un *counselling* à court terme, ces deux mesures peuvent être faites dans l'espace de trois ou quatre séances seulement.

Le nombre et le décalage des mesures dépendent du type de prise en charge ou d'intervention et de la variante de l'ÉBA. De manière générale, nous recommandons pour l'évaluation d'une intervention – outre la mesure initiale – une mesure autour de la 10ème (ou 15ème) séance et une autre autour de la 20ème (ou 30ème) séance. Ceci concerne aussi la transition d'une intervention à court terme vers une intervention à long terme, un cas de figure qui peut arriver dans le travail psychothérapeutique ou socio-thérapeutique. Si l'ÉBA est utilisée comme instrument d'*évaluation du processus et (des patterns) de l'évolution*, les buts à atteindre doivent être évalués plus fréquemment et régulièrement, par exemple au rythme bimensuel ou hebdomadaire (voir l'exemple "Petra" dans le chapitre 11) ou, à la limite, lors de chaque séance. Dans certains cas (décisions d'indication adaptative ou *programmes d'intervention*) nous proposons une évaluation à la fin de chaque élément de traitement (p.ex. dans le cas d'un trouble de sommeil, après chaque élément d'intervention liés au design à ligne de base multiple ; voir exemple de Monsieur S. dans le chapitre 2.5). Pourtant, selon nos expériences, il ne faudrait pas évaluer les buts à atteindre plus fréquemment qu'une fois par semaine. Dans le cadre des mesures catamnestiques ou pour le suivi (*follow-up*) il faut généralement un laps de temps d'un, trois, six et douze mois.

Les résultats de chaque évaluation doivent être discutés – au moins brièvement – avec le client. Une discussion approfondie peut conduire à aborder des nouveaux thèmes relatifs à la prise en charge ou à l'adaptation des interventions. En tout état de cause, quel que soit le niveau d'amélioration, il est important de savoir si le client aimerait exprimer encore autre chose.

3.3.6. Analyse et interprétation

Étant donné que les évaluations sont directement introduites dans la grille, les changements sont dès lors immédiatement visibles et lisibles. En réalisant plusieurs mesures, c'est aussi l'évolution qui est directement mise en évidence.

Analyse des changements

À chaque point de mesure, on peut calculer un *indice de changement*, en multipliant la valeur d'atteinte du but avec sa pondération correspondante. Par conséquent, cet indice exprime des *changements pondérés*, ce qui fait que des améliorations plus marquées d'un but moins important seront relativisées par rapport à des améliorations moins marqués d'un but avec une pondération plus grande (voir l'exemple d'application ci-dessous). L'indice de changement est calculé selon la formule suivante et reporté dans la grille d'évaluation :

$$\text{Indice de changement IC} = \frac{\text{changement en \%}}{100} \cdot \frac{\text{pondération du but en \%}}{100}$$

Exemple : une amélioration de 50% d'un but avec une pondération de 30% donne un indice de changement IC de 0.15 ($0.5 \cdot 0.3 = 0.15$).

L'analyse est discutée avec le client. Ce dernier et le professionnel prennent position par rapport aux améliorations, mais également par rapport aux éventuelles détériorations. De manière générale, il est important que le conseiller *souligne les progrès,* même ceux qui concernent des améliorations moins marquées ou pour des buts moins importants. À la fin de l'intervention, les résultats de l'ÉBA trouvent une place proéminente dans le *bilan final*, que l'on établit avec le client.

À chaque point de mesure (prévu pour l'examen d'atteinte du but) (p.ex. toutes les 10 séances, mesure finale, catamnèse) on présente au client la grille d'évaluation avec l'*instruction suivante* (formulation type) : *"Évaluez s.v.p., dans quelle mesure vous avez à l'heure actuelle atteint vos buts. Depuis le début du traitement, dans quelle mesure votre problématique a-t-elle changé ou s'est-elle améliorée ?*

Nous commençons par le but (1) que vous aviez à l'époque nommé _____.

À l'époque, vous aviez décrit l'atteinte du but optimale (100%) comme suit : _____.

Vous aviez défini la mesure dans laquelle vous vous rapprochez du but comme suit : à 25 % par _____ , à 50% par _____ et à 75% par _____."

Lorsque l'on interprète l'indice de changement, il faut tenir compte de la durée de l'intervention (éventuellement de son l'intensité), qui dépend évidemment de la gravité du problème et de sa résistance au changement. Pour cette raison, l'interprétation doit se référer au cas individuel et être considérée en fonction de l'intervention effectivement réalisée.

La démarche de l'ÉBA peut être résumée dans le *schéma procédural* suivant (voir graphique 3.1).

```
┌─────────────────────────────────────────────────────────────────────┐
│ Expliciter les problèmes et définir un contrat                        │
└─────────────────────────────────────────────────────────────────────┘
                              ↓
┌─────────────────────────────────────────────────────────────────────┐
│ Définir et lister les domaines problématiques                         │
│ Développer des buts globaux des stratégies d'intervention             │
└─────────────────────────────────────────────────────────────────────┘
                              ↓
┌─────────────────────────────────────────────────────────────────────┐
│ Choisir 2 à 5 problèmes                                               │
└─────────────────────────────────────────────────────────────────────┘
                              ↓
┌─────────────────────────────────────────────────────────────────────┐
│ Définir l'état cible optimal pour chaque problème :                   │
│ l'"atteinte optimale du but" de 100% est opérationnalisée à l'aide    │
│ d'indicateurs du vécu et du comportement (fréquence, intensité etc.)  │
└─────────────────────────────────────────────────────────────────────┘
                              ↓
┌─────────────────────────────────────────────────────────────────────┐
│ Définir l'état initial de chaque problème (normalement 0% ) :         │
│ l'atteinte du but est opérationnalisé à l'aide d'indicateurs du vécu et du │
│ comportement (fréquence et intensité initiales)                       │
└─────────────────────────────────────────────────────────────────────┘
                              ↓
┌─────────────────────────────────────────────────────────────────────┐
│ Définir des niveaux intermédiaires d'atteinte du but :                │
│ notamment le niveau de 50% (amélioration moyenne ou sensible) qui est aussi │
│ opérationnalisé par des indicateurs du vécu et du comportement        │
└─────────────────────────────────────────────────────────────────────┘
                              ↓
┌─────────────────────────────────────────────────────────────────────┐
│ Examiner la plausibilité et la faisabilité de l'état envisagé,        │
│ éventuellement modifier l'atteinte du but "optimale"                  │
└─────────────────────────────────────────────────────────────────────┘
                              ↓
┌─────────────────────────────────────────────────────────────────────┐
│ Pondérer les 2 à 5 buts selon l'importance individuelle :             │
│ répartition de 100 points (pourcentage) parmi les buts                │
│ → la pondération de chaque but est ainsi établie (0-100%)             │
└─────────────────────────────────────────────────────────────────────┘
                              ↓
┌─────────────────────────────────────────────────────────────────────┐
│ Planifier et réaliser des étapes et composantes de l'intervention     │
└─────────────────────────────────────────────────────────────────────┘
                              ↓
┌─────────────────────────────────────────────────────────────────────┐
│ Évaluer l'atteinte des buts : au minimum au début et à la fin de l'intervention, par │
│ ailleurs décalé de manière régulière / après chaque étape d'intervention │
│ - évaluer l'atteinte de chaque but avec l'échelle à 0, 25, 50, 75 ou 100% │
│ - pondérer l'atteinte du but avec son importance (indice de changement IC) │
│ - calculer l'indice de changement global ICG en regroupant les IC     │
└─────────────────────────────────────────────────────────────────────┘
```

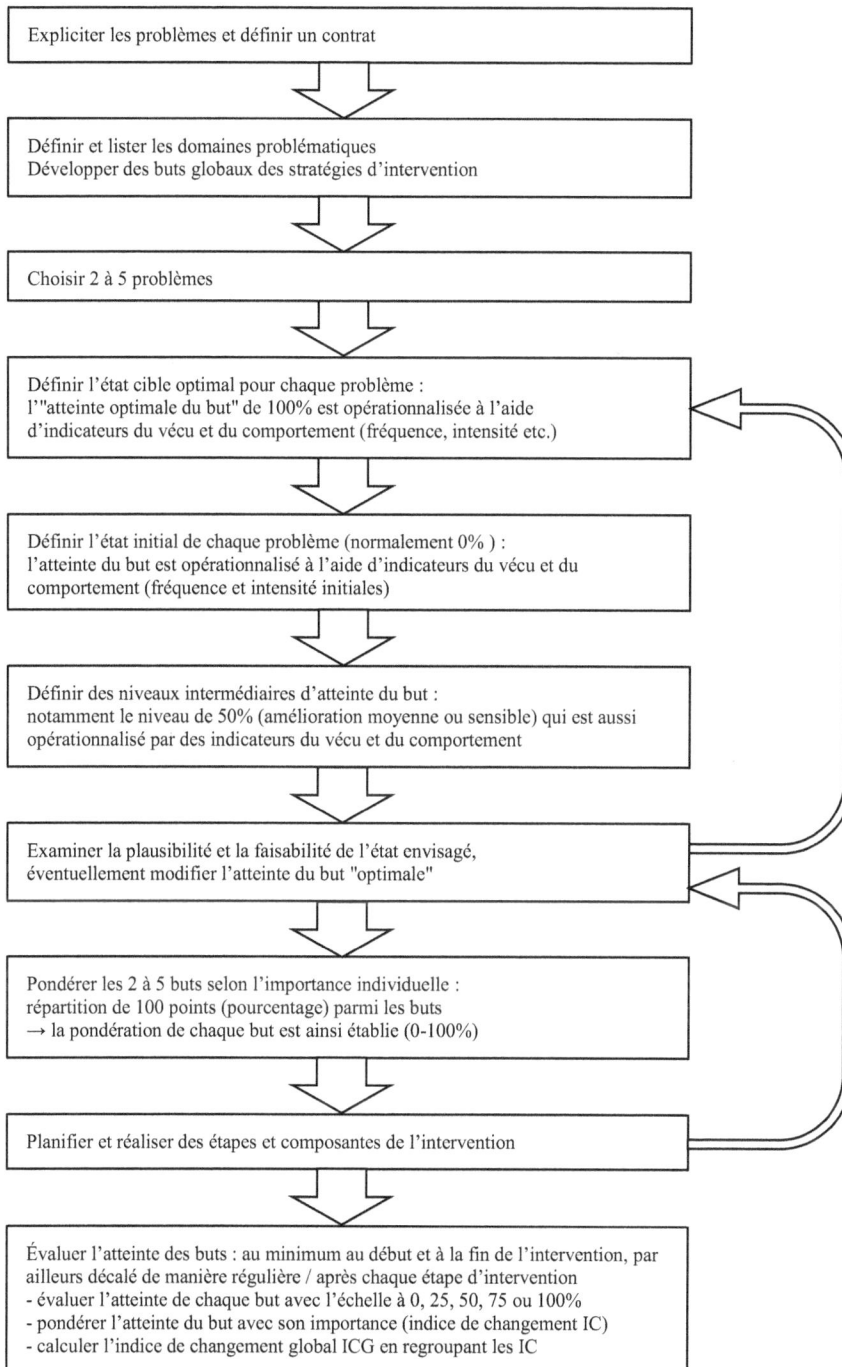

Figure 3.1 : Schéma procédural de l'ÉBA

En *additionnant* les indices de changement des différents buts pour chaque point de mesure, on obtient un *indice de changement global* ICG (ou mesure d'amélioration générale : *"overall improvement score"* d'après Romney). Il résume un en seul score l'étendue ou l'importance de l'atteinte des buts spécifiques du client. On peut l'introduire dans la grille d'évaluation (voir la ligne tout en bas de la grille ; voir aussi tableau 3.1). En analogie avec l'échelle de changement, on peut interpréter un *indice de changement global* à la fin de l'intervention comme suit :

- inférieur à 0.25 comme "faible" (proche de 0.0 comme "inchangé"),
- entre 0.25 et 0.49 comme "un peu" ou "acceptable",
- entre 0.50 et 0.74 comme "sensible", "bien" ou "supérieur à la moyenne",
- supérieur à 0.75 comme "très marqué" jusqu'à "optimal" (si proche de 1.0).

3.3.7. Variantes de mise en œuvre et situations spécifiques

On peut distinguer plusieurs variantes de réalisation de l'ÉBA :

- une *version client*, effectuée avec le professionnel, qui vise un diagnostic orienté vers l'intervention et une évaluation transparente et coopérative ; c'est la *variante par défaut* qui est aussi au centre de ce chapitre ;

- une *version expert* qui a pour but une évaluation pour l'assurance qualité ; c'est seulement le professionnel ou un expert externe qui analyse l'évolution du cas sur la base des informations disponibles ;

- une *version institution* (éventuellement anonymisée) qui sert à l'agrégation des cas singuliers pour mettre en évidence des patterns de fonctionnement à travers les cas (méta-analyse). Elle permet également une assurance qualité d'un programme d'intervention, d'une unité ou d'une institution entière par exemple.

Mesures répétées et changements différentiels

Lorsqu'il y a trois mesures ou plus, on peut comparer différents buts en termes de pattern d'atteinte et répondre ainsi aux questions suivantes : Des améliorations apparaissent-elles en même temps, avec la même intensité – ou en différé, avec une intensité différente ? Quelle amélioration est apparue en premier ? Est-ce que les changements se sont stabilisés – si oui, pour quel but ou dans quel domaine ?

Si on utilise l'ÉBA pour l'analyse de l'évolution, notamment dans le contexte des cas singuliers avec design à ligne de base multiple (voir chapitre 2), on est le plus souvent en mesure de répondre directement à ces questions. Sinon, on peut en clarifier certains aspects dans la discussion finale avec le client.

L'analyse de la mesure à la fin de l'intervention peut également être examinée dans la perspective des effets d'intervention différentiels. En appliquant l'ÉBA comme instrument dans le cadre de l'assurance qualité par exemple, il est souhaitable d'en prévoir des feedbacks pour les praticiens. De toute façon, il faudrait chercher les effets juste après avoir terminé l'intervention : Y a-t-il des effets différentiels ? Peut-on remarquer l'effet des interventions spécifiques ? Est-ce que ceci a des conséquences pour l'indication ou l'assurance qualité ?

Analyse de l'atteinte des buts par le professionnel ou une tierce personne

Une autre variante de l'ÉBA se déroule avec les mêmes étapes que la procédure standard, à l'exception de l'évaluation de l'atteinte des buts qui est effectuée par le professionnel lui-même, indépendamment du client. Son évaluation se réfère au même but ou état cible optimal et selon les mêmes critères opérationnalisés. Ceci permet une comparaison des deux perspectives, et offre un deuxième avis qui peut jouer un rôle particulier dans *l'évaluation clinique*.

Une autre variante encore consiste en l'évaluation par une tierce personne, par exemple un expert clinique externe ou une personne de l'entourage du client (enseignant, parents ou partenaire). Il est possible d'effectuer avec cette personne tout le processus de définition des buts, éventuellement aussi de manière supplémentaire et indépendamment du client. Ainsi, il est possible d'intégrer encore d'autres sources de données, en se basant par exemple sur l'observation externe dans la vie quotidienne (notamment l'évaluation ambulatoire, voir chapitre 4).

Intégration de nouveaux buts et pondérations au cours de l'intervention

Lors de l'utilisation répétée de l'ÉBA au cours de l'intervention, il est possible que le client – ou parfois le professionnel – souhaitent modifier les buts initiaux ou leurs pondérations. Il est également possible que de *nouveaux buts* émergent au fil de l'intervention. Soit le client n'a pas été capable, à un moment donné, de percevoir ou de réfléchir sur certains domaines problématiques, soit sa situation de vie ou son pronostic a changé considérablement. Dans ce cas, nous recommandons de *rajouter* le but en question : de le définir et le pondérer – puis de contrôler son évolution de la même manière.

Une complication peut se produire, si – au cours de l'intervention – l'importance d'un but change beaucoup ; autrement dit si, en comparaison avec d'autres buts, il est devenu beaucoup plus – ou beaucoup moins – important. Dans ces rares cas, il faudrait reprendre la pondération de tous les buts, afin que leur total atteigne les 100%.

De telles modifications dans la procédure de l'ÉBA peuvent être prises en considération mais devraient toutefois être effectuées avec prudence. Pour assurer la continuité des définitions et évaluations des buts initiaux, on devrait *dans tous les cas* continuer l'ÉBA d'origine, avec la même grille d'évaluation. On *rajoute* alors éventuellement une seconde grille avec les nouvelles définitions et pondérations. Par la suite, les deux grilles sont traitées en parallèle.

3.4. Étude du cas de Mme X. : problèmes d'estime de soi et de couple

Après le diagnostic initial, l'exploration et une phase d'auto-observation systématique de deux semaines (ligne de base), deux *domaines problématiques* ont été repérés et chez Mme X. : les difficultés au sein du couple et d'importants problèmes d'estime de soi. Avec la cliente, il a été décidé de focaliser l'intervention sur ces deux problèmes.

Sur cette base, une ÉBA (voir tableau 3.1) a été effectuée. Comme premier but (1), la cliente a finalement opté pour les *"conflits avec le partenaire"*. De plus, la cliente et la thérapeute se sont mises d'accord sur le second but (2), à savoir l'*"auto-dévalorisation"*. Dans les deux cas, il s'agit de *buts concernant des déficits* ; les conflits de couple représentent une combinaison entre buts *inter*personnels et *intra*personnels, l'auto-dévalorisation concerne uniquement un *but intrapersonnel*. Mais cliente et thérapeute ont préféré transformer l'"auto-dévalorisation" en un but positif qu'elles ont nommé "acceptation de soi".

Les conflits de couple (1) ont été diagnostiqués et traités durant plusieurs séances avec le partenaire également. L'*état cible optimal* de ce but a été opérationnalisé par Mme X. – en accord avec son partenaire – par quatre *critères de compétence* (voir tableau 3.1) :

- "se parler régulièrement (au minimum 1 fois par jour, au moins une demi-heure)",
- "exprimer ses propres besoins, désirs et déceptions (au minimum 1 fois par jour)",
- "penser à une caractéristique positive du partenaire ou penser à un moment agréable avec lui (au minimum 3 fois par jour)"
- "avoir une relation sexuelle (au minimum 1 fois par semaine)".

Ces différentes composantes ont été organisées par ordre croissant de difficulté. Leur atteinte commune définit *l'état cible optimal*, donc l'amélioration optimale à 100%. Comme amélioration "moyenne" et "sensible" de 50% Mme X. a défini : soit 2 des 4 critères sont remplis entièrement, soit les 4 critères sont remplis à moitié (par exemple, se parler tous les deux jours au moins 30 minutes, exprimer ses besoins, souhaits ou déceptions au moins tous les 2 jours, etc.).

En ce qui concerne l'état initial au début de la thérapie, la cliente et son partenaire ne se parlaient guère, la cliente taisait se besoins et souhaits. De plus, des pensées négatives sur son partenaire traversaient son esprit, ils n'avaient quasiment plus de relations intimes (la dernière remontant à 6 mois) et il n'y avait du reste aucun échange érotique. Pris ensemble, aucun des critères n'était rempli, ce qui correspond à 0% (voir tableau 3.1).

Tableau 3.1 : Exemple d'ÉBA de Mme X. : grille d'évaluation avec entrées (simplifiées)

But	Libellé	But de changement optimal	État initial (au début de l'intervention)		Séance N° 10	N° 20	N° 31 (fin)	Catamnèse 15ème semaine
1	Conflits de couple	• Se parler régulièrement	→ Se parler rarement	100%			100%	100%
		• Penser avec plaisir au partenaire	→ Penser toujours négativement au partenaire	75%		75%		
		• Exprimer ses besoins, souhaits, et déceptions	→ Taire ses besoins, souhaits et déceptions	50%	50%			
		• Vivre sa sexualité	→ Ne pas avoir de rapports sexuels	25%				
				0%				
		Pondération: .30		VI	0.150	0.225	0.300	0.300
2	Acceptation de soi	• Savoir se pardonner ses erreurs	→ Se critiquer tout le temps	100%				
		• Savoir s'encourager face aux difficultés	→ Se dévaloriser face aux difficultés	75%				75%
		• Reconnaître et accepter les compliments des autres	→ Ne pas reconnaître et accepter l'appréciation des autres	50%			50%	
				25%	25%	25%		
				0%				
		Pondération : .70		IC	0.175	0.175	0.350	0.525
				ICG	0.325	0.400	0.650	0.825

En ce qui concerne *l'acceptation de soi* (2), le but de changement optimal a été opérationnalisé par les trois comportements concrets (critères de compétence) suivants :

- "se pardonner ses erreurs",
- "s'encourager face à des difficultés (auto-verbalisations positives)",
- "reconnaître et accepter la considération positive des autres".

À la différence du premier but, les 3 comportements ont été opérationnalisé de cette manière : ils devraient être réalisés "toujours", c'est-à-dire à chaque occasion. La cliente a toutefois été d'accord d'accepter chez elle occasionnellement (dans maximum 10% des situations) un comportement différent. Ce supplément a été rajouté sur proposition de la thérapeute afin que la cliente ne s'impose pas une nouvelle règle rigide qui serait à même de favoriser de nouvelles auto-critiques. L'amélioration "sensible" mais moyenne (50%) a été opérationnalisée par la cliente comme suit : les trois critères sont atteints "à moitié" ; autrement dit, se pardonner 50% de ses erreurs, s'encourager dans 50% des situations difficiles et accepter les compliments dans 50% des situations.

Quant à la *pondération des buts*, lors du diagnostic comportemental et la planification de l'intervention, il est devenu évident que la seconde problématique était bien plus préoccupante et importante. Ainsi, la cliente a finalement accordé un poids de 70% à l'"acceptation de soi" et 30% aux "difficultés de couple" (voir tableau 3.1).

Au début de la thérapie (état initial), la cliente n'arrivait pratiquement jamais à se pardonner une erreur, aussi petite soit-elle, n'arrivait pas à s'encourager ou à accepter les valorisations des autres. Aucun critère n'était donc rempli (0%).

Le premier but a été traité avec la participation du partenaire à l'aide d'un entraînement de couple à la communication et la gestion du stress (Bodenmann, 2004) ; le second but à l'aide d'une intervention cognitivo-comportementale, comprenant des techniques d'assertivité et de restructuration cognitive (Margraf & Schneider, 2009).

Lors de la *première évaluation intermédiaire* (à la 10ème séance ; voir tableau 3.1) des améliorations sensibles sont déjà apparues pour le premier but (difficultés de couple) : dès le départ quasiment, ils sont en effet arrivés à se parler pendant une demi-heure par jour et, à cette occasion, la cliente a pu manifester presque chaque fois ses besoins et souhaits (mais pas encore ses déceptions). Grâce au renforcement du contact, elle est arrivée à penser avec plaisir à son partenaire ; les contacts sexuels n'ont pas été instaurés tout de suite, mais il y a eu des caresses occasionnelles. Le fait que deux critères de la cliente était remplis presque entièrement – et un autre partiellement – a été évalué par la cliente comme amélioration "sensible" (50%). Dans le second domaine, ce sont seulement les auto-critiques qui se sont réduites, en partie, mais Mme X. n'est arrivée que rarement à s'encourager elle-même. Ces améliorations visibles, bien que partielles, ont été évaluées par la cliente comme étant "faibles" (25%).

Lors de la *deuxième mesure intermédiaire* (20ème séance ; tableau 3.1) la cliente a éprouvé dans le premier domaine des améliorations supplémentaires : des pensées encore plus agréables et fréquentes vis-à-vis de son partenaire ainsi que la capacité d'exprimer aussi de la frustration et de la déception. Quant aux comportements intimes, la tendresse et le contact corporel se sont renforcés, mais faire l'amour est resté cependant très rare. Trois des critères étant réalisés, une atteinte de but à 75% (amélioration marquée) a été enregistrée.

Dans le second domaine, les symptômes se sont avérés plus résistants. De légères améliorations se sont encore produites au niveau des auto-encouragements ; la cliente y arrivait plus fréquemment. À part cela, aucun des critères n'a été rempli complètement. Son évaluation d'atteinte du but est restée sur le niveau d'une certaine amélioration, mais plutôt faible (25%).

Ainsi, en considérant l'indice de changement IC (voir tableau 3.1), bien que les améliorations d'estime de soi (domaine 2) soient nettement moins marquées que celles au sein du couple (domaine 1), elles on un impact non négligeable sur l'ICG (à cause de leur pondération). Ceci a été discuté avec la cliente, ce qui a engendré une motivation supplémentaire au changement, malgré les progrès plus lents.

À la fin de l'intervention (séance 31 ; voir tableau 3.1), tous les critères dans le pre-mier domaine (couple) ont été remplis et la cliente a évalué l'atteinte du but comme étant "optimale" ou "complète" (100%). Dans le second domaine, elle a réussi à éliminer presque complètement ses auto-critiques et à se faire plus fréquemment des auto-verbalisations positives – ce qu'elle a considéré comme une amélioration "sensible" mais moyenne (50%). Elle a été assez contente en ce qui concerne le succès thérapeutique, ce qui est également exprimé par l'indice de changement global ICG de 0.650 (correspondant à une amélioration "sensible").

Lors d'une *séance de suivi*, environ quatre mois plus tard, le bilan de la cliente s'est encore amélioré (voir tableau 3.1). Pour le second but (acceptation de soi), elle arrive maintenant à s'encourager régulièrement, à constater plus fréquemment les compliments des autres et les accepter occasionnellement ; ceci correspondant à une atteinte de but "marquée" (75%). L'indice de changement global ICG se monte maintenant à 0.825, ce qui est très élevé.

Les données reposent sur l'auto-observation (voir chapitre 4) et ont été notées cha-que jour (en résumé) ou directement après un événement, comportement ou ressenti pertinent (aussi par le partenaire de Mme X. en ce qui concerne le premier but). L'évolution des améliorations présente un *développement différentiel* : dans le domaine du couple, il y a des améliorations assez marquées et rapides dues – au moins en partie – à la bonne collaboration du partenaire ; elles semblent précéder celles dans le domaine de l'estime de soi et les favorisent peut-être. L'acceptation de soi augmente plus lentement et de manière moins marquée. Cependant, après la fin de la thérapie, Mme X. progresse encore dans ce domaine 4 mois plus tard. Dans l'ensemble, la cliente – ainsi que son partenaire – a été très contente des change-ments qu'elle a pu réaliser grâce à l'intervention.

3.5. Évaluation critique

L'analyse des buts à atteindre peut être appliquée avec succès auprès de nombreux clients et dans des contextes les plus variés. Cependant, sa variante standard a comme prérequis que le client puisse prendre le rôle qui lui incombe dans les différentes étapes de l'ÉBA. Ainsi, son application peut poser problème auprès de clients qui présentent des difficultés d'anticipation ou qui ne comprennent pas le principe d'"état optimal" que l'on souhaite atteindre par le travail commun. D'autres imaginent peut-être des buts "incontestables" mais inadéquats (trop exigeants) par rapport à ce qu'ils pourraient atteindre par l'intervention. De même, concernant l'intervention en tant que telle, des clients peuvent avoir des idées inadéquates (voir aussi Scholz, 1996). Dans ces cas – rares – il incombe au professionnel de proposer et de négocier un compromis qui respecte les idées du client, sans renoncer surtout à sa collaboration ; dans de tels cas, on réalise l'ÉBA de manière "provisoire" et "accessoire".

Quant aux limites ou restrictions méthodologiques de l'ÉBA, on peut avancer les problèmes de ce type d'échelle à mesure directe *per fiat*, reposant sur une opération-nalisation individuelle : le niveau de mesure quantitatif *à intervalles équidistants* ne peut pas être garanti. Par conséquent, il peut en découler entre autre des problèmes d'interprétation des valeurs calculées ultérieurement (p.ex. la multiplication des pondérations et des degrés d'atteinte des buts pour établir l'indice de changement global ; voir aussi Scholz, 1996). D'autres approches de l'évaluation de l'atteinte des buts essayent de contourner ces problèmes, mais le plus souvent au prix d'une complexité procédurale augmentée, d'une démarche prolongée et d'une plus grande "vulnérabilité" aux erreurs.

3.6. Bibliographie

Antonovsky, A. (1997). *Salutogenese. Zur Entmystifizierung von Gesundheit.* Deutsche erweiterte Herausgabe von A. Franke. Tübingen: dgvt-Verlag.

Bodenmann, G. (2004). *Verhaltenstherapie bei Paaren.* Göttingen: Hogrefe.

Braaten, L. J. (1989). Predicting positive goal attainment and symptom reduction from early group climate dimensions. *International Journal of Group Psychotherapy, 39* (3, Special Issue), 377-387.

Cournoyer, B. (1996). *The social work skills workbook* (2nd ed.). Pacific Grove: Brooks / Cole Publishing Company.

Ellis, N.C. & Mumpower, J.L. (1975). Automated Evaluation of Goal-Attainment Ratings. *Psychiatric Services, 26* (3), 163-164.

Grawe, K., Donati, R. & Bernauer, F. (2001). *Psychotherapie im Wandel – Von der Konfession zur Profession* (5. Aufl.). Hogrefe: Göttingen.

Haymoz, S. & Reicherts, M. (2015). *Vivre et réguler ses émotions. Modules d'intervention. Manuel pour conseillers.* Collection Santé Psycho-Sociale. Coburg : Edition ZKS-Verlag. À télécharger sous : www.zks-verlag.de/wp-content/uploads/Stéphanie-Haymoz-Michael-Reicherts-Vivre-et-réguler-ses-émotions.pdf

Hemmerich, V. (2013). *Evaluation in der stationären Drogentherapie mittels Zielerreichungsanalyse.* Weitramsdorf: ZKS-Verlag.

Kanfer, F., Reinecker, H. & Schmelzer, D (2011). *Selbstmanagement-Therapie. Ein Lehrbuch für die klinische Praxis* (5. Aufl.). Berlin: Springer.

Kazdin, A.E. (1994). Methodology, design, and evaluation in psychotherapy research. In A.E. Bergin & S.L. Garfield (Eds.), *Handbook of psychotherapy and behaviour change* (4th ed.) (pp. 19-71). New York: Wiley.

Kieresuk, T.J. & Sherman, R.E. (1968). Goal attainment scaling: A general method for evaluating comprehensive community mental health programs. *Community Mental Health Journal, 4,* 443-453.

Kieresuk, T., Smith, A., Cardillo, J.E. (Eds.) (1968). *Goal attainment scaling: application, theory and measure.* Hillsdale: Lawrence Erlbaum.

Locke, E., Shaw, K., Saari, L. & Latham, G. (1981). Goal setting and task performance: 1969 – 1980. *Psychological Bulletin, 90* (1), 125-152

Lutz, K., Keller, F., Fegert, J.N., Bartelworth, C. & Stiller, K. (2006). Individuelle Erfassung pädagogischer Ziele und standardisierte Erhebung psychosozialer Belastung von Jugendlichen in pädagogischen Einrichtungen: Eine Machbarkeitsstudie zur Objektivierung der Hilfeplanung in elf stationären pädagogischen Einrichtungen des Christlichen Jugenddorfwerks (CJD). *Themenheft „Wirkungen in den Erziehungshilfen" EREV-Schriftenreihe, 47* (3), 76-92.

Ng, B.F.L. & Tsang, H.W.H. (2002). A program to assist people with severe mental illness in formulating realistic life goals. *The Journal of Rehabilitation, 68* (4), 59-66.

Pauls, H. (2002). Erfahrungsorientierte Klinische Sozialarbeit in der Kinder-, Jugend- und Familienhilfe – Konzeption einer Praxiseinrichtung. *Gesprächspsychotherapie und Personzentrierte Beratung (GwG), 3* (2), 223-228.

Pauls, H. (2013). *Klinische Sozialarbeit. Grundlagen und Methoden psycho-sozialer Behandlung* (3. Aufl.). Weinheim und München: Juventa.

Pauls, H. & Reicherts, M. (1999). Empirische Forschung in der Gestalttherapie am Beispiel eines praxisorientierten Forschungsprojektes. In R. Fuhr, M. Sreckovic & M. Gremmler-Fuhr (Hrsg.), *Handbuch der Gestalttherapie* (S. 1137-1160). Göttingen: Hogrefe.

Pauls, H. & Reicherts, M. (2001). Die Zielerreichungsanalyse (ZEA). In D. Tscheulin, *Würzburger Leitfaden (WLF) zur Verlaufs- und Erfolgskontrolle psychotherapeutischer Interventionen*. Köln: GwG.

Pauls, H. & Reicherts, M. (2012). *Zielorientierung und Zielerreichungsanalyse in der psycho-sozialen Fallarbeit* (2. durchges. Aufl.). Weitramsdorf: ZKS-Verlag. Online verfügbar: www.zks-verlag.de/zielorientierung-und-zielerreichungsanalyse-der-psycho-sozialen-fallarbeit/

Pauls, H. & Reicherts, M. (2013). Allgemeine Basiskompetenzen für sozialtherapeutische Beratung – ein Konzept zur Systematisierung. In H. Pauls, P. Stockmann & M. Reicherts (Hrsg.), *Beratungskompetenzen für die psychosoziale Fallarbeit* (S. 57-78). Freiburg i. Br.: Lambertus.

Rapp, C.A. (1998). *The strengths model. Case management with people suffering from severe and persistent mental illness*. New York: Oxford University Press.

Reicherts, M. (2015). *L'entretien psychologique et le counselling. De l'approche centrée sur la personne aux interventions ciblées (2ème édition révisée)*. Coburg : Edition ZKS-Verlag. À télécharger sous : www.zks-verlag.de/wp-content/uploads/Michael-Reicherts-L%E2%80%99entretien-psychologique-et-le-counselling.pdf

Reicherts, M., Genoud, P.A. & Zimmermann, G. (éds.) (2012). *L'« Ouverture émotionnelle ». Une nouvelle approche du vécu et du traitement émotionnel*. Bruxelles : Mardaga.

Reicherts, M., Pauls, H., Rossier, L. & S. Haymoz (2012). L'Ouverture émotionnelle dans les interventions psychologiques. Bases conceptuelles et éléments pratiques. In M. Reicherts, P.A. Genoud & G. Zimmermann (éds.), *L'« Ouverture émotionnelle ». Une nouvelle approche du vécu et du traitement émotionnels* (pp. 217-244). Bruxelles : Mardaga.

Richman, J. M., Rosenfeld, L. B. & Hardy, C. J. (1993). The Social Support Survey: A validation study of a clinical measure of the social support process. *Research on Social Work Practice, 3*, 288-311.

Romney, D.M. (1976). Treatment progress by objectives: Kiresuk's and Sherman's approach simplified. *Community Mental Health Journal, 12*, 210-218.

Scholz, O.B. (1996). Therapieplanung des Einzelfalls – Voraussetzungen, Methoden, Anwendungen. In F. Petermann (Hrsg.), *Einzelfallanalyse* (3. verb. Aufl.) (S. 264-283). München / Wien: Oldenbourg Verlag.

Shapiro, D.A., Caplan, H.I., Rohde, P.D. & Watson, J.P. (1975). Personal Question-naire changes and their correlates in a psychotherapeutic group. *British Journal of Medical Psychology, 48,* 207-215.

3.7. Annexe : Grille d'évaluation des buts à atteindre à remplir

But	Libellé	But de changement optimal	État initial (au début de l'intervention)
1.			
	Pondération :		
2.			
	Pondération :		
3.			
	Pondération :		
4.			
	Pondération :		
5.			
	Pondération :		
	Total : 100%		

suite

Séance	1	2	3	4	5	6	Catamnèse	Amélioration
Date								
1. 100%								optimale
75%								assez forte
50%								moyenne
25%								légère
0%								aucune
	CI =	CI =	CI =	CI =	CI =	CI =	CI =	
2. 100%								optimale
75%								assez forte
50%								moyenne
25%								légère
0%								aucune
	CI =	CI =	CI =	CI =	CI =	CI =	CI =	
3. 100%								optimale
75%								assez forte
50%								moyenne
25%								légère
0%								aucune
	CI =	CI =	CI =	CI =	CI =	CI =	CI =	
4. 100%								optimale
75%								assez forte
50%								moyenne
25%								légère
0%								aucune
	CI =	CI =	CI =	CI =	CI =	CI =	CI =	
5. 100%								optimale
75%								assez forte
50%								moyenne
25%								légère
0%								aucune
	CI =	CI =	CI =	CI =	CI =	CI =	CI =	
Somme des IC par colonne	ICG =	ICG =	ICG =	ICG =	ICG =	ICG =	ICG =	

4. L'évaluation ambulatoire (ÉA) dans l'analyse du cas singulier

Meinrad Perrez & Dominik Schoebi

Résumé

Le chapitre introduit à une méthode de récolte des données d'importance particulière pour l'analyse de cas singuliers, puisque certaines questions ne peuvent trouver de réponse adéquate avec les méthodes traditionnelles. Durant les dernières décennies, la psychologie a fortement favorisé, dans de nombreux domaines, l'utilisation de questionnaires qui sont certes économiques en termes de temps investi, mais qui se révèlent être parfois des instruments de mesure inadaptés pour répondre à différentes questions. Ceci apparaît particulièrement lorsqu'il s'agit d'étudier de quelle façon les personnes se comportent effectivement au quotidien. Ainsi, l'évaluation ambulatoire a été développée à cet effet.

Le chapitre introduit à la méthode et aux conditions dans lesquelles l'évaluation ambulatoire est particulièrement indiquée. Un exemple pratique montre les étapes de son application ainsi que son utilité concrète pour un cas singulier. Les perspectives et les limites sont ensuite mises en exergue. Finalement, de nouvelles possibilités techniques (systèmes experts) pouvant être appliquées dans le cadre de l'évaluation ambulatoire sont présentées. Dans le futur, ces dernières seront incontournables dans de nombreux domaines, notamment en psychologie, et plus particulièrement dans la prévention, le conseil et la psychothérapie.

"On aurait presque envie d'aller jusqu'à dire que la qualification historique de la crise subie par la psychologie, qualifiée par Karl Bühler de 'science humaine sans âme' (Bühler, 1927), est à remplacer aujourd'hui selon l'estimation actuelle de la psychologie par une 'science du comportement sans comportement'" (Pawlik & Buse, 1982, trad. des auteurs).

Les chercheurs en sciences sociales et les médecins ont développé l'évaluation ambulatoire avec l'optique de capter des informations plus précises sur le comportement et le vécu individuels et interpersonnels, en temps réel, des personnes dans la vie quotidienne. Dans ce qui suit, nous donnons un bref aperçu des développements novateurs de cette approche méthodologique pertinente pour l'analyse des cas singuliers.

4.1. Survol : historique et caractéristiques de l'évaluation ambulatoire

Pourquoi l'évaluation ambulatoire?

La citation présentée au début de ce chapitre a toute son importance pour l'analyse psychologique du cas singulier. Même l'analyse statistique la plus sophistiquée d'informations relatives aux cas singuliers n'est pas en mesure de fournir davantage que ce que la qualité des données – sur lesquelles elle repose – permet. La qualité des méthodes par lesquelles les données sont collectées est donc primordiale. Comme critères, en plus de ceux utilisés généralement (fidélité, validité, etc.), nous proposons en particulier ici *l'adéquation méthode-question*. Si le vécu et le comportement quotidiens, les processus psychologiques ainsi que les interactions sociales doivent être recensés, alors l'*auto-évaluation rétrospective* par des questionnaires ou des entretiens (*par exemple, "Durant les deux derniers mois, j'ai souvent vécu des variations de l'humeur"*) n'est adéquate ni pour l'obtention du savoir factuel ni pour celle du savoir nomologique.

L'utilisation de l'*auto-évaluation sommative* (p.ex. *"Lorsque je suis stressé-e, j'ai tendance à fumer"*) pour savoir quelles émotions ou quels ressentis le sujet vit généralement dans certaines situations ou comment il se comporte dans certains contextes est également inadéquate, car elle prend en compte l'opinion subjective de la personne interrogée et non son vécu et son comportement réels. L'évaluation ambulatoire (ÉA) du vécu et du comportement au quotidien saisit la *représentation immédiate* de ce comportement et de ce vécu (propres ou d'autrui) *dans la situation* dans laquelle ils se produisent (voir Conner, Feldman Barrett, Bliss-Moreau, Lebo & Kaschub, 2003). Ces auteurs différencient donc ceci de l'*auto-évaluation généralisante* (*"Lorsque je suis stressé-e, j'ai tendance à réagir de manière agressive"*) qui produit un savoir subjectif généralisé (théorie subjective du comportement et du vécu propres) et de l'*auto-évaluation rétrospective* qui donne des informations sur le comportement et du vécu propres filtrées et reconstruites par le biais des processus mnésiques.

De telles évaluations sommatives de la fréquence, de la probabilité ou de l'intensité moyenne sont courantes. Elles apportent des informations utiles sur l'agrégation subjective d'événements vécus par la personne interrogée au lieu de se fonder sur une inférence statistique. De telles données ne font pas directement appel aux cadres de référence théoriques de l'émotion ou du comportement, mais plutôt à ceux relatifs à l'image de soi ou à l'attitude, voire à la mémoire. Les données ne peuvent alors être interprétées de manière véridique par rapport au comportement, puisqu'elles saisissent autre chose (voir Fahrenberg, Myrtek, Pawlik & Perrez, 2007 ; Perrez, 2006 ; Tourangeau & Rasinski, 1988 ; Tourangeau, Rips & Rasinski, 2000). Afin de refléter le vécu, les ressentis concrets, les pensées et le comportement, il est nécessaire d'utiliser d'autres méthodes de collecte des données que les auto-évaluations généralisées ou rétrospectives.

Historique de l'ÉA

Les méthodes d'évaluation ambulatoire ont été développées au cours des dernières décennies – à la suite d'une longue évolution préalable – dans le but de mesurer le vécu et le comportement dans la vie quotidienne naturelle, et de capter des événements particuliers (voir Wilhelm & Perrez, 2012). Les *journaux* sont en quelque sorte les précurseurs de ces méthodes d'évaluation des variables psychologiques sur le terrain ; ils ont considérablement contribué à l'élaboration de théories, en particulier en psychologie du développement.

D'illustres chercheurs tels que Charles Darwin, Karl Bühler ou encore Jean Piaget ont partiellement étayé leurs concepts théoriques par des observations plus ou moins systématiques du quotidien ou s'en sont laissé inspirer pour développer leurs théories.

Dans sa publication "A biographical sketch of an infant" parue dans le journal *Mind* de juillet 1877, Darwin écrit qu'il avait tenu, 37 années avant cette publication, un journal sur son fils nouveau-né :

"I had excellent opportunities for close observation, and wrote down at once whatever was observed". Ses observations menèrent aux premières formulations des émotions comme "anger", "anxiety", "pleasure sensation", "affection", "shyness", jusqu'au "moral sense" et d'autres phénomènes encore. Il s'agit ici de données hétéro-perceptives plus ou moins systématiques, qui servirent de base à l'élaboration de ses théories.

4.2. Qu'entend-on aujourd'hui par ÉA ?

On désigne aujourd'hui ÉA les méthodes de saisie systématique au quotidien de caractéristiques du vécu et du comportement, ainsi que de paramètres physiologiques. Les contenus subjectifs proviennent de l'auto-perception du vécu et du comportement propres, tout comme de la perception du vécu et du comportement d'autrui ou de la perception d'événements et de caractéristiques de l'environnement au moment de leur perception. Les contenus objectifs peuvent concerner le comportement verbal, moteur ou physiologique enregistré grâce à des moyens techniques. Nous allons nous concentrer, dans ce qui suit, sur l'évaluation ambulatoire de caractéristiques du vécu et du comportement dans la vie quotidienne.

Alors que dans le contexte francophone, on utilise volontiers les termes d'auto- *vs* d'hétéro-évaluation systématique ainsi que de monitorage ambulatoire, dans les régions linguistiques germanophones, la saisie de caractéristiques psychologiques sur le terrain est appelée "Selbst- *vs* Fremdmonitoring", "Systematische Selbst- *vs* Fremdbeobachtung im Feld" (Perrez & Reicherts, 1989) ou "Ambulantes Monitoring" (Fahrenberg & Myrtek, 2001). En anglais, on trouve des expressions telles que "Experience sampling" (Larson & Csikszentmihalyi, 1983) et "Ecological Momentary Assessment" (p.ex. Shiffman, Stone & Hufford, 2008) ou "Real Life oder Daily Diaries" (Bolger, Davies & Rafaeli, 2003). Le sujet est généralement évalué en tant qu'individu singulier, mais il est toutefois possible d'envisager l'évaluation par dyades, familles ou unités sociales plus larges encore. Les données collectées par l'ÉA – dans la mesure où elles concernent des contenus objectifs – sont en principe des procédures d'acquisition de données dites de *"Life Record"* (voir Cattell, 1965 ; Krohne & Hock, 2007). Lorsqu'il s'agit de données d'auto-évaluation du vécu et du comportement propres sur le terrain, elles peuvent alors être, sous certaines conditions, considérées comme une variante élargie des données "Life Record".

4.3. Variantes de l'évaluation ambulatoire

4.3.1. Carnet et minuteur *versus* méthodes assistées par ordinateur

L'objectif à la base du développement de l'évaluation ambulatoire psychologique est d'aménager des conditions d'auto-observation et d'auto-enregistrement de telle sorte que le vécu et le comportement visés dans la vie quotidienne puissent être saisis le plus proche possible de l'événement et de manière la plus systématique et représentative possible. Comme dispositif précurseur de l'ÉA dans le cadre d'études économiques sur le budget temporel dans les années 30, des sujets ont été amenés à protocoler au rythme de chaque demi-heure les activités pratiquées durant cet intervalle selon un système de catégories (voir Wilhelm & Perrez, 2012). À la fin des années 70 et selon des développements parallèles dans le domaine de la communication (Hinrichs, 1964), des ressentis et des activités ont été enregistrés dans un carnet (ou journal de bord) dès que la sonnerie d'un minuteur ("beeper") retentissait selon un plan aléatoire (Csikszentmihalyi, Larson & Prescott, 1977). La précision temporelle de l'enregistrement a pu ainsi être améliorée.

Cette *méthode d'enregistrement par carnet et minuteur* est encore appliquée actuellement (notamment en raison de son accessibilité), même si elle présente de nombreuses limites. Son principe est de saisir de manière structurée des échantillons représentatifs de comportements et de situations, ce qui la distingue clairement des observations libres et (dans le meilleur des cas) continues, comme Darwin en avait par exemple pratiquées sur son fils.

La *variante papier-crayon* du carnet a été progressivement remplacée depuis les années 80 par les *méthodes d'enregistrement assistées par ordinateur* (et autres dispositifs technologiques).

L'ordinateur de poche assume la tâche de contrôle et de production du signal. Selon la question posée et le comportement, les intervalles peuvent être programmés de manière fixe ou selon un modèle temporel aléatoire. L'ordinateur peut aussi contrôler la précision de l'enregistrement en recueillant le moment où le protocole est rempli. La précision est importante pour les questions relatives à la séquence temporelle des événements. Comme exemple, on peut citer les analyses temporelles de contingence dans le cadre de l'*interaction interpersonnelle*, lorsqu'il s'agit d'examiner si l'état émotionnel sur la place de travail se répercute en soirée sur le ressenti du partenaire. Un autre exemple concerne la saisie de l'évolution des attitudes dans l'enseignement scolaire, telle que présentée dans le chapitre 10. Les données tirées de questionnaires sont inappropriées dans ces cas-ci. En outre, le programme peut directement renseigner sur les données manquantes (missings) de l'utilisateur. Le contrôle adaptatif de l'auto-observation et de l'auto-enregistrement est également possible par le biais de tels dispositifs : certaines questions sont présentées en fonction des réponses précédentes du sujet (structure conditionnelle de questions/d'items), procédé qui s'avère très compliqué à réaliser avec les questionnaires traditionnels. La sauvegarde directe des données et leur transfert simple sur d'autres supports informatiques, le cas échéant *on-line*, sont également des avantages. Au vu de leurs nombreux atouts pour l'auto- et l'hétéro-observation, ce sont aujourd'hui les variantes assistées par ordinateur qui s'imposent en règle générale.

Le déploiement des carnets, tout comme des mesures assistées par ordinateur, s'est d'abord concentré sur l'enregistrement des caractéristiques de l'*individu*. Par la suite, des dyades, des familles, et des unités plus grandes, comme les départements d'une entreprise ont été incluses. Des études antérieures d'ÉA au moyen de carnets et de minuteurs ont été réalisées avec des dyades par Repetti (1989) et par Bolger, DeLongis, Kessler et Schilling (1989), ou avec des familles par Larson et Richards (1994). Les premières procédures *assistées par ordinateur avec des individus* ont été tentées avec succès dans les années 80 par Pawlik et Buse (1982) ainsi que par Perrez et Reicherts (1987). Les *systèmes d'enregistrement interpersonnel assistés par ordinateur,* comme le FASEM-C (voir encadré 1), ont été développés par la suite pour l'analyse du stress familial et de la régulation émotionnelle interpersonnelle dans la famille (Perrez, Schoebi & Wilhelm, 2000 ; Perrez, Berger & Wilhelm, 1998).

Encadré 1 : FASEM-C

Le système FASEM-C comprend six enregistrements par jour ; le sujet y répond (à la première) dès son réveil. Par la suite – de manière synchronisée pour tous les membres de la famille – les questions sont randomisées dans des fenêtres temporelles de deux heures et déclenchées par un signal sonore. Cela est programmé de telle façon qu'une personnalisation est possible. Par l'activation du système, ce sont tout d'abord des séquences de questions basées sur l'humeur/l'état du moment et sur les évaluations des situations qui sont présentées.

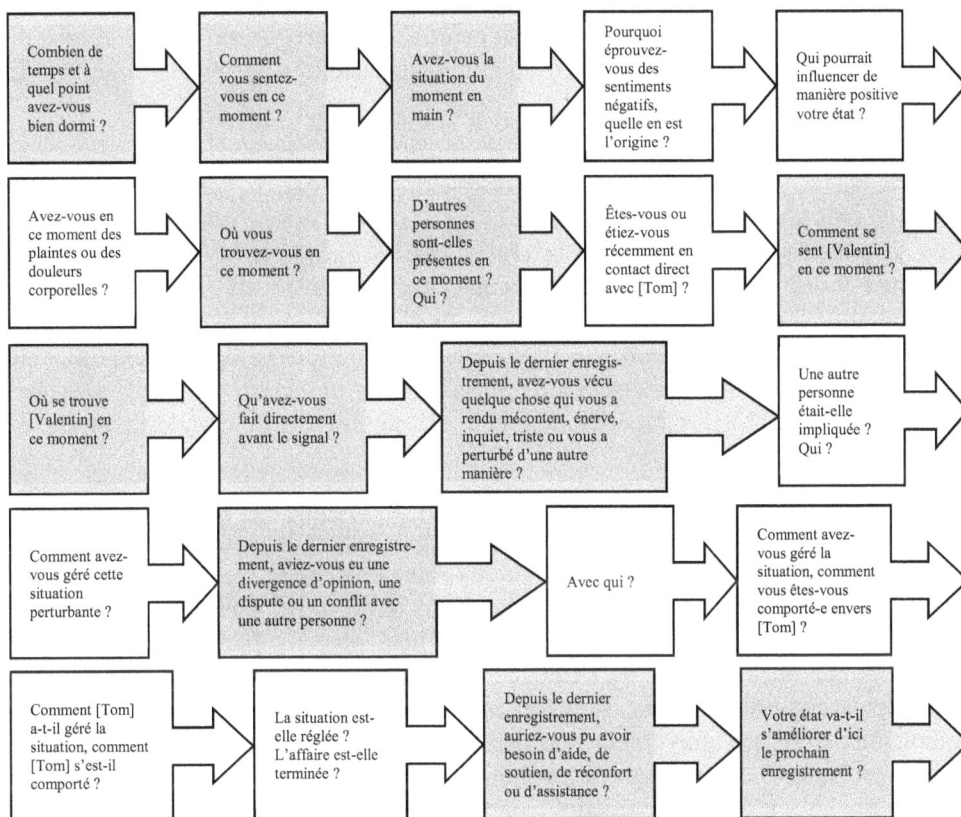

Combien de temps et à quel point avez-vous bien dormi ?	Comment vous sentez-vous en ce moment ?	Avez-vous la situation du moment en main ?	Pourquoi éprouvez-vous des sentiments négatifs, quelle en est l'origine ?	Qui pourrait influencer de manière positive votre état ?
Avez-vous en ce moment des plaintes ou des douleurs corporelles ?	Où vous trouvez-vous en ce moment ?	D'autres personnes sont-elles présentes en ce moment ? Qui ?	Êtes-vous ou étiez-vous récemment en contact direct avec [Tom] ?	Comment se sent [Valentin] en ce moment ?
Où se trouve [Valentin] en ce moment ?	Qu'avez-vous fait directement avant le signal ?	Depuis le dernier enregistrement, avez-vous vécu quelque chose qui vous a rendu mécontent, énervé, inquiet, triste ou vous a perturbé d'une autre manière ?		Une autre personne était-elle impliquée ? Qui ?
Comment avez-vous géré cette situation perturbante ?	Depuis le dernier enregistrement, aviez-vous eu une divergence d'opinion, une dispute ou un conflit avec une autre personne ?	Avec qui ?		Comment avez-vous géré la situation, comment vous êtes-vous comporté-e envers [Tom] ?
Comment [Tom] a-t-il géré la situation, comment [Tom] s'est-il comporté ?	La situation est-elle réglée ? L'affaire est-elle terminée ?	Depuis le dernier enregistrement, auriez-vous pu avoir besoin d'aide, de soutien, de réconfort ou d'assistance ?		Votre état va-t-il s'améliorer d'ici le prochain enregistrement ?

Par la suite, les caractéristiques contextuelles (personnes présentes, lieu), la perception des autres membres de la famille, les activités, les situations stressantes, la façon de les gérer, les conflits ou tensions et la résolution de ces problèmes, ainsi que le soutien social perçu sont relevés de manière structurée ou à l'aide des échelles.

Les blocs fixes de questions apparaissent en gris. Les blocs de questions qui sont suscités par les réponses précédentes sont en blanc.

4.3.2. Échantillons temporels *versus* événementiels

Parmi les *types d'échantillonnage,* il s'agit de distinguer les échantillons temporels des échantillons événementiels (voir aussi à ce sujet le chapitre 2.2.4, ainsi que les exemples de cas des chapitres 4.6 et 9).

Les *échantillons temporels* (voir l'encadré 1 pour un exemple) permettent de nombreuses possibilités d'organisation : le temps de latence entre les observations peut varier, certains moments fixes peuvent éventuellement être intégrés s'ils présentent un intérêt comme par exemple avant de quitter la place de travail. Un plan avec échantillonnage temporel peut garantir la représentativité des situations et est compatible avec l'échantillonnage événementiel, en enregistrant par exemple de manière structurée des informations importantes chaque fois que le sujet vit un conflit avec son partenaire.

Pour les *échantillons événementiels*, l'événement à observer par le sujet représente le déclencheur de l'observation (voir Moskowitz & Sadikaj, 2012). Par exemple, la personne doit toujours effectuer l'observation et l'enregistrement lorsqu'elle se sent subjectivement stressée. L'ordinateur pose alors les questions ciblées auxquelles il faut répondre (que fait la personne à l'instant ? où se trouve-t-elle ? d'autres personnes sont-elles impliquées ? quels sentiments et émotions éprouve-t-elle à l'instant ? etc.). Dans les années 80, Perrez et Reicherts (1987) ont développé et expérimenté un tel système d'enregistrement assisté par ordinateur (*computerunterstütztes Erfassungssystem COMES* ; voir ci-dessous dans le chapitre 4.6 l'exemple du stress de l'enseignant).

Les échantillons événementiels sont particulièrement indiqués lorsque les événements à saisir sont plutôt rares, ou lorsque des événements subjectifs sont à considérer dans un processus intra-individuel, selon la question de départ (p.ex. lorsqu'il s'agit d'étudier dans quelles conditions une personne éprouve des sentiments de solitude) ; ou encore lorsque des événements sont explicitement objectivables (p.ex. manger et boire). Si toutefois l'intention est l'enregistrement objectif d'événements, mais que ces événements comprennent une forte implication subjective, alors l'auto-évaluation ambulatoire n'est pas forcément appropriée. Ceci est néanmoins le cas lorsqu'on vise la probabilité ou la fréquence (objective) d'apparition d'un événement défini par une qualité ou une caractéristique particulière (p.ex. lorsqu'il s'agit d'étudier à quelle fréquence une personne est exposée à un rejet social). Dans ce cas en effet, l'échantillon événementiel peut fournir des informations précieuses susceptibles de générer des hypothèses.

Comme cela a déjà été mentionné précédemment, il est souvent pertinent de travailler avec une *combinaison d'échantillons temporels et événementiels*. En plus des observations et enregistrements *contingents à des signaux*, le sujet est invité à consigner certains événements *de manière contingente au moment de leur apparition* voire des *événements marquants* de manière rétrospective.

4.4. Critères de qualité pour les méthodes d'évaluation ambulatoire

La *validité écologique* – supposée plus élevée – des données psychologiques saisies sur le terrain ne dispense pas l'ÉA d'autres critères de qualité importants (notamment psychométriques ; voir chapitres 5.1 et 5.3), à savoir que les méthodes doivent être objectives, fidèles, valides, précises et le moins possible réactives (voir Shrout & Lane, 2012).

4.4.1. Objectivité

Le *critère d'objectivité* présente tout d'abord un intérêt pour les méthodes d'ÉA qui enregistrent – de manière instrumentalisée et dépendante de l'observateur – des caractéristiques du comportement sur le terrain, comme par exemple l'actigraphe qui permet l'enregistrement de différents aspects du mouvement physique d'une personne, l'*Electronically Activated Recorder* (EAR ; Mehl et al., 2001) pour recueillir des aspects de l'environnement acoustique de la personne concernée, ou encore la mesure d'éléments physiologiques. Pour l'enregistrement de caractéristiques subjectives des acteurs, comme les émotions ou les pensées, l'objectivité joue un rôle subordonné. Un intérêt psychologique peut cependant résider dans l'enregistrement du type d'indications que les sujets donnent par rapport aux activités du moment qu'ils partagent justement avec une ou plusieurs autres personnes.

Si dans une famille, plusieurs personnes s'observent elles-mêmes et observent les autres simultanément, alors *l'accord relatif entre observateurs* (ou accord interjuge) est le cas échéant une variable pertinente qui affecte l'objectivité, respectivement l'intersubjectivité.

4.4.2. Fidélité

Pour la *fidélité*, il y a tout d'abord la possibilité d'évaluer la *fidélité par bissection ("split-half")* ; les observations séquentielles par rapport à une variable sont divisées en deux, généralement selon la méthode pair-impair ("odd-even") et les deux moitiés sont ensuite corrélées entre elles (Perrez & Reicherts, 1989 ; Wilhelm & Perrez, 2001). Lorsqu'une variable issue de l'ÉA est mesurée par différents items, concernant par exemple le bien-être émotionnel actuel, la *fidélité locale* (en calculant l'alpha de Cronbach) permet alors une estimation de la consistance interne. L'analyse de la consistance interne d'échelles brèves (avec peu d'items) durant plusieurs mesures – et le cas échéant sur les changements intrapersonnels – peut être d'une envergure importante pour l'application à plusieurs cas singuliers. Wilhelm et Schoebi (2007) ou Passini, Pihet, Favez et Schoebi (2013) en fournissent des exemples. Des échelles brèves, de 2 ou 3 items seulement, ne sont en effet pas inhabituelles pour les applications ambulatoires.

4.4.3. Réactivité

Les informations concernant la réactivité fournissent des éclaircissements sur l'éventuelle influence de la méthode elle-même sur le vécu et le comportement à évaluer. Cette question se pose de façon évidente pour l'auto-observation car elle intervient par son protocole dans la séquence naturelle du vécu ou du comportement, et que cette dernière peut potentiellement être interrompue ou modifiée par le processus. Lorsque par exemple la première moitié des enregistrements est comparée avec la deuxième durant une période d'auto-observation et qu'une augmentation ou une diminution sensible de la fréquence est observée, alors la réactivité de la méthode peut être suspectée (voir Perrez, Berger & Wilhelm, 1998; Perrez, Schoebi & Wilhelm, 2000).

4.4.4. Précision

La *précision de l'enregistrement – en lien avec l'adhésion du sujet –* est un critère supplémentaire. Elle informe de la façon avec laquelle le sujet s'en tient à la consigne d'effectuer l'observation et l'enregistrement directement après le signal. Elle est mesurée par le *temps de latence* entre le signal qui invite à l'observation et l'enregistrement dans l'ordinateur de poche. Plus le temps de latence est bref, meilleure est la qualité des données. La précision est par conséquent décrite comme fidélité au signal ("signal obedience").

En ce qui concerne la validité et d'autres aspects de la fidélité, nous renvoyons le lecteur à Pawlik et Buse (1982), Pawlik (1988), Fahrenberg (1994), Perrez, Schoebi et Wilhelm (2000) ou Shrout et Lane (2012).

4.5. Quand utiliser l'évaluation ambulatoire ?

4.5.1. Préférence pour des conditions de terrain

L'ÉA peut être considérée comme la voie méthodologique royale pour l'évaluation des caractéristiques psychologiques (et autres) du comportement et du vécu dans des conditions naturelles *du terrain* (voir Bolger, Davis & Rafaeli, 2003). Dans la plupart des études psychologiques de terrain, tout comme dans l'analyse diagnostique de cas singuliers, on utilise des *questionnaires* standardisés pour l'évaluation de facteurs, respectivement de convictions, d'attitudes, ainsi que des *tests* portant sur des aspects particuliers de la performance (p.ex. capacité de concentration) et du comportement. Dans la recherche moderne de terrain, ces méthodes sont complétées et en partie remplacées par l'ÉA.

4.5.2. Préférence pour des questions descriptives

(1) Comment se comporte la personne ? Que vit la personne ?

Des données précises de départ et de suivi sont généralement nécessaires au cours d'une psychothérapie, d'une intervention psychologique liée à la santé ou d'une intervention pédagogique. Elles permettent d'obtenir par exemple des informations sur la ligne de base, dans le but de pouvoir constater des changements – dans certains cas, de petits changements également – ainsi qu'après une certaine durée d'intervention. Des estimations sommaires par le sujet ne peuvent souvent pas les remplacer, car elles seraient imprécises et déformées. L'ÉA permet un regard plus fiable sur le vécu et le comportement de la personne : l'évaluation des fréquences et des intensités, mais aussi des moyennes et des variations (individuelles) du ressenti ou du comportement en question (voir Bolger et al., 2003).

Il est possible d'étudier avec l'ÉA, de manière beaucoup plus différenciée et plus valide au niveau écologique, non seulement le comportement, mais aussi le vécu émotionnel de la personne au quotidien qui joue un rôle central en psychologie clinique tout comme dans la psychologie de la santé. Le *Learning Affect Monitor* (LAM) de Reicherts, Salamin, Maggiori et Pauls (2007) combine par exemple l'évaluation des dimensions de base (valence et activation) avec l'évaluation de caractéristiques décrivant les émotions que la personne vit et enregistre *in actu*. Le système "apprenant" par les enregistrements de la personne peut découvrir des caractéristiques typiques du vécu émotionnel individuel.

Les aspects suivants peuvent servir de système de référence pour les énoncés diagnostiques individuels :

- la *comparaison pré-post intrapersonnelle* du comportement à différents moments,
- la comparaison de la manifestation de la caractéristique avec un groupe de référence en termes de *données normatives* (groupe de référence empirique ; voir chapitre 5 sur les aspects psychométriques), et
- la comparaison de la manifestation de la caractéristique avec une *valeur de référence théorique ou préétablie*.

Dans le domaine de l'intervention, ce n'est pas exclusivement une population qui sert de système de référence, mais le changement de caractéristiques importantes de la personne elle-même au cours du temps. Dans la *comparaison pré-post-follow-up intrapersonnelle*, les valeurs mesurées de chaque phase prise séparément constituent, à partir d'un taux de base stable, le cadre de référence pour des énoncés diagnostiques individuels. Elles fournissent des indications sur le déroulement et la dynamique du changement (voir également à ce sujet la présentation des designs dans le chapitre 2).

La comparaison d'une caractéristique individuelle avec un celle d'un *groupe de référence* présuppose des données représentatives d'un échantillon de référence pertinent (approprié) pour un individu, le cas échéant aussi d'une population clinique de référence (p.ex. présentant un trouble spécifique diagnostiqué ; voir chapitre 5.2) ; elle permet ainsi la mise en évidence de différences inter-individuelles (voir ci-dessous l'exemple de Ernst H. sur le stress de l'enseignant). Il s'y ajoute que la comparaison avec une *valeur théorique préétablie comme critère*, à nouveau dans un contexte spécifique d'intervention, est particulièrement importante (voir Reicherts, 1985 ; voir aussi le chapitre 3 concernant la méthodologie d'évaluation des buts à atteindre).

Le *diagnostic orienté vers un critère* présuppose des critères opérationnalisés. Dans le cas de l'ÉA, les fréquences attendues sont à fixer dans des conditions définies. Au niveau le plus simple, il peut s'agir de la fréquence à atteindre par une intervention (p.ex. une fréquence plus faible pour un comportement problématique où l'on vise à ce que la personne ne l'éprouve plus qu'une fois par jour, en moyenne). À un niveau plus complexe, cette définition de critères peut répondre à des *règles* de comportement qui recommandent la manière dont la personne devrait se comporter sous certaines conditions (p.ex. faire de la relaxation au moment où elle perçoit chez elle des impulsions agressives ; on s'attend à ce que dans 80% des situations, la personne répond à cette règle) (voir Reicherts, 1988 et 1999).

(2) La personne remplit-elle les critères d'appartenance à une catégorie clinique de comportement, respectivement de vécu (par exemple selon le DSM-5 ou la CIM-10) ?

De manière analogue à la valeur théorique définie dans le diagnostic orienté vers un critère, les différents critères d'un système de classification des troubles psychiques (p.ex. DSM-5 ou CIM-10) peuvent servir de système de référence pour situer un patient, respectivement ses caractéristiques, dans un trouble particulier. Par exemple, les critères diagnostiques de la *dépression majeure* peuvent ainsi être traduits en catégories d'auto-observation et les conditions d'observation peuvent être spécifiées. L'encadré 2 montre un exemple pour un échantillon temporel aléatoire durant une semaine.

Cet exemple basé sur les critères du DSM permet une classification sensiblement plus fidèle des caractéristiques importantes du comportement et du vécu dans la catégorie *Major Depressive Disorder*. Au sens du diagnostic d'atteinte des buts et de la "signification clinique" que recouvrent les mesures effectuées, la personne dont le comportement remplit, avant la thérapie, les critères opérationnalisés pour la classification dans la catégorie en question, ne devrait normalement plus les remplir après l'intervention.

Encadré 2 : Critères du DSM-5 comme catégories de l'évaluation ambulatoire

DSM-5 comme exemple pour les deux premiers critères

"Criteria A.

1. Depressed mood most of the day, nearly every day, as indicated by either subjective report (e.g., feels sad, empty, hopeless) or observation made by others (e.g., appears fearful).

2. Markedly diminished interest of pleasure in all, or almost all, activities most of the day, nearly every day (as indicated by either subjective account or observation)."

Traduit dans des catégories d'auto-observation de l'ÉA :

1. En ce moment je me sens abattu (triste, vide, sans espoir, ...).

2. En ce moment je ne ressens aucun intérêt pour une activité plaisante.

Traduit dans des catégories d'hétéro-observation de l'ÉA, par exemple pour la partenaire du patient dépressif :

1. En ce moment mon partenaire se sent abattu (semble triste, vide, sans espoir, ...).

2. En ce moment mon partenaire ne montre aucun intérêt pour une quelconque activité plaisante.

Modalités d'auto- et d'hétéro-observation :

- 7 observations par jour durant 7 jours consécutifs.

- Les observations sont amorcées par un signal acoustique de l'ordinateur ou du smartphone.

- Les auto- ou hétéro-observateurs (ou les deux) doivent avoir lieu à chaque signal et être enregistrées au moyen de l'ordinateur.

- La répartition temporelle s'effectue selon un échantillonnage temporel aléatoire à partir du réveil matinal et jusqu'à 22h le soir.

- Des contenus catégoriels peuvent en partie être consignés au moyen d'évaluations (ratings) sur différentes dimensions.

Pour le dépouillement et l'interprétation

Les quantifications imprécises du DSM telles que "most of the day", "nearly every day" ou "almost all" devraient être précisées. Le présent exemple requiert par conséquent plusieurs mesures recouvrant la journée voire plusieurs jours. La répartition des résultats sur la journée et la semaine, selon la perspective propre et/ou celle d'autrui, permet un constat clairement plus fidèle quant à l'atteinte du critère.

Le gain en informations est impressionnant lorsque l'observation systématique de symptômes est comparée avec l'évaluation rétrospective du patient. Ceci ressort dans l'exemple de Piasecki, Hufford, Solhan et Trull (2007) (figure 4.1).

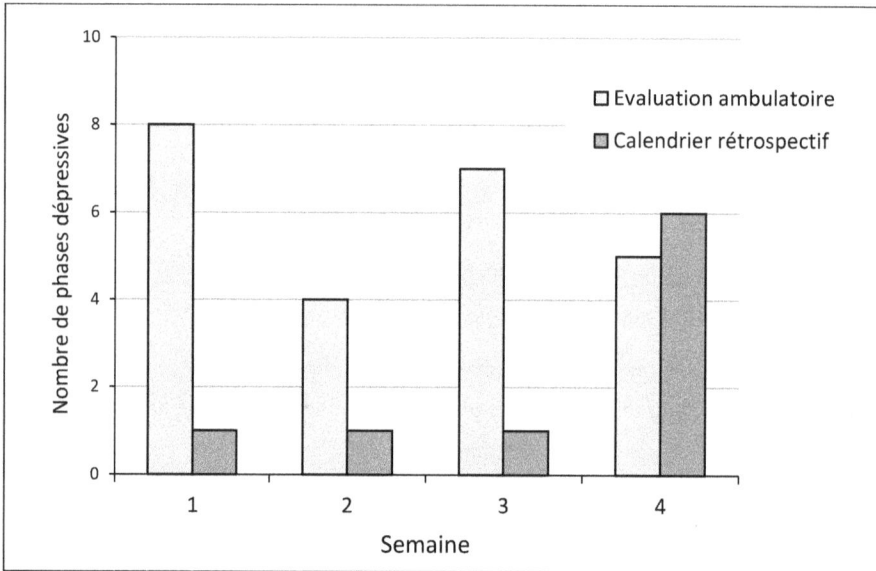

Figure 4.1 : Fréquence de l'humeur dépressive d'un patient borderline : comparaison en fonction de la méthode : ÉA assistée par ordinateur *versus* évaluation rétrospective (Piasecki et al., 2007, p. 36)

Comme mis en évidence dans le graphique 4.1, des données rétrospectives qui ont été enregistrées au moyen d'un calendrier rétrospectif (gris foncé) sont comparées avec des données ambulatoires relevées en temps réel (gris clair). L'exemple illustre de manière impressionnante qu'en dehors de la dernière semaine évaluée (semaine 4 juste passée), les données rétrospectives sur les fluctuations de l'humeur sous-estiment drastiquement les données relevées *in situ* au moyen de l'ÉA.

4.5.3. Pourquoi une personne montre-t-elle un vécu et un comportement particuliers ?

(1) Fonction heuristique dans le cadre d'hypothèses explicatives

Dans le contexte de l'intervention, outre la manifestation du comportement et du vécu dysfonctionnels, il est surtout intéressant de comprendre pourquoi, respective-ment dans quelles conditions, ces derniers se manifestent en particulier. La variation intra-individuelle du vécu et du comportement est le plus souvent liée à des conditions internes ou externes qui le précèdent ou le suivent, ou encore qui surviennent de manière concomitante (respectivement qui varient de manière synchrone). Dans les trois cas, l'identification de cette condition peut s'avérer importante pour les interventions. L'analyse fonctionnelle dans la thérapie cognitivo-comportementale sert précisément à cet objectif. Des régularités du comportement peuvent ainsi être découvertes en lien avec des conditions favorisant un trouble et qui sont, en quelque sorte, à considérer comme des régularités (lois) individuelles : Existe-t-il des situations *déclenchantes* dans lesquelles le comportement dysfonctionnel apparaît systématiquement ? Des conséquences *renforçantes* peuvent-elles être identifiées ? Il faut noter que les déclencheurs et les conséquences peuvent être des situations observables, également accessibles à des témoins externes ou de nature interne (c'est-à-dire affectifs, cognitifs ou sous forme de stimuli psychophysiologiques).

Les *contingences temporelles* découvertes ainsi représentent des hypothèses de lois (régularités individuelles). Ce statut d'hypothèse leur est propre, dans la mesure où il n'y a aucun plan de recherche expérimental sous-jacent au sens strict (p.ex. design A-B-A-B), mais un plan corrélationnel (variation naturelle des conditions ; voir chapitre 2.2). Dans les contextes d'intervention, ceci est la norme. L'exemple de cas de Madame G. en propose une illustration (relation entre états anxieux et conflits de couple ; voir chapitres 7.6 et 8.2.6).

Dans l'étude de cas singulier de Piasecki et al. (2007) déjà décrite auparavant, les grandes divergences des scores rétrospectifs avec ceux de l'auto-observation par enregistrement systématique proche de l'événement illustrent l'importance particulière de l'ÉA pour la découverte des liens éventuels entre comportement et situation. La bonne adéquation de la fréquence des variations de l'humeur entre l'estimation rétrospective et l'évaluation systématique par ÉA pour la 4ème semaine n'est cependant qu'apparente. Si l'on regarde les variations lors des jours pris séparément, les données rétrospectives sont largement moins utilisables qu'elles n'apparaissent au premier regard (voir figure 4.2). Même si l'estimation rétrospective et l'évaluation ambulatoire du nombre de variations de l'humeur pour la semaine 4 convergent plutôt bien, en y regardant de plus près, il apparaît clairement que les données journalières ne correspondent guère. Si la question de recherche consiste à savoir si des situations particulières déclenchent potentiellement des variations de l'humeur, alors les informations récoltées rétrospectivement ne fournissent aucune aide.

En plus de l'explication des variations intrapersonnelles du comportement en fonction des moments de la journée ou des situations particulières, l'ÉA se prête à l'analyse des *influences réciproques* sociales dans l'*interaction interpersonnelle*. De la même manière que dans les processus individuels – dans lesquels le vécu et le comportement d'une personne se modifient au cours du temps en fonction de, ou en interaction avec des conditions environnementales, des événements et des situations – les processus interpersonnels représentent une suite dynamique de séquences d'interactions entre deux personnes ou plus au cours du temps. Au moyen d'une *ÉA synchronisée* par plusieurs partenaires, de telles séquences peuvent être enregistrées et analysées, autant dans le cas d'une dyade que pour un ensemble de plusieurs cas singuliers (voir chapitre 8). De tels contenus peuvent finalement être discutés au niveau de leur *agrégation*, comme par exemple dans Perrez et Schoebi (2001), qui ont étudié la gestion de conflits sociaux à l'intérieur et à l'extérieur de la famille et thématisé des divergences dans la perception du comportement entre les partenaires de l'interaction.

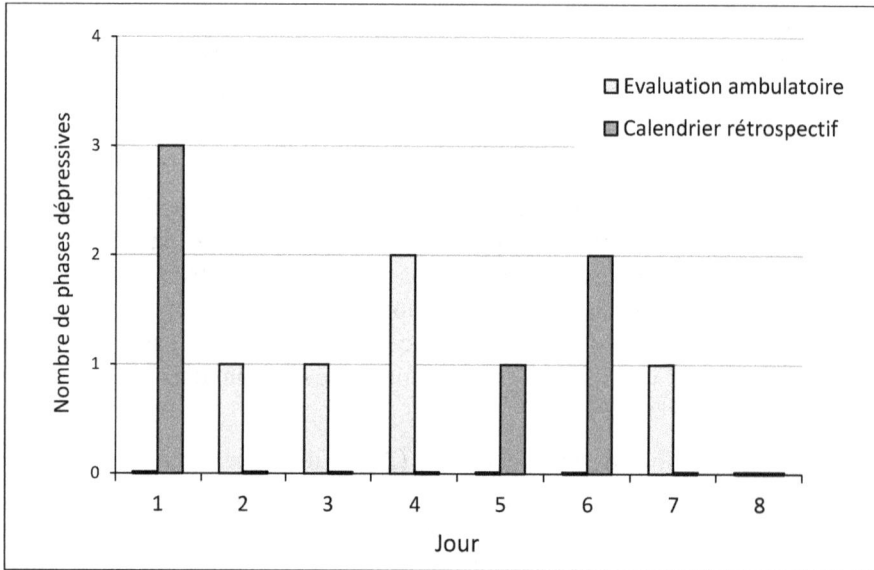

Figure 4.2 : Fréquences de l'humeur dépressive d'un patient borderline jour par jour, lors de la semaine 4, en fonction de la méthode (Piasecki et al., 2007, p. 37)

Des processus peuvent aussi être enregistrés et analysés, comme dans Schoebi, Perrez et Bradbury (2012) où les attentes par rapport à l'état du partenaire sont étudiées en tant qu'antécédents d'interactions consécutives dans le couple, et ce au cours de trois situations différentes – à partir de la fin d'une journée de travail jusqu'à la fin de la soirée en passant par le retour au domicile. De surcroît, il est possible d'étudier par le biais de l'ÉA la question des influences, comme par exemple, savoir si le vécu de colère d'un partenaire au quotidien influence l'humeur déprimée de l'autre le jour suivant, et si cette relation éventuelle peut être modérée par des facteurs culturels (voir Schoebi, Wang, Ababkov & Perrez, 2010) ; une gageure que l'on peut difficilement appréhender par le biais de questionnaires. Il existe d'autres exemples intéressants chez Horner (2005) qui a étudié les attributions causales dans 75 familles. Les membres de la famille ont notamment enregistré 7 fois par jour (à l'aide du FASEM) la façon dont ils se sentent, si d'autres personnes sont impliquées dans leurs sentiments négatifs ou positifs, et à qui peut être attribuée en priorité la cause de l'humeur du moment. Au niveau des cas singuliers et par agré-gation, elle a analysé dans quelle mesure les différences dans les attributions sont associées au bien-être des membres de la famille et à leur satisfaction en son sein.

(2) Expliquer (au sens étroit du terme)

Pour interpréter de manière causale les conditions fonctionnelles qui expliquent le comportement et le vécu, un plan de recherche expérimental – tel un plan A-B-A-B avec retrait du traitement ou un design à ligne de base multiple (voir chapitres 2.3.2 et 2.3.3) – est nécessaire. Les conditions identifiées, qui par exemple précèdent le comporte-ment ou le suivent, doivent être validées empiriquement dans le cadre de lois psy-chologiques. Cela est le cas, si un lien clair apparaît avec des antécédents identifiés et/ou des conséquences issues du résultat d'une analyse fonctionnelle. Dans ces conditions, les antécédents et/ou les conséquences pourraient être par exemple inter-prétés en tant qu'instances du conditionnement classique ou opérant.

Dans la pratique, nous renonçons généralement (pour des raisons évidentes) à un contrôle expérimental des résultats de l'analyse fonctionnelle ; nous appréhendons ces dernières comme des *hypothèses* qui ne sont donc pas étudiées expérimenta-lement au sens strict, mais qui peuvent toujours être testées dans le cadre d'un plan de recherche A-B grâce aux interventions thérapeutiques qui en sont déduites (voir chapitre 1.4.2).

4.6. Exemple pratique de recherche : le vécu du stress au quotidien par Ernst H.

Nous décrivons ci-dessous un exemple concret du déroulement des *questions à clarifier* et des *étapes décisionnelles*, qui sont évoquées dans la réalisation d'une ÉA. Nous suivons pour cela le guide de Conner Christensen et al. (2003). D'autres indications utiles pour l'application de l'ÉA dans la recherche et la pratique se trouvent également dans cette publication.

Longu (2009) a étudié le vécu du stress au travail et durant le temps libre chez des enseignants. Pour l'ÉA, elle a eu recours au système d'évaluation informatisé COMES (Perrez & Reicherts, 2008, 1996). Ses données servent de référence au cas singulier suivant, fictif, mais toutefois proche de la réalité.

Question 1 : Quel est le questionnement de départ ? (identifier l'objet d'analyse)

Un psychologue scolaire souhaite clarifier pour un enseignant (Ernst H., 52 ans), cherchant un conseil, comment se présente son stress vécu et sa gestion des stress au quotidien, afin d'acquérir des repères concrets pour différents symptômes (troubles du sommeil, fatigue, abattement fréquent) dont il se plaint et pour lesquels il espère recevoir une aide psychologique.

Décision 1 : Pour le questionnement donné, l'ÉA entre clairement en ligne de compte en tant que méthode. Comme il s'agit d'un vécu et d'un comportement concrets et quotidiens au travail et durant le temps libre, l'ÉA est même la méthode à privilégier.

Question 2 : Quel doit être l'objet de l'évaluation ?

- L'enseignant doit porter attention au moment et à la fréquence à laquelle il vit des émotions liées aux stresseurs durant la journée : colère, angoisse, abattement et solitude.

- Il doit de plus observer dans quelles conditions quotidiennes et à quel degré le stresseur survient (temps libre, travail, activités ; qu'est-ce qui l'énerve, le déprime au moment du stress ?).

Finalement, il doit porter son attention sur la manière dont il compose avec ces situations (gestion, respectivement coping).

Il s'agit donc de l'évaluation du *stress vécu*, des *déclencheurs* importants et des *réactions*, notamment de la *manière de faire face* au stress dans ces situations.

Décision 2 : Les catégories importantes du vécu et du comportement doivent être représentées dans la procédure de l'ÉA. Le psychologue scolaire en établit la liste des plus importantes qui devraient sous-tendre l'évaluation. En plus des catégories habituelles de coping issues du COMES, on vérifie si d'autres catégories de comportement pertinentes pour Ernst H. doivent être prises en compte.

Question 3 : Quel plan d'échantillonnage doit être envisagé ?

Comme l'objet d'étude concerne un type particulier d'événement, la question se pose de savoir s'il faut opter plutôt pour un échantillonnage temporel (p.ex. réparti temporellement de manière aléatoire six fois par jour) ou un échantillonnage événementiel.

Décision 3 : Les événements recherchés surviennent ici avec une *fréquence* que l'on peut considérer comme *moyenne*. La décision est donc prise de travailler avec *des échantillons événementiels*.

- Comme l'on part du principe que les situations stressantes surviennent plusieurs fois par semaine, un recueil de données sur une période de 4 à 6 semaines est planifié afin d'atteindre une fréquence de plus de 30 mesures. Ce nombre est choisi arbitrairement, mais il se rapproche toutefois des recommandations minimales souvent citées pour certains tests statistiques. Il permet de plus – grâce à la récolte des données durant 4 semaines ou plus – la prise en compte de différentes conditions contextuelles (comme par exemple les rythmes et les caractéristiques hebodomadaires).

- On s'intéresse au vécu subjectif du stress et du comportement qui en résulte, donc aux liens entre des contenus subjectifs. En situation d'enseignement ou hors contexte scolaire, à chaque fois que quelque chose le stresse, le perturbe ou le déséquilibre, l'enseignant doit systématiquement évaluer son vécu et son comportement du moment et – dès que possible – l'enregistrer à l'aide de l'ordinateur de poche ou le noter dans un carnet.

Question 4 : Comment la méthodologie de l'ÉA doit-elle être structurée ?

Il faut décider comment le déroulement – et la séquence des items – d'auto-observation des épisodes de stress doit être aménagé.

Décision 4 : Dans ce cas, le psychologue décide d'utiliser le système COMES. Cette procédure régle, à côté d'autres facteurs, les points suivants :

- La consigne est précise pour l'enseignant. Chaque jour, il doit prendre avec lui l'ordinateur de poche (ou le cas échéant son carnet) et, chaque fois qu'il se sent stressé, enregistrer directement la situation le plus rapidement possible. Il reçoit un manuel de l'utilisateur qui contient également des exercices d'entraînement (Perrez & Reicherts, 2007).

- Lorsqu'il se sent stressé, il décrit en quelques mots la situation sur l'appareil.

- Différents états psychiques possibles sont présentés à l'utilisateur. Ce dernier doit les classer sur une échelle à 6 niveaux.

- Selon les états émotionnels introduits, le système interroge l'utilisateur quant aux caractéristiques de la situation (manque de transparence de la situation, évaluation de sa contrôlabilité, etc.).

- Finalement, les possibilités de réaction sont évaluées afin de savoir dans quelle mesure le sujet fait actuellement usage de différentes stratégies (se calmer, influencer activement la situation, se faire des reproches, etc.).

Question 5 : À quoi faut-il faire attention pour l'observation ?

Il faut s'assurer :

- que la tâche d'observation et la logique qui la sous-tend soient claires pour la personne cherchant un conseil,

- que la personne comprenne le sens et le but de la tâche,

- qu'elle soit motivée et qu'elle coopère de manière optimale durant cette première période du conseil.

Question 6 : Comment les informations enregistrées doivent-elles être exploitées ?

Durant la phase d'observation déjà, le psychologue scolaire va définir avec l'enseignant les questions et les hypothèses dont va dépendre l'aide proposée. Il va planifier le dépouillement des données en conséquence.

Décision 6 : Une série d'informations centrales pour une intervention sont définies :

- Quelle est la proportion d'épisodes stressants au travail et durant son temps libre ?

- Existe-t-il des situations typiques, c'est-à-dire survenant régulièrement, qui déclenchent le stress ?

- Ces situations sont-elles caractérisées par certains traits d'adaptation particuliers (p.ex. des situations perçues comme difficilement contrôlables) ?

- Quelles émotions liées au stress se présentent au premier plan ?

- Quelles tentatives de gestion le client entreprend-il dans les situations typiques difficiles ?

Résultats

- Au cours de 45 jours, l'enseignant a protocolé *62 épisodes stressants*. Parmi ceux-ci, 37 durant des périodes d'enseignement et 25 durant son temps libre.

- Les *situations typiques* à l'école étaient celles dans lesquelles un élève n'était pas coopératif et/ou insolent. En dehors du travail, les épisodes stressants étaient souvent des conflits avec sa partenaire (enseignante également). Il a été constaté que cela l'énervait et l'irritait, notamment lorsqu'il rentrait contrarié de l'école.

- Comme *caractérisiques adaptatives importantes*, on peut relever l'*intensité* des émotions (moyenne de 4.6 sur une échelle à 6 niveaux) d'une part et, d'autre part, la *faible attente de régulation* (moyenne de 2.4 sur une échelle à 5 niveaux).

- Les *réactions émotionnelles* (échelles à 6 niveaux : 0-5) ont révélé des valeurs plus élevées pour les termes : "anxieux" ($m = 3.6$), "déprimé" ($m = 4.3$), "hésitant" ($m = 4.9$) et "abandonné" ($m = 3.1$). À l'exception de "se sentir abandonné", toutes les valeurs mentionnées se situent à plus d'un écart-type au-dessus de la moyenne du groupe contrôle et peuvent être considérées comme "supérieures à la moyenne" (voir chapitre 5.2).

- Pour les *réactions relatives à la gestion du stress*, respectivement les *modalités de coping*, les reproches à soi-même ont montré (sur une échelle à 3 niveaux : 0-2) une moyenne de 2.3, la passivité une moyenne de 2.1 (les deux étant des valeurs élevées comparé à un groupe d'enseignants de référence) et l'influence active 1.3 (une valeur comparativement plus faible).

Bilan

Il ressort un tableau général d'une personne qui, lors de situations de stress, tend à avoir des réactions amenant des humeurs dépressives. Le client n'a pas de diagnostic de dépression ; il n'en remplit pas les critères, mais se situe au *niveau subdépressif*. Pour la planification de la thérapie, les résultats de l'ÉA fournissent tout d'abord des repères clairs en ce qui concerne les *situations typiques* qui sont problématiques pour lui. Nous apprenons ensuite qu'il réagit par de fortes émotions et dispose d'une faible attente de contrôle au niveau cognitif, ces deux aspects étant des prédispositions défavorables pour la gestion adéquate de telles situations. Son coping dysfonctionnel (passivité au lieu d'une confrontation active) penche dans une direction dépressive.

En écho à cela, le psychologue a conçu un programme thérapeutique cognitivo-comportemental qui devrait améliorer les attentes de contrôle, encourager l'influence active sur les stresseurs et modifier les reproches qu'il se fait au profit d'une auto-évaluation plus positive.

Les possibilités techniques actuelles de l'ÉA permettraient aussi de soutenir la réalisation d'un tel programme thérapeutique au moyen d'un *système expert* (voir section 4.7). La personne à la recherche d'un conseil y poursuivrait l'ÉA (phase d'intervention B) de la même manière que dans la phase diagnostique (ligne de base A). Quand elle protocole une situation problématique typique, son ordinateur de poche lui signalerait à quoi elle devrait maintenant penser et comment elle devrait agir (par exemple apaiser tout d'abord ses émotions, envisager ensuite une possibilité d'influence active et se faire des injonctions positives). Une possibilité technique plus simple consiste de recourir à un smartphone. Ce dernier permet d'indiquer au sujet apprenant, sur la base de questions ciblées, le comportement adapté relativement aux objectifs fixés (voir ci-dessous).

4.7. Potentiel et limites de l'évaluation ambulatoire

En résumé, il faut retenir que l'ÉA est une méthode idéale pour l'étude du vécu et du comportement dans les conditions de vie de tous les jours. L'ÉA fournit une aide précieuse particulièrement pour l'analyse du cas singulier où l'on s'intéresse à la comparaison empirique d'un état (souvent momentané ou situationnel) avec des valeurs de référence discrètes ou temporelles globales de cette même personne. C'est justement ici que l'ÉA rend possible la représentation de l'évolution des processus. Les apports techniques des dernières décennies ont facilité le développement de nouvelles méthodes de recherche et de diagnostic sur le terrain en permettant l'évaluation simultanée de caractéristiques psychiques, physiologiques et écologiques. Ils ont essentiellement enrichi les possibilités d'observation du comportement et de l'expérimentation.

L'ÉA via l'auto-observation (et éventuellement via l'hétéro-observation) n'a pas seulement l'avantage de saisir le vécu et le comportement de manière proche de l'événement dans l'environnement naturel. Pour nombre de questions liées à la pratique psychologique, pédagogique et à celle du travail social, elle permet à la personne d'améliorer l'attention relative à son propre vécu et son propre comportement au quotidien, et de devenir par conséquent plus sensibilisée à ses réactions (éventuellement à celles d'autrui aussi). Savoir discerner ses propres sentiments, pensées et manières de se comporter est un prérequis nécessaire pour un changement dans de très nombreuses interventions psychosociales, notamment dans la thérapie cognitivo-comportementale.

Les limites de l'ÉA résident tout d'abord dans l'*engagement* (adhésion) des clients et patients, dans leur disposition et motivation à collaborer au travail diagnostique. Chez les personnes en souffrance psychique – cela est souvent le cas – une telle démarche nécessite généralement un soutien durant la période d'observation. Nous avons étudié plus de mille familles et de nombreuses personnes avec une procédure sophistiquée d'ÉA (p.ex. COMES, FASEM ou FASEM-C) et, généralement, nous avons pu constater une fois les personnes prêtes à s'engager, une bonne participation et une fidélité au signal élevée (faible temps de latence entre le signal de l'ordinateur de poche et l'enregistrement de l'observation). Toutefois, une auto-évaluation valide du vécu à l'instant, en temps réel, présuppose attention et sincérité.

Les prérequis techniques peuvent représenter un autre obstacle : mise à disposition d'ordinateurs de poche, de smartphones ou de tablettes, ainsi que capacité nécessaire pour la gestion des données et, selon les circonstances, pour leurs analyses. En dépit de divers inconvénients, dans certaines conditions, les variantes papier-crayon peuvent aussi fournir de bons résultats, surtout si de courtes séquences de question sont recueillies (voir Green, Rafaeli, Bolger, Shrout & Reis, 2006).

L'apport supplémentaire de l'ÉA par rapport aux questionnaires et entretiens pour l'analyse intra- et interpersonnelle fiable dans les conditions de vie quotidiennes, au niveau privé et professionnel, est pourtant impressionnant là où l'ÉA est indiquée (sur la base des questions de départ) et s'avère réalisable. Les caractéristiques du comportement problématique lui-même, tout comme ses antécédents et ses conséquences, voire les caractéristiques problématiques de l'interaction au sein du couple par exemple, sont identifiées de façon plus fiable dans le domaine *psychothérapeutique*. Dans le domaine de l'*éducation*, le comportement interpersonnel des parents et des enseignants avec les enfants et les adolescents peut être recueilli et étudié de manière proche du quotidien. L'ÉA a même trouvé des applications fécondes dans le contexte des entreprises (p.ex. Reicherts & Pihet, 2000 ou Malacrida, Bomio, Matathia, Suter & Perrez, 1991).

Par ailleurs, les développements techniques permettent actuellement la conception de *systèmes experts*. Ces derniers comprennent, outre le "savoir technologique" (p.ex. "Si A, alors B est à recommander pour le but Z", car on sait empiriquement que sous la condition A, l'action B mène à Z avec une probabilité élevée), des règles de décision (p.ex. "A est donné, alors B est à recommander") ainsi qu'une "interface de l'utilisateur" (Beaumont, 1991). Dans l'ÉA, cette interface peut mettre en lien l'information relative à l'évaluation personnelle immédiate du comportement et du vécu avec des critères à atteindre. L'harmonisation de l'état actuel et de l'état à atteindre utilisant l'ordinateur de poche génère ensuite des recommandations de comportement auxquelles le client peut directement se référer au quotidien. Par exemple, lorsqu'il indique "J'ai des pensées négatives et je me sens déprimé", l'ordinateur de poche va donner comme réponse : "Dites-vous quelque chose de positif et pensez à quelque chose d'agéable !". Dans la thérapie, tout comme dans la prévention psychologiques, des programmes élaborés existent déjà (voir Caspar, Berger, Lotz-Rambaldi & Hohagen, 2013). En médecine, les avantages de ces méthodes sont déjà largement et intensivement mis à profit (voir Fahrenberg, Myrtek, Pawlik & Perrez, 2007 ; Hänsgen & Perrez, 2001).

Les systèmes d'évaluation mobiles assistés par ordinateur peuvent donner des feedbacks au moyen de la fonction (interactive) experte et fournir des instructions ou des stimuli adaptés à la situation en vue d'une modification du comportement, par exemple dans la famille ou en entreprise (voir Wilhelm & Perrez, 2008 ; Perrez & Hänggi, 2012). Les premières utilisations de tels systèmes d'intervention ambulatoires sont prometteuses au vu de leur flexibilité et de leur capacité d'adaptation aux conditions de vie de tous les jours (voir Heron & Smyth, 2010). Dans ce contexte, on constate clairement que les métiers psychosociaux fonctionnent largement en dessous des possibilités qu'offrent les développements techniques actuels. Il s'agit par conséquent de partir du principe d'une intégration croissante de telles possibilités dans le futur.

4.8. Bibliographie

Baumeister, R.F., Vohs, K.D. & Funder, D.C. (2007). Psychology as the science of self-report and finger movements: Whatever happened to actual behavior? *Perspectives on Psychological Science, 2,* 306-403.

Beaumont, J.R. (1991). Expert systems and the clinical psychologist. In A. Ager & S. Bendall (Eds.), *Microcomputers and clinical psychology. Issues, applications and future development* (pp.175-193). Chichester: John Wiley & Sons.

Bolger, N., DeLongis, A., Kessler, R.C. & Schilling, E.A. (1989). Effects of daily stress on negative mood. *Journal of Personality and Social Psychology, 57* (5), 808-818.

Bolger, N., Davis, A. & Rafaeli, E. (2003). Diary methods: Capturing life as it is lived. *Annual review of psychology, 54* (1), 579-616.

Caspar, F., Berger, T., Lotz-Rambaldi, W. & Hohagen, F. (2013). Internetbasierte Psychotherapie und E-Mental-Health. *Verhaltenstherapie, 23,* 137-139.

Cattell, R.B. (1965). *The scientific analysis of personality.* Harmondsworth, UK: Penguin.

Csikszentmihalyi, M., Larson, E.W. & Prescott, S. (1977). The ecology of adolescent activities and experiences. *Journal of Youth and Adolescence, 6,* 281-294.

Conner, T., Feldman Barrett, L., Bliss-Moreau, E. Lebo, K. & Kaschub, C. (2003). A practical guide to experience-sampling procedures. *Journal of Happiness Studies, 4,* 53-78.

Darwin, C. (1877). A biographical sketch of an infant. *Mind, 2,* 285-294.

Fahrenberg (1994). Ambulantes Assessment. Computergestützte Datenerfassung unter Alltagsbedingungen. *Diagnostica, 40,* 195-216.

Fahrenberg J., Myrtek M. (2001). Ambulantes Monitoring und Assessment. In F. Rösler (Hrsg.), *Enzyklopädie der Psychologie. Serie Biologische Psychologie. Band 1: Grundlagen und Methoden der Psychophysiologie* (S. 657-796).Göttingen: Hogrefe.

Fahrenberg, J., Myrtek, M., Pawlik, K. & Perrez, M. (2007). Ambulantes Assessment – Verhalten im Alltagskontext erfassen. Eine verhaltenswissenschaftliche Herausforderung an die Psychologie. *Psychologische Rundschau, 58* (1), 12-23.

Green, A.S., Rafaeli, E., Bolger, N., Shrout, P.E. & Reis, H.T. (2006). Paper or plastic? Data equivalence in paper and electronic diaries. *Psychological Methods, 11* (1), 87.

Hänsgen, K.-D. & Perrez, M. (2001). Computerunterstützte Diagnostik in Familie und Erziehung: Ansätze und Perspektiven. *Psychologie in Erziehung und Unterricht, 48* (3), 161-178.

Heron, K.E. & Smyth, J.M. (2010). Ecological momentary interventions: incorporating mobile technology into psychosocial and health behaviour treatments. *British journal of health psychology, 15* (1), 1-39.

Hinrichs, J.R. (1964). Communication activity of industrial research personnel. *Personnel Psychology, 17,* 193-204.

Horner, M. (2005). *La famille et ses boucs émissaires. Une auto-observation systématique en milieu naturel.* Paris: L`Harmattan.

Krohne, H.W. & Hock, M. (2007). *Psychologische Diagnostik. Grundlagen und Anwendungsfelder.* Stuttgart: Kohlhammer.

Larson, R. & Csikszentmihalyi, M. (1983). The experience sampling method. *New Directions for Methodology of Social & Behavioral Science.*

Larson, R. & M.H. Richards (1994). *Divergent realities. The emotional lives of mothers, fathers, and adolescents.* New York: Basic Books.

Longu, G. (2009). *Stress und Stressbewältigung bei Lehrerinnen und Lehrern. Eine Untersuchung mit computer-unterstütztem Tagebuch.* (Unveröff.) Lizentiatsarbeit. Fribourg: Universität, Departement für Psychologie.

Malacrida, R., Bomio, D., Matathia, R., Suter, P.M. & Perrez, M. (1991). Computeraided self-observation of psychological stressors in an ICU. *International Journal of Clinical Monitoring and Computing, 8,* 201-205.

Mehl, M.R., Pennebacker, J.W., Crow, M.D., Dabbs, J. & Price, J.H. (2001). The electronically activated recorder (EAR): A device for sampling naturalistic daily activities and conversations. *Behavior Research Methods, Instruments, and Computers, 33* (4), 517-523

Mehl, M.R. & Conner, T.S. (Eds). (2012). *Handbook of research methods for studying daily life*. New York: Guilford Press.

Moskowitz, D.S. & Sadikaj, G. (2011). Event-contingent recording. In M.R. Mehl & T.S. Conner (Eds.), *Handbook of research methods for studying daily life* (pp. 160-175). New York: Guilford Press.

Pawlik, K. & Buse, L. (1982). Rechnergestützte Verhaltensregistrierung im Feld: Beschreibung und erste psychometrische Überprüfung einer neuen Erhebungsmethode. *Zeitschrift für Differentielle und Diagnostische Psychologie, 3,* 101-118.

Pawlik, K. (1988). "Naturalistische" Daten für Psychodiagnostik: Zur Methodik psychodiagnostischer Felderhebungen. *Zeitschrift für Differentielle und Diagnostische Psychologie, 9,* 169-181.

Passini, C. M., Pihet, S., Favez, N. & Schoebi, D. (2013). Assessment of parental discipline in daily life. *Journal of Family Psychology, 27,* 324-329. doi:10.1037/a0031504.

Perrez, M. (1994). Felddiagnostik mit besonderer Berücksichtigung der computerunterstützten Diagnostik. In R.-D. Stieglitz & U. Baumann (Hrsg.), *Psychodiagnostik psychischer Störungen* (S. 149-161). Stuttgart: Enke.

Perrez, M. (2006). Plädoyer für eine theorieadäquatere Methodik in gewissen Domänen der Psychologie. *Verhaltenstherapie und Psychosoziale Praxis, 38* (2), 319-330.

Perrez, M. & Reicherts, M. (1987). Coping behavior in the natural setting: A method of computer-aided self-observation. In H.-P. Dauwalder, M. Perrez & V. Hobi (Eds.), *Controversial Issues in Behavior Modification. Annual Series of European Research in Behavior Therapy, Vol. 2* (S. 127-137). Lisse (Holland): Swets & Zeitlinger.

Perrez, M. & Reicherts, M. (1989). Belastungsverarbeitung: Computerunterstützte Selbstbeobachtung im Feld. *Zeitschrift für Differentielle und Diagnostische Psychologie, 2,* 129-139.

Perrez, M. & Reicherts, M. (1996). A computer-assisted self-monitoring procedure for assessing stress-related behavior under real life conditions. In J. Fahrenberg & M. Myrtek (Eds.), *Ambulatory assessment. Computer-assisted psychological and psychophysiological methods in monitoring and field studies* (pp. 51-67). Seattle: Hogrefe & Huber Publishers.

Perrez, M. & Reicherts, M. (2008). COMES: COMputerunterstütztes Erfassungs-System. In J. Bengel, M. Wirtz & C. Zwingmann (Hrsg.), *Diagnostische Verfahren in der Rehabilitation* (S. 122-125). Göttingen: Hogrefe.

Perrez, M., Berger, R. & Wilhelm, P. (1998). Die Erfassung von Belastungserleben und Belastungsverarbeitung in der Familie: Self-Monitoring als neuer Ansatz. *Psychologie in Erziehung und Unterricht, 45,* 19-35.

Perrez, M., Schoebi, D. & Wilhelm, P. (2000). How to assess social regulation of stress and emotions in daily family life? A computer-assisted family self-monitoring system (FASEM-C). *Clinical Psychology and Psychotherapy, 7,* 326-339.

Perrez, M. & Schoebi, D. (2001). Soziales Coping in der Selbst- und in der Fremd-perspektive. In S. Walper & R. Pekrun (Hrsg.), *Familie und Entwicklung. Aktuelle Perspektiven der Familienpsychologie* (S. 219-237). Göttingen: Hogrefe.

Perrez, M. & Hänggi, Y. (2012). Vom Nutzen neuer Medien zur Prävention in der Familie. In J. Siegl, D. Schmelzer & H. Mackinger (Hrsg.), *Horizonte der Klinischen Psychologie und Psychotherapie* (S. 226-242). Lengerich: Pabst.

Reicherts, M. (1985). Kriteriumsorientierte Messung in der Klinischen Psychologie. Die Entwicklung eines Tests zur Belastungsbewältigung. *Zeitschrift für Klinische Psychologie, Psychopathologie und Psychotherapie, 33,* 313-336.

Reicherts, M. (1988). *Diagnostik der Belastungsverarbeitung. Neue Zugänge zu Stressbewältigungs-Prozessen.* Bern: Hans Huber.

Reicherts, M. & Pihet, S. (2000). Job newcomers coping with stressful situations. A micro-analysis of adequate coping and well-being. *Swiss Journal of Psychology, 59,* 303-316.

Reicherts, M., Salamin, V., Maggiori, C. & Pauls, K. (2007). The Learning Affect Monitor (LAM) – A computer-based system integrating dimensional and discrete assessment of affective states in daily life. *European Journal of Psychological Assessment, 23 (4),* 268-277.
doi: 10.1027/1015-5759.23.4.268

Piasecki, T.M., Hufford, M.R., Solhan, M. & Trull, T. J. (2007). Assessing clients in their natural environments with electronic diaries: Rationale, benefits, limitations, and barriers. *Psychological Assessment, 19* (1), 25-43.
doi:10.1037/1040-3590.19.1.25

Repetti, R.L. (1989). Effects of daily workload on subsequent behavior during marital interaction: The roles of social withdrawal and spouse support. *Journal of Personality and Social Psychology, 57* (4), 651-659.
doi: 10.1037/0022-3514.57.4.651

Schoebi, D., Wang, Z., Ababkov, V. & Perrez, M. (2010). Affective interdependence in married couples' daily lives: Are there cultural differences in partner effects of anger? *Family Science, 1* (2), 83-92.

Schoebi, D., Perrez, M. & Bradbury, T N. (2012). Expectancy effects on marital interaction: Rejection sensitivity as a critical moderator. *Journal of family psychology, 26(5),* 709-718.
doi:10.1037/a0029444

Shiffman, S., Stone, A.A. & Hufford, M.R. (2008). Ecological momentary assessment. *Annual review of psychology, 4,* 1-32.

Shrout, P.E. & Lane, S.P. (2012). Psychometrics. In M.R. Mehl & T.S. Conner (Eds.), *Handbook of research methods for studying daily life* (pp. 302-320). New York: Guilford Press.

Tourangeau, R. & Rasinski, K.A. (1988). Cognitive processes underlying context effects in attitude measurement. *Psychological Bulletin, 103,* 299-314.

Tourangeau, R., Rips, L. J. & Rasinski, K.A. (2000). *The psychology of survey response.* Cambridge, UK: Cambridge University Press.

Wilhelm, P. & Perrez, M. (2001). Felddiagnostik. In R.-D. Stieglitz, U. Baumann & H.J. Freyberger (Hrsg.), *Psychodiagnostik in Klinischer Psychologie, Psychiatrie, Psychotherapie* (2. überarb. / erw. Auflage) (S. 169-182). Stuttgart: Thieme.

Wilhelm, P. & Schoebi, D. (2007). Assessing Mood in Daily Life. *European Journal of Psychological Assessment, 23*(4), 258-267. doi:10.1027/1015-5759.23.4.258.

Wilhelm, P. & Perrez, M. (2008). Ambulantes Assessment in der Klinischen Psychologie und Psychiatrie. *Zeitschrift für Psychiatrie, Psychologie und Psychotherapie, 56* (3), 169-179.

Wilhelm, P., Pawlik, K. & Perrez, M. (2012). Conducting research in daily life: A historical review. In M. R. Mehl & T. S. Conner (Eds.), *Handbook of research methods for studying daily life* (pp. 62-88). New York, NY: Guilford Press

Pour aller plus loin :

Bolger, N., Davis, A. & Rafaeli, E. (2003). Diary methods: Capturing life as it is lived. *Annual review of psychology, 54* (1), 579-616.

Fahrenberg, J. & Myrtek, M. (Eds.). (1996). *Ambulatory Assessment. Computer-Assisted Psychological and Psychophysiological Methods in Monitoring and Field Studies.* Seattle: Hogrefe & Huber Publishers.

Fahrenberg, J. & Myrtek, M. (Eds.). (2001). *Progress in Ambulatory Assessment.* Seattle: Hogrefe & Huber Publishers.

Fahrenberg, J. & Myrtek, M. (2001). Ambulantes Monitoring und Assessment. In: F. Rösler (Hrsg.): *Enzyklopädie der Psychologie. Serie Biologische Psychologie. Band 1: Grundlagen und Methoden der Psychophysiologie* (S. 657-796). Göttingen: Hogrefe.

Hektner, J.M., Jennifer, A. & Csikszentmihalyi, M. (2007). *Experience sampling method. Measuring the quality of everyday life.* London: Sage Publications.

Mehl, M.R. & Conner, T.S. (Eds). (2012). *Handbook of research methods for studying daily life.* New York: Guilford Press.

Reicherts, M. (1999). *Comment gérer le stress? Le concept des règles cognitivo-comportementales*. Fribourg: Editions Universitaires.

Shiffman, S., Stone, A.A. & Hufford, M.R. (2008). Ecological momentary assessment. *Annual Review of Clinical Psychology*, *4*, 1-32.

Wilhelm, P. & Perrez, M. (2013). *A history of research conducted in daily life* (*Scientific Report Nr. 170*). Fribourg, Switzerland: Department of Psychology, University of Fribourg, Switzerland. Retrieved from:
www.unifr.ch/psycho/assets/files/klinisch/Wilhelm%20&%20Perrez%20%282013%29.%20A%20history%20of%20research%20coducted%20in%20daily%20life.pdf

Partie III

Méthodes d'analyse des données

5. L'approche psychométrique dans l'analyse du cas singulier

Holger Schmid & Michael Reicherts

Résumé

Il existe de nombreuses procédures de testing et de nombreux tests développés selon des critères scientifiques et validés au niveau psychométrique. Leur emploi a l'avantage de pouvoir valider des hypothèses diagnostiques dans le cadre de l'analyse du cas singulier, allant ainsi largement au-delà du simple report d'une valeur atteinte à un test. Cette dernière peut déjà être comparée avec les valeurs d'une population de référence (p.ex. la population normale ou un groupe clinique spécifique) et être directement interprétée. En outre, sur la base de la fidélité du test, il est possible de calculer l'erreur standard de mesure et d'estimer ainsi l'intervalle de confiance du vrai score (dispersion de la vraie valeur) d'une personne. L'erreur standard de mesure et l'intervalle de confiance sont aussi des bases importantes pour le test statistique inférentiel, notamment pour mettre en évidence la différence entre les valeurs obtenues par une personne à deux tests (p.ex. contrôle des forces et des faiblesses d'une personne) et montrer ainsi que les valeurs de mesure d'une personne ne sont pas dues au hasard (p.ex. contrôle des effets d'une intervention pour un cas singulier) ou alors que deux personnes diffèrent significativement au même test (p.ex. contrôle des forces d'une personne en comparaison à une autre personne).

Cette présentation aborde des prérequis importants pour le diagnostic psychométrique du cas singulier. Elle offre également différents exemples de cas concernant l'application concrète de la méthodologie ainsi que des recommandations pour l'interprétation des valeurs de mesure d'un cas singulier.

Finalement, le chapitre propose un exemple de cas clinique (Madame N.) sur la base duquel différentes analyses et procédures sont démontrées.

5.1. Introduction

Dans la pratique psychosociale, les tests et autres procédures de testing sont souvent utilisés, qu'il s'agisse de questionnaires publiés par des maisons d'édition de tests ou d'instruments de recherche ayant fait leur preuve (publiés ou non). Ces tests peuvent être vus comme des instruments de mesure à part entière. Ils regroupent des instruments psychométriques au sens restreint, mais aussi des échelles, des questionnaires, des méthodes d'interview ou d'observation, des procédures utilisant un appareillage technique, des méthodes de diagnostic informatisées et d'autres instruments encore provenant de divers domaines de la psychologie, des sciences de l'éducation, du travail social et de la médecine. Un aspect fondamental concerne le fait que ces instruments puissent être utilisés comme "… une procédure scientifique de routine pour l'étude d'une ou plusieurs caractéristiques de la personnalité délimitables empiriquement, avec pour objectif un résultat le plus quantitatif possible concernant le degré de la manifestation de la caractéristique individuelle" (Lienert, 1967, p. 7, trad. des auteurs).

Un test est donc une procédure scientifique qui doit remplir des critères spécifiques de qualité. Le plus souvent, ce sont des caractéristiques de la personne qui sont étudiées. En outre, une évaluation la plus quantitative possible doit pouvoir être faite ; cela nécessite que la démarche comporte des mesures qui permettent une expression du résultat sous forme numérique. Le degré relatif de la manifestation de la caracté-ristique contient de plus une comparaison possible avec une population. Les tests sont ainsi particulièrement importants pour l'analyse du cas singulier dans la pratique psychosociale et leur utilisation se base sur des critères scientifiques de qualité. Ces principaux critères de qualité sont l'objectivité, la fidélité et la validité (Lienert, 1989 ; voir aussi chapitre 4.4). Les autres critères sont le caractère économique (rapport coût-efficacité) et pratique (facilité d'utilisation) ainsi que la normalisation et standardisation. Un grand nombre de tests est répertorié dans la base de données PSYNDEX, et le Centre Leibniz d'information et de documentation psychologiques (Leibniz-Zentrum für Psychologische Information und Dokumentation, ZPID, 2013) offre une vue d'ensemble de 6'586 tests au total et leurs références de base, réperto-riés selon leurs contenus, leurs auteurs ainsi que leurs noms.

Ce chapitre présente la manière dont les valeurs obtenues à un test peuvent être interprétées au moyen de quelques informations de base, allant cependant largement au-delà de la simple constatation d'une valeur numérique. Il est question de savoir dans quelle mesure la valeur vraie d'une personne testée se trouve, avec un seuil de confiance spécifique, afin de pouvoir déterminer si les valeurs ont changé de manière significative lorsqu'une personne est retestée (différence intra-individuelle) ou si les valeurs de deux personnes au même test diffèrent significativement (différence inter-individuelle).

5.2. Diagnostic individuel par comparaison directe avec les valeurs standard

Une première possibilité d'évaluation et d'interprétation de la valeur obtenue à un test par un cas singulier réside dans le principe psychométrique de base qui vise à comparer directement cette valeur individuelle avec des valeurs de référence existantes, préalablement établies empiriquement auprès d'une population (voir à ce sujet les "hypothèses d'agrégation" et leurs caractéristiques statistiques dans le chapitre 1.4.3). Selon cette logique, on met en rapport la valeur du cas singulier – telle qu'elle a été calculée comme valeur brute (par exemple dans le cadre du diagnostic initial avant une intervention) – avec la distribution de la valeur de la population de référence. On exprime de cette manière la position de l'individu par rapport à cette distribution.

Les "valeurs standard" se trouvent habituellement dans le manuel du test. Elles se présentent sous la forme de valeurs standard spécifiques, soit dans des "échelles métriques" telles l'*échelle T* (moyenne 50 ± 10) ou l'échelle du QI (moyenne 100 ± 15), soit dans des "échelles avec catégories" telle l'échelle *stanine* ("standard nine" ; moyenne 5 ± 1.96). La forme la plus générale reste l'*échelle z* (écarts-réduits) où la valeur de mesure individuelle (indépendamment de l'échelle originale des valeurs brutes) est exprimée en termes quantité de déviation par rapport à la valeur moyenne de la population :

$$z = \frac{(X - \mu)}{\sigma}$$

L'étendue – ou surface – normale définie par la zone se situant entre -1 et +1 écart-type (*Standard deviation* ; *SD,* abréviation anglaise qui sera utilisée dans ce chapitre) autour de la valeur moyenne de la population comprend environ 68% des cas (voir à ce sujet la figure 5.1 dans laquelle les échelles les plus utilisées pour les tests sont rassemblées).

Exemple : Si le score d'un client à un test évaluant l'anxiété (lors du diagnostic initial, avant une intervention) se situe au-dessus de l'aire normale d'un écart-type selon les informations obtenues auprès de la population de référence (p.ex. groupe d'hommes âgés entre 20 et 64 ans), alors le score d'anxiété du client est à considérer comme "élevé" ou "supérieur à la moyenne" (pour une interprétation générale, voir tableau 5.1). Selon le concept (ou construit) théorique mesuré par la procédure (ici p.ex. l'Inventaire d'Anxiété État-Trait, STAI ; Spielberger et al., 1983), cette valeur peut être interprétée, pour le client qui éprouve de l'anxiété et présente les symptômes corporels correspondants, comme une valeur "élevée" ou "supérieure à la moyenne".

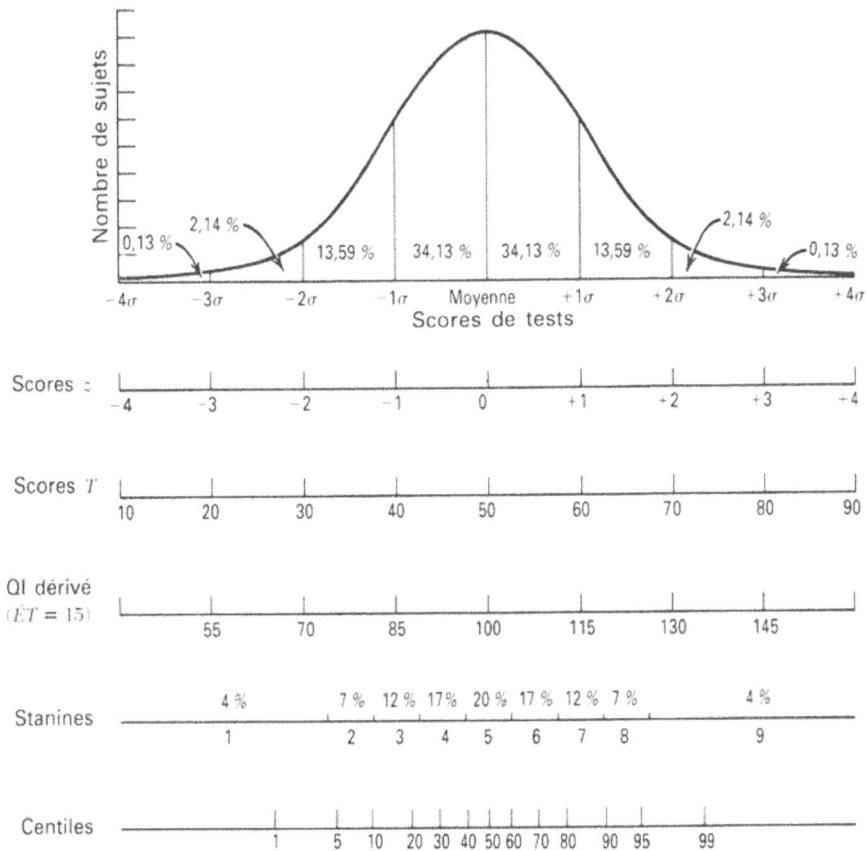

Figure 5.1 : Échelles de mesures courantes pour les tests et rapport à l'échelle z (selon Anastasi, 1994, p. 76)

Tableau 5.1 : Exemples d'interprétation de valeurs standard (valeurs z) par comparaison avec les distributions de référence

Étendue de l'intervalle	Interprétation
Moyenne ± 1 écart-type	"moyen", "dans la norme", "normalisé"
> 1 écart-type au-dessus	"supérieur à la moyenne", "élevé", "marqué"
< 1 écart-type au-dessous	"inférieur à la moyenne", "bas", "faible"
> 2 écarts-types au-dessus	"largement supérieur à la moyenne", "très élevé"
< 2 écarts-types au-dessous	"largement inférieur à la moyenne", "très bas"

Une différenciation supplémentaire fondée sur ce principe peut être obtenue avec des populations de référence spécifiques. Ainsi, pour un test particulier, ce sont non seulement les valeurs normatives d'une population "normale" (c'est-à-dire sans le trouble clinique en question) qui peuvent être disponibles, mais parfois aussi les valeurs de référence de groupes spécifiques : par exemple de personnes présentant un trouble de l'anxiété généralisé, des phobies spécifiques ou des troubles de l'humeur. Dans ce cas, le diagnostic du cas singulier peut être différencié au moyen de ces comparaisons spécifiques avec des groupes cliniques (autant avant qu'après l'intervention).

Cas de Madame X. : un exemple simple d'application clinique au moyen du "Penn State Worry Questionnaire" (PSWQ)

Madame X. – cliente chez qui on suppose un trouble anxieux généralisé – est évaluée avec le "Penn State Worry Questionnaire" (PSWQ ; Meyer, Miller, Metzger & Borkovec, 1990), une procédure visant l'évaluation des tendances globales à être soucieux et préoccupé dont le score indique l'intensité et la contrôlabilité de l'inquiétude. Le PSWQ contient 16 items (p.ex. "Je m'inquiète continuellement à propos de tout"), évalués sur une échelle de Likert à 5 niveaux, de 1 ["me correspond pas du tout"] à 5 ["me correspond tout à fait"]. Il fournit un score global, dont l'étendue va de 16 à 80.

Le PSWQ possède des indicateurs de fidélité très élevés, tant pour la consistance interne (alpha de Cronbach = .93) que pour la fidélité test-retest (r_{tt} = .92 après 8-10 semaines). L'instrument dispose également de bons indices de validité dans différents domaines : validité factorielle (correspondant à un facteur général), validité critérielle clinique (classification adéquate dans une catégorie diagnostique), ainsi que validité convergente (p.ex. avec l'anxiété mesurée par le STAI ; Ladouceur et al., 1992) et divergente (p.ex. avec la dépression mesurée par le BDI ; Meyer et al., 1990). D'autre part, il présente une sensibilité au changement satisfaisante (Meyer et al., 1990). Les valeurs de référence sont disponibles non seulement pour les "personnes normales" (sans pathologie), mais également pour un échantillon de personnes diagnostiquée avec un trouble anxieux généralisé (TAG). Le tableau 5.2 présente les valeurs statistiques de ces deux groupes de référence.

Tableau 5.2 : Exemple PSWQ – valeurs de référence normatives et cliniques

Valeurs de référence	*M*	*SD*
Personnes non anxieuses "normales" / groupe contrôle	43.81	11.32
Personnes présentant un trouble anxieux généralisé TAG	67.66	8.86

Madame X. obtient avant la psychothérapie (mesure 1) une valeur de PSWQ = 69.

Par comparaison avec les personnes de référence (voir tableau 5.2), on peut inter-préter la valeur de la cliente (score de 69) par rapport (a) à la population contrôle, en ensuite (b) au groupe clinique de patients présentant un trouble anxieux généralisé :

(a) $M_{cont} + 2\ SD = 66.45$ → score (69) largement supérieur au groupe contrôle

(b) $M_{clin} + 1\ SD = 76.52$ → score (69) dans la norme des patients anxieux

Sur la base des données des personnes contrôle de référence, il est aussi possible de calculer la valeur standardisée $z_{cont} = (69 - 43.81)/11.32 = 2.22$. Par rapport à la population clinique, on observe un $z_{clin} = (69 - 67.66)/8.86 = 0.15$. Ces valeurs z empiriques peuvent être traduites en probabilité selon la distribution théorique des valeurs z (voir figure 5.1). Ceci permet de déterminer alors quelle est la probabilité que cette valeur observée appartienne à cette population (au moyen de la distribution standard réduite). La probabilité que Madame X. n'appartienne pas à la population contrôle est de $p = .98$ (voir figure 5.2) ; en revanche, la probabilité qu'elle n'appartienne pas à la population clinique est de $p = .50$ (voir figure 5.3).

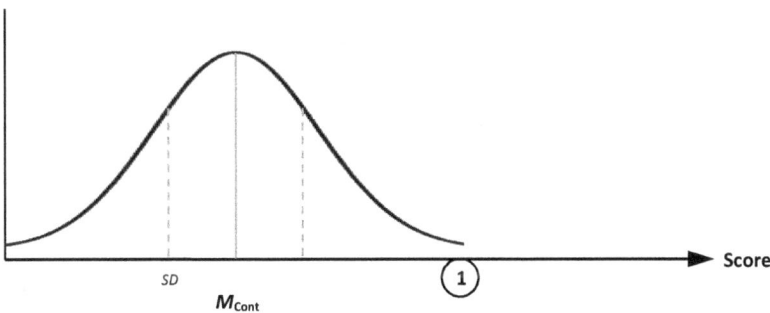

Figure 5.2 : Représentation schématique de la comparaison directe du score (temps de mesure 1) avec la distribution de référence du groupe contrôle (PSWQ)

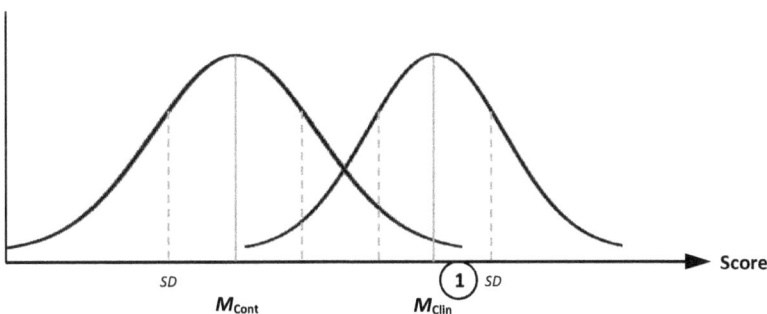

Figure 5.3 : Représentation schématique de la comparaison du score (temps de mesure 1) avec les distributions de référence : groupe contrôle *vs* groupe clinique (TAG)

Dans l'ensemble, l'hypothèse diagnostique que Madame X. souffre d'un trouble anxieux généralisé est ici étayé par ces deux résultats (a) et (b). Toutefois, il manque ici encore la prise en compte de "l'intervalle de de confiance" statistique pour affirmer que ceci est "vrai" (cette notion sera présentée plus en détails par la suite).

La comparaison directe avec les groupes de référence spécifiques, offre aussi la possibilité – plus simple encore – d'évaluer le changement de la mesure effectuée auprès du cas singulier.

Exemple (suite) : à la fin de la thérapie, le score au PSWQ de Madame X. s'élève à PSWQ = 47 (mesure au temps 2), ce qui correspond à une valeur z standardisée de $(47 - 43.81) / 11.32 = 0.28$ par rapport au groupe contrôle normal. Comparée avec ce groupe de référence, la mesure se situe ainsi dans l'étendue normale des personnes contrôle. Comparée cependant avec les patients présentant un trouble anxieux généralisé, ce score se situe largement au-dessous de la moyenne de cette population clinique : $(47 - 67.66) / 8.86 = -2.33$; les 2.33 dépassent deux écart-type. Selon cette logique, il est possible d'affirmer que la valeur d'anxiété généralisée de la cliente après la thérapie a diminué et s'est même "normalisée" ; la figure 5.4 illustre ce changement.

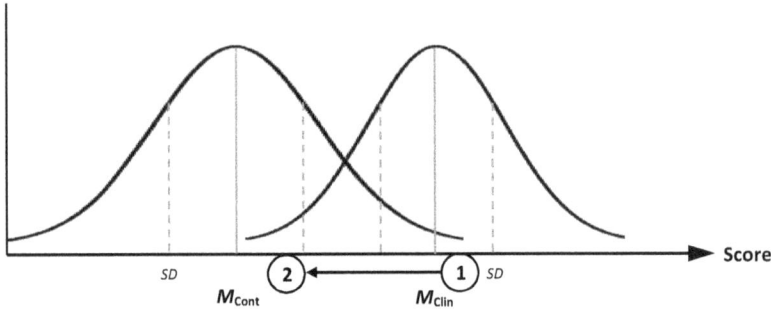

Figure 5.4 : Évaluation du changement par comparaison directe avec deux groupes de référence (personnes contrôle sans pathologie clinique *vs* groupe clinique avec TAG)

Dans la représentation schématique de la figure 5.4, les changements sont évalués par une comparaison directe des scores au test relativement à l'entendue "intérieure" et "extérieure" des distributions de référence. C'est la forme la plus simple d'évaluation du changement psychométrique. Elle peut toutefois contenir des erreurs dans la mesure où elle ne tient pas compte de la qualité de mesure de l'instrument, notamment de sa fidélité, respectivement de son erreur standard de mesure. Une évaluation plus adéquate du changement – et plus critique puisque tenant compte du hasard – est possible au moyen des démarches illustrées dans les chapitres 5.3 à 5.6.

5.3. Fidélité, erreur standard de mesure et intervalle de confiance

5.3.1. Valeur observée, valeur vraie et erreur de mesure

Une valeur de mesure observée résulte de la passation d'un test. Cette valeur devrait tout d'abord être en lien avec le concept ou construit théorique à évaluer, dans l'exemple ci-dessus, avec la tendance généralisée à l'anxiété et aux multiples inquiétudes qui y sont liées. En même temps, la réponse aux items peut également être influencée par une série d'autres facteurs, comme par exemple la manière dont les items sont formulés, des réponses trop prudentes du sujet testé, une tendance à l'acquiescement, un manque d'intérêt, ou encore une fatigue chez lui.

La valeur vraie d'une personne correspond à la valeur qui sous-tend la valeur observée et qui est indépendante des erreurs systématiques de mesure. L'erreur de mesure est alors la différence entre la valeur observée et la valeur vraie. Elle représente les influences non systématiques (dues au hasard) lors de la mesure. Autrement dit, la valeur observée se compose de la valeur vraie et de l'erreur de mesure :

$$X = V + E$$

avec X = valeur observée ; V = valeur vraie ; E = erreur de mesure

L'erreur de mesure lors d'une évaluation ponctuelle peut être positive (la valeur observée est plus élevée que la valeur vraie) ou négative (sous-estimation de la valeur vraie). Comme l'erreur est aléatoire, il faut s'attendre à ce que ses valeurs observées fluctuent aléatoirement vers le haut ou vers le bas et – si l'on pouvait répéter indéfiniment la mesure – les erreurs aléatoires.

Si la mesure est répétée indéfiniment sur différentes personnes que l'on a sélectionnées aléatoirement au sein d'une population, alors la variance de la valeur observée est composée de variance de la valeur vraie et de celle des erreurs :

$$\sigma_X^2 = \sigma_V^2 + \sigma_E^2$$

avec σ_X^2 = variance de la valeur observée dans la population ; σ_V^2 = variance de la valeur vraie ; σ_E^2 = variance des erreurs

5.3.2. Fidélité

La fidélité correspond à la part de variance de la valeur vraie comprise dans la variance de la valeur observée (variance totale). Elle exprime de fait l'importance de la part d'erreur lors de la mesure ; on parle par conséquent de *fidélité* (ou *fiabilité*) de la mesure :

$$r_{tt} = \frac{\sigma_V^2}{\sigma_X^2}$$

avec r_{tt} = fidélité ; σ_X^2 = variance de la valeur observée dans la population ; σ_V^2 = variance de la valeur vraie

Comme les variances sont toujours positives (car élevées au carré) et que la variance de la valeur vraie est toujours inférieure à celle de la valeur observée, il en résulte que :

$$0 \le r_{tt} \le 1$$

La fidélité peut ainsi se situer entre 0 (la mesure est réalisée purement aléatoirement) et 1 (fidélité parfaite, c'est-à-dire qu'il n'y a pas de d'erreur de mesure). Les instruments de mesure avec une fidélité se situant autour de .80 sont considérés comme bons (à partir de .70 on les considère généralement comme satisfaisants). La fidélité du "Penn State Worry Questionnaire" atteint par exemple $r_{tt} = .93$ (alpha de Cronbach) et est considérée comme très bonne. Les indicateurs de fidélité sont estimés sur la base de différentes études et rapportés dans les manuels des tests. Pour le diagnostic du cas singulier, il ne suffit toutefois pas de déterminer la valeur de mesure et de connaître en parallèle les caractéristiques de fidélité de la procédure. Il est bien plus adéquat de calculer l'erreur standard de mesure pour prendre en compte l'erreur due au hasard dans le score individuel observé.

5.3.3. Erreur standard de mesure

L'erreur standard de mesure est l'écart-type (ou dispersion) de la distribution des valeurs obtenues par répétition de la mesure. Elle est ainsi un indicateur de la variabilité de l'erreur et est en lien direct avec la variance des erreurs de mesure σ_E^2 :

$$r_{tt} = \frac{\sigma_V^2}{\sigma_X^2} = \frac{\sigma_X^2 - \sigma_E^2}{\sigma_X^2} = 1 - \frac{\sigma_E^2}{\sigma_X^2}$$

Ceci est la formule de la fidélité pour la population ; pour les échantillons, nous pouvons remplacer le sigma (σ) par un SD et transformer la formule :

$$SE^2 = SD_X^2 \cdot (1 - r_{tt})$$

Si l'on souhaite utiliser l'écart-type de l'erreur – plutôt que de sa variance – on parle alors d'"erreur standard de mesure" (*Standard Error ; SE*) et il faut en calculer la racine carrée :

$$SE = SD_X \cdot \sqrt{1 - r_{tt}}$$

La figure 5.5 illustre la variation des valeurs de mesure dans la population sous la forme d'une distribution. La mesure réitérée d'une variable produit quant à elle une variation des valeurs de mesure. L'écart-type de l'erreur (*SE*) correspond à l'erreur standard de mesure.

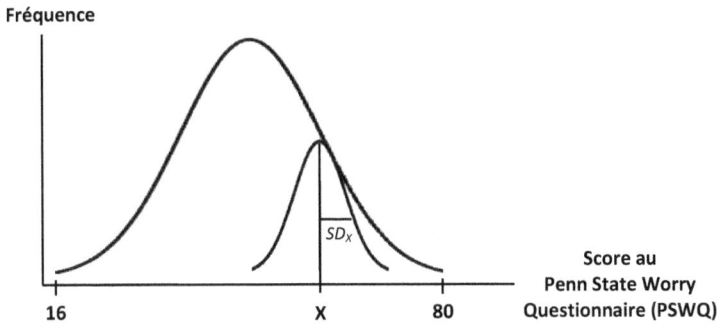

Figure 5.5 : Schéma de la dispersion des mesures répétées au PSWQ

Quel est cependant l'avantage de connaître l'erreur standard de mesure, respectivement de la calculer à partir des données à disposition ? L'erreur standard de mesure permet de connaître la précision d'un score individuel à un test ; la fidélité ne permet pas directement cela. La figure 5.5 montre ainsi clairement que les valeurs observées dans la population peuvent varier très largement. Les mesures (répétées) d'un cas singulier ne varient pas de manière similaire, mais la justesse de la mesure joue ici un grand rôle. Si les mesures répétées d'un cas singulier variaient autant que les valeurs de la population, ces mesures seraient alors totalement fantaisistes. Un autre avantage de l'erreur standard de mesure réside dans le fait qu'il se base sur une unité de mesure qui correspond directement celle de la valeur observée. L'étendue de la dispersion de la valeur vraie d'un sujet peut être estimée par l'erreur standard de mesure et utilisée pour le contrôle statistique dans le diagnostic du cas singulier.

5.4. Dans quelle fourchette se trouve la valeur vraie d'un sujet ? (intervalle de confiance)

L'intervalle de confiance précise dans quelle zone de l'échelle se situe la valeur vraie V d'une personne. On y définit la probabilité d'erreur (ou "seuil statistique") que l'on souhaite accepter pour l'estimation de la valeur vraie : plus le seuil de confiance est élevé (p.ex. 1% d'erreur), plus l'intervalle de confiance est par conséquent large.

Test unilatéral et bilatéral

Lorsque l'on veut comparer la valeur vraie d'une personne avec une valeur de référence, on peut – comme lors d'autres décisions statistiques – tester la "significativité" des résultats de deux manières (pour une vue d'ensemble, voir tableau 5.3) :

(1) Une *hypothèse orientée* suppose par exemple que la "valeur vraie" d'une personne (p.ex. les symptômes au début d'une intervention) est effectivement "plus

élevée" qu'une valeur de référence. Le test d'une telle hypothèse orientée implique un test "unilatéral" qui ne contrôle que la probabilité d'un résultat sur la partie gauche de la distribution des mesures répétées de la personne (voir figure 5.5). Un premier exemple de ce type se trouve à la page suivante : la première mesure de l'anxiété PSWQ = 69 de Madame X. s'avère-t-elle effectivement "marquée" – c'est-à-dire à plus un écart-type au-dessus de la moyenne des sujets normaux (= 55.13) – en tenant compte de sa *valeur vraie* ? Un autre exemple, en termes de comparaison intra-sujet, se trouve dans le chapitre 5.6 : la *mesure post* de l'anxiété (après intervention) est-elle effectivement plus basse que la *mesure pré,* autrement dit se situe-t-elle "en dehors" (à gauche) de l'intervalle de confiance de la *valeur vraie* de cette *première mesure*, par exemple dans la zone des cas inférieurs à 5% ? Si, par contre, une hypothèse diagnostique avance qu'une valeur vraie est "inférieure à" une valeur de référence, c'est alors la partie droite de la distribution des mesures répétées qui est contrôlée.

(2) La formulation d'une *hypothèse non-orientée* affirme que la "valeur vraie" d'une personne est "différente" d'une valeur de référence (c'est-à-dire qu'elle se situe "au-dessus" ou "au-dessous" de cette valeur). Une telle formulation nécessite un test bilatéral où l'on considère les deux zones de probabilité (extrémités gauche et droite de la distribution). Si l'on veut tester cette hypothèse avec un seuil d'erreur de 5%, cela correspond alors aux zones des 2.5% inférieurs et des 2.5% supérieurs de la distribution.

Tableau 5.3 : Valeurs z selon les niveaux de significativité

Question statistique et test	Probabilité d'erreur (niveau de significativité α)	valeur z
	1%	2.33
Question orientée / Test unilatéral	5%	1.64
	10%	1.28
	1%	2.58
Question non-orientée / Test bilatéral	5%	1.96
	10%	1.64

Si l'on souhaite un faible risque d'erreur (p.ex. 1%) l'intervalle de confiance est par conséquent plus large – et la valeur observée doit dès lors être "extrême" pour être considérée comme non due au hasard, c'est-à-dire statistiquement significative.

Pour le calcul de l'intervalle de confiance, *l'erreur standard de mesure* est centrale, car elle indique la taille de la variation de la valeur vraie déterminée par la fidélité.

En reprenant l'exemple ci-dessus concernant le trouble anxieux généralisé, l'erreur standard de mesure des valeurs brutes au PSWQ atteint, à partir d'un écart-type de 11.32 (groupe de contrôle non anxieux) et d'une fidélité de $r_{tt} = .93$:

$$SE = SD_X \cdot \sqrt{1 - r_{tt}} = 11.32 \cdot 0.26 = 2.99$$

La détermination de l'intervalle de confiance suit ainsi la distribution standard normale et les bornes critiques correspondantes Z_{crit} : pour un risque d'erreur de 5% (pour un test bilatéral, voir tableau 5.3 ci-dessus) $Z_{crit} = 1.96$. Cette valeur est mise en rapport avec l'écart-type de l'échelle ($SD = 11.32$) et la valeur de mesure observée ($X = 69$) de Madame X. dans la formule suivante :

$$V = X \pm Z_{crit} \cdot SE$$

Il en découle un intervalle de confiance (à 95%) de :

$$V = 69 \pm 1.96 \cdot 2.99 = 69 \pm 5.87 = 63.12 \leq V \leq 74.87$$

D'après cela, le niveau "effectif" d'anxiété – la valeur vraie V – de Madame X. se situe avec un seuil de confiance statistique de 95%, dans la fourchette allant de 63.12 à 74.87 sur l'échelle du PSWQ. Madame X. montre donc une tendance "supérieure à la moyenne" statistiquement significative à éprouver des craintes importantes au quotidien, au sens du syndrome d'anxiété généralisée.

5.5. Les mesures d'une personne à deux tests se différencient-elles significativement ? (différence *intra*-individuelle)

Dans le diagnostic clinique d'un cas singulier, il est habituel de ne pas étudier une seule caractéristique, mais différentes caractéristiques au moyen de plusieurs tests. L'objectif consiste alors à faire ressortir clairement des aspects concernant le diagnostic différentiel, d'exclure la présence de certains troubles voire de mettre en évidence les ressources et les forces de la personne (et non seulement ses déficits). Au niveau psychométrique, il est intéressant de ne pas comparer uniquement les différentes valeurs de mesure de la personne avec les normes correspondantes (valeurs de référence), mais d'examiner également si la mesure d'une personne se différencie significativement d'une autre mesure standardisée sur la même échelle.

Dans ce sens, la comparaison *intra*-individuelle de deux mesures se base sur le principe qui applique l'erreur standard de mesure (y compris avec la prise en compte de la fidélité) et l'écart-type des deux tests :

$$SE_{(intra)} = SD \cdot \sqrt{2 - (r_{11} + r_{22})}$$

avec SD = écart-type des deux tests ; r_{11} = fidélité du test 1 ; r_{22} = fidélité du test 2

On peut alors calculer la valeur que doit atteindre la différence de deux mesures pour être significative.

Exemple de Madame X. (suite 1) : En admettant que dans le diagnostic clinique de Madame X. on cherche à mettre en évidence la présence d'un trouble anxieux généralisé (supposition de départ) en excluant des problèmes de santé. En effet, de tels problèmes pourraient directement expliquer des craintes physiques et être en lien avec l'estime de soi au quotidien. D'autre part, un bon état de santé peut représenter une ressource et influencer positivement le pronostic et le travail thérapeutique avec des anxiétés typiques du TAG. Par conséquent, le *questionnaire d'état de santé SF-36 (Fragebogen zum Gesundheitszustand SF-36* ; Bullinger & Kirchberger, 2011) a été introduit comme mesure supplémentaire.

Le SF-36 est un instrument de mesure s'appliquant à différents types de maladies. Il vise à évaluer la qualité de vie de patients en rapport avec leur santé. Le SF-36 évalue 8 dimensions appartenant aux domaines "corporel" et "psychique" : fonctionnement physique, limitations des activités en raison de l'état de santé physique, douleurs physiques, santé générale perçue, vitalité, bien-être social, limitations des activités en raison de l'état affectif, bien-être psychique.

La dimension "fonctionnement physique" comprend 10 items dont les modalités sont : 1 (fortement limité), 2 (partiellement limité) et 3 (pas du tout limité). Les réponses aux items sont additionnées (score minimal brut de 10 ; score maximal brut de 30 ; étendue des scores bruts = 20). Un score sur une échelle allant de 0 à 100 est calculé par une simple transformation des valeurs selon la formule suivante :

$$\text{Score transformé} = \frac{(\text{score réel brut} - \text{score minimal brut}) \cdot 100}{\text{étendue des scores bruts}}$$

Madame X. a obtenu un score brut de 27, en ayant coté 3 questions à 2 et 7 questions à 3. Il en découle un score de 85 sur l'échelle.

La dimension "fonctionnement physique" a une fidélité de $r_{tt} = .94$ et, pour la population de référence des femmes, le manuel reporte une moyenne de 82.77 avec un écart-type de 22.18.

Pour avoir les mêmes écart-types aux deux tests, la standardisation en valeur z est recommandée comme pour le PSWQ :

$$z_{SF\text{-}36} = \frac{X - \mu}{\sigma} = \frac{85 - 82.77}{22.18} = 0.10$$

Pour les deux tests, les valeurs z sont ainsi disponibles (moyenne de 0 ; écart-type de 1), dont l'unité de mesure est directement comparable. Le test 1 (PSWQ) a une fidélité de $r_{11} = .93$; pour le test 2 (SF-36), $r_{22} = .94$. Il en découle :

$$SE_{(intra)} = SD \cdot \sqrt{2 - (r_{11} + r_{22})} = 1 \cdot \sqrt{2 - (.93 + .94)} = 0.36$$

De combien de points sur l'échelle de valeur *z*, le résultat de Madame X. au test 2 (SF-36) doit-il être inférieur par rapport au test 1 (PSWQ), afin que la différence soit significative au seuil de 5% ? À partir de la distribution en *z*, nous prenons la valeur critique de 1.65 pour un seuil de 5% et un test unilatéral (voir tableau 5.3) :

$$X_1 - X_2 = z_{crit} \cdot SE_{(intra)} = 1.65 \cdot 0.36 = 0.59$$

La valeur *z* de Madame X. atteint 2.22 au PSWQ et 0.10 au SF-36. La différence entre ces deux valeurs est plus élevée que la différence critique : (2.22 − 0.10) > 0.59. On peut donc en conclure que Madame X. a des valeurs significativement supérieures au PSWQ qu'au SF-36 (il faut encore relever que les deux mesures vont dans un sens "opposé" – déficit *vs* ressource - et que l'interprétation doit en tenir compte).

Comme le montrent ces résultats, les valeurs d'anxiété de Madame X. se différencient significativement (quant à leur intensité mesurée avec le PSWQ) du fonctionnement physique (évalué avec le SF-36 ; Morfeld, Kirchberger & Bullinger, 2011) : alors que Madame X. présente des craintes supérieures à la moyenne (au sens d'un trouble anxieux généralisé), son fonctionnement physique est – en comparaison – "moyen", c'est-à-dire dans la norme. Pour Madame X., la différence entre les deux valeurs est significative avec un seuil de confiance de 95% (respectivement avec un risque d'erreur de α = 5%).

Comparaison de profils

Pour une procédure multidimensionnelle qui comprend plusieurs sous-échelles, on est parfois intéressé à savoir si une personne avec un profil particulier correspond ou non à un pattern (ou une configuration) de valeurs. Une démarche basée sur l'erreur standard de mesure peut aussi être utilisée dans ce cas-ci. Le lecteur trouvera un exemple – toutefois sans calcul détaillé – dans la présentation du cas de Madame N. dans le chapitre 5.9.

5.6. Deux mesures d'une personne au même test se différencient-elles significativement ? (changement *intra*-individuel)

Dans le chapitre 5.2, nous avons présenté la façon dont un changement entre deux mesures (par exemple avant et après une intervention) peut être évalué très simplement par une comparaison directe avec des valeurs de référence. Dans l'exemple ci-dessus, la mesure d'anxiété de Madame X. au *Penn State Worry Questionnaire* lors du diagnostic initial était "largement supérieure à la moyenne" et se trouvait, après l'intervention, dans la moyenne de la population contrôle ne présentant pas de trouble. De plus, l'exemple a pu montrer que la valeur initiale se situait dans la zone normale d'une population clinique de référence, alors qu'elle était "largement inférieure à la moyenne" de ce même groupe après intervention.

De tels changements peuvent être évalués de manière plus précise encore, à savoir par rapport au degré de hasard. Pour cela on part du principe suivant :

(1) Déterminer l'erreur standard de mesure de l'échelle avec :

$$SE = SD_X \cdot \sqrt{1 - r_{tt}}$$

(2) Déterminer l'intervalle de confiance de la première mesure (valeur initiale) en fonction de la probabilité d'erreur (p.ex. 5%) et du choix du test (unilatéral *vs* bilatéral ; voir ci-dessus) de cette manière :

$$V_1 = X_1 \pm Z_{crit} \cdot SE$$

(3) Vérifier si la deuxième valeur de mesure se situe en dehors de cette fourchette déterminée par l'erreur de mesure du premier score.

Exemple de Madame X. (suite 2) : Appliqué à l'exemple de Madame X., les résultats suivants ressortent au questionnaire PSWQ : l'intervalle de confiance à 95% (pour un test bilatéral) lors de la première mesure ($X_1 = 69$) est de $63.12 \leq V_1 \leq 74.87$ ($V_1 = 69 \pm 1.96 \cdot 2.99$). La deuxième mesure (après l'intervention) est de 47 et se situe donc clairement en dehors, respectivement au-dessous, de l'intervalle de confiance de V. Au niveau statistique, elle est donc ainsi significativement plus faible que la première mesure. Si l'on choisissait pour intervalle de confiance un risque d'erreur plus petit (p.ex. 1% ; $Z_{crit} = 2.58$), l'intervalle de confiance de la première valeur de mesure aurait par conséquent été plus grand : $61.29 \leq V_1 \leq 76.71$ ($V_1 = 69 \pm 2.58 \cdot 2.99$). La deuxième mesure (47) reste encore inférieure à cet intervalle de confiance ; la mesure post-test serait par conséquent aussi significativement inférieure (avec ce risque d'erreur de 1%).

Avec un test unilatéral, l'intervalle de confiance (avec un risque d'erreur de 1% ; $Z_{crit} = 2.33$) serait de ($V = 69 \pm 2.33 \cdot 2.99$) : $62.03 \leq V_1 \leq 75.97$. Un tel résultat conduit ici à la même conclusion.

5.7. Les mesures de deux personnes au même test se différencient-elles significativement ? (différence *inter*-individuelle)

Une autre question liée au diagnostic différentiel concerne l'ampleur que doit avoir la différence de mesures (concernant notamment deux personnes) à un même test, pour être significative (selon un seuil déterminé). Après l'intervention, Madame X. avait atteint une valeur de mesure au questionnaire PSWQ de $X_A = 47$. Est-ce que la différence avec son mari (qui obtient une valeur de $X_B = 54$) au test est significative ? À cette fin, on calcule l'erreur standard des différences *inter*-individuelles :

$$SE_{(inter)} = SD \cdot \sqrt{2 \cdot (1 - r_{tt})}$$

avec SD = écart-type du test ; r_{tt} = fidélité du test

L'écart-type du test PSWQ est de 11.32 et sa fidélité de $r_{tt} = .93$. Il en résulte une erreur standard des différences inter-individuelles de $SE_{(inter)} = 4.24$. À partir de la distribution en z, nous prenons la valeur critique $Z_{crit} = 1.65$ pour un seuil de 5% dans un test unilatéral (voir tableau 5.3). Ces valeurs sont insérées dans la formule :

$$X_B - X_A = Z_{crit} \cdot SE_{(inter)} = 1.65 \cdot 4.24 = 7.00$$

On en déduit alors que si Madame X. atteint un score au test de plus de 7 points en dessous de celui de Monsieur X., alors son score d'anxiété généralisée est significativement plus faible. Dans notre exemple, cette différence ($X_B - X_A = 54 - 47 = 7$) n'est par conséquent pas due au hasard (avec un seuil de confiance de 95%) ; autrement dit, cette différence est significative.

5.8. L'approche psychométrique : principes de construction et critères de qualité

Certaines conditions spécifiques sont à remplir afin que le diagnostic du cas singulier fonctionne adéquatement dans le cadre de l'approche psychométrique. Le prérequis de base est la présence d'une *échelle d'intervalle* (voir aussi chapitre 7.2 ; voir Steyer & Eid, 2001, pour la problématique qui y est liée dans la "théorie classique des tests") que l'on cherche à obtenir au moyen de différentes procédures lors de la construction des tests. Il faut donc déjà porter son attention au développement de chaque *item* (1) qui représente une *opérationnalisation* la plus *directe* possible du concept ou construit théorique à mesurer, (2) qui l'illustre de la manière la plus "unidimensionnelle" possible, et (3) qui est d'un "niveau de difficulté" varié par rapport aux autres items, ceci afin de bien saisir différents degrés d'intensité de la caractéristique. Par la suite, l'examen et la sélection progressive des items pour la construction d'une échelle comme celle du PSWQ repose sur des échantillons pertinents de la population visée et pour laquelle la démarche doit permettre une prise de décision.

Certaines procédures comprennent – outre le score global – *plusieurs dimensions* ou *sous-échelles*, comme par exemple le "test d'intelligence de Wechsler" (WAIS-IV ; Petermann, 2012) avec ses quatre domaines (compréhension verbale, raisonnement perceptif, mémoire de travail et vitesse de traitement) ou encore le questionnaire "Dimensions de l'ouverture émotionnelle" (DOE ; Reicherts, 2007 ; Reicherts & Genoud, 2012) qui est présenté en détail dans l'exemple d'application clinique du chapitre 5.9. Dans la mesure où de telles sous-échelles permettent une séparation systématique en différents aspects du concept ou construit théorique à étudier, la validité factorielle est un critère central de qualité. Elle répond à la question : les dimensions prévues peuvent-elles être reproduites par une analyse factorielle et prouver ainsi que les sous-échelles partielles sont (relativement) indépendantes, tout en disposant toutefois d'une fidélité satisfaisante ?

Parmi les critères de validité (clinique) les plus importants, il est indispensable que le test différencie clairement les sujets des groupes cliniques et puisse prédire leurs caractéristiques (validité critérielle : "concourante" ou "prédictive"). De plus, la mesure doit corréler avec d'autres mesures qui visent l'évaluation du même concept ou construit théorique (validité de construit "convergente") et ne doit pas corréler – ou le moins possible – avec des caractéristiques qui mesurent explicitement autre chose (p.ex. la "désirabilité sociale") (validité de construit "divergente").

Un autre critère important de la mesure diagnostique à prendre en compte est sa *sensibilité au changement*, ceci selon le construit ou concept théorique étudié (représentant un état – autrement dit une caractéristique plutôt fluctuante – *vs* un trait relativement stable). La *sensibilité au changement* est particulièrement intéressante dans le diagnostic clinique du cas singulier. On cherche en effet des instruments qui ne présentent pas seulement une bonne fidélité – au sens de la consistance interne (alpha de Cronbach) et de la stabilité (fidélité test-retest) – mais qui peuvent, grâce à la conception de leurs items, retracer des changements comme par exemple ceux occasionnés par une intervention.

Dans le présent chapitre, la *fidélité* a une place prépondérante, à côté de la standardisation et de la validité. Elle constitue un prérequis et requiert que l'instrument soit développé soigneusement (au sens psychométrique du terme) et corresponde ainsi à différents critères de qualité : fidélité satisfaisante (p.ex. dès $r_{tt} = .70$), preuves satisfaisantes de validité, passation et interprétation "économiques". On peut également mentionner comme critère de qualité la *présence de valeurs de référence adéquates*, reposant sur des échantillons représentatifs et si possible normalisées en valeurs standard (le cas échéant, aussi par des transformations en rangs normaux) comme par les valeurs *T* ou *stanine* (voir figure 5.1). Même si de telles valeurs standard n'existent pas, les valeurs *z* peuvent aussi être calculées et utilisées la plupart du temps pour le diagnostic de cas singulier, comme illustré dans différents exemples. Parmi les valeurs de référence – fondées empiriquement – il y a également les valeurs *cut-off* ou *valeurs seuil*, qui permettent de positionner un cas singulier, par exemple au regard d'un trouble clinique particulier (comme les valeurs seuil, respectivement les gradations des scores de dépression au BDI ; voir aussi l'exemple de cas du chapitre 9).

Les principes de base du diagnostic psychométrique du cas singulier présentés ici – y compris la construction des instruments présentés comme exemples – reposent sur la *théorie classique des tests* dont les hypothèses de base sont brièvement présentées dans le chapitre 5.3. De surcroît, il existe de nouvelles approches – comme la *théorie des réponses à l'item* (pour une vue d'ensemble, p.ex. Steyer & Eid, 2001 ; Rost, 1996), en particulier le modèle de Rasch – qui jouent toutefois un rôle secondaire. Dans le cadre de ce chapitre qui vise une introduction à l'approche psychométrique, il n'est possible que de les signaler.

5.9. Exemple de cas de Madame N. : traitement des émotions dans un trouble borderline

L'exemple suivant décrit un cas clinique présentant un trouble borderline. Comme le diagnostic est posé de manière relativement sûre chez la cliente, le but ne consiste pas à le confirmer, mais plutôt à mieux comprendre et diagnostiquer un aspect central du trouble borderline, à savoir le traitement problématique des émotions. Ceci devrait permettre d'envisager les éléments dysfonctionnels pour lesquels on souhaite une amélioration durant la thérapie. Pour ce faire, le diagnostic se base sur le modèle multidimensionnel de l'*"ouverture émotionnelle"* (Reicherts, Genoud & Zimmermann, 2012) et son questionnaire psychométriquement fondé, les *Dimensions de l'ouverture émotionnelle* (DOE, Reicherts, 2007 ; Reicherts & Genoud, 2012). Les items développés de manière sous-jacente à la théorie comprennent des auto-descriptions (p.ex. "Je sais très bien dans quel état émotionnel je me trouve" ou "Je peux repousser ou atténuer l'influence directe d'une forte émotion") pour lesquels le répondant indique un degré d'intensité sur une échelle de Likert à 5 niveaux, de 0 ["pas du tout"] à 4 ["Extrêmement"]. Le questionnaire DOE est utilisé ici dans sa version à 36 items. Il évalue cinq dimensions étayées par des analyses factorielles confirmatoires avec de bons indices de validité (p.ex. relative indépendance des dimensions les unes avec les autres mise en évidence par une corrélation moyenne de $r = .23$) et des indices de fidélité satisfaisants (entre .72 et .81 ; Reicherts & Genoud, 2012). L'instrument repose sur un grand nombre d'études de validation dans les domaines clinique et non clinique, se montre sensible au changement et dispose de valeurs de référence issues d'échantillons suffisamment importants (N = 430).

Le cas clinique de Madame N. présenté ici est basé sur le chapitre de Page et Reicherts (2012) du livre mentionné ci-dessus.

Madame N. est âgée de 28 ans au début de la thérapie. Elle est infirmière diplômée, mais au chômage à ce moment-là. Elle se plaint d'une série de symptômes typiques d'un trouble borderline : fluctuations inexpliquées de l'humeur, importants problèmes de contrôle émotionnel, périodes d'euphorie et de profonde tristesse, sentiments d'angoisse, nombreux accès de colère, relations instables avec idéalisation et dévalorisation, image de soi instable, symptômes auto-agressifs (automutilations avec des lames de rasoir), ainsi que des frénésies alimentaires extrêmes.

Lors de la première consultation, le traitement des émotions par Madame N. est caractérisé par un profil problématique : en comparaison avec les valeurs de référence, la *représentation cognitive* de ses émotions (différencier et nommer des états affectifs) est faible ($z = -1.80$) tout comme la *communication* de ses états affectifs aux autres (montrer et partager des émotions) ($z = -1.97$). Comme attendu chez une personne présentant un trouble borderline (instabilité émotionnelle et déficits de régulation), la *régulation des émotions* (diminution des affects négatifs, contrôle des impulsions, maintien des affects positifs) par Madame N. est basse ($z = -1.77$). De plus, elle perçoit plus fortement les *restrictions normatives* (limitations sociales de l'expression émotionnelle) que les personnes normales ($z = +1.34$).

Tableau 5.4 : Ouverture émotionnelle au début et à la fin des 10 mois de traitement de Madame N. (selon Page & Reicherts, 2012)

DOE-36	Fidélité	Valeurs de référence	Valeurs observées t_1		Valeurs observées t_2	
	Alpha SE	M (SD)	M $SE \cdot 1.96$	z	M sig t_1-t_2	z
REPCOG	.81 ±0.29	2.48 (0.66)	1.29 ±0.57*	-1.80	2.29*	-0.29
COMEMO	.77 ±0.34	2.09 (0.70)	0.71 ±0.67*	-1.97	1.71*	-0.54
PERINT	.76 ±0.38	2.07 (0.78)	2.00 ±0.74	-0.09	2.60	+0.68
PEREXT	.77 ±0.34	1.99 (0.71)	2.00 ±0.67	+0.05	2.33	+0.48
REGEMO	.72 ±0.37	2.22 (0.69)	1.00 ±0.73*	-1.77	1.83*	-0.57
RESNOR	.76 ±0.37	2.18 (0.76)	3.20 ±0.73*	+1.34	2.40*	+0.29
TAS-20[1]		45.8 (9.70)	75	+3.01	59	+1.36

REPCOG : représentation cognitive des émotions ; COMEMO : communication des émotions ; PERINT : perception des indicateurs émotionnels internes ; PEREXT : perception des indicateurs émotionnels externes ; REGEMO : régulation des émotions ; RESNOR : restrictions normatives de l'affectivité
* $p < .05$

Les écarts observés par rapport aux valeurs de référence pour les quatre dimensions mentionnées sont *statistiquement significatifs* puisque les "valeurs vraies" de Madame N. se situent en dehors de l'intervalle de confiance. Exemple : représentation cognitive REPCOG : $SE = \pm 0.66 \cdot \sqrt{(1-0.81)} = \pm 0.29$ (erreur standard de mesure) ; $IC = 2.48 \pm 0.29 \cdot 1.96 = 2.48 \pm 0.57$ (intervalle de confiance) ; le score observé de 1.29 se situe clairement en dehors de la limite inférieure de $2.48 - 0.57$, à savoir $1.29 < 1.91$). Un tel résultat est possible grâce notamment aux indices de fidélité relativement satisfaisants (variant entre .72 et .81) des dimensions du DOE (les erreurs standard de mesure des valeurs brutes sont données dans le tableau 5.4, elles se situent entre .29 et .38). Il est possible de montrer que le profil de Madame N. – considéré dans sa totalité – inclut un "profil problématique de traitement des émotions" mis en évidence par des analyses en clusters (Reicherts & Genoud, 2012 ; Cluster-2).

La prise en charge de Madame N. se base sur les principes de la *thérapie comporte-mentale dialectique* TCD de Linehan (1993 ; voir aussi Page & Reicherts, 2012) avec différents éléments de traitement, introduits en parallèle : groupes d'entraînement à l'acquisition de compétences sociales et émotionnelles, séances thérapeutiques individuelles ou consultations téléphoniques. Le travail thérapeutique au moyen d'éléments de traitement spécifiques vise la diminution de la labilité émotionnelle,

---

[1] TAS-20: Toronto Alexithymia Scale, score global (Bagby, Parker & Taylor, 1994)

de l'impulsivité et des biais cognitifs, ainsi que des relations interpersonnelles "chaotiques". Dans cette prise en charge, les techniques cognitives et corporelles de régulation émotionnelle ont une importance particulière.

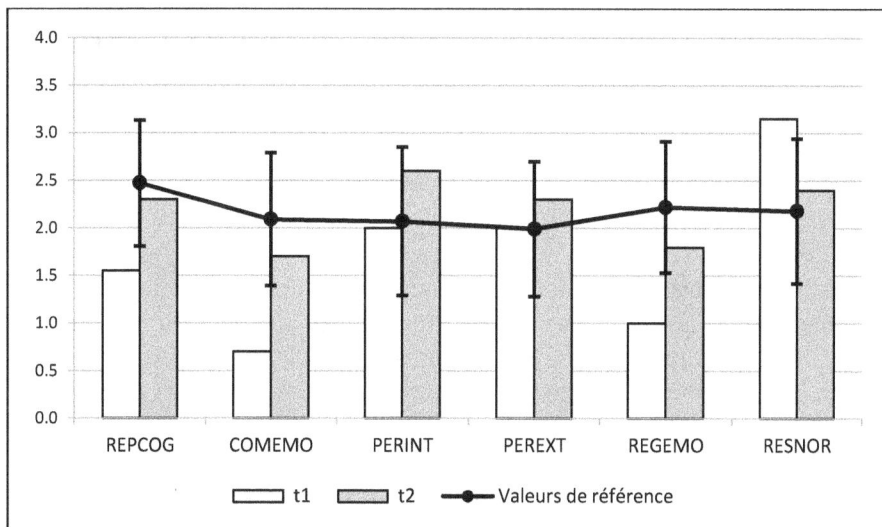

Figure 5.6 : Scores aux dimensions du DOE-36 (moyennes des échelles) au début (t_1) et après 10 mois de traitement (t_2) chez Madame N. (les valeurs de référence et leurs écart-types sont également présentés)

Après dix mois de traitement, basé sur la TCD, une deuxième mesure au moyen du DOE montre que les scores de Madame N. sont sensiblement améliorés pour plusieurs sous-échelles et s'approchent de l'étendue normale (se sont "normalisés") : représentation cognitive des émotions ($z = -0.29$ au lieu de -1.80), communication des émotions ($z = -0.54$ au lieu de -1.97), régulation des émotions ($z = -0.57$ au lieu de -1.77), ainsi que restrictions normatives de l'affectivité ($z = +0.29$ au lieu de +1.34). Pour la perception des indicateurs émotionnels (PERINT et PEREXT), une légère augmentation est en revanche apparue ; les scores se situent en fin de traitement légèrement au-dessus de la moyenne de référence, mais ne sont pas marqués. Les aspects particulièrement problématiques caractérisant les sujets borderlines tels (a) la régulation déficiente des émotions, (b) la représentation cognitive et (c) la communication des émotions et des états affectifs, se sont tous significativement améliorés chez Madame N.

Exemple pour la "régulation des émotions" (REGEMO) : la 1ère mesure observée au début de la thérapie atteint 1.00 ($z = -1.77$) et·a (avec une erreur standard de mesure de $SE = \pm 0.37$) un intervalle de confiance de ± 0.73. Cela veut dire que la valeur vraie se situe entre $0.27 < V < 1.73$. La deuxième mesure observée (1.83) se situe en dehors de cet intervalle de confiance ($1.83 > 1.73$).

La diminution des restrictions normatives – qui représente également un changement thérapeutique souhaité – est significatif. Dans l'ensemble, des changements très plausibles apparaissent dans les dimensions du modèle de l'"ouverture émotionnelle" ; ils traduisent des améliorations visibles qui concernent des processus centraux du traitement psychique chez cette cliente présentant un trouble relativement sévère. La figure 5.6 résume bien les changements du profil de traitement des émotions de Madame N.

5.10. Recommandations pour l'interprétation des mesures du cas singulier

Comme nous l'avons déjà mentionné dans ce chapitre, l'approche psychométrique amène une meilleure évaluation et interprétation du cas singulier en présence de valeurs standardisées et normalisées. Cette interprétation est en effet possible grâce aux valeurs de référence (normes) disponibles dans les manuels du test et sa qualité est d'autant meilleure lorsque les données sont actualisées et "représentatives". En appliquant les statistiques de distribution paramétrique des moyennes, des écart-types ou des valeurs normalisées transformées, la valeur individuelle est mise en rapport avec la population de référence ; dans le tableau 5.1, les indications, respectivement les formulations d'interprétation habituelles à ce propos sont explicitées, comme par exemple : X est "moyen", "se situe dans la norme", ou alors "est marqué" voire même "est très élevé", ou au contraire "clairement faible" (le cas échéant "en comparaison avec…"). Dans le cas de questions diagnostiques quant au statut du sujet, c'est la procédure la plus simple. Cependant, on est souvent intéressé à s'assurer que la mesure individuelle n'est pas due au hasard, par exemple en s'assurant de son écart significatif par rapport à une valeur de référence pour laquelle l'erreur standard de mesure est à disposition (voir chapitre 5.2).

Si les changements observés chez le cas singulier doivent être présentés et interprétés, plusieurs possibilités sont alors envisageables. La plus simple repose sur la classification des valeurs de mesure dans la distribution de la population de référence (voir chapitre 5.2). Pour une démarche plus précise, il faut inclure la significativité en tenant compte de l'erreur standard de mesure : p.ex. comparaison de la mesure post à la mesure initiale (où cette dernière représente la valeur de référence) avec un calcul permettant de savoir si la deuxième mesure s'en écarte significativement (voir chapitres 5.3 et 5.6).

Une autre manière de procéder pourrait se baser sur la significativité du changement (différence intra-individuelle) observé chez le cas singulier. Cette démarche se heurte toutefois au problème de fidélité dans la mesure de la différence (voir Schmid, 1992) pour lequel aucune solution – respectivement aucune solution facilement applicable – n'existe (p.ex. Yarnold, 1988). Une autre alternative, selon l'approche décrite par Revenstorf et ses collègues, inclut l'importance clinique, respectivement la "significativité clinique" des changements (p.ex. Jacobson, Follette & Revensdorf, 1984).

5.11. Bibliographie

Anastasi, A. (1994). *Introduction à la psychométrie.* Montréal : Guérin Universitaire.

Bagby, R.M., Parker, J.D.A. & Taylor, G.J. (1994). The twenty-item Toronto Alexithymia Scale – I. Item selection and cross validation of the factor structure. *Journal of Psychosomatic Research, 38* (1), 23-32.

Bortz, J. & Döring, N. (1995). *Forschungsmethoden und Evaluation für Sozialwissenschaftler* (2. Aufl.). Berlin: Springer.

Bullinger, M. & Kirchberger, I. (1998). *SF-36. Fragebogen zum Gesundheitszustand. Handanweisung.* Göttingen: Hogrefe.

Huber, H.P. (1973). *Psychometrische Einzelfalldiagnostik.* Weinheim: Beltz.

Jacobson, N. S., Follette, W. C. & Revensdorf, D. (1984). Psychotherapy outcome research: Methods for reporting variability and evaluating clinical significance. *Behavior Therapy, 15,* 336-352.

Ladouceur, R., Freeston, M.H., Dumond, J., Letarte, H., Rheaume, J., Thibodeau, N. & Gagnon, F. (1992). *The Penn State Questionnaire: psychometric properties of a French translation.* Paper presented at the Annual Convention of the Canadian Psychological Association, Quebec City, Canada.

Lienert, G. A. (1989). *Testaufbau und Testanalyse.* München: PsychologieVerlagsUnion.

Leibniz-Zentrum für Psychologische Information und Dokumentation (ZPID) (Hrsg.). (2013). *Verzeichnis Testverfahren. Kurznamen. Langnamen. Autoren. Testrezensionen* (20., aktual. Aufl.). Trier: ZPID [Online im Internet, URL Einführung: www.zpid.de/pub/tests/verz_einf.pdf; Stand: 31.8.2013].

Meyer, T.J., Miller, M.L., Metzger, R.L. & Borkovec, T.D. (1990). Development and validation of the Penn State Worry Questionnaire. *Behavior Research & Therapy, 28,* 487-495.

Molina, S. & Borkovec, T.D. (1994). The Penn State Questionnaire: psychometric properties and associated characteristics. In G.C.L. Davey & F. Tallis (Eds.), *Worrying: perspectives on theory, assessment and treatment* (pp. 265-283). New York: Wiley.

Page, D. & Reicherts, M. (2012). L'ouverture émotionnelle dans le traitement du trouble de la personnalité borderline. Présentation d'un cas. In M. Reicherts, P.A. Genoud & G. Zimmermann (Eds.), *L'ouverture émotionnelle* (pp. 245-256). Bruxelles : Mardaga.

Reicherts, M. (2007). *Dimensions of Openness to Emotions (DOE) – A model of affect processing. Manual* (Scientific Report No. 168). Fribourg/Switzerland: University, Department of Psychology.

Reicherts, M. & Genoud, P.A. (2012). Les instruments "DOE". Développement, modélisation et caractéristiques psychométriques. In M. Reicherts, P.A. Genoud & G. Zimmermann (Eds.), *L'ouverture émotionnelle* (pp. 43-56). Bruxelles : Mardaga.

Reicherts, M., Genoud, P.A. & Zimmermann, G. (Eds.), *L'ouverture émotionnelle*. Bruxelles : Mardaga.

Rost, J. (2004). *Lehrbuch Testtheorie – Testkonstruktion* (2., vollst. überarb. und erw. Aufl.). Bern: Huber

Schmid, H. (1992). *Psychologische Tests: Theorie und Konstruktion*. Bern: Huber.

Spielberger, C. D., Gorsuch, R. L., Lushene, R., Vagg, P. R. & Jacobs, G. A. (1983). *Manual for the State-Trait Anxiety Inventory*. Palo Alto, CA: Consulting Psychologists Press.

Steyer, R. & Eid, M. (2001). *Messen und Testen*. Berlin: Springer.

Stöber, J. (1995). Besorgnis: Ein Vergleich dreier Inventare zur Erfassung allgemeiner Sorgen. *Zeitschrift für Differentielle und Diagnostische Psychologie, 16*, 50-63.

Wechsler, D. (2012). *Wechsler Adult Intelligence Scale (WAIS-IV), Deutsche Bearbeitung*, hrsg. von F. Petermann. Göttingen: Hogrefe.

Yarnold, P.R. (1988). Classical test theory methods for repeated measures N=1 research designs. *Educational and Psychological Measurement, 48*, 913-919.

6. La représentation graphique des cas singuliers

Philippe A. Genoud

Résumé

Dans ce chapitre, différentes méthodes de représentation graphique des données relatives à des cas singuliers sont détaillées. Plus particulièrement, nous présentons tout d'abord des démarches permettant de mettre en évidence les tendances centrales et de dispersion de séries de mesures. Par la suite, ce sont les changements temporels qui font l'objet d'un survol, tant dans une optique linéaire que non-linéaire. Ainsi, d'un côté nous expliquons la manière de construire des droites qui soulignent la croissance (ou décroissance) d'une mesure avec le temps, tout comme l'éventuelle augmentation (ou diminution) de la variabilité des scores. D'un autre côté, ce sont les représentations curvilinéaires qui sont abordées par le biais de techniques de lissage de la courbe.

L'ensemble de ces méthodes permettent de synthétiser l'information – parfois dense – des mesures répétées, de guider le lecteur dans le décryptage des graphiques, mais aussi de rendre plus apparent le pattern général des données afin de mieux interpréter les informations recueillies.

6.1. Introduction

Les représentations graphiques sont particulièrement importantes car elles véhiculent des informations essentielles sur les scores, résultats ou profils qui ont été obtenus. Le graphique peut avoir deux objectifs distincts. Tout d'abord, dans l'appréhension des données récoltées, il peut aider le chercheur ou le praticien à assurer une meilleure compréhension des profils et à synthétiser une information parfois complexe pour en permettre une meilleure analyse par la suite. En deuxième lieu, le graphique est également une manière de communiquer efficacement – et de manière visuelle – des données ou des résultats au lecteur. Il permet par exemple au client de mieux appréhender – en un coup d'œil parfois – des données le concernant. La qualité de la représentation graphique est donc primordiale, quel que soit le type d'information à disposition. Toutefois, représenter graphiquement les données de manière pertinente n'est pas toujours chose aisée.

Selon la nature des données, les types de graphiques peuvent varier. Les caractéristiques principales et règles de bases sont cependant applicables à toute représentation graphique (Parsonson & Baer, 1978 ; APA, 2001) :

- Les informations ne sont pas redondantes avec celles présentées dans le texte ;
- seuls les éléments essentiels sont présents (les fioritures sont à écarter) ;
- le graphique est facile à appréhender, tant sur la forme que sur le fond ;
- chaque graphique possède un titre explicite ;
- les axes doivent présenter l'étendue de l'échelle et être étiquetés ;
- les graphiques d'une même documentation (rapport, publication, etc.) sont construits de manière similaire.

Nous présentons ci-dessous différentes manières de représenter les données récoltées auprès de cas singuliers. Les informations sont basées en grande partie sur les propositions publiées par Morley et Adams (1991), complétées et aménagées. Il s'agit donc de pistes pour l'aide à la réalisation de graphiques adaptés qui ne se veulent pas exhaustives, mais qui abordent des notions de base à partir desquelles d'autres formes de graphiques peuvent émerger.

6.2. Tendance centrale et dispersion des mesures

Dans le cas de mesures répétées auprès d'un même sujet, il est parfois utile de pouvoir représenter un petit groupe de données de manière condensée. Au niveau des valeurs qui sont intéressantes à mettre en évidence, on peut utiliser un indice de position (tendance centrale) tel que moyenne ou médian, ainsi qu'un indice de dispersion (étendue, écart-type ou écart semi-interquartile) (voir chapitre 7.4 pour plus de détails). Ces deux indicateurs principaux peuvent être, selon le nombre de données récoltées, adaptés (médian élargi et étendue tronquée) afin de fournir une représentation graphique pertinente.

À titre d'illustration, nous proposons ci-dessous un exemple d'un score mesuré à diverses reprises dans un plan de recherche A-B-A (voir chapitre 2). Cette étude de cas singulier (simplifiée ici) porte sur un travail réalisé avec un client souffrant de phobie sociale. Durant la période A (une semaine), le sujet a répondu à un questionnaire permettant de savoir s'il arrive à gérer des situations sociales (promenade dans la rue, contact avec un vendeur dans un magasin, etc.). Durant les six jours suivants (phase B), un travail comportemental a été réalisé quotidiennement avec le client, ce dernier étant accompagné dans chacune de ses sorties. Le même questionnaire a également été rempli chaque jour. Finalement, lors des sept jours de la troisième phase (A), l'accompagnement a été stoppé, mais le sujet a poursuivi encore son auto-évaluation (tableau 6.1).

Tableau 6.1: Données récoltées pour les phases A-B-A

Phase	A							B					
Temps	t1	t2	t3	t4	t5	t6	t7	t8	t9	t10	t11	t12	t13
Score	5	6	5	3	5	6	7	8	12	11	9	8	9

A						
t14	t15	t16	t17	t18	t19	t20
7	5	7	7	4	7	6

Le *médian* (ou position médiane) correspond à la valeur qui, une fois que les scores sont triés par ordre croissant, se retrouve au milieu de la série ; il correspond donc au $50^{\text{ème}}$ *percentile* (Howell, 1998 ; voir également chapitre 7.4.1). Lorsque le nombre de données est pair, on calcule la moyenne entre les deux valeurs centrales. Dans les scores du tableau 1, le médian est donc de 6.5 (moyenne des scores 6 et 7, autrement dit des deux valeurs se trouvant en position 10 et 11 une fois l'ensemble des données triées par ordre croissant).

Lorsque les séries temporelles comportent un plus grand nombre de données, il est possible de calculer un *médian "élargi"*. Différents calculs permettent de déterminer cet indice. Nous recommandons simplement d'inclure les trois (pour les séries impaires) ou quatre (pour les séries paires) valeurs centrales en les pondérant de cette manière :

- pour les séries *impaires* : $0.5 \cdot$ la valeur centrale + $0.25 \cdot$ les deux autres valeurs adjacentes ;
- pour les séries *paires* : $0.3 \cdot$ les deux valeurs centrales + $0.2 \cdot$ les deux autres valeurs adjacentes.

Dans notre exemple, le *médian élargi* correspond à ceci :

$0.3 \cdot 6 + 0.3 \cdot 7 + 0.2 \cdot 6 + 0.2 \cdot 8 = 6.7$

En ce qui concerne l'*étendue* de la variation des données (*"range"* en anglais), elle correspond à l'espace des scores compris entre la valeur minimale et la valeur maximale ; dans notre exemple : 13 − 3 = 10. Il est possible de présenter une *étendue tronquée* en laissant de côté les deux valeurs les plus extrêmes (la plus petite et la plus grande). Ainsi, dans notre exemple, l'étendue tronquée est de 6 (10 − 4). Une autre façon de décrire la variabilité – du moins pour les échelles ordinales – est le calcul de l'*écart semi-interquartile* qui correspond à l'écart entre le seuil de 25% des données (scores inférieurs) et celui des 75% (scores supérieurs) divisé par deux, ou encore la différence entre les valeurs qui correspondent aux déciles 10% et 90% des scores (voir aussi chapitre 7.3).

Les informations de tendance centrale, de dispersion et d'étendue peuvent être représentées de différentes manières : soit sans le détail des données brutes, soit en surimpression (pour permettre au lecteur un regard sur les variations comparativement avec la série originale). Considérons tout d'abord une représentation de l'ensemble des données, sans tenir compte des trois phases. Nous pouvons afficher les scores chronologiquement, avec, en bout de graphique, la mise en évidence du médian élargi ainsi que de l'étendue tronquée (figure 6.1).

Si l'on souhaite à présent tenir compte des trois phases dans la représentation graphique – ce qui est particulièrement intéressant dans le cas d'un plan A-B-A – il est alors nécessaire alors de répéter le calcul pour chacune de ces phases.

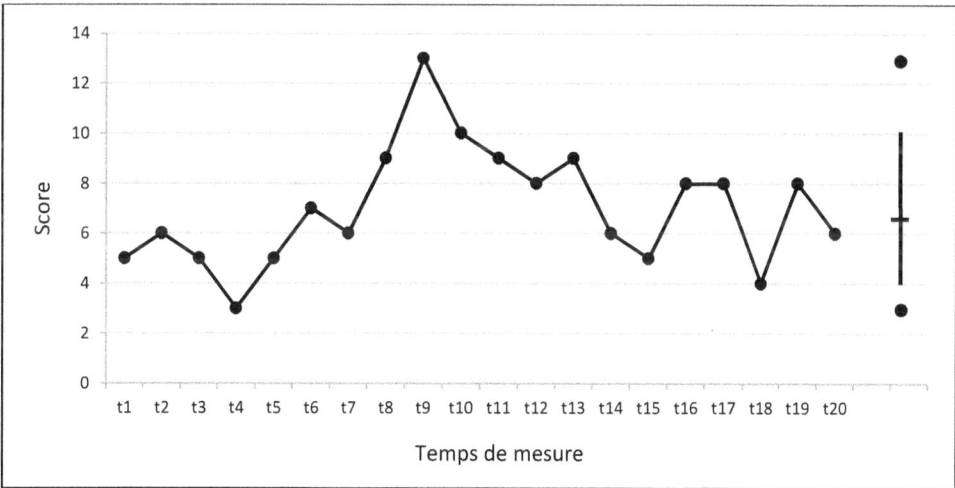

Figure 6.1 : Série de données, médian élargi et étendue tronquée (surimpression)

Dans la mesure où les données dont peu nombreuses à l'intérieur de chaque phase, nous optons pour le calcul du médian (non élargi) et de l'étendue (entière), à nouveau en surimpression (figure 6.2). Nous proposons aussi de rajouter des traits interrompus qui permettent de mieux faire apparaître les étendues des données sur chacune des phases.

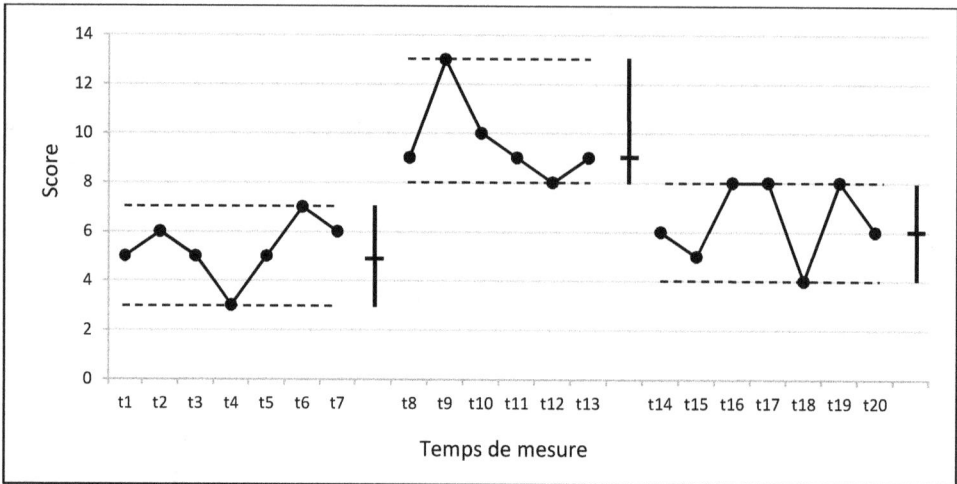

Figure 6.2 : Série de données, médian et étendue pour les trois phases séparément

Sur cette base-là – qui contient tout de même l'ensemble des données brutes – il est possible de ne conserver que les médians et les étendues dans un graphique plus synthétique (figure 6.3).

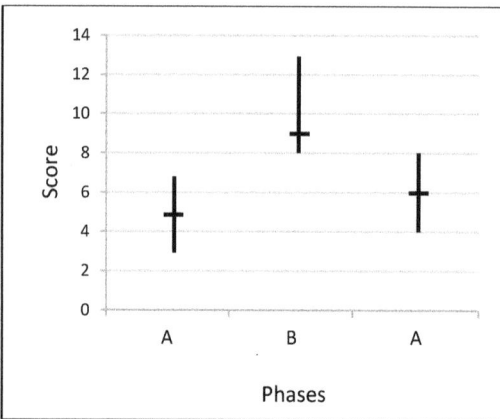

Figure 6.3 : Médian et étendue pour les trois phases séparément

Ces diverses représentations (figure 6.2 et figure 6.3 tout particulièrement) permettent de souligner les changements plus ou moins marqués entre chacune des phases. La phase B (accompagnement du client) est celle où le sujet mentionne, dans des situations phobogènes, une confiance en soi clairement plus importante avec un médian plus élevé que chacun des scores de la première phase. Le retrait de cette "béquille" lors de la troisième phase amène un fort recul dans les scores, mais on peut constater tout de même un léger progrès par rapport à la ligne de base (première phase A).

Genoud & Reicherts · L'analyse du cas singulier   © 2016 ZKS-Verlag

Exemple : plan avec ligne de base multiple

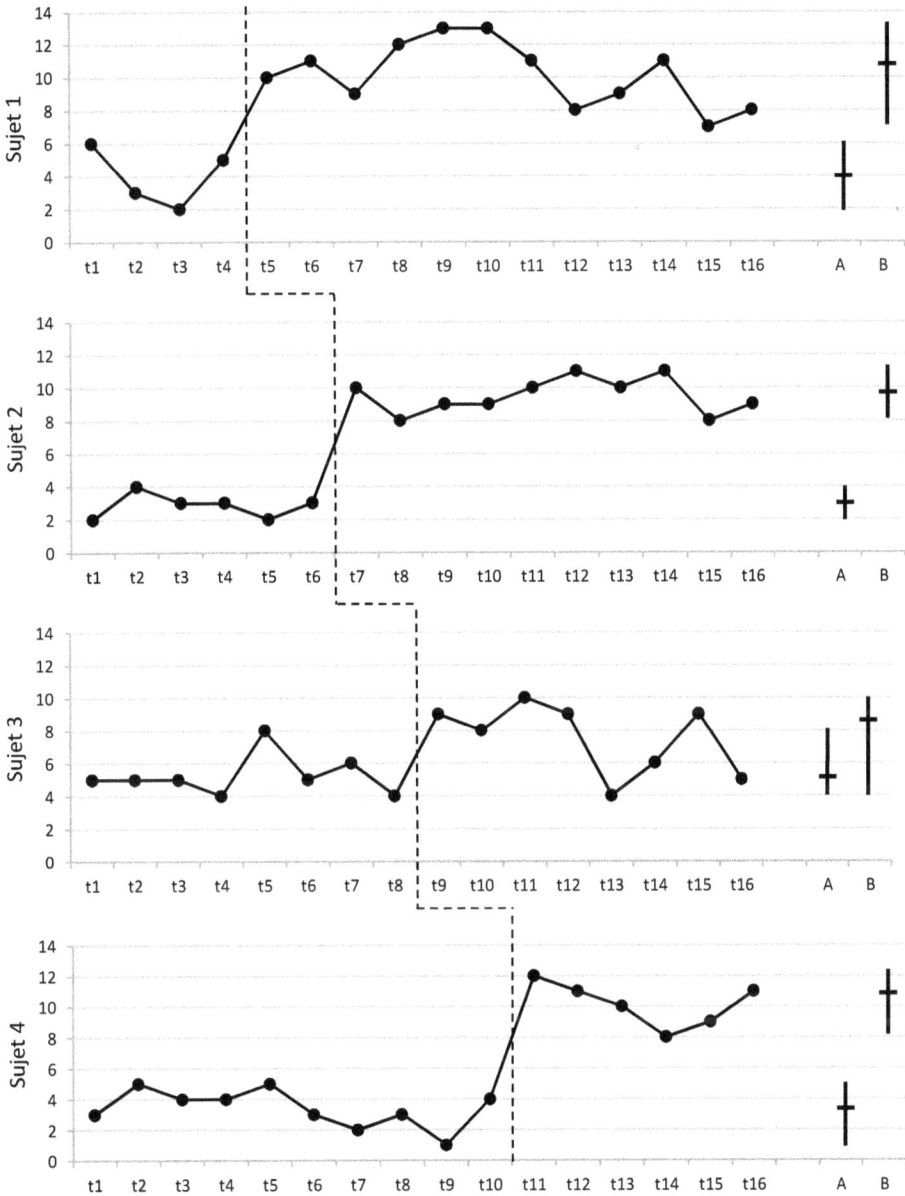

Figure 6.4 : Médian et étendue dans un plan à ligne de base multiple

La figure 6.4 présente un exemple de représentation graphique avec une ligne de base multiple pour plusieurs sujets. Il s'agit d'une étude de cas singuliers, à savoir quatre étudiants avec des problèmes d'attention. Leur participation active en classe et leur attention ont été évaluées par des observateurs (experts) durant seize jours. Chacun a reçu individuellement une formation à diverses techniques de gestion de l'attention ayant pour but de favoriser la concentration et la participation active en classe (après le 4ème jour pour le sujet 1, après le 6ème jour pour le sujet 2, etc.). Le graphique permet de voir ainsi les évolutions de l'attention et de la participation active en classe avant et après l'utilisation par les sujets de ces techniques cognitives. Suite à l'intervention, des améliorations sont visibles dans la durée pour les quatre sujets même si, pour le sujet 3, l'effet s'avère plus modéré (médian et variabilité plus proches entre les phases A et B).

6.3. Représentation des tendances linéaires de changement

Pour mettre en évidence une augmentation (ou diminution) de la tendance générale des scores, le principe de base est de construire, en surimpression de la courbe des scores, une droite représentant au mieux cette tendance. Différentes procédures peuvent être utilisées pour déterminer au mieux cette droite. La première (*"split middle"* ; White, 1974) est une démarche strictement graphique qui convient particulièrement bien aux petites séries temporelles (par exemple jusqu'à N=12). La seconde se base sur le calcul de la *droite de régression* et peut être calculée (et tracée) par un tableur (p.ex. Excel) ou à l'aide d'un logiciel d'analyses statistiques plus sophistiqué.

Les étapes de la démarche *split middle* sont les suivantes :
   (1) représenter la série des valeurs de manière chronologique ;
   (2) diviser la série en deux parties égales (si la série contient un nombre impair de données, une des moitiés contiendra donc une valeur de plus) ;
   (3) calculer le médian pour chacune des moitiés prise séparément ;
   (4) relier les deux médians par la droite.

Ci-dessous, nous présentons la série de données (tableau 6.2) ainsi que le graphique correspondant (figure 6.5). Il s'agit de données (nombre d'épisodes de colère journaliers) récolées durant 10 semaines auprès d'un client depuis le début de sa prise en charge (formation à la gestion de la colère).

Tabelle 6.2 : Données (moyenne hebdomadaire d'épisodes de colère)

Temps	t1	t2	t3	t4	t5	t6	t7	t8	t9	t10
Score	12	11	12	8	5	7	5	5	4	6

Pour les cinq premières observations (t1 à t5), le médian est de 11 ; pour les cinq suivantes (t6 à t10), le médian est de 5. Les données brutes et les médians sont reportés dans la figure 6.5 ; une droite est ensuite tracée entre ces deux médians afin de refléter la tendance.

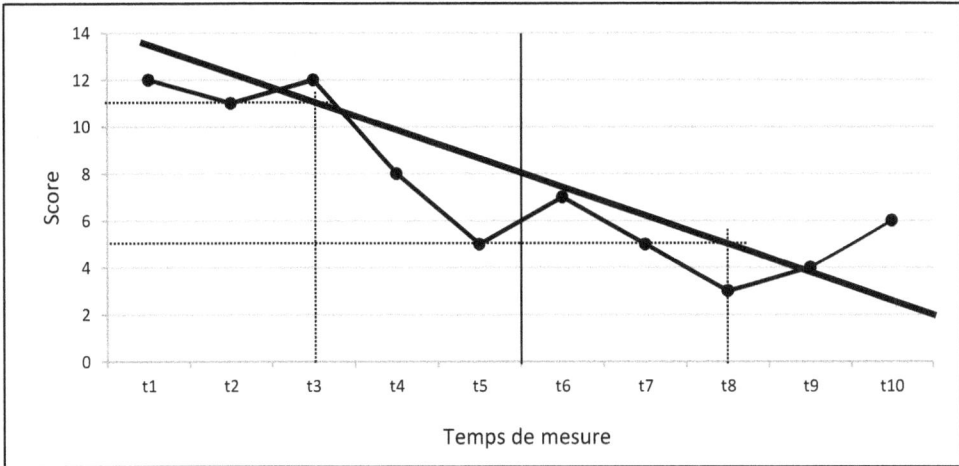

Figure 6.5 : Tendance linéaire pour des petites séries de données (construite par le biais du *split middle*)

Dans les cas où la série de données est plus grande (évaluation d'un autre client avec la même problématique, durant 18 semaines), une technique relativement simple revient à calculer la droite de régression (axe de gravité des points), le temps étant représenté sur l'axe des abscisses (comme le serait une variable indépendante) et les scores sur l'axe des ordonnées (comme une variable dépendante). Pour le calcul de la droite, les données peuvent être entrées par exemple sur le logiciel Excel. Un graphique représentant la série de données est tout d'abord construit. Dans un second temps, il est possible d'ajouter une "courbe de tendance" linéaire ainsi que la formule de la droite (figure 6.6) si on désire connaître précisément la pente (-0.57) et l'ordonnée à l'origine (11.84) correspondant à t_0 (la valeur à t_1 est de $11.84 - 0.57 = 11.27$).

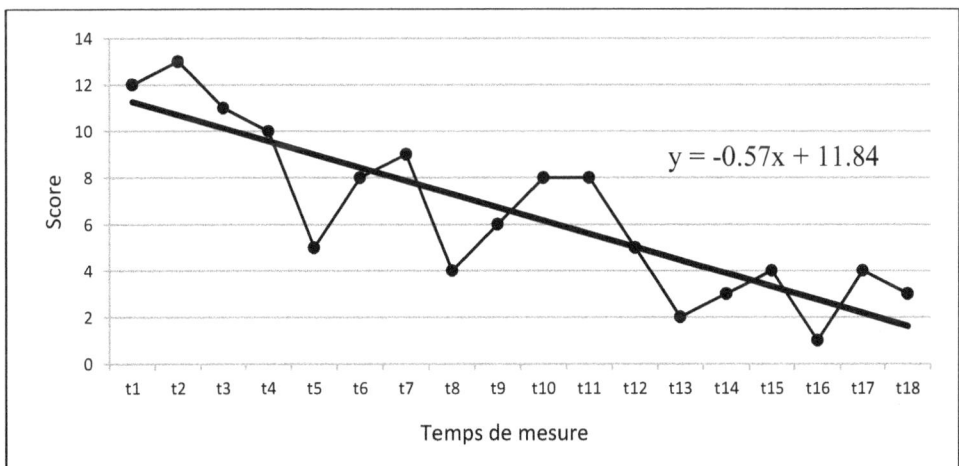

$$y = -0.57x + 11.84$$

Figure 6.6 : Tendance linéaire (droite de régression)

6.4. Représentation d'un changement de variabilité

Lorsque l'on souhaite mettre en évidence – outre la tendance linéaire – une réduction ou une augmentation de la variabilité des scores au fil du temps, une représentation graphique particulière peut être ajoutée en surimpression des données.

Voici les étapes de construction :

(1) représenter la série des valeurs de manière chronologique ;

(2) diviser la série en deux parties égales (si la série contient un nombre impair de données, une des moitiés contiendra donc une valeur de plus) ;

(3) relever la valeur maximale et minimale dans chacune des deux moitiés et les reporter au milieu de chacune des deux parties ;

(4) relier les valeurs maximales entre elles et les valeurs minimales entre elles ;

(5) relever la seconde valeur maximale et minimale dans chacune des deux moitiés et les reporter au milieu de chacune des deux parties ;

(6) relier ces valeurs deux à deux comme précédemment (étape 4).

L'étape 3 fait référence à l'étendue réelle de variation et l'étape 5, à la plage réduite (ou tronquée) de variation.

À partir des données du tableau ci-dessous, la figure 6.7 illustre cette forme de représentation. Il s'agit d'un élève agressif dont les comportements problématiques ont été enregistrés durant les quatre premières semaines de l'année scolaire (20 jours).

Tableau 6.3 : Série de données (comportements agressifs durant 20 jours d'école)

Partie	gauche									
Temps	t1	t2	t3	t4	t5	t6	t7	t8	t9	t10
Score	4	3	4	4	6	3	8	5	7	6

droite									
t11	t12	t13	t14	t15	t16	t17	t18	t19	t20
9	9	2	9	11	1	5	13	11	10

Dans notre exemple (figure 6.7), nous trouvons 10 valeurs dans chacune des moitiés. Les valeurs maximales sont : 8 (partie gauche) et 13 (partie droite) ; elles sont reliées. Les valeurs minimales sont 3 (partie gauche) et 1 (partie droite) ; elles sont également reliées. Par la suite, les secondes valeurs maximales sont : 7 (partie gauche) et 11 (partie droite) ; elles sont reliées. Les secondes valeurs minimales sont 3 (partie gauche) et 2 (partie droite) ; elles sont également reliées. Les points d'ancrage sont représentés ici par des croix (+) qui aident à la construction mais qui n'ont pas besoin d'être visibles au final. Un exemple situé en contexte scolaire est abordé dans le chapitre 10. Le test statistique mettant en évidence un tel changement de variabilité est présenté dans le chapitre 7.4.4.

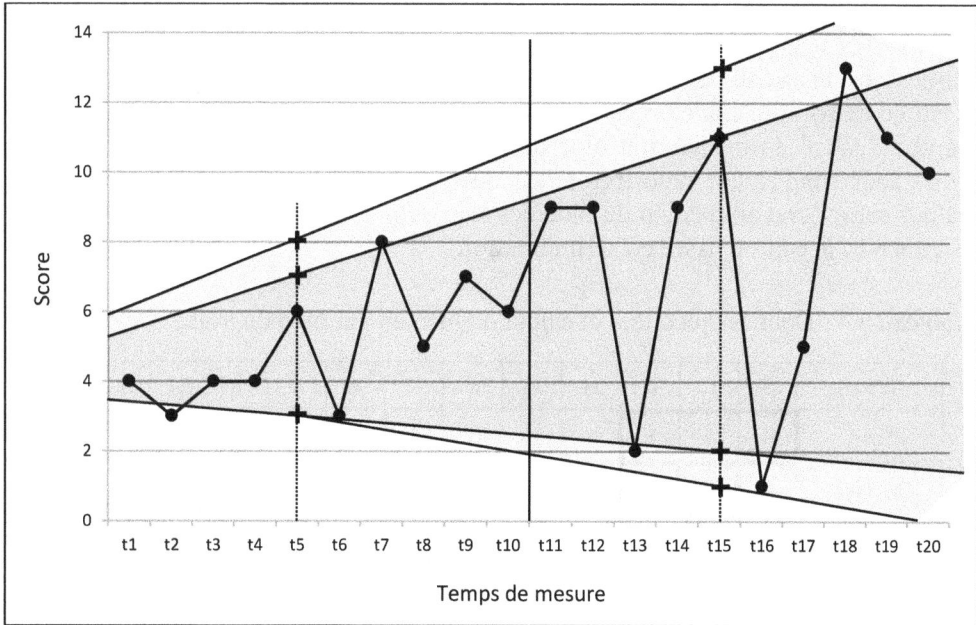

Figure 6.7 : Augmentation de la variabilité des scores d'une série temporelle

6.5. Lissage des courbes

Dans une succession de mesures (répétées) effectuées auprès d'un sujet, on n'observe pas forcément une tendance linéaire ; d'autres types de variations curvilinéaires sont souvent visibles. Il peut donc être utile de pouvoir gommer de manière systématique des pics de valeurs s'éloignant de la tendance générale, en faisant ainsi apparaître un tracé plus régulier.

On utilise généralement le calcul par médians afin de lisser la courbe. Différentes possibilités sont envisageables selon le degré de lissage que l'on souhaite obtenir. Nous présentons ci-dessous deux procédures : le calcul par bloc de trois et le calcul par bloc de quatre moyenné.

Pour le calcul par bloc de trois, la procédure est la suivante :

(1) représenter la série des valeurs de manière chronologique ;

(2) la première valeur (t_1) est conservée (ne change pas) ;

(3) la seconde valeur (t_2) correspond au médian entre trois valeurs : la valeur précédente (t_1), la valeur du temps concerné (t_2) et la valeur du temps suivant (t_3) ;

(4) le calcul du médian est répété pour chaque bloc de trois ;

(5) la dernière valeur reste inchangée.

Ci-dessous, une série de données temporelles (tableau 6.4) évaluant quotidiennement l'estime de soi d'une adolescente en surpoids. La troisième ligne du tableau correspond au calcul du médian par bloc de trois. La première et la dernière valeur (en gras) sont simplement reportées telles quelles des scores originaux. La seconde valeur correspond au médian du bloc des trois scores. On peut voir sur le graphique (figure 6.8) la courbe lissée en surimpression.

Tableau 6.4 : Données récoltées et calcul du médian par bloc de trois

Temps	t1	t2	t3	t4	t5	t6	t7	t8	t9	t10	t11	t12
Score	4	7	8	7	10	4	7	2	2	1	2	1
Médian	4	7	7	8	7	7	4	2	2	2	1	2

	t14	t15	t16	t17	t18	t19	t20	t21	t22	t23	t24
	5	4	11	13	12	11	8	10	5	6	5
	4	5	11	12	12	11	10	8	6	5	5

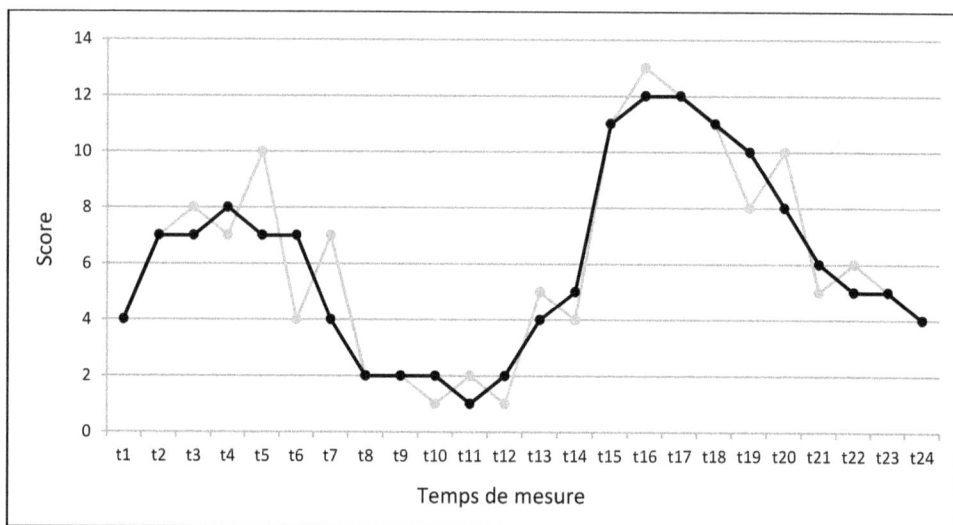

Figure 6.8 : Lissage des données (en gras) par le calcul du médian par bloc de trois

Genoud & Reicherts · L'analyse du cas singulier   © 2016 ZKS-Verlag

Tableau 6.5 : Données récoltées et calcul du médian par bloc de quatre moyenné

Temps	t1	t2	t3	t4	t5	t6	t7	t8	t9	t10	t11	t12
Score	4	7	8	7	10	4	7	2	2	1	2	1
Médian			7	7.5	7.5	7	5.5	3	2	2	1.5	1.5	3
Moyenne	4	7	7.25	7.5	7.25	6.25	4.25	2.5	2	1.75	1.5	2.25

t13	t14	t15	t16	t17	t18	t19	t20	t21	t22	t23	t24
5	4	11	13	12	11	8	10	5	6	5	4
4.5		8	11.5	11.5	11.5	10.5	9	7	5.5	5	
3.75	6.25	9.75	11.5	11.5	11	9.75	8	6.25	5.25	5	4

La démarche pour le calcul par bloc de quatre moyenné est un peu plus complexe puisqu'elle requiert une étape intermédiaire. Voici le détail de la procédure (voir tableau 6.5) :

(1) représenter la série des valeurs de manière chronologique ;

(2) les deux premières valeurs (t_1 et t_2) ne changent pas (en gras dans le tableau) ;

(3) la valeur entre t_2 et t_3 correspond au médian du bloc de quatre valeurs (t_1, t_2, t_3 et t_4) ;

(4) le calcul des valeurs intermédiaires suivantes est répété ;

(5) les deux dernières valeurs ne changent pas (en gras dans le tableau) ;

(6) calcul de la moyenne des médians intermédiaires pris deux à deux.

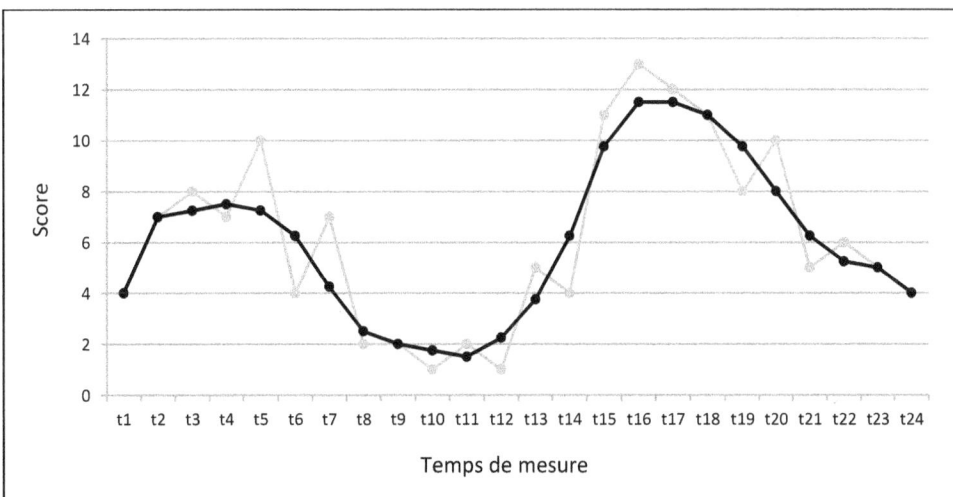

Figure 6.9 : Lissage des données (en gras) par le calcul du médian par bloc de quatre

Cette seconde procédure produit un lissage beaucoup moins "cabossé". Dans cet exemple particulier, elle permet de voir apparaître beaucoup plus clairement une séquence sinusoïdale.

6.6. Conclusion

Les diverses méthodes présentées dans ce chapitre permettent de mieux appréhender la construction de représentations graphiques des données individuelles et temporelles. Quel que soit le choix retenu pour la présentation des données, il ne faut pas oublier les règles de base sous-jacentes à la construction de tout graphique (voir chapitre 6.1) : non redondance des informations, mise en évidence des éléments essentiels, clarté immédiate, titre adéquat, étiquettes des axes et uniformité, auxquelles nous rajoutons l'importance de la sobriété (notamment dans l'utilisation des couleurs). De plus, il peut être toujours utile de tester différentes possibilités pour s'assurer que celle qui sera retenue au final permet de mieux mettre en évidence les propriétés des données.

La manière dont les données temporelles sont présentées a donc un impact sur le message que l'on souhaite transmettre, que ce soit pour une meilleure compréhension d'un phénomène (p.ex. évolution d'une pathologie), la mise en évidence de changements suite à une prise en charge particulière (p.ex. traitement psychothérapeutique), la transmission d'informations entre des professionnels (p.ex. courbe de qualité du sommeil autoévaluée au médecin traitant) ou la communication à un client de son profil longitudinal (p.ex. visualisation de la réduction progressive des épisodes de colère pour renforcer l'adhésion et la motivation du client).

La représentation graphique reste une démarche qui s'articule de manière pertinente avec les analyses statistiques. Un graphique ne peut en effet pas remplacer une analyse statistique ; c'est pour cela qu'il faut donc y voir une complémentarité non seulement dans la présentation des résultats, mais aussi dans le traitement des séries de données ainsi que l'exploration des changements qui entrent en jeu.

6.7. Bibliographie

APA (2001). *Publication Manual of the American Psychological Association* (5th ed.). Washington, D.C.: APA.

Howell, D.C. (1998). *Méthodes statistiques en sciences humaines*. Bruxelles: De Boeck.

Morley, S. & Adams, M. (1989). Some simple statistic tests for exploring single-case time-series data. *British Journal of Clinical Psychology, 28*, 1-18.

White, O.R. (1974). *The "split middle": A "quickie" method for trend estimation.* University of Washington, Experimental Education Unit, Child Development and Mental Retardation Center. Seattle, WA.

Représentation graphique des séries temporelles :

Morley, S. & Adams, M. (1991). Graphical analysis of single-case time series data. *British Journal of Clinical Psychology, 30* (2), 97-115.

Parsonson, B.S. & Baer, D.M. (1978). The analysis and presentation of graphic data. In T.R. Kratochwill (Ed.), *Single subject research. Strategies for evaluating change* (pp. 101-165). New York: Academic Press.

7. Méthodes non-paramétriques pour l'analyse du cas singulier

Michael Reicherts, Philippe A. Genoud & Leon Reicherts

Résumé

Après un survol de diverses questions typiques rencontrés lors de l'analyse de mesures multiples et de séries temporelles de cas singuliers – tendance centrale, dispersion, tendance, changement de niveau et covariation, respectivement "concomitance" – ce chapitre présente un aperçu des différents niveaux d'échelles dans les études de cas singuliers.

Dans un second temps, diverses méthodes d'analyse non-paramétriques adaptées aux échelles nominales et ordinales pour des analyses de cas singuliers psychosociaux sont présentées : tout d'abord les mesures visant la description des distributions observées (tendance centrale et dispersion), puis les tests pour l'analyse des différences de niveau – respectivement des tendances – (Test U, Test S_2), des différences de dispersions (test des records), des dépendances dans une série temporelle (test de Dufour), ainsi que des relations entre deux variables (corrélation Phi, corrélation de rang, etc.). Les méthodes sont illustrées par de brefs exemples d'application dans le domaine psychosocial. Les calculs sont développés et leurs conditions d'application discutées.

Le chapitre se termine par un exemple détaillé issu du domaine psychologique (clinique) comportant une phase d'observation (design A pour l'analyse des patterns de changement et de covariation de séries temporelles ; ligne de base), suivie d'un plan d'intervention (design A-B avec intervention thérapeutique).

Le logiciel "Single-Case Expert" disponible sur Internet (www.singlecase-expert.de) permet d'assister l'utilisateur pour les analyses les plus complexes.

7.1. Introduction

Un problème central dans l'application d'analyses quantitatives pour le cas singulier concerne le type de données récoltées : d'une part pour leur *description* sous forme condensée (voir aussi chapitre 6) et, d'autre part, pour l'analyse *inférentielle* de la significativité des tendances observées. Les questions principales concernent l'évaluation (1) des *différences* à divers moments (ou dans diverses situations), durant lesquels (ou dans lesquelles) se trouvait la personne, (2) des *tendances,* en particulier le changement de tendance centrale ou de dispersion des scores au cours du temps ou en fonction des interventions ; ainsi que (3) des *relations* (covariations, respectivement concomitances) et des *influences* (conditions antécédentes et conséquences) entre les variables au fil du temps, le cas échéant également le changement de telles relations au cours du temps. Pour ces questions fondamentales de l'analyse du cas singulier, l'utilisateur dispose d'une série de méthodes d'analyse plus ou moins exigeantes et de complexité variable.

Les méthodes *non-paramétriques* les plus importantes pour certaines questions posées sont présentées dans ce chapitre. Elles nécessitent moins de prérequis que les méthodes *paramétriques* (comme les modèles ARIMA ou la régression hiérarchique dans l'approche multiniveaux ; voir chapitre 8) et peuvent être utilisées pour des données du cas singulier, respectivement de séries temporelles, aux niveaux nominal et ordinal, très fréquents dans le domaine psychosocial. Toutefois, à l'inverse des modèles ARIMA ou multiniveaux, les méthodes présentées ici ne peuvent pas contourner ou résoudre le problème fondamental de la dépendance des données sérielles (mesures répétées). Toutes les analyses non-paramétriques proposées ici ont prioritairement une *fonction d'exploration* et doivent toujours – notamment en cas de résultats concluants – être interprétées prudemment (voir à ce sujet le chapitre 7.5).

Le choix des méthodes se conforme à l'ouvrage de référence de Bortz, Lienert et Boehnke (2008) et à la vaste littérature qu'il intègre. D'autres suggestions importantes proviennent aussi de Morley et Adams (1989). La plupart des méthodes sont d'ailleurs mentionnées chez Petermann (1996) et Petermann et Noack (1984). Nous avons orienté la présentation des méthodes non-paramétriques choisies – en particulier les exemples de cas et de calcul – sur les problèmes de la recherche et de la pratique psychosociales.

Notre présentation cherche à procéder de manière pragmatique : aussi concise et abordable que possible, aussi compréhensible que nécessaire, de sorte que les procédures soient utilisables dans la pratique. Il s'agit donc de rendre ces analyses accessibles, tout en s'assurant que leur application et interprétation soient correctes, ceci en articulation avec les autres chapitres de ce livre et avec site web développé spécialement à ce sujet (voir le site *www.singlecase-expert.de*). Les éléments présentés doivent également amener à mieux saisir et évaluer de manière critique les résultats des analyses de cas singuliers publiés dans la littérature. Le tableau 7 de la page suivante présente les questions traitées dans ce chapitre ainsi que les possibilités d'analyses non-paramétriques correspondantes.

Tableau 7.1 : Questions et analyses non-paramétriques présentées dans ce chapitre

Questions : Déterminer / explorer / tester …	… pour des données nominales / dichotomiques	… pour des données ordinales / de rang
Tendance centrale de la série temporelle ?	Mode, fréquence relative	Médian
Distribution / dispersion de la série temporelle ?		Écart semi-interquartile Étendue de variation Q
Changement de niveau / tendance pour 2 parties de la série temporelle ?		Test S_2
Changement de niveau / tendance sur l'ensemble de la série temporelle ?	Test U	Corrélation de rang Tau ou Rho
Changement de la variabilité de la série temporelle ?		Test des records
Relations entre variables / corrélation croisée de séries temporelles ?	Coefficient Phi	Corrélation de rang Tau ou Rho
Dépendances au sein des séries temporelles (cycle, périodicité) ?		Test de Dufour

7.2. Niveaux de mesure et échelles

Dans les analyses du cas singulier, on trouve les mêmes principes de mesure – et donc les mêmes types d'échelles – que dans tous les autres domaines de recherche et de pratique en sciences sociales. Un bref aperçu des types d'échelles les plus importants est alors mis en exergue dans ce chapitre.

Pour ce faire, nous décrivons la structure centrale de mesure des objets (au niveau empirique) et la nature de leur représentation chiffrée (au niveau numérique). À ce propos, nous nous appuyons sur Kerlinger (1979 ; voir aussi Schmid, 1992), Bortz et Döring (1995) et la littérature qui y est élaborée, ainsi que sur Sorgatz (1979) en ce qui concerne les séries de données des cas singuliers. Nous débutons du niveau de mesure le plus simple pour aller vers le plus élevé.

Le tableau 7.2 (selon Kerlinger, 1979, p. 671 ; Schmid, 1992, p. 33) offre un aperçu des aspects les plus importants des différents niveaux d'échelles présentés dans la suite de ce chapitre.

Échelles nominales

Dans les échelles nominales, au niveau *empirique*, on attribue aux objets des attributs caractérisés par une relation d'équivalence (en simplifié : "est égal" ou "est différent"). Au niveau *numérique* le même attribut correspond au même chiffre et un attribut différent à un autre chiffre (Bortz & Döring, 1995, p. 66). Outre cette contrainte, le choix des chiffres est en principe arbitraire. Par exemple, les chiffres 0 et 1 peuvent être attribués aux objets empiriques "événement absent" *vs* "événement apparu", ou les chiffres 1, 2, 3, à trois institutions différentes ; il est toutefois possible d'utiliser d'autres chiffres, comme 2 et 4 pour la variable "événement", ou 3, 4, 5 pour la variable "institution".

Tableau 7.2 : Caractéristiques des différents niveaux d'échelle

Niveau d'échelle	Propositions possibles	Indices statistiques / Méthodes	Exemples
Nominal	Équivalence Différence	Fréquences Coefficient de contingence Corrélation tétrachorique *Phi*	Sexe Caractéristiques dichotomiques
Ordinal	Plus grand – plus petit	Médian Percentile Corrélation de rang	Scores de test bruts Classements
Intervalle	Équivalence des intervalles et des différences	Moyenne arithmétique Variance Corrélation produit-moment	Degrés Celsius Normes de test standardisé
Rapport	Équivalence des sommes, multiples et quotients	Moyenne géométrique Coefficient de variabilité	Longueurs, poids, intervalles temporels, potentiels évoqués

Des données binaires, respectivement nominales, sont établies de la même manière que les caractéristiques alternatives "naturelles" (p.ex. "récidiviste" *vs* "non récidiviste" représenté par les chiffres 1 et 0) ; on parle aussi de données "naturellement dichotomiques". Dans le domaine psychosocial, les échelles nominales pour les cas singuliers peuvent être par exemple : "apparition d'un événement conflictuel" *vs* "pas d'événement conflictuel apparu", ou "douloureux" *vs* "indolore". Au niveau des échelles nominales, seule une description portant sur des effectifs ou des fréquences des caractéristiques est pertinente. Les opérations mathématiques et statistiques se limitent ainsi à l'analyse des distributions des fréquences observées. L'intérêt de telles démarches concerne principalement la classification.

Les caractéristiques nominales multi-classes sont également importantes, comme les "caractéristiques attributives" (p.ex. les groupes sanguins), les "caractéristiques ordinales groupées discrètes" (p.ex. diplôme de fin d'école obligatoire, du gymnase ou du tertiaire), ou les "caractéristiques polytomiques" (caractéristiques continues, mais partagées en classes) telles les catégories d'âges de vie (nourrisson, bébé, enfant, adolescent, adulte). Pour une vue d'ensemble détaillée des échelles nominales comme type de données de base pour les analyses de cas singuliers, voir Bortz et al. (2008, pp. 66ss).

Cas particulier du calcul des fréquences. Au niveau des échelles nominales, les analyses du cas singulier – et notamment le calcul des fréquences – sont en principe considérées comme étant quantitatives car, de cette manière, diverses méthodes d'analyse plus performantes sont exploitables (voir à ce sujet également Revenstorf et Keeser, 1996, pp. 235ss). La survenue d'un symptôme (p.ex. un symptôme très fréquent comme le bégaiement) peut d'abord être considérée comme un événement discret (correspondant à une échelle nominale 0/1) articulé au temps comme caractéristique continue. Toutefois, si on "compartimente" le temps en périodes (p.ex. en heures ou en jours), une variable de fréquence comportant plusieurs modalités peut être déterminée (p.ex. 1 fois, 2 fois, 3 fois par jour, etc. ; voir aussi le chapitre 4). De telles données peuvent ainsi être transformées en échelles ordinales voire même en échelles d'intervalle. Un autre aspect concerne l'*intervalle de durée entre* les événements. Revenstorf et Keeser (1996, pp. 235ss) distinguent ainsi comme *données qualitatives* l'enregistrement binaire unicatégoriel des événements (0/1) et l'enregistrement multicatégoriel des événements (p.ex. les différents types de comportement A, B, C) et, comme des données *quantitatives*, la transformation de ces événements en estimations binaires additionnées (p.ex. nombre d'événements par période) ou en calcul de fréquences.

Échelles ordinales

Au niveau empirique, les échelles ordinales se réfèrent aux attributs qui possèdent une "faible relation d'ordre" (Bortz & Döring, 1995, p. 67) : pour chaque paire d'objets, on peut déterminer lequel est plus grand que l'autre (respectivement est équivalent à l'autre) selon l'attribut étudié. Un chiffre supérieur – au niveau numérique – est attribué à l'objet dominant ; si les objets sont égaux, ils reçoivent le même chiffre. De plus, le principe de "transitivité" est valable : si a est plus grand b, et b plus grand que c, alors a est plus grand que c. La relation empirique "plus grand que" doit par conséquent être représentée numériquement par l'échelle. Les échelles ordinales sont aussi nommées échelles de rangs, des objets identiques (avec valeurs compactes ou *"ties"*) recevant les mêmes rangs. L'analyse statistique vise l'évaluation des informations concernant le rang, avec des méthodes en partie différenciées. Pour une vue d'ensemble des échelles ordinales comme type de données de base pour les analyses de cas singuliers, voir Bortz et al. (2008, pp. 67-70).

Échelles d'intervalle

Alors que pour les échelles ordinales, il n'est pas important de savoir *dans quelle mesure* un objet est supérieur à un autre (p.ex. *à quel point* a est "plus grand" que b), pour les échelles d'intervalles, il est non seulement possible d'ordonner les objets en rangs, mais également de faire apparaître la *force des relations* de dominance par paires (et pas uniquement leur transitivité). Dans l'application numérique, la fonction de classement suivante est admise : si l'écart (intervalle) entre les deux objets a et b est au moins aussi grand que celui entre les objets c et d, alors la *différence numérique* des chiffres qui représentent a et b est au moins autant grande que la différence des chiffres c et d. Le *classement en rangs des différences chiffrées* doit correspondre au *classement en rangs des différences empiriques*. Par conséquent, les écarts de même grandeur (identiques) entre deux paires d'objets sont représentés par les *mêmes intervalles chiffrés*. Exemple : dans une échelle d'évaluation comprenant les niveaux 1 à 5, les différences chiffrées entre 1 et 2, ainsi qu'entre 4 et 5 représentent la même taille de différence pour une caractéristique donnée.

Un exemple typique de cette échelle, issu de la physique, est celui des degrés de température Celsius.

Dans les échelles d'intervalles, les transformations linéaires ne changent pas les propriétés de l'échelle qui restent donc invariantes. Autrement dit, les transformations en différences, en sommes ou en moyennes restent proportionnelles. La plupart des procédures statistiques utilisées en sciences sociales sont basées sur des échelles d'intervalles. Par conséquent, diverses méthodes sont à disposition pour les analyses du cas singulier également, en particulier pour les séries temporelles, ce qui permet d'utiliser des données d'intervalles différenciées.

Échelles de rapport

Ce type d'échelle – plus rare en sciences sociales – tient compte de la proportion entre les divers attributs des objets (en plus des propriétés de l'échelle d'intervalle). Un tel niveau empirique est aussi décrit comme "structure de mesure extensive" (Bortz & Döring, 1995) dans laquelle le *niveau relatif* correspondant est basé sur l'opération additive des unités (nombre de fois où l'unité est présente). Ainsi, le *rapport* entre deux chiffres (p.ex. a et b) correspond au rapport des attributs des objets respectifs. Les correspondances des énoncés numériques restent maintenues également lorsqu'une transformation de ressemblance est opérée sur les chiffres. Par exemple, la conversion dans une autre monnaie ne change pas le rapport empirique des valeurs des objets (p.ex. a est trois fois plus cher que b, que ce soit en francs ou en euros). En outre, les attributs peuvent faire appel à une mesure temporelle : "Le temps de résolution d'une tâche cognitive au moment a est deux fois plus long qu'au moment b" ou "Le rétablissement de l'équilibre biopsychologique dans la situation a ne nécessite qu'un tiers du temps de celui requis dans la situation b".

Comme les échelles de rapports permettent des évaluations plus précises que les échelles d'intervalles, les méthodes d'analyse développées pour ces dernières sont également toutes applicables pour des échelles de rapport (de la même manière que les méthodes ordinales sont aussi applicables aux données des échelles d'intervalle).

Dans l'analyse de cas singuliers, il arrive souvent de collecter des données comportant différents niveaux d'échelle. Par conséquent, les méthodes statistiques choisies doivent s'appliquer au niveau le plus bas. Toutefois, il existe quelques méthodes qui combinent différents types de données, notamment la combinaison des échelles nominale et d'intervalle dans la corrélation bisérielle de point.

Échelles cardinales

Le terme d'échelles cardinales se différencie de celui d'échelles ordinales (où les chiffres sont utilisés pour décrire les rangs) dans la mesure où elles amènent une information supplémentaire, à savoir des valeurs mesurées. Les échelles cardinales regroupent donc les échelles d'intervalle et les échelles de rapport (Bortz et al., 2008, pp. 62, 295). Quelques méthodes "paramétriques" pour les échelles cardinales seront présentées au chapitre 8. Pour une vue d'ensemble des échelles cardinales comme type de données de base pour les analyses de cas singuliers, voir Bortz et ses collègues (2008, p. 70).

En résumé, plus les niveaux d'échelle sont élevés, moins il y a de possibilités de transformation des valeurs obtenues. Le cas le plus évident est celui des échelles de rapport où aucune transformation n'est permise (p.ex. Sorgatz, 1979, pp. 42ss).

7.3. Analyses de données nominales et binaires

7.3.1. Tendance centrale

Pour la description des données, différentes valeurs statistiques sont envisageables. Ces "descriptions réduites" (Bortz et al., 2008, p. 74) doivent représenter la distribution de valeurs dans leur ensemble qui soit compacte et avec le moins d'indices possibles. Les valeurs caractéristiques les plus importantes des distributions sont leur *tendance centrale* et leur *dispersion*. En outre, leur degré de *symétrie* (distribution asymétrique *vs* symétrique) et leur *voussure* (degré d'aplatissement, distribution pointue *vs* aplatie) sont également intéressants.

Pour les données binaires (nominales dichotomiques), il n'existe qu'une mesure pour la *tendance centrale* (et, accessoirement, pour la dispersion : l'entropie) ; le degré de symétrie et de voussure (kurtosis) ne peuvent être déterminés que pour des échelles de niveau supérieur (échelles ordinales, respectivement de rangs, ainsi qu'échelles d'intervalle et de rapport, respectivement cardinales).

Pour une distribution de données *dichotomiques* et d'autres *données nominales*, le *mode*, ou *valeur modale*, est l'indice adéquat de *tendance centrale*. Il est défini par *la modalité la plus fréquente* de la distribution. Dans un exemple d'intervention visant l'amélioration des contacts sociaux spontanés (tableau 7.2), c'est la valeur "+" ("comportement cible présent") puisqu'elle a été observée à 8 reprises. Si l'équivalent numérique est défini par des chiffres – par exemple "0" pour "absent" et "1" pour "présent" – le mode = 1.

Pour résumer la description d'une distribution de données nominales, la *fréquence relative* peut aussi être utilisée. Dans ce même exemple (voir chapitre 7.3.3) utilisant des données *dichotomiques naturelles* ("présent" *vs* "absent"), la fréquence relative de l'événement (présent / (présent + absent)) = 8/15 = 0.53, correspond à 53% des observations. Un autre exemple est détaillé dans le chapitre 7.6 où on relève la fréquence des conflits durant la ligne de base et durant l'intervention du cas clinique de Mme G.

7.3.2. Comparaison de niveaux et tendance

Dans le cas de données binaires (dichotomiques), la présence d'une tendance – on cherche à savoir par exemple si, au cours d'une phase d'investigation, un événement est survenu plus fréquemment – est vérifiable avec un test de tendance (*trend test*). Une telle "hypothèse de tendance" postule par exemple qu'un client, au cours d'une intervention en travail social (mesure de réadaptation), augmente le nombre de contacts avec son environnement. De telles hypothèses de tendances "monotones" (régulières) peuvent être vérifiées pour des données binaires (p.ex. présent / absent ; succès / échec) avec un test de tendance basé sur le test U (selon Meyer-Bahlburg, 1969 ; Bortz et al., 2008, p. 561). Dans le diagramme des valeurs observées, on s'intéresse aux écarts par rapport à la probabilité de base $\pi = 0.5$ et on vérifie leur probabilité d'apparition sous hypothèse nulle (variation aléatoire).

Exemple : On cherche à vérifier si une intervention permet d'augmenter la fréquence des contacts sociaux d'un client. On se base pour cela sur un enregistrement quotidien du comportement cible, aboutissant à la série temporelle binaire suivante sur 15 jours (tableau 7.2).

Tableau 7.2 : Exemple 1 – contacts sociaux d'un client

Jour	1	2	3	4	5	6	7	8	9	10	11	12	13	14	15
Contact	-	-	-	+	-	+	-	+	+	-	+	+	+	-	+

Selon Bortz et al. (2008), on considère les jours comme une série de rangs et on analyse si les rangs des 8 jours avec contact (T+) sont plus élevés que ceux des 7 jours sans contact (T-). Le calcul mène au résultat suivant :

$T_- = 1 + 2 + 3 + 5 + 7 + 10 + 14 = 42$ et

$T_+ = 4 + 6 + 8 + 9 + 11 + 12 + 13 + 15 = 78$

La somme des rangs atteint dans l'ensemble $78 + 42 = 120$. Cette valeur correspond à ce qui est attendu ($T_- + T_+ = N \cdot \frac{N+1}{2} = 15 \cdot \frac{16}{2} = 120$).

L'équation suivante permet d'obtenir la valeur du test U pour la série de rangs "contacts" :

$$U_+ = n_+ \cdot n_- + n_+ \cdot \frac{n_+ + 1}{2} - T_+ = 7 \cdot 8 + 7 \cdot \frac{8}{2} - 78 = 84 - 78 = 6$$

respectivement pour la série de rang "pas de contact" :

$$U_- = n_+ \cdot n_- + n_- \cdot \frac{n_- + 1}{2} - T_- = 7 \cdot 8 + 8 \cdot \frac{9}{2} - 42 = 92 - 42 = 50$$

On conserve la valeur la plus petite (ici $U = 6$) et, dans la table du test U (Bortz et al., 2008, pp. 669ss), on trouve la probabilité de $p = 0.005$ pour un test unilatéral (donc significatif à $p < 0.01$). L'hypothèse nulle, selon laquelle les deux échantillons proviennent de la même population est par conséquent rejetée, et l'hypothèse alternative H_1 (la probabilité d'apparition π augmente au cours de la série d'essais) peut être acceptée avec un risque d'erreur de $\alpha = .01$. Ainsi, ce résultat peut être interprété dans le sens qu'avec l'intervention, la fréquence des contacts sociaux spontanés du client a effectivement augmenté.

7.3.3. Analyse des liens entre deux séries temporelles

On s'intéresse souvent au lien entre deux séries d'événements simultanés, décrits aussi comme "concomitants". Dans l'exemple d'intervention visant l'augmentation des contacts sociaux, on peut imaginer avoir collecté une seconde variable (dichotomique) indicatrice de l'activité sociale à savoir les jours avec ou sans contacts par SMS.

Tableau 7.3 : Exemple 1 – contacts sociaux d'un client

Jour	1	2	3	4	5	6	7	8	9	10	11	12	13	14	15
A Contact	-	-	-	+	-	+	-	+	+	-	+	+	+	-	+
B Contact-SMS	+	-	-	+	-	-	+	+	+	-	+	+	-	-	+

Les deux variables dichotomiques peuvent être corrélées au moyen du coefficient *Phi*. Pour cela, on construit un tableau croisé où les fréquences des quatre combinaisons d'événements sont introduites (tableau 7.4).

Tableau 7.4 : Tableau croisé

		Variable A		
		A1	A2	Somme
Variable B	B1	6 [a]	2 [b]	8
	B2	2 [c]	5 [d]	7
	Somme	8	7	15

$$\varphi = \sqrt{\frac{\chi^2}{N}} = \pm \frac{ad - bc}{\sqrt{(a+b)(c+d)(a+c)(b+d)}}$$

$$= \pm \frac{6*5 - 2*2}{\sqrt{(6+2)(2+5)(6+2)(2+5)}} = \pm \frac{30 - 4}{\sqrt{8 \cdot 7 \cdot 8 \cdot 7}} = .46$$

Genoud & Reicherts · L'analyse du cas singulier

Le coefficient *Phi* indique un lien avec une valeur de .46. Le Chi^2 permet de tester si une telle valeur (en fonction des degrés de libertés) est significative. L'hypothèse nulle postule que les deux variables A et B sont stochastiquement indépendantes.

La valeur Chi^2 (χ^2) correspondante est définie selon l'équation suivante :

$$\chi^2 = \frac{N \cdot (ad - bc)^2}{(a + b)(a + c)(b + d)(c + d)}$$

$$\chi^2 = \frac{N \cdot (6 \cdot 5 - 2 \cdot 2)^2}{(6 + 2)(6 + 2)(2 + 5)(2 + 5)} = 15 \cdot \frac{26^2}{8 \cdot 8 \cdot 7 \cdot 7} = 3.234$$

On peut déduire de la table du χ^2 (Bortz et al., 2008. p. 637) que la probabilité associée à cette valeur – pour un test bilatéral (degré de liberté = 1) – est de $p < .10$. Par conséquent, la relation ne serait pas significative. Comme pour tout tableau à quatre cases (2x2), c'est la relation $\chi^2 = U^2$ (Bortz et al., 2008, p. 105) qui prévaut, la valeur $U = \sqrt{3.234} = 1.798$ peut toutefois également être utilisée pour un *test unilatéral*. Ce dernier révèle ici une probabilité exacte de $p = .0294$, et serait donc significatif, ceci dans la mesure où l'hypothèse de départ énoncerait : il existe, au fil du temps, une *relation positive* ("concomitance" positive) entre les variables A (contact social) et B (contact par SMS).

Comme le coefficient *Phi* peut également être compris comme un cas particulier de la corrélation paramétrique produit-moment, l'analyse de régression linéaire peut être appliquée sur une variable *dichotomique indépendante* et une variable *dichotomique dépendante* (Bortz et al., 2008, p. 339). Elle mène à des estimations des probabilités d'apparition des variables dépendantes.

7.4. Analyses des données ordinales

Les données ordinales reposent sur la *relation "est plus grand que"*. En outre, les différences entre deux valeurs de rang n'ont aucune importance métrique. Selon Bortz et al. (2008, p. 67), une série de rangs dite *"objective"* a pour prérequis que N individus ou objets sont mesurés selon une "échelle cardinale", de telle manière que des mêmes valeurs de mesure n'apparaissent pas. En attribuant à la valeur de mesure la plus faible le rang 1 et à la plus élevée le rang N, l'échelle ordinale est ainsi formée. Si des valeurs égales apparaissent (valeurs compactes ou *"ties"*), alors il faut suivre des consignes particulières de procédure : la plupart du temps dans le sens d'une *répartition en rangs*. Généralement, on fait la moyenne des places de rangs de même grandeur (s'il y a 2 valeurs égales, c'est la moyenne des rangs correspondants qui est utilisée : par exemple, si deux valeurs égales suivent la plus petite valeur de mesure (qui reçoit le rang 1), alors ces deux valeurs obtiennent chacune un rang de 2.5 ; la valeur suivante reçoit ensuite le rang 4). À côté de cela, il existe aussi des séries de rangs "réelles" ou originales (par exemple pour les résultats d'un tournoi sportif).

Ces transformations en valeurs compactes sont réalisées automatiquement par les programmes de calcul disponibles (p.ex. SPSS).

Les séries de rangs dites *"subjectives"* reposent sur des procédures d'estimation de caractéristiques qui ne peuvent pas être "mesurées" au sens strict. L'ensemble des objets sont évalués par le même juge. Pour un petit nombre d'objets, cela peut être fait directement – à l'œil nu. Pour un nombre plus élevé, on utilise par exemple la méthode de comparaisons de paires. Les *données d'échelles d'estimation* – basées sur des échelles de Likert et utilisées par un grand nombre d'instruments psychométriques – peuvent également être considérées comme une formation de rang (indirecte) subjective.

Dans les analyses du cas singulier, les séries de rangs tant objectives que subjectives peuvent être utilisées ; les premières concernent en particulier les mesures utilisant des dispositifs (p.ex. temps de réaction ou activité physique comme mesures objectives du comportement ; valeurs de mesure physiologiques), les secondes sont générale-ment liées à l'utilisation d'échelles d'évaluation dans l'auto-observation. Dans les analyses du cas singulier, il est crucial que les mesures soient effectuées par *un évaluateur* – la plupart du temps les sujets eux-mêmes (les "objets" à évaluer sont des caractéristiques particulières d'*"états autoévalués en situation"*, respectivement d'*"états autoévalués à différents moments"*), voire d'autres sujets (hétéro-évalua-tions) – ou par des dispositifs utilisant des moyens techniques (voir la méthode d'enregistrement en évaluation ambulatoire, chapitre 4 ; les données de l'analyse des buts à atteindre, chapitre 3).

7.4.1. Tendance centrale et dispersion

Pour des données ordinales, le *médian* est l'indice de tendance centrale. Pour un nombre impair de mesures, il correspond à la *valeur moyenne* d'une série de rangs croissante ou décroissante. Pour un nombre pair d'observations, le médian est déter-miné par la moyenne arithmétique des *deux* valeurs moyennes. Si plusieurs valeurs de mesure "objectives" ou groupes de mêmes valeurs de mesure existent, le médian est calculé selon l'équation suivante (Bortz et al., 2008, p. 74) :

$$Md = U + \frac{J \cdot (N/2 - F)}{f}$$

U est ici la borne inférieure de l'intervalle qui contient le médian, J l'étendue (amplitude) de l'intervalle de classes, N la taille de l'échantillon, F la fréquence cumulée jusqu'au-dessous de la classe du médian, et f la fréquence dans la classe du médian.

La *dispersion* (ou variabilité) d'une distribution ordinale peut être caractérisée d'une part par l'*étendue de la variation* (*"range"*) : différence entre la valeur la plus petite et la plus élevée ; le cas échéant, on utilise l'étendue de la variation "tronquée" ou réduite (voir chapitre 6).

D'autre part, *l'écart semi-interquartile Q* est disponible comme mesure de dispersion : $Q = (P_{75} - P_{25}) / 2$. Il correspond à la moitié de l'écart entre la valeur du premier quartile P_{25} (25e valeur percentile) et la valeur du troisième quartile P_{75} (75e valeur percentile). Cet écart $(P_{75} - P_{25})$ inclut donc *50% des cas* ; il est ensuite divisé par deux (calcul de moyenne). Dans l'exemple de cas de Madame G., $P_{25} = 7$ et $P_{75} = 9$ dans la phase de la ligne de base ; ainsi $Q = (9 - 7) / 2 = 1$ (voir l'exemple clinique du chapitre 7.6).

Parfois, on utilise aussi la *différence de décile* : $P_{90} - P_{10}$ qui repose sur les limites des 80% des sujets moyens (étendue après avoir enlevé le 10% des valeurs inférieures et le 10% des valeurs supérieures).

7.4.2. Analyse des différences de niveaux et tendances

Un premier groupe de tests vise, selon Bortz et al. (2008), les *irrégularités* – autrement dit les *erreurs dues au "hasard"* dans les séries temporelles – observées qui ne font pas encore l'objet d'hypothèses au début de l'étude. Une question importante est de savoir si la *séquence temporelle des valeurs de rangs* a de forte chances d'apparaître *au hasard :* le *test de distribution des phases* (*runs-up-and-down*-Test) ou le *test de fréquence des phases* (les deux selon Wallis & Moore, 1941; cités par Bortz et al., 2008) sont adéquats. Le lecteur intéressé peut consulter Morley et Adams (1989) et le chapitre correspondant dans Bortz et al. (2008), les deux procédures ne pouvant pas être développées plus en détail dans ce chapitre. En effet, nous nous intéressons ici particulièrement à la mise en évidence d'une tendance, respectivement d'une différence de niveau, sur la base d'hypothèses sous-jacentes, comme cela est très souvent le cas dans la recherche et la pratique. On ne souhaite donc pas seulement savoir si le caractère aléatoire d'une suite est plausible, mais on s'attend à un change-ment plus ou moins uniforme et orienté, "monotone"[1] dans une série temporelle, avec l'introduction d'une intervention par exemple.

Comparaison de niveau de deux parties d'une série temporelle : le test S_2

Il s'agit dans ce test d'examiner s'il y a une tendance monotone entre une première et une seconde partie d'une série de mesure (p.ex. avant et après intervention). Le niveau de la première *moitié* de la série de mesure est par exemple comparé avec celui de la seconde moitié. Toutefois, il est aussi possible de comparer le premier *tiers* avec le troisième ; dans ce cas, il s'agit du test S_3. Le prérequis est que les parties à comparer soient de *même longueur* et déterminées *à l'avance* (pour une vue d'ensemble, voir Bortz et al., 2008, pp. 585ss).

La logique du test S_2 vise à comparer la 1ère valeur de la première partie avec la 1ère valeur de la seconde partie, puis la 2ème valeur de la première partie avec la 2ème valeur de la seconde partie, etc., jusqu'à la comparaison des dernières valeurs des

---

[1] Par "monotone", on entend : se modifier de manière uniforme, en devenant plus grand ou plus petit.

deux moitiés. Le nombre de différences positives, respectivement négatives, calculées dans ces comparaisons détermine la grandeur du test S_2. Comme dans le *test du signe*, S_2 est finalement estimé quant au risque de trouver une telle valeur au hasard. Au moyen de la distribution binomiale (avec n / 2 et $\pi = 0.5$), on calcule la significativité du résultat observé. Les parties de séries temporelles étudiées doivent donc être de *même longueur* ; la valeur médiane d'une série de mesures impaires (p.ex. de 21 mesures) n'est pas prise en compte. La tendance centrale (et le cas échéant, la dispersion) des deux sections est d'abord calculée au moyen du *médian*.

Exemple : Une famille participe à une mesure de soutien. Elle est tout d'abord testée au niveau diagnostique durant 8 semaines avant l'introduction du soutien (de la 10ème à la 17ème semaine). Lors d'un entretien hebdomadaire, les problèmes qui sont apparus sont évalués conjointement avec un travailleur social au moyen d'une grille, puis résumés sur une échelle ordinale dénommée "charge de problèmes". Ces valeurs hebdomadaires sont à la base de la série temporelle suivante (tableau 7.5).

Tableau 7.5 : Test de tendance S_2 dans l'exemple d'intervention

Semaine	1	2	3	4	5	6	7	8	9	10	11	12	13	14	15	16	17
Échelle y_i	20	10	16	11	15	10	16	12	5	8	11	6	8	4	5	4	7
Rang	1	8.5	2.5	6.5	4	8.5	2.5	5	14.5	10.5	6.5	13	10.5	16.5	14.5	16.5	12
Rang$_{(partie)}$	1	7.5	2.5	6	4	7.5	2.5	5	—	2.5	1	5	2.5	7.5	6	7.5	4
	Partie 1 Md = 13.5 Somme des rangs = 38.5									Partie 2 Md = 6.5 Somme des rangs = 100							

Les huit premières semaines sont comparées aux huit dernières, afin d'obtenir des moitiés de même longueur ; la valeur médiane (l'évaluation des problèmes à la 9ème semaine avec la valeur 5) n'est pas prise en considération. Le *médian* de la charge de problèmes est déterminé dans la première partie entre la 4ème et la 5ème valeur de rang par l'équation ((15 + 12) / 2) et donne Md = 13.5. Dans la seconde partie, le médian est de ((7 + 6) / 2) ; Md = 6.5, donc plus petit que dans la première partie. Les différences suivantes entre les valeurs originales sont établies pour le calcul du test :

1ère – 10ème valeur : 20 – 8 = 12
2ème – 11ème valeur : 10 – 11 = – 1
3ème – 12ème valeur : 16 – 6 = 10
4ème – 13ème valeur : 11 – 8 = 3
5ème – 14ème valeur : 15 – 4 = 11
6ème – 15ème valeur : 10 – 5 = 5
7ème – 16ème valeur : 16 – 4 = 12
8ème – 17ème valeur : 12 – 7 = 5

Sur les 8 comparaisons, 7 différences sont positives. Sur la base du tableau des valeurs du test binomial (p.ex. Bortz et al., 2008, pp. 628ss), on constate que 7 (ou plus) différences positives dans une série de 8 observations (N = n / 2 = 8) avec une probabilité théorique de $\pi=0.5$ surviennent avec une probabilité théorique de $p=0.0351$ (probabilité pour 7 différences positives $= 0.0312$ + probabilité pour 8 différences positives $= 0.0039$).

Le changement entre la première et la deuxième partie des observations s'exprime non seulement par un médian réduit (de 13.5 à 6.5) mais aussi par la significativité (au seuil de 5%) du test S_2 (test binomial).

Il faut prêter attention au fait que le test S_2 peut aussi être significatif lorsque des tendances *opposées* sont présentes dans les deux parties comparées. Le résultat est donc toujours à interpréter en lien avec la direction de la tendance (à l'aide de la représentation graphique ; voir chapitre 6).

Parfois, on s'intéresse à d'autres tendances qui ne sont pas monotones, comme par exemple une hypothèse de tendance curvilinéaire (en forme de U, ou inversement en forme de U retourné). Une "série de référence", formée préalablement selon l'hypothèse, représente une méthode flexible qui reproduit le processus postulé au moyen de valeurs ordinales correspondant à une structure, par exemple selon un U inversé (Bortz et al., 2008 ; pp. 588ss). Pour vérifier une telle hypothèse de processus non monotone, le *Tau* de Kendall ou le *Rho* de Spearman peuvent être utilisés (le cas échéant avec des liens entre les rangs ou *ties*) en testant la question suivante : dans quelle mesure la relation est-elle étroite entre les rangs de la série de référence (prédéfinie ; p.ex. 1–3–5–4–2) et la série de rangs observée.

Test d'une tendance monotone avec deux coefficients de corrélation de rang :
Rho et Tau

Avec le *Rho (ρ)* et le *Tau (τ),* on peut non seulement déterminer la *force de la relation* entre deux variables ordinales (voir chapitre 7.4.3 ci-dessous), mais aussi entre deux *séries de rangs* : la séquence temporelle de la série des mesures (c'est-à-dire, la première, deuxième, troisième mesure, etc.) forme la première série de rangs, avec laquelle sont corrélées les valeurs de mesure (données ou transformées en rangs) en tant que deuxième série de rangs. De cette manière, des tendances peuvent être vérifiées.

Exemple : Dans le cas d'intervention sur l'amélioration du réseau social, supposons que le client ait enregistré, au lieu d'une caractéristique binaire (prise de contact : oui / non), une série de mesures se basant sur la *fréquence* hebdomadaire des appels téléphoniques ou des SMS qu'il a initiés, ceci sur 12 semaines (voir tableau 7.6 page suivante). Les points de mesure sont les semaines (première série de mesure) ; le nombre effectif de contacts peut être converti en rangs, formant alors la deuxième série (en cas de grandeur égale, les places de rangs correspondantes sont calculées ; de telles *valeurs compactes* ou *"ties"* n'apparaissent pas dans l'exemple, pour des raisons de clarté).

Tableau 7.6 : Nombre de contacts (téléphones + SMS) par semaine

Semaine $x_i = R(x_i)$	1	2	3	4	5	6	7	8	9	10	11	12	
N contacts y_i	2	1	4	6	0	8	10	7	12	13	9	14	
Rang $R(y_i)$	3	2	4	5	1	7	9	6	10	11	8	12	
Différences $d_i = R(x_i) - R(y_i)$	-2	0	-1	-1	4	-1	-2	2	-1	-1	3	0	
$d_i^2 = [R(x_i) - R(y_i)]^2$	4	0	1	1	16	1	4	4	1	1	9	0	$\sum = 42$

Le médian de la série de rang des contacts atteint $Md = (7 + 8) / 2 = 7.5$

Le coefficient de corrélation de rang *Rho de Spearman* est calculé selon l'équation suivante :

$$\rho = 1 - \frac{6 \cdot \sum_i d_i^2}{N \cdot (N^2 - 1)}$$

$$\rho = 1 - \frac{6 \cdot 42}{12 \cdot (12^2 - 1)} = .85$$

Des tables (p.ex. Bortz et al., 2008, pp. 628-633) mentionnent les valeurs critiques du test statistique. Avec $N = 12$ mesures et $\alpha = .05$, il faut un *Rho* d'au moins .59 (.591) pour qu'il s'éloigne d'un coefficient dû au hasard (avec un seuil de $\alpha = .01$, cette valeur critique est de $\rho = .78$). Ces valeurs critiques (à 5% et 1%) sont clairement dépassées par le $\rho = .85$ obtenu. Par conséquent, il faut rejeter l'hypothèse nulle qui postule que les deux séries varient indépendamment l'une de l'autre. La corrélation de $\rho = .85$ observée entre le temps de mesure et le nombre de contacts met en évidence une *tendance à l'augmentation des contacts du client*.

Le *Rho de Spearman* s'apparente au coefficient de corrélation produit-moment (Bravais-Pearson) qui lui est paramétrique (utilisé avec des échelles d'intervalle). Le *Rho* est calculé de manière analogue à ce dernier, avec cependant deux séries de chiffres naturels transformés en rangs *1 à N*. Les *différences* numériques *entre les rangs* sont inclues dans le calcul (p.ex. la différence entre les rangs 2 et 5 = 3 est "d'une unité plus petite" que la différence entre les rangs 2 et 6 = 4). Par conséquent, il reste à démontrer que des rangs subséquents représentent réellement à des *positions "équidistantes" de la caractéristique en question* (Bortz et al., 2008, p. 443 ; voir aussi le chapitre 7.2 relatif aux niveaux d'échelles).

À l'inverse, le *Tau* de Kendall repose exclusivement sur l'information ordinale, car il n'utilise que le nombre de "relations supérieures à" (respectivement de "relations inférieures à"). Ainsi, ce coefficient est moins exigeant envers les données que le *Rho* de Spearman. Toutefois, son calcul est formellement plus coûteux pour les grands ensembles de données, argument perdant toute importance dans les analyses menées via l'informatique. À la différence du *Rho* de Spearman qui enregistre les *différences*

Genoud & Reicherts · L'analyse du cas singulier   © 2016 ZKS-Verlag

de rangs entre la série d'ancrage et la série à comparer, le *Tau* de Kendall mesure le nombre d'éléments non-ordonnés dans la série à comparer pour déterminer la corrélation entre les points de mesure et les données de la série temporelle.

Dans certains cas, le *Tau* de Kendall présente une (meilleure) alternative au *Rho* de Spearman car il est moins sensible aux distorsions, en particulier en cas de valeurs extrêmes dans la série de mesures. Le *Tau* est donc la méthode de choix pour les petites séries de données présentant des valeurs extrêmes.

Tableau 7.7 : Exemple des contacts sociaux – changement au cours du temps (au moyen du *Tau*)

Semaine $x_i = R(x_i)$	1	2	3	4	5	6	7	8	9	10	11	12	
N contacts y_i	2	1	4	6	0	8	10	7	12	13	9	14	
Rang $R(y_i)$	3	2	4	5	1	7	9	6	10	11	8	12	
Concordances p	9	9	8	7	7	5	3	4	2	1	1		P = 56
Discordances q	2	1	1	1	0	1	2	0	1	1	0		Q = 10

En appliquant le *Tau* à l'exemple ci-dessus (augmentation des contacts sociaux), les "concordances" (p) ainsi que les "discordances" (q) doivent être calculées pour chacune des valeurs de la série temporelle. Les "concordances" sont le nombre de valeurs suivantes qui sont supérieures à la valeur considérée, les "discordances" correspond au nombre de celles qui sont inférieures. Le rang 1 de la série d'ancrage $R(x_i)$ est lié avec le rang 3 $R(y_i)$ de la série à comparer ; par conséquent, les rangs suivants (= semaines) sont des concordances {4,5,7,9,6,10,11,8,12} et les rangs {2,1} des discordances, ce qui donne pour la 1ère semaine p = 9 et q = 2. Cette démarche est répétée en considérant ensuite la semaine 2 (avec $R(y_i) = 2$) comme référence (et en comparant ce rang avec les rangs suivants uniquement), et ainsi de suite.

Le *Tau* est alors calculé selon l'équation suivante (Bortz et al., 2008, p. 424) :

$$\tau = \frac{S}{N(N-1)/2}$$

$$S = P - Q = 46$$

$$\tau = \frac{46}{12 \cdot (12-1)/2} \qquad \tau = 0.70$$

La valeur critique nécessaire pour déterminer la significativité peut être tirée d'une table (p.ex. Bortz et al., p. 750) : avec un risque d'erreur de $\alpha = .05$ et N = 12, le seuil est de 26. Comme $S = 46 > 26$, l'hypothèse nulle – les deux séries sont ordonnées de manière indépendante l'une de l'autre – est rejetée et l'hypothèse alternative H_1 acceptée, résultat conforme à celui trouvé avec le *Rho* de Spearman.

Test S_2 ou test de corrélation de rangs pour l'étude de tendances ?

Le test S_2 (voire le test S_3) se prête aux séries temporelles pour lesquelles il y a des *sections définies* – par exemple avant et après une intervention – qui doivent être analysées selon un changement de niveaux ; les corrélations de rangs se prêtent mieux à l'analyse des caractéristiques monotones de séries temporelles entières. Des exemples du test S_2 se trouvent en fin de chapitre (Madame G.), mais aussi dans le chapitre 9 où Madame A. suit un traitement neurochirurgical. Un plan de recherche A-B est sous-jacent à l'analyse de ces deux cas. Des exemples de corrélation de rangs – sur toute une série temporelle – sont présentés dans les études d'intervention complexes du cas "Petra" (chapitre 11) ou de Monsieur M. (chapitre 12).

7.4.3. Analyse des liens

Pour calculer la force d'un lien entre deux variables – par exemple entre intensité des symptômes dépressifs et diminution des performances cognitives – nous présentons ici une autre application (certainement la plus fréquente) des coefficients de corrélations de rangs du *Rho de Spearman (ρ)* ou du *Tau (τ)* de Kendall.

La *corrélation (ou covariation) de deux caractéristiques* est étudiée de manière analogue au lien entre la séquence des mesures (de la série temporelle des mesures) et une caractéristique ordinale, comme nous l'avons vu précédemment. À la place d'une série temporelle et d'une série de mesures, nous prenons ici deux séries de mesures qui nécessitent chacune une transformation. En effet, si la série d'ancrage est la série temporelle, il s'agit déjà d'une séquence de valeurs ordinales classées (de t_1 à t_n), raison pour laquelle seuls les rangs de la *série à comparer* doivent être calculés. Cependant, si l'on souhaite corréler deux séries de mesures, il faut d'abord les transformer chacune en rangs, puis classer les paires de valeurs de manière à ce que la première série soit ordonnée.

Exemple : Dans le cadre d'une étude pédagogique, l'investissement et le sentiment de compétence sont, entre autres, mesurés au cours d'une unité d'enseignement en mathématiques (voir en détail le chapitre 10.3, cas 1).

L'exemple contient, à la différence du précédent (celui des contacts sociaux), plusieurs liens entre les rangs (*ties*) où le calcul, surtout pour le *Tau*, devient quelque peu plus compliqué. Il faut de plus différencier si les *ties* surviennent seulement dans une série ou dans les deux (*Tau* bisériel et *Rho* bisériel).

Tableau 7.8 : Séries temporelles

Temps de mesure t_i	1	2	3	4	5	6	7	8	9	10	11	12	13	14	15	16
Sentiment de compétence x_i	5	6	5	7	8	8	7	9	9	8	9	9	9	9	9	9
Investissement y_i	5	5	4	4	5	4	4	4	4	4	4	3	4	3	3	3

Un suivi temporel (t_i) – auquel nous ne nous intéressons toutefois pas ici – est aussi visé dans l'analyse de ce cas.

Nous définissons d'abord les rangs pour tous les x_i et y_i (tableau 7.9 ci-dessous).

Tableau 7.9 : Transformation des séries temporelles en séries de rangs

Sentiment de compétence x_i	5	6	5	7	8	8	7	9	9	8	9	9	9	9	9	9
$R(x_i)$	1.5	3	1.5	4.5	7	7	4.5	12.5	12.5	7	12.5	12.5	12.5	12.5	12.5	12.5
Investissement y_i	5	5	4	4	5	4	4	4	4	4	4	3	4	3	3	3
$R(y_i)$	15	15	9	9	15	9	9	9	9	9	9	2.5	9	2.5	2.5	2.5

Finalement, les paires de valeurs sont classées selon la grandeur des valeurs de rangs de x_i (tableau 7.10).

Tableau 7.10 : Rangs des séries temporelles ordonnés

$R(x_i)$	1.5	1.5	3	4.5	4.5	7	7	7	12.5	12.5	12.5	12.5	12.5	12.5	12.5	12.5
$R(y_i)$	15	9	15	9	9	15	9	9	9	9	9	2.5	9	2.5	2.5	2.5

Une fois les séries sous cette forme, le calcul peut être fait (voir Bortz et al., 2008, pp. 418ss et pp. 428ss). Pour des raisons de simplicité, nous ne présentons ici que le résultat :

$\rho = -.66$

$\tau = -.59$

Un autre exemple se trouve plus loin (chapitre 7.5) dans la présentation du cas de Madame G., où les symptômes d'anxiété et les conflits de couple sont mis en lien et étudiés au moyen de *corrélations croisées*.

7.4.4. Analyse des changements de la variabilité

Les changements de variabilité (dispersion) des données d'un cas singulier sont intéressantes, par exemple en psychologie clinique, lorsque l'on souhaite réduire par un traitement les fortes fluctuations d'humeur d'un patient borderline (réduction de la variabilité ; indépendamment du niveau). Pour l'analyse de tels changements – tendance croissante ou décroissante de la variabilité des données de séries temporelles – le *test des records* (Foster & Stuart, 1954) est adapté. Ce test fait allusion aux "records" (positifs, respectivement négatifs) successivement obtenus dans une série de mesures. Foster et Stuart proposent le test pour des séries temporelles de $N < 15$,

Morley et Adams (1989), en revanche, ne mentionnent aucune limitation à ce sujet. Cependant, ils indiquent que les "records" se distribuent de manière moins uniforme sur de grandes séries de mesures : les records s'observent davantage au début de la série et deviennent de plus en plus rares vers la fin. Pour contrecarrer ce problème, Morell et Fried (2009) proposent d'organiser les records en sections temporelles avec différentes pondérations, ce qui permet de prévenir ces déformations. Comme ce sont surtout les séries temporelles plus petites qui nous intéressent dans le cadre de ce livre, aucune pondération ne sera utilisée ici.

Le test des records se prête à des analyses de deux sortes : d'une part, l'analyse de tendance de la moyenne (la tendance centrale ; Bortz et al., p. 584), d'autre part, l'analyse de tendance de la variabilité (Morley & Adams, 1989, p. 11). Dans le premier cas, les records $\bar{R}$ et $\underline{R}$ sont *soustraits* ($R_d = \bar{R} - \underline{R}$) indiquant ainsi la différence, dans le second cas, ils sont *additionnés* ($R_s = \bar{R} + \underline{R}$) pour obtenir leur somme. Nous n'abordons ici que le deuxième cas, l'analyse d'une tendance de la *variabilité*. Pour l'analyse d'une tendance de la moyenne, le *Rho* de Spearman et le *Tau* de Kendall ont déjà été présentés (chapitre 7.4.2).

Pour le test des records, toutes les valeurs de la séquence présentant successivement un nouveau record vers le haut ou vers le bas sont comptabilisées séparément ($\bar{R}$ respectivement $\underline{R}$). Les records sont comptés dans un sens (p.ex. chronologique) *et* en sens inverse (anti-chronologique) et un R_s est calculé séparément pour les deux directions. Dans une autre variante du test des records, on compte les deux R_s ensemble, c'est-à-dire que le test cherche à reconnaître une tendance de la dispersion en analysant les données des deux directions. Ce test dit *Round-Trip* atteint certes une qualité supérieure d'analyse, mais est plus compliqué dans son application.

Nous utilisons ici l'approche la plus simple, dans laquelle nous ne conservons que la somme la plus élevée des deux (celle qui correspond au final au sens de l'augmentation de la variabilité).

Considérons la série temporelle de l'exemple de cas 2 du chapitre 10 (figure 10.4) et calculons les sommes respectives pour les records.

Tableau 7.11 : Série temporelle et comptabilisation des records

Mesure	1	2	3	4	5	6	7	8	9	10	11	12	13	14	15	16
Affects négatifs	8	1	7	9	2	6	6	5	3	8	4	7	6	3	5	4
Records	**8**	$\underline{1}$	7	$\bar{9}$	2	6	6	5	3	8	4	7	6	3	5	4

$\bar{R} = 1$ $\qquad$ $\underline{R} = 1$

$R_s = \bar{R} + \underline{R} = 1 + 1 = 2$

En répétant la même opération, mais dans l'autre sens, nous obtenons :

Tableau 7.12 : Série temporelle et comptabilisation des records (ordre inverse)

Mesure	16	15	14	13	12	11	10	9	8	7	6	5	4	3	2	1
Affects négatifs	4	5	3	6	7	4	8	3	5	6	6	2	9	7	1	8
Records	**4**	$\overline{5}$	$\underline{3}$	$\overline{6}$	$\overline{7}$	4	$\overline{8}$	3	5	6	6	$\underline{2}$	$\overline{9}$	7	$\underline{1}$	8

$\overline{R}' = 5 \qquad \underline{R}' = 3$

$R'_s = \overline{R}' + \underline{R}' = 5 + 3 = 8$

Comme $R_s = 2$, est inférieur à $R'_s = 8$, nous utilisons cette seconde valeur.

Avec $n > 6$, la distribution de H_0 s'approche rapidement d'une distribution normale selon le théorème central limite. Nous obtenons ainsi pour la valeur attendue (espérance) et la variance :

$$E(R_s) = \mu = 2 \sum_{t=2}^{n} \frac{1}{t} \quad \mu > 0 \qquad\qquad SD^2(R_s) = \sigma^2 = 2 \sum_{t=2}^{n} \frac{t-2}{t^2}$$

Nous pouvons par conséquent décider de la confirmation (ou non) de H_0 avec le calcul suivant :

$$z = \frac{R_s - \mu - 0.5}{\sigma}$$

Avec la statistique z, on distingue clairement quelle est l'influence les "records". Plus la somme des records (R_s) est élevée, plus z augmente ; nous devons ainsi partir du principe d'une tendance croissante dans la zone positive extérieure droite de la distribution normale.

Comme une distribution discrète est toujours sous-jacente à ce test (R_s ne peut prendre la forme que de valeurs de nombres entiers), nous soustrayons 0.5 de la standardisation générale pour les grandeurs de tests, dans le sens de la correction d'une continuité conservative (voir Bortz et al., 2008, p. 91). On veut ainsi éviter de mesurer un quantile "de trop" dû aux graduations de la distribution et diminuer par conséquent la grandeur du test. On limite ainsi le risque de conclure à une augmentation de la variabilité qui serait absente en réalité, d'où l'adaptation de la standardisation générale par la correction de continuité conservative :

$$z = \frac{x - E(x)}{\sqrt{SD^2(x)}} \Rightarrow \frac{R_s - \mu - 0.5}{\sigma}$$

Généralement, le test est unilatéral puisqu'on part du principe d'une tendance orientée dans un sens. Si, à l'œil nu, on ne reconnaît aucune tendance de variabilité dans le graphique des données, on peut chercher à la mettre en évidence avec la méthode de représentation du chapitre 6.3 (pour notre exemple, voir figure 7.1).

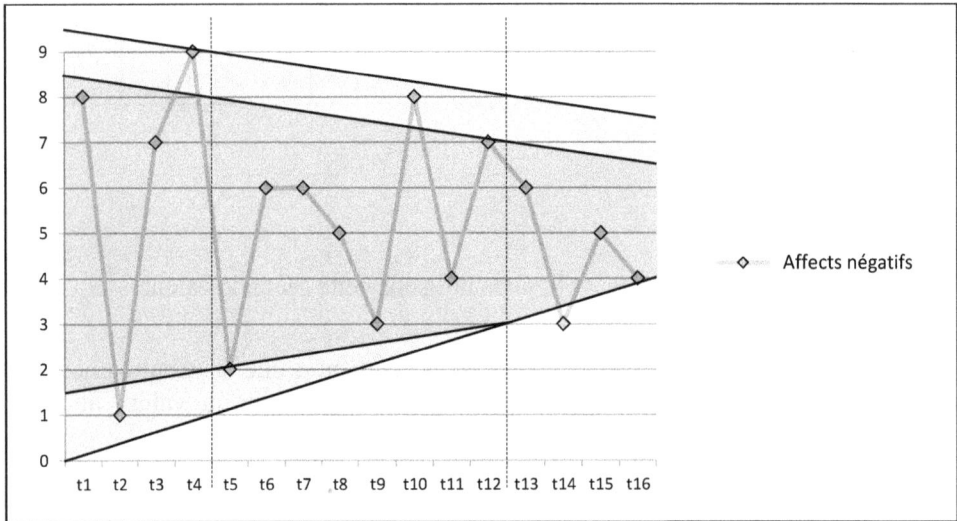

Figure 7.1 : Illustration du changement de variabilité (voir chapitre 10.3, cas 2)

Avec l'utilisation de ce test, il est important d'analyser préalablement les données de manière graphique car le test des records n'a pas une puissance élevée. Ainsi, la série qui croît de manière constante – par exemple avec 10 records positifs et 0 records négatifs – a un *z plus grand* qu'une série de mesure très variable, de même longueur – alors qu'il faudrait que ce soit l'inverse. Par conséquent, la différence entre des records positifs et des records négatifs (qui devrait naturellement être plutôt faible) est un indicateur relativement bon de la variabilité d'une série.

Nous observons dans cet exemple, à l'aide de la méthode de représentation graphique, une *tendance décroissante* en ce qui concerne la variabilité des données.

Par rapport aux valeurs significatives du test, il faut faire attention au sens choisi :

- Dans le sens t_1 à t_n, cela signifie une *augmentation* de la variabilité au fil du temps.

- Dans le sens t_n à t_1, cela signifie une *diminution* de la variabilité au fil du temps.

Tableau 7.13 : Statistiques pour le calcul du test des records (voir le chapitre 10.3)

	$\bar{R}'$	$\underline{R}'$	R_s	$E(s)$	$SD(s)$	$z_{(s)}$	p
Affects négatifs	5	3	8	4.76	1.56	1.76	$p < 5\%$

Nous obtenons pour notre exemple :

$$\mu = 2 \sum_{t=2}^{16} \frac{1}{t} = 2 \cdot \left(\frac{1}{2} + \frac{1}{3} + \ldots + \frac{1}{16} \right) = 4.76$$

$$\sigma^2 = 2 \sum_{t=2}^{16} \frac{t-2}{t^2} = 2 \cdot \left(0 + \frac{1}{2^2} + \ldots + \frac{14}{16^2} \right) = 2.42$$

$$z = \frac{8 - 4.76 - 0.5}{\sqrt{2.42}} = 1.76$$

La valeur z peut être située dans une table de la distribution normale centrée réduite (Bortz et al., 2008, p. 634 ; disponible également sur de nombreux sites Internet) et obtenons pour un $z = 1.76$ une valeur p de 0.0392, c'est-à-dire une valeur significative au seuil $\alpha = .05$ (unilatéral). Ainsi, nous rejetons H_0 et partons du principe qu'il y a une *tendance décroissante* de variance (puisque ce sont les records de t_n à t_1 qui amènent un tel résultat).

7.4.5. Analyse des dépendances dans une série temporelle

Le *test de Dufour* (Dufour, 1981) permet de mettre en évidence des dépendances sérielles et de vérifier, par exemple, des fluctuations cycliques ou périodiques dans la série temporelle (ainsi que leur importance statistique).

Exemple : Dans le cadre d'un entraînement à la gestion du stress, le rédacteur d'un journal (paraissant du lundi au vendredi) indique trois fois par jour son niveau de stress durant une semaine de travail de rédaction (du dimanche matin au jeudi soir).

Tableau 7.14 : Vécu de stress sur une échelle à 10 niveaux durant 5 jours

Mesure i	1	2	3	4	5	6	7	8	9	10	11	12	13	14	15
Niveau de stress X	4	6	10	3	4	9	1	5	7	2	4	8	4	7	9

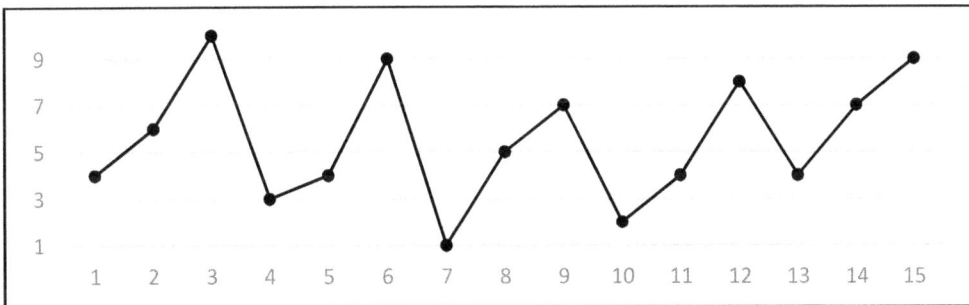

Figure 7.2 : Représentation graphique du vécu du stress

En se basant sur la procédure présentée par Morley et Adams (1989), nous appliquons le test à notre exemple. Nous procédons de la manière suivante :

(1) Détermination du médian *(Md)* de la série temporelle.

(2) Formation d'une *série réduite (X_i')*, en soustrayant le médian de chaque valeur individuelle X.

(3) Détermination du décalage sériel supposé. En considérant la série temporelle de notre exemple dans sa représentation graphique (figure 7.2), il faudrait supposer un lag de 3 unités temporelles.

(4) Calcul des valeurs pour le décalage supposé, en multipliant chaque fois x_n par x_{n+lag}. Ici : x_n par x_{n+3}.

(5) Établissement des rangs pour les produits calculés (valeurs décalées ; voir tableau 7.15). On utilise pour cela à chaque fois leur valeur absolue. Si la même valeur apparaît plusieurs fois, on fait la moyenne des rangs correspondants. Ici : -2 et 2 occupent les rangs 4 et 5, on obtient donc pour ces valeurs un rang moyen de : (4+5) / 2 = 4.5.

(6) Décompte des signes *moins fréquents* apparaissant dans les valeurs décalées ; on en obtient la statistique *S*. Ici : 8 fois un signe positif et 2 fois un signe négatif (pour t = 2 et t = 11) ; comme le signe négatif est le moins fréquent, on obtient *S* = 2.

(7) Addition des valeurs des rangs correspondant aux valeurs décalées repérées précédemment (étape 6). Ici : rang 3 (pour t = 2) et 4.5 (pour t = 11), ainsi *T* = 7.5.

L'hypothèse nulle (absence de caractère cyclique) est examinée à l'aide du *test des rangs signés de Wilcoxon* (Bortz et al., 2008, pp. 259, 729). Pour un seuil d'erreur de α = .05 et une longueur de la série de mesure de N = 15, nous obtenons pour un *test unilatéral* une limite supérieure de 30, que nous n'atteignons clairement pas avec notre valeur de test de *T* = 7.5. L'hypothèse alternative (il existe un cycle de lag t = 3) peut ainsi être acceptée. Si le pattern procédural était moins frappant (visuellement), d'autres liens possibles (c'est-à-dire d'autres durées de cycles), seraient normalement à vérifier.

Tableau 7.15 : Vue d'ensemble des étapes du test de Dufour

Jour i	1	2	3	4	5	6	7	8	9	10	11	12	13	14	15	
Niveau de stress X	4	6	10	3	4	9	1	5	7	2	4	8	4	7	9	$Md = 5$
Série réduite X_i'	-1	1	5	-2	-1	4	-4	0	2	-3	-1	3	-1	2	4	
z_i au lag3	2	-1	20	8	0	8	12	0	6	3	-2	12				$S = 2$
Rang r_i de $|z_i|$	4.5	3	12	8.5	1.5	8.5	10.5	1.5	7	6	4.5	10.5				$T = 7.5$

Le résultat du test soutient l'hypothèse selon laquelle un caractère cyclique est présent ; ici, une *séquence circadienne*, qui est chaque fois la plus basse le matin, augmente vers midi et atteint son maximum à la fin de la journée (vers la fermeture de la rédaction).

Il est également possible de rejeter ou d'accepter l'hypothèse sur la base du *test du signe* (Bortz et al., 2008, p. 256). Toutefois, par rapport au *test des rangs signés de Wilcoxon*, ce test présente le désavantage de ne pas évaluer l'importance du cycle.

7.5. Exemple de cas de Madame G. : anxiété généralisée et conflits de couple

Madame G. est une cliente souffrant d'états anxieux. Dans le cadre d'une thérapie cognitivo-comportementale, elle a tout d'abord – selon un *plan de recherche avec observation systématique* – effectué des évaluations quotidiennes de ses symptômes d'anxiété, ainsi que des conflits survenant dans son couple. La première démarche a été une auto-observation dans le but d'étudier plus précisément l'intensité du vécu anxieux (sur la base d'un diagnostic de *trouble anxieux généralisé*) durant une phase de ligne de base. Lors des premiers entretiens, la cliente a rapporté des conflits avec son partenaire, événements qu'elle ne mettait pas directement en lien avec les symptômes d'anxiété. Toutefois, il a été convenu d'introduire les conflits de couple comme variable supplémentaire servant à étudier le lien avec un autre aspect du vécu. Cette mesure est donc considérée au départ comme variable parallèle (le cas échéant covariante) qui pouvait être, selon les circonstances, éventuellement en relation avec le niveau d'anxiété.

La *phase d'observation* de la *ligne de base A* de quatre semaines (28 mesures) débute par un lundi. Elle repose sur une *double* auto-observation faite par la cliente selon un *échantillon temporel quotidien* (effectuée régulièrement à un moment fixe, le soir avant le coucher) et en tant qu'*évaluation synthétisante* (bilan) des événements de la journée (voir à ce sujet le chapitre 4). La cliente a donc reconstitué son vécu "moyen" de la journée.

L'*intensité* des symptômes d'anxiété – préoccupations, inquiétudes, ruminations anxieuses et tension corporelle – a été enregistrée sur une *échelle à 10 niveaux*, de 1 [sans aucun symptôme ou souci] en passant par 5 [intensité occasionnelle mais clairement ressentie] et jusqu'à 10 [inquiétude fréquente et insupportable / rumination anxieuse ; "à la limite de péter un plomb", selon les termes de la cliente].

L'échelle fournit des mesures relativement différenciées (qui peuvent également être étudiées dans des analyses paramétriques ; voir chapitre 8.2.6). Les conflits de couple ont été évalués dichotomiquement : 1 [présents, ressentis] *vs* 0 [absents / à peine ressentis / insignifiants]. Un graphique (figure 7.3) illustre les valeurs quotidiennes (intensité des symptômes d'anxiété [1-10] et jours avec ou sans conflits de couple [1 / 0], ainsi que les phases (ligne de base / intervention).

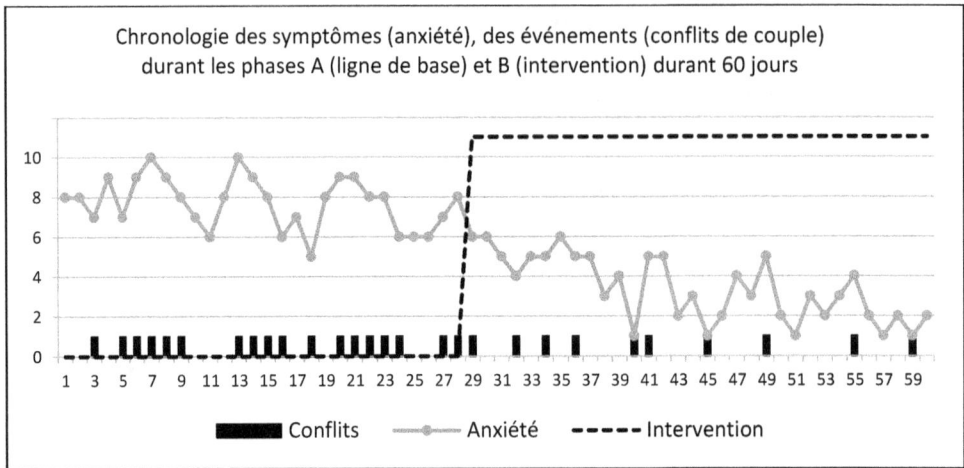

Figure 7.3 : Symptômes d'anxiété et présence de conflits de couple chez Madame G.

La série temporelle de la ligne de base montre une *forte présence* de symptômes anxieux : le médian est de $Md = 8$ (moyenne de $M = 7.71$) avec une dispersion relativement faible puisque l'écart semi-interquartile de cette première partie est de $Q = (P_{75} - P_{25}) / 2 = (9 - 7) / 2 = 1$ (écart-type de $SD = 1.30$). Madame G. a indiqué à deux reprises une anxiété maximale (10) et à six reprises une valeur très élevée (9) ; de plus, le niveau d'anxiété n'est jamais descendu au-dessous de 6. Les valeurs d'anxiété semblent quelque peu plus élevées durant les weekends (la cliente travaille la semaine). À dix-huit reprises – plus de la moitié des jours $(18 / 28 = 64\%)$ – la cliente a rapporté des conflits avec son partenaire ; ces conflits semblent également plus fréquents durant les weekends (probablement car le couple se retrouvait plus longtemps ensemble).

Un lien éventuel entre le niveau d'anxiété de la cliente et les conflits de couple – au sens d'une "analyse d'intervention" (voir chapitre 8.2.5) – peut être étudié au moyen d'une analyse de corrélation croisée.

Ajustement des tendances. Pour la préparation des données, il faut d'abord contrôler – pour les phases A et B séparément – que les séries temporelles ne présentent pas d'éventuelles tendances pouvant "gonfler" ou "atténuer" les corrélations croisées. Si l'échantillon de suivi montre une tendance (voir chapitre 6.3), il y a deux possibilités pour ajuster les données à la tendance : (a) avec la "différenciation" dans laquelle on remplace les valeurs originales par les différences entre la valeur concernée et la valeur qui suit ; la nouvelle série temporelle ainsi formée ne contient plus que les changements relatifs au cours du temps et plus du tout le niveau des valeurs ; (b) avec le calcul des droites de tendance que l'on estime par rapport aux médians avec la méthode du "Split-middle" (voir chapitre 6.3, figure 6.5) ou par rapport à une droite de régression (voir chapitre 6.3, figure 6.6 ; ou aussi figure 10.2). Les valeurs brutes sont ajustées à la valeur estimée correspondante (soustraite).

 Genoud & Reicherts · L'analyse du cas singulier © 2016 ZKS-Verlag

Dans les séries temporelles de notre exemple, une tendance est à peine perceptible durant la phase A. En revanche, durant la phase B (avec l'introduction de l'intervention), une tendance négative des valeurs de l'anxiété est manifeste. La série temporelle de l'anxiété est par conséquent différenciée, comme décrit dans le paragraphe précédent selon la méthode (a). Dans les séries temporelles des conflits, aucune tendance n'est reconnaissable, tant dans la phase A que B.

L'analyse des corrélations croisées (voir aussi les chapitres 8.2.1 et 8.2.5) des états anxieux et des conflits de couple durant la ligne de base A montre d'abord une faible *relation simultanée* (concomitance) de $Tau_{xy,0} = .23$ ($Rho_{xy,0} = .26$) : les symptômes anxieux et les conflits de couple ne corrèlent que faiblement. En opposant temporellement les deux séries, on peut explorer si les jours avec des conflits de couple *sont suivis* par des jours avec des valeurs d'anxiété plus élevées (ou éventuellement l'inverse). Avec ce "décalage" temporel (voir chapitres 8.2.1 et 8.2.5) – ici, le déplacement de la série temporelle des symptômes en avant, respectivement en arrière – les corrélations croisées concernées sont à nouveau calculées. Les différences apparaissant dans les coefficients des corrélations croisées peuvent suggérer une "influence" ou "prédire" une variable par une autre. Alors que la corrélation croisée simultanée était faible, la série temporelle déplacée d'un jour (lag+1) est corrélée bien plus fortement ($Tau_{xy,+1} = .56$; $Rho_{xy,+1} = .62$) ; si elle est reculée d'un jour (lag-1), elle devient à nouveau faible ($Tau_{xy,-1} = .18$; $Rho_{xy,-1} = .20$). L'hypothèse sous-jacente à ce pattern de corrélations est que les *conflits de couple de la veille engendrent des symptômes anxieux plus forts le jour suivant* ; en l'absence de conflits de couple le jour précédent, les symptômes anxieux de Madame G. sont plus faibles. Comme le montre les coefficients de corrélation au lag-1, l'inverse n'est pas valable : les jours présentant une anxiété plus forte *ne prédisent pas* des conflits de couple le jour suivant. Il aurait été plausible que l'anxiété provoque chez Madame G. une irritation et une sensibilité marquées au niveau du couple ou une réaction de son partenaire face à la charge de symptômes.

Les résultats de la phase d'observation diagnostique ont été discutés en détail avec la cliente. Dans la mesure où un travail ultérieur a été convenu, cette phase peut être considérée comme une *ligne de base* et a donc pu servir à la planification de l'intervention (*plan de recherche A-B*). Cette dernière a consisté en une exposition *in sensu* (confrontation en imagination avec les craintes spécifiques), en lien avec une analyse et une restructuration des cognitions renforçant l'anxiété. Avec l'introduction des éléments d'intervention, les états anxieux ont diminué rapidement et clairement. Durant la phase d'intervention, le médian concernant les symptômes d'anxiété est de $Md = 3$ ($M = 3.31$) et l'écart semi-interquartile de $Q = (P_{75} - P_{25}) / 2 = (2 - 5) / 2 = 1.5$ ($SD = 1.62$).

La problématique du couple a certes été discutée, mais aucune intervention spécifique n'a ciblé cet élément-ci. Toutefois, les conflits de couple se sont avérés plus rares durant la phase d'intervention B : seulement 10 jours sur 32 ($10 / 32 = 31\%$). Le *lien* entre événements conflictuels et symptômes d'anxiété a également diminué. En effet, après avoir ajusté les données d'anxiété – tendance décroissante – par la différenciation de la série temporelle, on constate que la corrélation croisée différée au lag+1 s'est complètement affaiblie : $Tau_{xy,+1} = .08$ (contre .58 durant la ligne de base). Les autres corrélations croisées sont : pour lag0, $Tau_{xy,0} = -.12$, pour lag+2, $Tau_{xy,+2} = -.10$ et pour lag-1, $Tau_{xy,-1} = .27$. Ce pattern de résultats indique ainsi que l'"influence" des conflits de couple sur le niveau d'anxiété – tel que suggéré durant la ligne de base – a clairement diminué.

Examen statistique des changements de la symptomatique anxieuse

Le changement des états anxieux de Madame G. au cours de l'intervention peut être examiné au moyen d'un test de tendance non-paramétrique (voir chapitre 7.4.2) : (1) par une comparaison des phases A et B avec le test S_2, respectivement un test binomial ; le cas échéant, (2) une corrélation de rangs peut être calculée entre la série temporelle des symptômes anxieux quotidiens et l'axe temporel ordinal (les jours d'évaluation et leur suite croissante) (voir chapitre 7.4.2 ; voir aussi Morley & Adams, 1989).

(1) Test S_2 avec un test binomial

Pour obtenir deux moitiés de même grandeur, les 28 jours de la phase d'observation A sont comparés aux premiers 28 jours (sur 32) de la phase d'intervention B. Après transformation des valeurs en rangs, les paires de rangs 1-29, 2-30, 3-31 sont comparées (soustraction). Sur 28 comparaisons possibles, toutes sont positives. La survenue d'un tel résultat est extrêmement improbable sous l'hypothèse $\pi = .50$ du test binomial. La probabilité exacte est de :

$p = 0.000000003725287$; $p < .001$

L'hypothèse nulle selon laquelle ce résultat peut apparaître au hasard est donc clairement rejetée. Le changement observé entre la ligne de base et l'intervention est par conséquent incontestablement significatif.

(2) Corrélation de rangs et test

Pour illustrer la deuxième possibilité de calcul d'une tendance, la série de rangs des points de mesure (mesure 1, mesure 2, …, mesure 60) est corrélée avec la série de rangs des valeurs d'anxiété. Dans notre exemple, $\rho = -.88$ ($\tau = -.71$), ce qui indique un lien négatif substantiel. Ainsi, plus le temps passe, plus les valeurs indiquant l'anxiété diminuent. En supposant l'indépendance des mesures – et si les valeurs sont distribuées aléatoirement – une telle corrélation est théoriquement très rare, ce qui signifie un résultat manifestement significatif ($p < .001$) nous permettant de rejeter l'hypothèse nulle et d'accepter l'hypothèse alternative d'un changement au cours du temps.

Les deux méthodes de calcul (1) et (2) utilisant l'information ordinale des données amènent à des résultats analogues.

Examen statistique du changement dans les conflits de couple

Chez Madame G., la survenue de conflits de couple (évaluée avec une échelle nominale) durant la ligne de base A est, avec 18 observations, un événement plutôt fréquent ; le *mode* de la série est de 1 (présence de conflits). Durant la phase d'intervention B, le *mode* = 0. En effet, sur 32 observations, l'absence de conflits de couple (N=22) est le cas plus fréquent.

Si on ne différencie pas les deux phases A et B, mais qu'on examine la série temporelle dans son ensemble, la non survenue durant 32 jours sur 60 est aussi le cas plus fréquent (*mode* = 0). La représentation des conflits de couple en fréquences relatives est, pour l'ensemble de la série temporelle, de 28 / 60 = 47% ; pour la *phase A* (ligne de base) de 64% et pour la *phase B* (intervention) de 31%. De cette manière, la diminution des conflits de couple est aussi mise en évidence.

Le test *U* peut indiquer si ce changement entre les phases A et B est statistiquement significatif (voir ci-dessus ; Bortz et al., p. 203 ; pour un grand nombre d'observations, une approximation de la distribution normale pour la statistique est utilisée). Dans l'exemple de Madame G., l'*hypothèse nulle* postule : il n'existe aucune différence dans la survenue (respectivement la non survenue) de l'événement – jour conflictuel – entre la phase d'observation A et la phase d'intervention B de la série temporelle ; ou exprimé autrement : les résultats sont *distribués équitablement* et les échantillons partiels proviennent donc de la même population. Cette hypothèse nulle est rejetée dans l'exemple de Madame G. puisque le calcul donne U = -2.104. Il correspond à une probabilité unilatérale exacte de p = 0.0179 – respectivement une probabilité bilatérale de p = .0358 – les deux étant significatives. L'hypothèse alternative peut ainsi être acceptée : la fréquence des conflits diffère entre la phase d'observation et la phase d'intervention. En d'autres termes, les conflits de couple diminuent de manière significative au cours de la série temporelle.

On peut ainsi observer chez Madame G. non seulement une nette amélioration symptomatique (diminution de l'anxiété), mais aussi un recul des conflits de couple. De plus, une "disjonction" des conflits de couple et des états anxieux se dessine puisque le lien entre les jours avec conflits et la force de la symptomatique anxieuse au jour suivant (lag+1) diminue fortement durant la phase d'intervention. Cela peut être considéré comme un critère de succès supplémentaire du traitement psychologique, bien que ce lien n'ait pas été l'objet direct de l'intervention.

7.6. Possibilités et limites des analyses statistiques des séries temporelles

Dans l'analyse quantitative du cas singulier, en particulier quand elle se base sur *des mesures fréquentes* (indépendamment du diagnostic individuel ou des comparaisons pré-post ; voir aussi chapitre 5), les données de suivi et les mesures multiples sous forme de séries temporelles ont un statut particulier. On se situe en effet face à une particularité qui génère des problèmes dans le traitement statistique : la *dépendance sérielle ou séquentielle des données* (données individuelles tirées de manière séquentielle d'un "générateur de données"). Parallèlement, l'unité de recherche (une personne, un système biopsychologique, un système social) possède la plupart du temps une "inertie" ou "mémoire". On considère donc que son état n'est pas indépendant, à un moment déterminé, de ses états précédents (Revenstorf & Vogel, 1996, p. 238).

La dépendance des données séquentielles joue donc un rôle particulier lorsqu'on veut évaluer les résultats relativement à leur apparition *au hasard*. En effet, on cherche à *examiner statistiquement et méthodologiquement* quelle est la probabilité que de telles valeurs surviennent aléatoirement. Par exemple, on vise à savoir si le score au test d'une cliente se différencie significativement de la valeur de référence (voir l'exemple du traitement émotionnel de Madame N. au chapitre 5.9) ou si, chez un enfant au comportement provocateur, un recul des symptômes (de 20 épisodes agressifs par jour en ligne de base à 13 par semaine durant l'intervention) peut être considéré comme une amélioration supérieure au hasard (donc *significative*) et non comme une variation potentiellement aléatoire. Dans les séries temporelles, on peut s'intéresser par ailleurs à la significativité statistique des patterns procéduraux particuliers ou des patterns d'influence : par exemple, examiner si l'humeur montre des variations quotidiennes ou si des affects négatifs diminuent après une réévaluation des cognitions, directement ou seulement de manière différée. Les *liens* mis en évidence par des *corrélations* – en particulier la covariation séquentielle ou celle décalée dans le temps entre des variables de processus (p.ex. la qualité du sommeil nocturne et son lien avec les maux de tête et l'humeur du jour suivant) – peuvent également faire l'objet d'un tel examen afin de déterminer s'ils pourraient apparaître aléatoirement.

Dans le cas où la série temporelle fait appel à des mesures issues d'*échelles d'intervalles* (p.ex. fréquences de comportements, échelles d'estimation différenciées ou valeurs de test), elle peut être étudiée en principe avec des méthodes paramétriques, en particulier avec les modèles ARIMA (Box & Jenkins, 1975 ; Köhler, 2008 ; voir chapitre 8.2). Cependant, le problème fondamental de tels modèles (tout comme dans les analyses multiniveaux ; chapitre 8.3) concerne la difficulté d'identifier le modèle "correctement" adapté aux données. Cela n'est possible que de manière approximative. Ainsi, ces analyses de cas singuliers conservent également un *caractère exploratoire* et leurs résultats sont toujours à interpréter avec une certaine prudence.

Pour les séries temporelles et des modélisations comprenant des valeurs *ordinales (en échelles de rangs),* des méthodes d'analyse comparables ne sont pas disponibles. On peut cependant recourir aux *procédures non-paramétriques* présentées ici. Ces analyses sont plus simples et nécessitent moins de prérequis. Elles ne remédient certes pas au problème de la dépendance des données résultant de séries temporelles, mais offrent une logique d'évaluation de la significativité – *à condition de supposer l'indépendance des données.* Le prérequis pour cela est de reconnaître le caractère nécessairement exploratoire des analyses (p.ex. Morley & Adams, 1989).

Les séries de données *nominales* (p.ex. présence / absence d'un symptôme) peuvent être évaluées avec des méthodes non-paramétriques particulières. Quelques procédures sont présentées dans le chapitre 7.3. De plus, les analyses dites de Markoff (p.ex. Czogalik & Hettinger, 1990 ; Schindler, 1991) sont appropriées pour la description et l'interprétation statistique de telles données, bien qu'elles soient difficiles à appliquer.

Il existe différentes approches méthodologiques permettant l'évaluation statistique des analyses du cas singulier en général et des données de séries temporelles en particulier. Krauth (1986) se montre très critique en ce qui concerne l'interprétation statistique des résultats issus de cas singuliers. D'autres auteurs ont cependant une posture plus positive et proposent des solutions et remédiations (p.ex. Köhler, 2008 ; Revensdorf & Keeser, 1996 ; Revensdorf & Vogel, 1996 ; ou Schindler, 1991 pour les données non quantitatives). D'autre part, Noack (1996) s'exprime de manière critique par rapport aux modèles ARIMA qui – selon lui – seraient le plus souvent trop complexes et dont les possibilités seraient surestimées. Strauss (1996) adopte quant à lui une "position de compromis".

Certaines procédures développées précédemment (p.ex. tester les tendances avec le *Tau* de Kendall ou le test S_2) sont aussi décrites par Petermann (1996, pp. 85ss) ou Petermann et Noack (1984). De plus, on trouve également un certain nombre de recommandations concernant d'autres procédures non-paramétriques, comme pour le test d'auto-corrélation (p.ex. Wald & Wolfowitz, 1943 ; Aiyar, 1969). D'autres procédures – qui ne sont pas abordées dans cet ouvrage – sont également envisageables comme l'analyse des patterns procéduraux de deux séries temporelles *opposées* (p.ex. au moyen du test de Kolmogorov-Smirnov ; voir aussi Bortz et al., 2008). Il existe par ailleurs d'autres démarches – qui reposent aussi sur l'hypothèse d'indépendance des observations – comme l'analyse non-paramétrique DEL (Petermann, 1982) ou l'analyse de variance pour cas singulier selon Shine et Bower (1971).

Outre les procédures paramétriques, en particulier les analyses de séries temporelles avec ARIMA et les analyses multiniveaux, d'autres procédures d'analyses du cas singulier – qui ne nécessitent pas de tenir compte de l'hypothèse d'indépendance des observations – peuvent être menées (pour une vue d'ensemble, voir Strauss, 1996), comme par exemple les tests de randomisation (Edgington, 1980) ou les analyses de Markov (Gottman & Notarius, 1978 ; Czogalik & Hettinger, 1985). Les données de cas singulier catégorielles ou nominales peuvent, le cas échéant, être évaluées avec les analyses séquentielles d'interaction reposant sur les processus de Markov (Revenstorf & Vogel, 1979) ou avec une variante particulière de la modélisation log-linéaire (Bakeman, 1990). À l'instar des modèles paramétriques ARIMA ou multi-niveaux, le problème fondamental de la spécification du modèle "correct" adapté aux données, est également présent ici ; le processus d'analyse n'est donc possible que de manière approximative. Ces analyses du cas singulier sont donc surtout exploratoires et leurs résultats doivent aussi être interprétés avec prudence.

7.7. Bibliographie

Bortz, J., Lienert, G.A. & Boehnke, K. (2008). *Verteilungsfreie Methoden der Biostatistik* (3. korr. Aufl.). Heidelberg: Springer.

Czogalik, D. & Hettinger, R. (1985). Zur Stochastik der psychotherapeutischen Interaktion. In D. Czogalik, W. Ehlers & R. Teufel (Hrsg.), *Perspektiven der Psychotherapieforschung* (S. 69-93). Freiburg: Hochschulverlag.

Cox, D.R. & Stuart, A. (1955). Some quick sign tests for trend in location and dispersion. *Biometrika, 42,* 80-95.

Dufour, J.-M. (1981). Rank Tests for Serial Dependence. *Journal of Time Series Analysis, 2,* 117-128.

Edgington, E.S. (1980). *Randomization tests.* New York: Marcel Dekker.

Gottman, J.M. & Notarius C. (1978). Sequential analysis of observational data using markov chains. In T.E. Kratochwill (Ed.), *Single subject research* (pp. 237-286). New York: Academic Press.

Meyer-Bahlburg, H.F.L. (1969). Spearmans rho als punktbiserialer Rangkorrelationskoeffizient. *Biometrische Zeitschrift, 11,* 60-66.

Meyer-Bahlburg, H.F.L. (1970). A nonparametric test for relative spread in unpaired samples. *Metrika, 15,* 23-29.

Morley, S. & Adams, M. (1989). Some simple statistsical tests for exploring single-case time-series-data. *British Journal of Clinical Psychology, 28,* 1-18.

Morell, E. & Fried, R. (2009). On Nonparametric Tests for Trend Detection in Seasonal Time Series. In Schipp, B. & Krämer, W. (Eds.) *Statistical Inference, Econometric Analysis and Matrix Algebra* (pp.19-39). Heidelberg: Physica-Verlag.

Petermann, F. (1982), *Einzelfalldiagonse und klinische Praxis.* Stuttgart: Kohlhammer.

Petermann, F. (1996). Statistische Auswertung – Einführung. In F. Petermann (Hrsg.), *Einzelfallanalyse* (3. verb. Aufl.) (S. 81-89). München: Oldenbourg.

Petermann, F. & Noack, H. (1984). *Entwicklung und Erprobung von Verfahren zur nonparametrischen Zeitreihenanalyse.* Arbeitsbericht aus dem Psychologischen Institut der RWTH Aachen. Aachen: RWTH.

Revenstorf, D. & Vogel, B. (1979). Zur Analyse qualitativer Verlaufsdaten. In F. Petermann & F. Hehl (Hrsg.), *Einzelfallanalyse* (229-250). München: Urban & Schwarzenberg.

Schmid, H. (1992). *Psychologische Tests: Theorie und Konstruktion.* Bern: Huber.

Shine L.C. & Bower, S.M. (1971). A one way analysis of variance for single subject designs. *Educational Psychology Measuring, 31,* 105-113.

Sorgatz, H. (1979). Messtheoretische Grundlagen der Einzelfallanalyse. In F. Peter-mann & F.-J. Hehl (Hrsg.), *Einzelfallanalyse* (S. 35-48). München: Urban & Schwarzenberg.

Strauss, B. (1996). Quantitative Einzelfallanalysen – Grundlagen und Möglichkeiten. In E. Brähler & C. Adler (Hrsg.), *Quantitative Einzelfallanalysen und qualitative Verfahren* (S. 15-45). Giessen: Psychosozial-Verlag.

Wallis, W.A. & Moore, G.H. (1941). A significance test for time series analysis. *Journal of the American Statistical Association, 20*, 257-267.

8. Méthodes paramétriques : des séries temporelles avec les modèles ARIMA aux analyses multiniveaux d'analyse de cas singuliers multiples

Dominik Schöbi & Michael Reicherts

Résumé

Ce chapitre présente deux familles de méthodes paramétriques pour l'analyse du cas singulier.

La première partie introduit à l'analyse des séries temporelle utilisant des modèles ARIMA. Elle traite du concept de dépendance interne des variables en série temporelle et de celui d'auto-corrélation. Des modèles *"auto-régressifs"* – ou modèles AR – reposant sur l'auto-corrélation y jouent un rôle particulier ; le chapitre en donne aussi des exemples cliniques. Après une brève présentation des modèles à moyenne mobile (*Moving-Average method*), le principe de corrélation croisée est introduit, notamment par le biais d'exemples chiffrés. Les corrélations croisées sont également mises en relation avec ce que l'on appelle l'*"analyse d'intervention"*, tenant compte aussi des dépendances entre les séries temporelles.

La deuxième partie introduit à l'approche *multiniveaux* (*multilevel approach*) qui permet d'analyser plusieurs cas singuliers de manière compréhensive. Cette méthode fournit des estimations des composantes procédurales (et des "influences"), articulées avec des paramètres spécifiques à des individus et des paramètres regroupant des individus. Différentes formes de modélisations flexibles – et exigeantes – sont expliquées à l'aide de petits exemples. Quelques réflexions pratiques complètent cette partie, accompagnées d'un survol de divers logiciels d'analyse multiniveaux performants.

8.1. Origine, prérequis et buts de l'analyse paramétrique du cas singulier

On parle d'étude ou d'analyse du cas singulier lorsque les données *d'un seul objet de recherche* – personne, couple, famille, groupe de travail – sont mises en relation entre elles. Les données générées par l'application répétée du même instrument ou les mesures de la même variable à plusieurs moments et/ou dans plusieurs situations revêtent un intérêt particulier dans la pratique psychosociale. Dans l'analyse du cas singulier, ces données sont prises en compte de manière *intra-individuelle* (Köhler, 2008, p. 9). Dans les études utilisant des instruments fournissant des données quantitatives, comme dans de présent ouvrage, les variables sont représentées par des chiffres (c'est-à-dire "mises en échelle") ; ce qui vaut également pour les variables dichotomiques.

Pour la *description* de séries de valeurs, il existe différentes méthodes statistiques. Elles permettent par exemple de déterminer la tendance centrale (moyenne) ou la dispersion des mesures à travers le temps ou les situations, ceci pour une personne singulière ou pour un objet particulier d'analyse. D'autres méthodes statistiques permettent l'analyse des liens *intra-individuels*, telle la corrélation *entre* les variables ou entre les changements de valeurs *à travers le temps*. De plus, ce type de méthodes se prête au calcul de la *significativité statistique* des corrélations ou changements observés (p.ex. le changement de niveau évalué entre le début et la fin de la série temporelle).

Comme nous l'avons déjà mentionné dans l'introduction de cet ouvrage, l'analyse du cas singulier se situe à l'opposé de la *statistique de groupe ou de l'agrégat* (pour le concept d'agrégat voir chapitre 1.4.2). En effet, dans la statistique d'agrégat, les caractéristiques d'un groupe ou d'un ensemble d'objets sont décrites à l'aide d'indices statistiques aussi compacts que possible (p.ex. par la moyenne et par l'écart-type), appréciés ensuite selon leur significativité statistique.

Une particularité des données *intra-individuelles* concerne leur *dépendance sérielle*. Dans de nombreux cas, on ne peut présumer que les mesures répétées sont indépendantes les unes des autres comme le seraient les mesures d'une personne A et d'une personne B. Dans l'analyse du cas singulier, les mesures effectuées se trouvent dans une *séquence* dont les valeurs comprennent souvent des liens intrinsèques à travers le temps. Ainsi, notre humeur d'aujourd'hui est le plus souvent en partie dépendante de notre humeur d'hier ou d'avant-hier. Normalement, ce lien est plus fort entre des mesures proches les unes des autres, voire adjacentes (comme aujourd'hui et hier) et plus faible, voire inexistant, lorsque les mesures sont plus éloignées les unes des autres (p.ex. entre aujourd'hui et il y a 10 jours).

Si un cas singulier comprend une série de données qui représentent des mesures continues ou discrètes à des distances plus ou moins régulières – et s'il n'y a pas ou peu de mesures manquantes – il est possible d'analyser ces *données de série temporelle* en fonction de leur *évolution*.

À cette fin, nous proposons dans le présent chapitre (1) quelques principes élémentaires et exemples qui sous-tendent l'analyse des séries temporelles avec des *modèles ARIMA* ("Auto-Regressive-Integrated-Moving-Average" ; Box & Jenkins, 1976 ; Schlittgen & Steitberg, 2001 ; voir chapitre 8.2). Ensuite, nous présentons (2) les principes élémentaires et exemples d'*analyses multiniveaux*, dans lesquels le changement de niveau d'une variable est central. Ces deux approches font partie de la famille des *méthodes paramétriques*. Elles ont comme prérequis une échelle des mesures élevée (échelle d'intervalle) et exploitent les caractéristiques de la distribution des mesures. Ainsi, elles rendent possible des méthodes d'analyse et d'évaluation plus différenciées et complexes que les méthodes *non-paramétriques* qui exigent moins de prérequis concernant les données (voir chapitre 7).

L'analyse des séries temporelles peut viser différents buts, tels que la description, l'explication et la prédiction. Les analyses à caractère *descriptif* visent la description "efficace" d'une série de mesures (tendance centrale, dispersion, tendance évolutive telle accroissement ou diminution, forme du tracé, périodicité, etc.). Un but proche touche *l'identification des changements* dans la série que l'on peut considérer en *lien avec une intervention* (p.ex. une mesure pédagogique ou psychologique) mais aussi en fonction *d'une variable exogène ou contextuelle* (c'est-à-dire d'influences externes, parfois aléatoires, qui peuvent influer sur la personne ou l'objet d'analyse). La capture des changements temporels *"en fonction de"* a souvent pour but l'explication de certains phénomènes de la série (p.ex. une baisse abrupte d'une variable). Un autre but est la *prédiction* de certains états de la variable dans le futur – sur la base des observations existantes. Ainsi, le comportement d'une série observée peut servir à anticiper l'évolution la plus probable, en supposant que les processus détectés restent réguliers. Des exemples en sont le pronostic d'un changement climatique ou du développement économique d'un marché. Dans les contextes psychologique ou psychosocial, cette fonction joue un rôle plus secondaire, à l'exception de l'*analyse fonctionnelle* qui postule la continuité des liens mis en évidence (par exemple entre un stimulus déclencheur et ses conséquences) dans un futur, du moins proche.

Modèles et composantes des séries temporelles

Il est possible de représenter les séries temporelles par différentes composantes qui sont soit "déterministes", soit "stochastiques".

Les *composantes déterministes* impliquent des changements systématiques et relativement réguliers. La *tendance linéaire* en est un exemple simple : elle repose sur une évolution continue, avec un taux de changement constant par rapport à l'unité temporelle, tel que supposé dans certains processus de croissance. Un autre exemple fort courant est la *périodicité* qui engendre des changements, des fluctuations, ou des variations cycliques (p.ex. modulations circadiennes de l'humeur ; patterns d'activation durant la journée). Dans les modèles déterministes, les données ponctuelles peuvent être expliquées par le seul écoulement du temps. À partir d'une inspection visuelle, au début du travail avec un cas singulier, c'est le plus souvent la question de telles composantes déterministes qui se pose en construisant un modèle pour une série temporelle. Le plus souvent, ce sont d'ailleurs des modélisations linéaires (parfois curvilinéaires et plus rarement périodiques) qui entrent en ligne de compte. S'il est possible d'identifier ces composantes et d'en établir des estimations mathématiques, les données de la série peuvent être partialisées ou "nettoyées" de ces éléments. Par la suite, on peut les considérer comme stationnaires en termes de moyenne (voir chapitre 8.2.4) et poursuivre les analyses sur cette structure simplifiée.

En revanche, les *composantes stochastiques* ne prédisent pas les données ponctuelles en fonction du temps qui s'écoule, mais en fonction de certaines valeurs ou de certains indices dans la série. Les composantes déterministes et stochastiques peuvent être combinées. Des exemples importants en sont les modèles ARIMA (Auto-Regressive-Integrated-Moving-Average).

8.2. Analyses de série temporelles avec modélisation ARIMA

8.2.1. Auto-corrélation

Différentes méthodes sont disponibles pour modéliser les composantes ainsi que la dépendance sérielle (p.ex. Köhler, 2008 ; Schmitz, 1989, 1996). Elles visent à décrire les liens "à l'intérieur" d'une série et à les tester. Le concept d'*auto-corrélation* est central : en corrélant une série de données avec elle-même, après avoir décalé la séquence d'un, deux, trois (ou plus) temps de mesure, on obtient à chaque fois un coefficient différent que l'on désigne selon le décalage (*"lag"* en anglais) ; ainsi, en décalant la série d'un temps de mesure en avant ("vers le futur") et en la corrélant avec la série initiale, on obtient une auto-corrélation au "lag+1".

L'exemple suivant illustre la procédure : évaluation de la douleur quotidienne d'un patient, pendant 10 jours, de 0 [= aucune douleur] à 9 [= douleurs extrêmes].

Tableau 8.1 : Douleurs quotidiennes – auto-corrélations au lag+1, lag+2, lag+3

Jour	1	2	3	4	5	6	7	8	9	10
douleur à t_0	9	8	5	3	4	3	4	5	6	4
douleur lag+1	-	9	8	5	3	4	3	4	5	6
douleur lag+2	-	-	9	8	5	3	4	3	4	5
douleur lag+3	-	-	-	9	8	5	3	4	3	4

auto-corrélations[1] : r_1= .47 au lag+1 ; r_2 = -.04 au lag+2 ; r_3 = -.26 au lag+3

---

[1] Il s'agit d'un exemple didactique ; la série est trop courte pour obtenir une auto-corrélation valide et un calcul de significativité (le lag+3 se base p.ex. sur 7 paires de valeurs uniquement).

Dans la série "douleur à *t0*", la douleur perçue commence (jour 1) par une valeur extrême (9), diminue par la suite jusqu'à un niveau plutôt bas (jour 4), pour remonter plus tard (dès le jour 7) et se réduire à nouveau (jour 10). Dans la série "douleur lag+1" ces valeurs sont décalées vers la droite. Si l'on corrèle la série initiale avec cette série décalée (lag+1), il nous reste $10 - 1 = 9$ paires de valeurs à disposition (la deuxième série est "coupée" à droite en raison du décalage). L'auto-corrélation qui en résulte au lag+1 est de $r_1 = .47$ et montre une dépendance sérielle d'un jour à l'autre (du premier au deuxième jour), indiquant une assez forte ressemblance des deux valeurs consécutives. L'auto-corrélation au lag+2 se monte à $r_2 = -.04$ et au lag+3 à $r_3 = -.26$; ces deux coefficients mettent en évidence un lien faible ($r_3 = -.26$) du premier au quatrième jour, respectivement inexistant ($r_2 = -.04$) du premier au troisième jour. Ainsi, cet exemple – très simplifié – révèle un *processus auto-régressif de 1er ordre* ; c'est un processus que suggèrent également les fonctions d'auto-corrélations partielles (voir le chapitre 8.2.2).

L'analyse des liens sériels peut produire des valeurs positives ou négatives : l'auto-corrélation *positive* de $r = .47$ au lag+1 dans l'exemple précédent signifie que les valeurs observées corrèlent à .47 avec les valeurs consécutives. Ceci peut résulter d'une certaine "influence" des valeurs précédentes sur les valeurs suivantes, ou exprimer une relative "inertie" de la variable en question (ici, l'intensité des douleurs, une variable "état"). Il s'ensuit que la série des valeurs montre un tracé relativement "stable" et une certaine "inertie". Dans le cas d'une auto-corrélation *négative* (p.ex. $r = -.50$), la série révèle des *fluctuations* systématiques (oscillations) : une valeur précédente basse est succédée d'une valeur élevée – et si la valeur précédente est élevée, la valeur suivante tend à être plus basse. Exemple : lorsque la série consiste en des mesures quotidiennes de l'humeur, une forte *auto-corrélation négative* indique d'importantes fluctuations d'humeur d'un jour à l'autre. Plus une auto-corrélation négative est grande, plus les fluctuations ont une forte amplitude.

8.2.2. Modèles auto-regressifs (AR)

Lorsque toutes les auto-corrélations aux différents lags sont basses (p.ex. $r = .10$ ou moins), on peut supposer une *indépendance sérielle*. À l'inverse, s'il y a dépendance, on essaye d'en formuler un modèle mathématique, tel un modèle auto-régressif ("modèle AR"), type de modèle qui s'applique à de nombreuses séries temporelles psychologiques. Pour cela, on développe une formule d'estimation qui permet de prédire un élément à l'aide de plusieurs autres éléments de la série. Dans une situation où il y a une dépendance simple, à un seul niveau (premier ordre) – par exemple la prédiction du bien-être psychologique X_{t+1} par le bien-être de la veille X_t, qui s'exprime par une auto-corrélation au lag+1 de $r = .50$ – on utilise seulement la valeur qui précède immédiatement la valeur en question. S'il y a, en plus, une auto-corrélation substantielle au lag+2 (après avoir contrôlé et partialisé l'auto-corrélation au lag+1), par exemple de $r = .35$, on utilise un modèle auto-régressif de deuxième ordre, appelé AR(2). Dans un tel modèle, la valeur à prédire est déterminée par les deux éléments ou mesures précédentes ; par exemple, les valeurs de la veille et de l'avant-veille. Dès qu'un tel modèle est formulé, on peut calculer une *valeur estimée* qui tient compte de la dépendance sérielle inhérente à la série des mesures. En soustrayant les valeurs estimées des valeurs observées, on obtient les *"valeurs résiduelles"* (ou résidus) qui sont alors "nettoyées" des influences sérielles. Si l'on élimine de manière analogue une éventuelle *tendance* déterministe qui sous-tend l'évolution des valeurs (accroissement ou déclin à travers le temps), on obtient comme résultat une série de valeurs résiduelles, dont les termes d'erreur fluctuent de manière non-systématique – et qui peuvent être considérées comme indépendantes les unes des autres. Cette procédure, appelée *"pre-whitening"* ("blanchissement préalable") se réfère au terme *"white noise"* ("bruit blanc"), permet de libérer la série de toute dépendance interne et produit des données exclusivement aléatoires (p.ex. Schmitz, 1989).

Une réflexion théorique peut amener à l'utilisation d'un modèle auto-régressif sur une série temporelle (p.ex. l'humeur de la veille a – le plus souvent – une certaine influence sur l'humeur du lendemain ; Schmitz, 1989 ; ou encore, la consommation d'alcool influe sur la consommation du jour suivant ; Köhler, 2008). D'un autre côté, il est possible de déterminer *de manière empirique* si une série temporelle peut être décrite adéquatement par un modèle auto-régressif. Dans ce cas, on enlève d'abord les composantes déterministes (tendance, périodicité) de la série à l'aide de l'estimation des paramètres correspondants et on calcule les résidus en retranchant les valeurs prédites. Pour arriver à une telle série avec une "moyenne stationnaire", on détermine les auto-corrélations jusqu'à un lag suffisant, par exemple r_1, r_2 … jusqu'à r_{10}, respectivement lag+1, lag+2 … jusqu'au lag+10. De plus, les coefficients d'auto-corrélation partiels sont calculés.

Un *coefficient de corrélation partielle* indique la taille d'une corrélation "nettoyée" des influences de variables tierces. S'il y a une auto-corrélation substantielle au lag+1 (p.ex. $r1 = .60$), il est alors probable que le lien entre les mesures 1 et 3 (c'est-à-dire au lag+2) *passe par* la mesure 2. Ce lien qui existerait entre la première et la troisième mesure – *via* la deuxième mesure – peut être calculé à l'aide de la *corré-lation partielle*. Le coefficient restant ensuite entre les mesures – ainsi "nettoyé" – indique alors la force de l'auto-corrélation après avoir "contrôlé" (neutralisé) les auto-corrélations précédentes (lag+1, lag+2, etc.).

Afin de décrire une série temporelle par un modèle AR adéquat, on retient les coefficients d'auto-corrélation successivement calculés pour autant que les corrélations partielles soient significatives (le seuil de significativité peut être déterminé selon la valeur critique de Bartlett : $2 / \sqrt{K}$; K étant le nombre d'éléments de la série temporelle). Exemple : si les corrélations partielles dès le lag+3 ne sont plus significatives, alors on retient un modèle auto-regressif de deuxième degré, un modèle dit "AR(2)" ou d'ordre 2. De manière générale, il est préférable de formuler des modèles avec des structures aussi simples que possible et faciles à interpréter. Par conséquent, à part l'*ordre p* du modèle AR (*p* étant le nombre de niveaux, c'est-à-dire le nombre des composantes significatives retenues), c'est la variance que le modèle arrive à expliquer qui détermine le modèle finalement retenu.

Dans le chapitre 8.2.6, un exemple concret de modèle auto-regressif relativement simple, avec lag+1 (modèle "AR(1)") est décrit.

8.2.3. Modèles à moyenne mobile

Outre les processus auto-régressifs, il existe un autre type de modèle appelé *processus à moyenne mobile ("moving-average", MA)*. Il peut être utilisé lorsque les valeurs de la série temporelles ne "dépendent" pas des *valeurs précédentes* – et ne sont pas estimées sur cette base – mais reposent sur *l'amplitude des résidus précédents* : ceci veut dire qu'elles sont déterminées par les déviations des valeurs issues d'une comparaison avec une constante du processus. On peut par exemple illustrer un processus à moyenne mobile dans le cas d'une personne qui souhaite améliorer sa performance physique et son bien-être par des activités sportives régulières. Elle poursuit un *but de performance "idéal"* : 30 minutes de jogging, 20 minutes de gymnastique et 20 minutes d'exercices de musculation, au minimum 4 fois par semaine. Cependant, à cause de divers imprévus, elle dévie de ce but durant la semaine *t* et en fait moins. Alors, au cours de la semaine suivante, la personne essaie de corriger cette déviation et fait en sorte que la valeur observée dans la semaine *t+1* est revue à la hausse. Un tel processus MA de premier ordre (processus "MA(1)") est aussi appelé processus à "moyenne glissante".

Des tels processus montrent typiquement une relation non-linéaire entre l'auto-corrélation lag+1 et la constante du processus. Par contre, les auto-corrélations partielles ne se rapprochent de 0 que lentement (Köhler, 2008 ; p. 87). On peut tirer profit de ces relations lors de l'examen et du choix empiriquement fondés du modèle adéquat à retenir : si l'on tombe sur un tel pattern de résultats (les auto-corrélations étant proches de 0 et les auto-corrélations partielles se rapprochant seulement lentement de 0), on est probablement face à un processus à moyenne mobile au lag+1, donc un processus MA(1).

Il existe une certaine "dualité" entre les processus AR et MA : un processus AR(1) peut être le plus souvent approximé – de manière assez satisfaisante – par un processus MA*q* (d'ordre *q* relativement bas ; p.ex. MA(4)). De manière analogue, un processus MA(1) peut être approximé par un processus AR*p* (d'ordre *p* relativement bas, tel que AR(5)) (voir Köhler, 2008).

La combinaison des deux types de modèles dans ce que l'on appelle les modèles ARMA ou ARIMA permet une meilleure adaptation aux données des séries temporelles que l'un ou l'autre modèle (AR ou MA). Comme pour les modélisations en général (p.ex. pour les modèles linéaires ou les équations structurales), l'introduction de variables ou paramètres supplémentaires amène une meilleure prédiction avec un pourcentage plus important de variance expliquée. Par conséquent, c'est non seulement la valeur expliquée, mais également la complexité du modèle qui s'accroît. Comme mentionné ci-dessus, les modèles avec une structure simple sont souvent plus efficaces pour la compréhension des processus et ont une plus forte valeur explicative du cas singulier dans le domaine psychologique, psychosocial ou éducatif.

8.2.4. Stationnarité

Afin de savoir si des modèles stochastiques de séries temporelles (modèles ARIMA) sont adéquats pour décrire une série temporelle d'un cas singulier *z(t),* il faut examiner sa *stationnarité* : son prérequis est la stabilité (a) de la moyenne, (b) de la variance et (c) de la structure des auto-corrélations qui restent inchangés à travers le temps. Si cela n'est pas le cas – comme par exemple en présence d'une tendance déterministe des valeurs – la série temporelle est à "nettoyer" de manière correspondante.

Dans une série de 50 mesures prises régulièrement (critère d'"équidistance"), chacune de ces 50 mesures peut être considérée comme *réalisation d'une variable aléatoire* à un moment donné. Ainsi, chaque variable aléatoire a une *valeur attendue* – souvent la moyenne de toutes les mesures possibles à ce moment donné – ainsi qu'une variance et certaines caractéristiques de distribution. La stationnarité se rapporte aux propriétés de toutes ces variables aléatoires. Une première exigence de stationnarité est l'absence de variation systématique des moyennes. Une deuxième exigence suggère des variances égales ou inchangées. Le troisième critère concerne la constance des auto-corrélations – respectivement de leur structure – entre deux mesures situées à une distance temporelle comparable. Ainsi, le coefficient d'auto-corrélation de mesures éloignées par exemple de deux unités temporelles (lag+2) devrait être le même s'il s'agit de celui calculé à partir des mesures 6 et 8, 9 et 11, ou encore 48 et 50.

8.2.5. Corrélation croisée, analyse d'intervention et fonction de transfert

Corrélations croisées – liens entre variables à travers le temps

Afin d'analyser des liens entre différentes variables du cas singulier, on corrèle entre elles les séries temporelles concernées. Exemple : corrélation négative entre le nombre d'événements stressants survenant au travail, évalués quotidiennement, (série X) et le bien-être psychique (série Y). Les deux variables ont un lien simultané ("concomitant") et varient, de jour en jour, en sens inverse. Ceci se traduit par une corrélation croisée négative.

Il est souvent intéressant de savoir également si, outre la covariation temporelle, une variable est à même de "prédire" l'autre dans une *séquence temporelle*. Dans l'exemple des mesures de douleur susmentionné (voir tableau 8.1), on peut se demander si le stress éprouvé la *veille* précède alors une plus grande intensité de douleur le *lendemain*. Un exemple simplifié de ces processus est présenté dans tableau 8.2. La question précise que l'on se pose est : les fluctuations d'une *variable "antécédente"* X_t – ici le stress – *précèdent-elles au niveau temporel* les variations de l'autre variable et engendrent-elles (respectivement prédisent-elles) ces variations de Y_{t+1} ? Autrement dit : est-ce que l'inclusion d'une variable X_t permet d'augmenter significativement la variance expliquée de Y_{t+1} dans un modèle d'analyse de régression ?

Tableau 8.2 : Intensité de la douleur quotidienne et le stress – exemple d'une analyse de corrélation croisée décalée dans le temps

Jour	1	2	3	4	5	6	7	8	9	10
X Stress t_0	4	3	5	2	3	1	2	2	3	5
Y_t douleur t_0	9	8	5	3	4	3	4	5	6	4
Y_{t+1} douleur lag+1	-	9	8	5	3	4	3	4	5	6
Y_{t+2} douleur lag+2	-	-	9	8	5	3	4	3	4	5
Y_{t-1} douleur lag-1	8	5	3	4	3	4	5	6	4	-

Corrélations croisées : $r_{xy,0} = .37$; $r_{xy,+1} = .54$; $r_{xy,+2} = .50$; $r_{xy,-1} = .15$

Pour répondre à cette question, on peut en principe appliquer la même logique que celle de l'analyse par les auto-corrélations. On décale la série des mesures de la variable "dépendante" Y vers le "futur", d'abord d'un lag+1, et on détermine sa corrélation avec la variable "indépendante" X (le coefficient de corrélation correspondant est écrit $r_{xy,+1}$). Au cas où X a une fonction explicative ou prédictive, $r_{xy,+1}$ devrait être plus grand que la corrélation croisée simultanée ou "concomitante" $r_{xy,0}$ au lag0. Par la suite, on calcule les corrélations croisées au lag+2 et lag+3, car des "influences" peuvent s'étendre au-delà d'une unité temporelle ; par exemple, deux jours après une forte charge de stress, la douleur perçue pourrait encore perdurer. Dans le but d'examiner l'ordre de la séquence temporelle – en tant qu'explication causale – il importe aussi de décaler la variable dépendante vers le "passé", c'est-à-dire avec des lags négatifs (p.ex. lag-1). Cette corrélation croisée, écrite $r_{xy,-1}$, devrait être nettement plus faible voire se situer proche de 0, sinon Y (l'"effet" supposé) précéderait alors X (la "cause" supposée). Dans l'ensemble, on devrait trouver – au moins – un lag positif pour lequel on a obtenu une corrélation croisée substantielle, alors que les autres corrélations croisées restent très faibles ou s'avèrent non significatives. Il est souhaitable que le pattern mis en évidence de cette manière s'appuie également sur des hypothèses fondées concernant les influences éventuelles et leur mécanisme d'action (voir chapitre 1 ainsi que les paragraphes ci-dessous concernant l'analyse d'intervention et la fonction de transfert).

L'exemple du tableau 8.2 élargit celui présenté au tableau 8.1 : la corrélation simultanée (concomitante) entre stress et douleur se monte à $r_{xy,0} = .37$. Lorsqu'on décale les mesures de douleur d'un jour (lag+1), la corrélation croisée augmente sensiblement à $r_{xy,+1} = .54$. Si on décale encore la série d'un jour supplémentaire vers le "futur" (lag+2), la corrélation croisée reste à $r_{xy,+2} = .50$, donc toujours relativement élevée, mais elle décroît ensuite sensiblement au lag+3. À l'inverse, lorsqu'on décale les mesures de la douleur vers le "passé", faisant précéder ainsi le stress vécu, la corrélation croisée est négligeable ($r_{xy,-1} = .05$). Ce pattern de corrélations croisées suggère effectivement l'hypothèse que *le stress vécu la veille* "augmente" le niveau de *douleur du lendemain ainsi que du jour d'après* (en raison du caractère illustratif de l'exemple – séries très courtes – il n'est pas possible de faire un "pre-whitening" des séries et de tester la significativité des corrélations).

Avant le calcul des corrélations croisées, les deux séries temporelles devraient subir normalement un "pre-whitening" (Schmitz, 1989 ; voir plus haut) : pour chaque série, on détermine une éventuelle tendance déterministe qu'on retranche aux valeurs observées ; de même, les dépendances auto-régressives ou les moyennes mobiles des séries sont enlevées (voir chapitre 8.2.2). Puisque le nombre de paires de mesures disponibles est réduit à chaque décalage, il est nécessaire que les séries temporelles soient suffisamment longues au départ (la série de l'exemple comportant 10 point de mesures est beaucoup trop courte ; elle ne sert qu'à illustrer les principes de l'analyse). Les paramètres (moyennes, variances et covariances) sont à recalculer à chaque décalage.

La suppression de la tendance est importante car un accroissement dans les séries peut "gonfler" la corrélation croisée et donc *surévaluer* le lien réel, voire faire apparaître des corrélations artefactuelles. Lorsque les tendances de deux variables vont dans des directions différentes – par exemple décroissance du stress au fil du temps, alors que les douleurs augment – les corrélations croisées peuvent *sous-estimer* le lien réel (dans l'exemple du tableau 8.2, les courtes séries ne sont pas ajustées en ce qui concerne la tendance).

Comme le soulignent divers auteurs en s'appuyant sur des simulations (p.ex. Schmitz, 1989), des dépendances sérielles entre les séries peuvent – lorsqu'elles sont décalées – mener à des corrélations factices. Pour cette raison, on devrait (comme présenté plus haut) élaborer un modèle AR pour chacune des deux séries, prédire les valeurs en se basant sur ce modèle, calculer les résidus et enlever ainsi les dépendances sérielles. Les corrélations croisées calculées sur cette base peuvent ensuite être testées au niveau de leur significativité.

Causalité de Granger

Une formulation plus générale de l'analyse des corrélations croisées bivariées mène à une variante de l'analyse causale pour séries temporelles, appelée *causalité Granger* (ou causalité Wiener-Granger ; Schmitz, 1989 ; Seth, 2007 ; proposée par le prix Nobel d'économie 2003, Clive Granger). Pour une variable à expliquer ou à prédire Y_t, on essaie tout d'abord de prédire Y_{t+1} par les valeurs précédentes de Y_t et éventuellement par d'autres variables complémentaires W_t. Ensuite, on essaie de prédire Y_{t+1} par la variable antécédente X_t. Si cette prédiction est plus efficace, alors le passé de X comprend des informations qui ne se trouvent ni dans le passé de Y ni dans celui de variables supplémentaires W (selon Granger, cité dans Seth, 2007). Ce gain de variance expliquée peut être testé au niveau de sa significativité. La logique d'analyse selon la "causalité Granger" ne permet cependant pas une analyse causale complète, mais se base sur le gain d'information engendré par l'inclusion de la série temporelle de la variable "causale" (X). Outre les critères de stationnarité et de linéarité, d'autres critères – qui dépassent les objectifs de ce chapitre – sont également requis (voir Schmitz, 1989 ; Ding, Chen & Bressler, 2006). De plus, les analyses visant la causalité (telle celle de Granger) devraient toujours se baser sur des hypothèses explicites, préalablement établies de manière théorique et/ou empirique, afin que le choix des variables antécédentes (X_t) et des autres variables à contrôler (W_t) soit optimal.

Cette approche d'analyse de provenance économétrique est par ailleurs utilisée dans bien d'autres domaines de recherche, notamment dans la recherche en neurosciences (p.ex. Seth, 2005 ; Ding, Chen & Bressler, 2006).

Analyse d'intervention et fonction de transfert

Dans le contexte des séries temporelles, l'"analyse d'intervention" est un cas particulier de corrélation croisée (Schmitz, 1989 ; Ackermann, Aebi & Revenstorf, 1996). Pour le cas *bivarié* simple (qui est pourtant central dans de nombreuses situations de pratique psychosociale), la série de mesures d'une variable "dépendante" est corrélée avec une variable "indépendante" dichotomique qui représente la présence (*vs* l'absence) de conditions spécifiques ou d'interventions (p.ex. jours où a lieu une séance thérapeutique *vs* jours sans séance ; phase "ligne de base" *vs* phase d'*intervention*). La clarification de ce qui est VI et VD est faite au préalable. Dans nombre de cas, l'intervention est introduite de manière contrôlée et les deux variables ne peuvent s'influencer mutuellement.

Au moyen de l'analyse d'intervention, il est possible d'examiner des patterns d'influence différenciés qui sont représentés par différentes formes ou *patterns d'input* (voir Schmitz, 1989) selon le plan de recherche ou le design : des exemples en sont l'*input par impulsion* en tant qu'intervention ponctuelle, éventuellement unique (comme les événements conflictuels dans l'exemple qui suit), l'*input constant* où l'intervention commence et perdure (comme l'intervention thérapeutique dans ce même exemple) ainsi que l'*input croissant* (p.ex. intervention avec une intensité progressive). Voir aussi les exemples dans le chapitre 8.3.3 ou dans le graphique 8.2.

8.2.6. Cas de Madame G. : anxiété généralisée et conflits de couple (II)

L'exemple clinique suivant montre une analyse d'intervention comprenant une série temporelle quotidienne (auto-évaluation du niveau d'anxiété d'une cliente) avec des événements (conflits de couple) comme *input par impulsion* et une intervention (design A-B avec thérapie cognitivo-comportementale) comme *input constant* (phase A ligne de base, mesures 1-28 ; phase B intervention, mesures 29-60). Les données de ce cas correspondent à l'exemple présenté au chapitre 7.5, où elles sont analysées avec des méthodes non-paramétriques. Or, nous supposons ici des mesures sur des échelles d'intervalle pour démontrer la modélisation ARIMA.

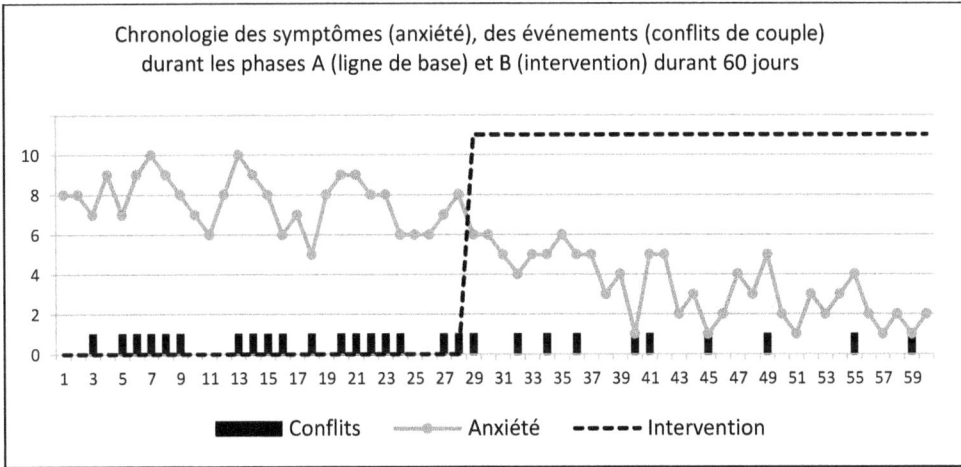

Graphique 8.1 : Exemple d'analyse d'intervention : niveau d'anxiété (série continue en gris), événements "conflits de couple" (input d'impulsion en noir) et intervention psychologique (input constant en pointillé)

(1) Initialement, la série temporelle des valeurs d'anxiété est examinée séparément pour les phases A et B, en utilisant des analyses de régression qui sont résidualisées et enlevant des tendances éventuelles. La tendance décroissante de l'anxiété s'avère négligeable dans la phase A, mais est toutefois assez marquée dans la phase B (début de l'intervention). Une alternative pour ces analyses de régression consiste à "différencier" les mesures ; à la place des valeurs originales, on utilise les écarts entre les valeurs adjacentes. La série temporelle calculée de cette manière comprend ainsi seulement les changements relatifs, au fil du temps, mais plus le niveau des mesures.

(2) La modélisation de la série des valeurs d'anxiété *de la ligne de base A* (mesures 1 à 28) est le résultat d'un modèle AR(1) avec une composante auto-régressive marquée de $r_1 = .89$. La prise en compte des corrélations partielles oriente aussi vers un modèle AR(1). L'auto-corrélation de la série des événements conflictuels est proche de zéro. La série d'anxiété est donc ensuite "nettoyée" (résidualisée) de la composante auto-régressive pour permettre le calcul des corrélations croisées.

(3) *Lien entre les valeurs d'anxiété et les conflits de couple.* Les corrélations croisées les plus importantes entre la série résidualisée d'anxiété et les conflits pendant la ligne de base (phase A) se montent à $r_{xy,0} = .00$ (*ns*) ; $r_{xy,+1} = .60$ ($p < .01$) ; $r_{xy,+2} = .14$ (*ns*) ; $r_{xy,-1} = .16$ (*ns*). Ces corrélations parlent en faveur d'une "influence" (significative) des conflits sur l'augmentation du niveau d'anxiété le lendemain.

(4) Lors de la *phase d'intervention B* (mesures 29 à 60), on observe également un modèle AR(1) de l'anxiété avec une forte auto-corrélation de $r_1 = .90$; par contre, les auto-corrélations de la série des conflits sont également très faibles. La corrélation croisée $r_{xy,+1}$ est proche de zéro après "pre-whitening". Les autres corrélations croisées concernées, au lag+2 ou lag-1 sont très basses. Par conséquent, le *lien entre conflit*

de couple et anxiété du lendemain (observé lors de la ligne de base) *disparaît* durant la phase B (intervention thérapeutique).

(5) Par la suite, on peut examiner si – dans le cadre du design A-B – la thérapie cognitivo-comportementale a effectivement engendré une réduction significative du niveau d'anxiété. Pour ce faire, on calcule une corrélation croisée entre anxiété (résidualisée) et *intervention en tant qu'input constant* (phases A-B ; modélisées par une variable *dummy* 0-1) : avec $r_{xy,0} = -.32$ (erreur standard de .129 ; $p < .01$ en unilatéral) qui s'avère très significative (les corrélations croisées décalées ne sont pas importantes, dans le sens de ce design A-B). La réduction des conflits de couple a déjà été testée au moyen d'un test *U* (voir chapitre 7.5, dernier paragraphe).

L'effet de l'intervention peut être aussi calculé différemment. Les valeurs résiduelles des phases A et B peuvent être comparées *directement* par un simple test *t* de Student (voire une analyse de variance), car les observations résidualisées sont maintenant indépendantes les unes des autres (p.ex. Köhler, 2012). Dans le cas présent, le résultat est très clair ($t_{(58)} = 2.58$; $p < .01$ en unilatéral) et est quasiment identique avec le résultat plus haut. En supposant que le modèle AR(1) élaboré – y compris l'estimation de la tendance – décrit les données de manière adéquate (voir aussi chapitre 7.6), les résultats parlent en faveur d'une diminution d'anxiété, par le biais de l'intervention, et d'un affaiblissement du lien avec les conflits de couple.

Dans le cadre de l'analyse d'intervention, on peut également décrire les patterns d'input à l'aide de ce que l'on appelle les *fonctions de transfert* qui se réfèrent à différentes attentes concernant *le mode d'action* de l'intervention, par exemple selon les hypothèses suivantes : (1) réaction *proportionnelle et directe* sur la VD (le stress évalué chaque heure influe *immédiatement* sur l'humeur, évaluée chaque heure) ; (2) réaction *retardée* (le stress a un effet différé sur l'humeur, une heure plus tard) ; ou (3) montée progressive de la réaction (à la mesure *to*, seulement un petit effet sur l'humeur ; à la mesure *t+1*, un peu plus ; à la mesure *t+2*, un effet encore plus fort). Avec une fonction de transfert, on peut non seulement modéliser le mode d'action de l'*impact* mais aussi la *diminution* de l'effet. Il est donc possible de créer des hypothèses très différenciées concernant l'impact des variables d'input, qui peuvent être façonnées pour le cas singulier et évaluées par la suite.

Comparaison de la modélisation ARIMA avec l'analyse non-paramétrique

En comparant la modélisation ARIMA avec les analyses non-paramétriques du même exemple de cas (voir chapitre 7.5), on peut relever les aspects suivants : l'analyse paramétrique est plus coûteuse, mais permet d'obtenir des résultats complémentaires et différenciés (p.ex. l'estimation de la composante auto-régressive). Dans la mesure où on se contente d'interprétations prudentes (en supposant l'indépendance des données), les analyses non-paramétriques s'avèrent déjà bien utiles pour l'analyse du cas singulier, notamment dans le contexte du contrôle de cas dans la pratique psychosociale. Une telle démarche non-paramétrique – plus simple et moins exigeante en termes de prérequis – a du reste fourni, dans l'exemple proposé, des résultats fort similaires. S'il s'agit d'applications proches de la recherche, de par un meilleur fondement de l'évidence et une plus grande différenciation des résultats, l'approche paramétrique de modélisation ARIMA est préférable, à condition que les prérequis soient remplis (niveau de l'échelle, nombre de mesures ; voir chapitre 8.2.7).

Ackermann, Aebi et Revenstorf (1996) présentent d'autres exemples plus exhaustifs.

8.2.7. Réalisation des analyses de séries temporelles avec des modèle ARIMA

La réalisation des analyses sur des séries temporelles à l'aide des modèles ARIMA comprend toujours trois étapes principales : (1) identification du modèle, (2) estimation des paramètres et (3) évaluation du modèle. Le détail des procédures pratiques pour modéliser et interpréter des séries temporelles au moyen de modèles ARIMA dépasse le cadre de cette introduction (aussi, l'exemple de cas ci-dessus reste une présentation raccourcie). Les stratégies et démarches sont relativement complexes et exigent une référence à la littérature et aux logiciels pertinents (p.ex. SPSS). Une introduction didactiquement progressive et utile est proposée par Köhler (2008) ; un exemple pratique et illustratif se trouvant dans son article (Köhler, 2012).

Cependant, nous essayons de fournir un petit survol des critères (Pankratz, 1983 ; cité par Schmitz, 1989) auxquels un modèle auto-régressif (AR) adéquat devrait répondre (si le modèle comprend, en plus, une composante de moyenne mobile, d'autres critères sont à rajouter) :

(1) le modèle est économique et comprend le moins de paramètres possibles ;

(2) le modèle est *stationnaire* (moyennes, variances et structure d'auto-corrélations restent stables à travers le temps ; au niveau pratique, il suffit parfois de découper la série en *plusieurs segments* et de les comparer à l'œil nu ; p.ex. Gottman, 1981) ;

(3) les divers paramètres du modèle (p.ex. composantes AR, fonction des auto-corrélations partielles) sont statistiquement significatifs ;

(4) les valeurs résiduelles ne dévient pas du *white noise* (il n'y a plus d'auto-corrélations et corrélations partielles significatives ; des tests spécifiques, comme le Ljung-Box-Q-test ne sont pas significatifs) ;

(5) le modèle est *relativement meilleur* comparativement aux modèles alternatifs, ce qui s'exprime par certains critères de qualité, comme la variance résiduelle, le critère d'information d'Aikaike AIC, le critère d'information de Bayes BIC (voir p.ex. Schmitz, 1989).

Les analyses qui reposent sur de tels modèles (de même que les modèles avec périodicités ou cycles) requièrent des séries temporelles assez longues (environ 50 mesures, mais de préférence 100 mesures). Un tel nombre d'observations n'est pas facilement obtenu dans les études utilisant l'auto-observation et le self-report (voir aussi chapitre 4).

8.3. Analyses multiniveaux (MLA) pour l'étude de cas singuliers multiples

Les analyses multiniveaux (MLA ; "multi-level analysis" en anglais) offrent une approche intéressante et puissante pour l'étude de cas singuliers multiples, que ces derniers proviennent d'une seule étude – en intervention par exemple (p.ex. sous forme de réplication ; voir chapitre 1), ou de différentes études qui portent sur des contenus ou problèmes qui se chevauchent (p.ex. dans le but d'effectuer une méta-analyse). Les MLA permettent d'évaluer simultanément plusieurs séries de données individuelles et d'arriver à des conclusions concises basées sur l'ensemble des cas. Lorsqu'un nombre suffisant de cas est disponible, les MLA permettent également de se prononcer sur leur variabilité et de comparer – ou contraster – les cas individuels.

8.3.1. Introduction : dépendances dans la structure des données et analyses de cas singuliers multiples

Les MLA ont été développées pour analyser des données qui – de par leur design – présentent une structure hiérarchique et des dépendances statistiques correspondantes. Une dépendance statistique est présente si des similarités systématiques existent entre différents points de mesure, soit à cause du recrutement des sujets, soit à cause de la stratégie de mesure (p.ex. les séries temporelles, mentionnées ci-dessus). Exemples : l'enregistrement de données de différents élèves provenant de plusieurs classes ; les caractéristiques des tomates de diverses plantes provenant de différentes serres. Ainsi, il s'agit des données de plusieurs cas qui comprennent à chaque fois plusieurs mesures, récoltées à différents points temporels ou dans diverses situations.

Les unités supérieures qui définissent la structure des dépendances représentent les "niveaux". Dans les exemples mentionnés, les "niveaux" sont les classes, plantes, serre. Les unités du niveau inférieur sont organisées ou "nichées" à l'intérieur de ces unités de niveau supérieur.

Si les données présentent une dépendance statistique, celle-ci peut être repérée par les corrélations à l'intérieur des unités supérieures. Ces corrélations peuvent être positives ou négatives, démontrant par exemple que les données d'une personne sont plus similaires ou plus différentes entre elles, comparées aux mesures de différentes personnes.

Dans une situation "classique" d'étude pour laquelle les mesures de plusieurs cas singuliers à différents moments (mais portant sur les même construits théoriques) sont saisies, une dépendance statistique est très souvent présente. Souvent, les points de mesure se ressemblent, par exemple lorsque les personnes enregistrent des données représentant la série temporelle d'une caractéristique qui évolue peu ou lentement. Dans ces cas, il est possible de prédire cette caractéristique au point de mesure suivant, à partir de la mesure actuelle. De même, la valeur de changement et l'erreur de mesure sont relativement petites. Un exemple est la taille des enfants et adolescents, mesurée tous les 6 mois, entre l'âge de 8 et 16 ans. Dans un tel cas, il s'agit d'un regroupement – ou d'un *clustering* – de données avec une dépendance sérielle positive. Par conséquent, les mesures d'une personne se ressembleront entre elles, mais différeront de manière systématique d'une personne à l'autre.

Il existe aussi des situations avec une *dépendance négative*. Ceci arrive par exemple lorsque des mesures répétées saisissent des événements rares, alors que les fréquences relatives ou les manifestations de ces événements ne diffèrent – en moyenne – que peu d'une personne à l'autre. Ceci peut conduire à la situation où les diverses mesures d'une personne se ressemblent moins que les mesures de différentes personnes.

Que se passe-t-il si l'on néglige ces dépendances ? En faire abstraction peut avoir une influence – de manière générale – sur l'estimation des erreurs standard et, par conséquent, sur les tests de significativité. Ce qui veut dire que l'on peut obtenir des valeurs assez précises concernant les effets à tester, malgré des tests de significativité non fiables. En cas de *dépendance positive* dans les données (quand les données d'une unité de recherche se ressemblent plus que les données des différentes unités) le test de significativité sera trop *conservateur* (autrement dit la probabilité d'erreur de rejet sera surestimée) lorsque l'on teste un prédicteur *intra*-individuelle (*within-subject predictor*). En revanche, le test sera trop *libéral* (la probabilité d'erreur sera alors sous-estimée) si ce sont des différences *inter*-individuelles qui sont testées comme prédicteur (p.ex. Kenny, Kashy & Cook, 2006).

De manière simplifiée, on peut illustrer cette question en imaginant disposer de 50 points de mesure pour chacun des 30 participants d'une étude. Si la dépendance (le *clustering*) est maximale, les 50 mesures d'une personne se ressemblent de manière maximale et on peut pourrait décrire l'échantillon en connaissant une seule mesure par personne (ceci aussi bien qu'avec les 50 données). La chance de trouver un effet significatif d'un prédicteur *intra*-individuel est égale à zéro, car il n'y a aucune variance intra-individuelle.

8.3.2. L'analyse de cas singuliers à l'aide de l'approche multiniveaux

Une approche multiniveaux se prête pour l'analyse de l'ensemble des données lorsqu'il y a une série de mesures répétées de plusieurs cas. Pour un groupe de cas singuliers, les mesures correspondent au niveau le plus élémentaire – ou *niveau 1* – tandis que les différentes personnes représentent le *niveau 2* – ou niveau "supérieur". Les *"Multilevel Random Coefficient Models"* (p.ex. Bryk & Raudenbush, 2002) sont un jeu de modèles qui se prêtent à l'analyse des courbes d'accroissement.

L'approche se base sur le principe qu'un modèle supposé pour une personne *j* n'est pas seulement estimé pour l'ensemble du groupe (p.ex. en termes d'une solution de modèle moyen qui décrit tout le groupe), mais aussi pour chacune des personnes de l'échantillon. Supposons ainsi une amélioration du niveau de fonctionnement après le début d'une intervention. La taille et la significativité de cet effet d'intervention peuvent être estimées pour l'ensemble des cas individuels ; on obtient une moyenne pondérée de tous les effets d'intervention de l'échantillon, à savoir un "effet fixe" ("*fixed effect*"). Cet effet peut être considéré comme la valeur estimée qui représente le mieux les effets d'intervention de tous les sujets de l'échantillon. Mais nous pouvons aussi tenir compte du fait que l'effet d'intervention diffère d'une personne à l'autre, et calculer alors un effet individuel pour chacune personne. Ces différences seront prises en compte par l'estimation d'une composante de la variance respective pour chacun des paramètres du modèle. Les estimations pour les différentes composantes du modèle (constante, effet d'intervention, etc.) sont considérées comme étant variables ("*random coefficients*").

Par exemple, nous pourrions nous intéresser à la diminution de l'humeur dépressive dans un groupe de personnes qui participe à un programme de gestion de stress durant trois weekends consécutifs. Chaque personne fournit une autoévaluation répétée de son humeur, directement après l'inscription au premier cours, et ensuite chaque semaine avant, durant et après les journées du cours – jusqu'à la rencontre de rappel. Au total, nous disposons de 20 mesures pour chacun des 30 participants. Ces 20 mesures sont les unités d'analyse de niveau 1, tandis que les participants sont les unités d'analyse de niveau 2. Pris ensemble, en supposant des jeux complets sans données manquantes, ceci revient à $20 \cdot 30 = 600$ points de données.

Quelles informations peuvent être tirées de ce jeu de données ? Chaque personne a par exemple sa propre moyenne et sa propre variance. Ce sont des composantes individuelles qui sont à considérer comme des variables descriptives de niveau 2 (ici, les participants). Certaines personnes ont – en moyenne – une humeur plutôt positive, d'autres une humeur plutôt négative. Pour de tels paramètres, nous pouvons déterminer une valeur de référence qui repose sur l'échantillon entier des 30 participants (un effet fixe) qui nous indique l'humeur moyenne dans le groupe. Les valeurs individuelles de chaque participant – par exemple l'humeur moyenne de la personne A – diffère plus ou moins de cette valeur de référence du groupe. L'ensemble de ces différences définit la mesure dans laquelle les individus varient dans leurs humeurs moyennes. Dans la littérature, cette composante de variance est appelée "*random effect*" ou "*random (variance) component*" respectivement *effet aléatoire*.

Outre la variabilité entre les personnes, les données renferment aussi des informations concernant la variabilité des données à travers les points de mesure. Cette variance se situe au niveau 1. Elle comprend la mesure ponctuelle et individuelle, telle que la mesure de l'humeur au moment i d'une personne j, qui diffère de la moyenne individuelle de cette personne j. Cette variabilité est élevée chez certaines personnes parce qu'elles présentent des mesures et très élevées et très basses. Chez d'autres par contre, cette variabilité est petite et presque toutes les valeurs se trouvent au même niveau.

Le rapport de ces deux composantes de variance – variance de niveau 1 et variance de niveau 2 – reflète la part de variance totale qui appartient à chaque source de variance et permet par exemple de déterminer combien de variance peut être attribuée aux différences entre les points de mesure, respectivement aux diverses personnes. De la même manière, on peut calculer le coefficient de corrélation intraclasse (*intraclass correlation coefficient* ICC) qui indique combien de variance totale est due aux différences *entre personnes*. Pour cela, on calcule la proportion de variance de niveau 2 ($\sigma^2_{u_0}$) par rapport à la variance totale ($\sigma^2_{u_0} + \sigma^2_e$) :

$$ICC = \rho = \frac{\sigma^2_{u_0}}{\sigma^2_{u_0} + \sigma^2_e}$$

Un ICC élevé indique que le regroupement (*clustering*) est fort.

Dans les analyses de cas singuliers multiples, on s'intéresse tout d'abord à la *variance de niveau 1*. Lorsqu'il s'agit de mesures répétées suivant un pattern temporel constant et régulier – ou au moins selon des distances temporelles connues – nous pouvons analyser le changement d'un point de mesure à l'autre au niveau 1 ou examiner le tracé à travers plusieurs points de mesure. De plus, nous pouvons introduire au niveau 1 de nouvelles variables qui peuvent fluctuer d'un point de mesure à l'autre (*"time varying covariates"*) et à l'aide desquelles des différences ou des changements peuvent être expliqués. Ces variables supplémentaires peuvent varier au fil du temps de manière irrégulière (p.ex. en fonction d'un cours de gestion de stress, des jours de pluie, des frictions au travail, etc.) ou de manière régulière (p.ex. tous les dimanches) et/ou représenter un processus particulier en terme de séquence temporelle (p.ex. jours depuis le début de l'étude, phase d'intervention 1, 2 ,3 ; avant, durant, après l'intervention).

À l'aide de ces variables, on peut expliquer la variance au travers des différentes mesures et calculer un coefficient pour chaque cas individuel. De cette manière, on arrive à représenter pour chaque individu des patterns différents au niveau 1. De même, il est possible de déterminer une valeur de référence pour l'ensemble de l'échantillon à partir de laquelle les coefficients individuels s'écartent de manière plus ou moins marquée.

L'approche multiniveaux permet alors non seulement de décrire à travers le temps les patterns de mesures individuelles, mais aussi de donner une image globale de ces patterns pour un groupe de cas singuliers. Il en découle la possibilité d'estimer la variance de tels patterns en regroupant les cas individuels ; ceci en référence aux valeurs sous-jacentes (p.ex. les moyennes) mais aussi concernant les patterns de changement temporel (p.ex. les effets des interventions).

8.3.3. Modèles pour des patterns temporels

Les patterns temporels ou procéduraux décrivent les variations d'une variable au travers de mesures répétées. Pour l'étude des données de plusieurs cas singuliers, il importe que ces patterns décrivent d'abord les processus et changements à l'intérieur de chaque cas. Dans le cadre de l'approche multiniveaux, il est possible de modéliser les processus de niveau 1 (le niveau des mesures repérées). Pour ceci, on utilise une ou plusieurs variables procédurales qui représentent différents aspects importants de l'évolution temporelle.

Avec une telle démarche, les mesures répétées d'une personne ne sont pas traitées comme une série de variables (comme dans les modèles ARIMA ; voir plus haut, chapitre 8.2), mais la structure des données prévoit une série d'entrées représentant ainsi les valeurs répétées d'une seule variable. Ainsi, les 20 mesures répétées de l'humeur dépressive sont traitées comme une variable (par personne). Une autre conséquence est que les variables utilisées pour modéliser le processus ne diffèrent pas d'une personne à l'autre dans l'échantillon. Ainsi, les variables n'expliquent pas seulement la variance des mesures répétées (pour les personnes prises séparément), mais aussi – éventuellement – la variance entre les personnes (si, malgré tout, on utilise des variables différentes pour les personnes, il est possible de contrôler les différences de manière statistique). Ainsi, une variable temporelle dans un design avec des points de mesure similaires, et sans données manquantes, répondent à ce prérequis, car toutes les personnes ont la même structure des données temporelles.

En effet, si toutes les personnes suivent exactement le même design, les variables qui représentant la structure temporelle ne se distinguent pas d'une personne à l'autre. Des différences individuelles peuvent cependant survenir si le nombre de mesures réalisées n'est pas le même (quelle qu'en soit la raison) ou si une "intervention" (dans le sens d'une influence externe sur le système) ne survient pas au même moment pour chacun.

Il faut souligner encore une fois qu'on ne peut pas envisager de conclusions pertinentes – tant pour chaque cas individuel que pour le processus "moyen" – si nous négligeons le fait que les séries de données observées représentent la dynamique de différents cas singuliers.

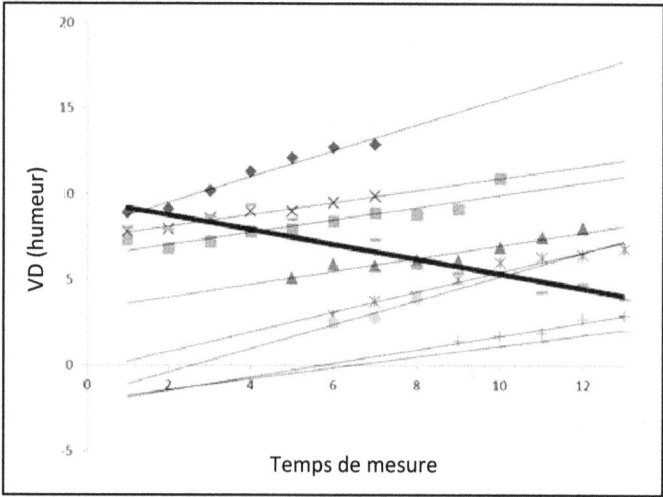

Graphique 8.2 : Tracés linéaires de 8 cas (en gris) et tracé moyen (en gras)

Comme nous le montre le graphique 8.2, il est tout à fait possible qu'un tracé moyen révèle une direction (ici une "tendance négative" illustrée par la ligne en gras), qui ne ressemble à aucun des tracés individuels (qui sont tous positifs dans l'exemple).

Dans l'approche multiniveaux, on formule – pour des raisons conceptuelles – des modèles distincts pour chaque niveau même si, finalement, une seule équation mixte est retenue au final (Raudenbush & Bryk, 2002). Par conséquent, les tracés temporels peuvent être modélisés sous forme d'équations de niveau 1, qui comprennent – dans leur version la plus simple – les composantes suivantes :

$$VD_{ij} = b_{0j}(\text{CONSTANTE}) + b_{1j}(\text{PROCESSUS}) + e_{ij} \qquad \text{(équation 1)}$$

Dans cette équation, une variable dépendante VD au moment i pour la personne j est prédite par les coefficients d'une constante (b_{0j}) et d'une variable temporelle (b_{1j}) ; e_{ij} désignant l'erreur de mesure. La constante décrit les mesures de la personne j sous condition que toutes les composantes (ici la variable PROCESSUS) ont une valeur de 0 dans l'équation. Si la valeur 0 de la variable PROCESSUS correspond à la moyenne, alors la valeur estimée de la constante b_{0j} représente la moyenne de toutes les valeurs de la VD pour la personne j. Le coefficient indique l'effet de la structure temporelle, comme par exemple la taille de l'accroissement linéaire de la VD par unité temporelle, le changement de la VD avec l'impact de l'intervention (variable intervention) ou la covariance de la VD avec une autre variable fluctuant à travers le temps. Il est également possible d'utiliser plusieurs variables afin de modéliser les caractéristiques temporelles de la VD. Une condition préalable pour une telle modélisation est un nombre minimal de mesures par personne, car il doit être possible d'estimer un tracé individuel. Le nombre de mesures est finalement à déterminer en fonction du nombre de paramètres à estimer. Pour l'équation 1, au moins trois mesures sont nécessaires ; avec plus de paramètres temporels, le nombre augmente proportionnellement. Dans le paragraphe suivant, nous montrons les possibilités de modélisation en lien avec différents designs.

Estimation des covariances sur des points de mesure à l'intérieur d'un cas

Dans le cas le plus simple, la variable procédurale reflète une quelconque covariable – importante pour la question de recherche – qui varie au fil du temps. Souvent, les covariables comportent une variance entre sujets qui devrait être éliminée. Si, dans notre exemple, un lien entre variations de l'humeur et "charge du travail" est présent, alors la charge de travail peut varier non seulement d'une semaine à l'autre, mais aussi entre les personnes. Pour éliminer ces différences inter-individuelles, la variable procédurale (charge de travail) est "centrée" par la moyenne, afin que la moyenne de chaque personne devienne 0 et que les mesures temporelles fluctuent autour de cette moyenne de 0. Pour ce faire, on calcule d'abord la moyenne individuelle qui est soustraite des valeurs de la série temporelle.

Une variante consiste en l'utilisation d'indicateurs dichotomiques pour estimer la covariance dans les conditions d'un design (expérimental) – comme par exemple un plan "ABAB" (voir chapitre 2.2) – similaire à l'"analyse d'intervention" dans les séries temporelles (voir plus haut, chapitre 8.2.2). Les composantes procédurales sont données par le 0 (absence de condition expérimentale ou condition de contrôle) et le 1 (condition expérimentale). Ici, on ne "centre" généralement pas les données parce que les personnes ne se distinguent pas sur la variable procédurale et la valeur 0 peut être interprétée directement. De telles conditions peuvent représenter des sections de la série temporelle couvrant plusieurs mesures, comme par exemple une phase pré-intervention et une phase post-intervention (voir ci-dessous).

Un cas particulier d'une telle estimation de covariance est la modélisation de la *composante d'auto-régression*. Comme décrit plus haut (chapitre 8.2), les mesures répétées comprennent assez souvent une dépendance sérielle sous forme d'auto-corrélation de premier ordre (*AR(1)*), ce qui veut dire que chaque mesure dépend en partie de la valeur précédente (et le lien avec des valeurs antérieures dans la série peut être "médiatisé" par cette auto-corrélation). Afin de tenir compte de cette dépendance, on peut construire une variable "lag", qui prend la valeur de la mesure immédiatement précédente. L'estimation de ce paramètre reflète l'auto-corrélation de premier ordre. Un coefficient *AR(1)* de $r = .50$ indiquerait ainsi que la valeur de l'humeur au moment t_1 est en lien à $r = .50$ avec la valeur de l'humeur de la mesure suivante t_2. La valeur estimée reflète alors le niveau de ressemblance de la variable dépendante à la mesure précédente de cette même variable, ou – lorsque calculée sur une série de mesures – la stabilité de la variable à travers cette période de mesure.

Changements linéaires et curvilinéaires

Si l'on souhaite modéliser un changement *linéaire* de la variable dépendante, on peut utiliser une variable procédurale qui présente une séquence de chiffres (séquence numérique) reflétant ce déroulement temporel (l'unité de mesure n'est d'importance que pour l'interprétation de la taille de l'effet). Pour une série de mesures hebdomadaires, nous pouvons utiliser une variable qui représente chaque semaine de mesure (p.ex. pour 20 semaines : 0, 1, 2, 3, …, 19) ou le jour correspondant (0, 7, 14, 21, …, 133). Si les mesures ne sont pas effectuées avec des laps de temps exacts et réguliers, il est recommandé de tenir compte de ces irrégularités par une variable possédant une plus grande résolution (p.ex. les jours d'étude au lieu des semaines lorsque la mesure n'est pas effectuée le même jour de chaque semaine : 0, 7, 22, 28, 34, …, 133). L'estimation du paramètre b_{1j} informe ainsi de combien la VD change en moyenne d'un point de mesure à l'autre (ici, par jour ; plus haut, par semaine).

Dans ces exemples, la variable procédurale a normalement une valeur initiale de 0 (car 0 jours ou semaines sont passés). Par conséquent, l'estimation de b_{0j} n'indique pas la moyenne de cette variable chez la personne, mais la valeur estimée au premier point de mesure. Si l'on transformait la variable procédurale de manière à ce que la valeur 0 corresponde à la moyenne (c'est-à-dire si l'on "centrait" la variable), alors la valeur initiale de la variable b_{0j} représenterait la moyenne de la personne sur cette variable dépendante. Les variables de processus correspondantes auraient alors les valeurs [-66.5, -59.5, -52.5, … 59.5, 66.5] au cas où on représente le temps en jours.

Genoud & Reicherts · L'analyse du cas singulier   © 2016 ZKS-Verlag

Pour modéliser un *processus ou une évolution curvilinéaire* nous pouvons élargir un modèle basé sur une fonction linéaire, en y rajoutant un polynôme quadratique (puissance deux) qui représente l'accélération ou le ralentissement de l'accroissement respectivement du décroissement (courbure). Cette nouvelle variable correspond à la mise au carré de la fonction linéaire du TEMPS (p.ex. semaines : 0, 1, 4, 9, …, 361).

$$VD_{ij} = b_{0j}(\text{CONSTANTE}) + b_{1j}(\text{PROCESSUS}) + b_{2j}(\text{PROCESSUS}^2) + e_{ij} \qquad (\text{équation 2})$$

La valeur estimée de b_{1j} reflète la composante linéaire, la valeur b_{2j} celle de la composante exponentielle (importance de la courbure du tracé). Comme mentionné plus haut, une telle modélisation nécessite au moins quatre mesures répétées par personne.

Une tendance linéaire simple est souvent estimée dans un but de contrôle. Parfois, les résidus d'une telle tendance linéaire sont utilisés ultérieurement afin de disposer de données "nettoyées" des tendances linéaires. Dans la majorité des applications de cas singuliers multiples, il est recommandé d'intégrer la tendance linéaire et l'auto-corrélation de premier ordre dans le modèle pour en tenir compte d'emblée (voir également la modélisation ARIMA, chapitre 8.2).

Modélisation des changements en fonction des phases d'un design

Si des patterns d'évolution longitudinale en fonction du design sont au centre de l'analyse, on peut utiliser des indicateurs dichotomiques et des variables temporelles (voir aussi fonction de transfert dans l'analyse de l'intervention au chapitre 8.2.2). En reprenant l'exemple plus haut, le but pourrait consister à modéliser et tester l'effet du cours de gestion de stress. Ici, se pose d'abord la question de savoir quels effets sont attendus.

(1) On pourrait par exemple s'attendre à ce que l'humeur autoévaluée après la fin de l'entraînement soit plus élevée qu'avant. Ceci serait mis en évidence par un tracé présenté dans le graphique 8.3a), correspondant à l'*"input constant"* dans l'analyse d'intervention et celle des fonctions de transfert (chapitre 8.2.2). La variable procédurale met en exergue le contraste entre les mesures avant et après la fin du cours (points de mesure 4 à 7).

(2) Sinon, on pourrait supposer que l'humeur reste stable sur un niveau bas, puis monte continuellement dès le début de la participation au cours (graphique 8.3b), correspondant à un *"input croissant"* (voir chapitre 8.2.2) – ou qu'elle monte seulement lors de la participation au cours et reste stable à un niveau élevé par la suite (graphique 8.3 c). Cependant, il faut mentionner qu'il devient plus difficile d'obtenir une bonne adéquation au modèle (*model fit)* lorsque la complexité de la courbe procédurale augmente (et avec le nombre de conditions préalables). Il pourrait s'avérer utile de comparer des modèles plus simples avec des modèles plus complexes (p.ex. comparer les tracés correspondant aux codages a et c du graphique 8.3) et de retenir le modèle

avec la meilleure adéquation. Enfin, il est possible de modéliser différentes phases du design en tant que composantes procédurales séparées, démarche qui fournit une perspective exploratoire pour tester diverses hypothèses.

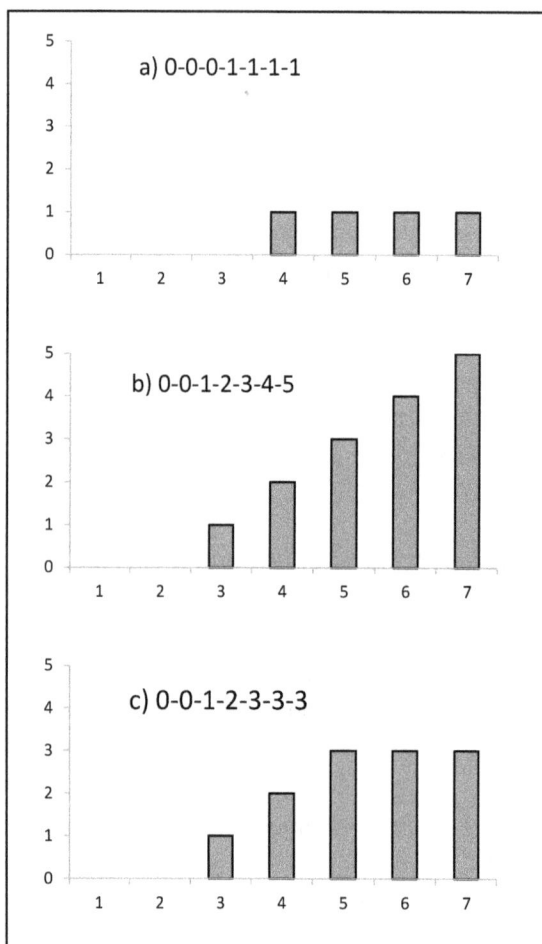

Graphique 8.3 : Exemples de codages procéduraux

Modélisation de plusieurs composantes procédurales

Lorsqu'un design particulier comporte plusieurs composantes procédurales, ces dernières peuvent être modélisées séparément par différents paramètres. Ceci ajoute plus de flexibilité aux modèles et permet de représenter un plus grand nombre de patterns procéduraux dans l'analyse de cas singuliers multiples. Ainsi, dans l'exemple actuel, les phases d'intervention – pré, peri, et post – pourraient être représentées par différentes composantes, éventuellement indépendantes les unes des autres. Le graphique 8.4 donne une illustration de cette possibilité.

Genoud & Reicherts · L'analyse du cas singulier   © 2016 ZKS-Verlag

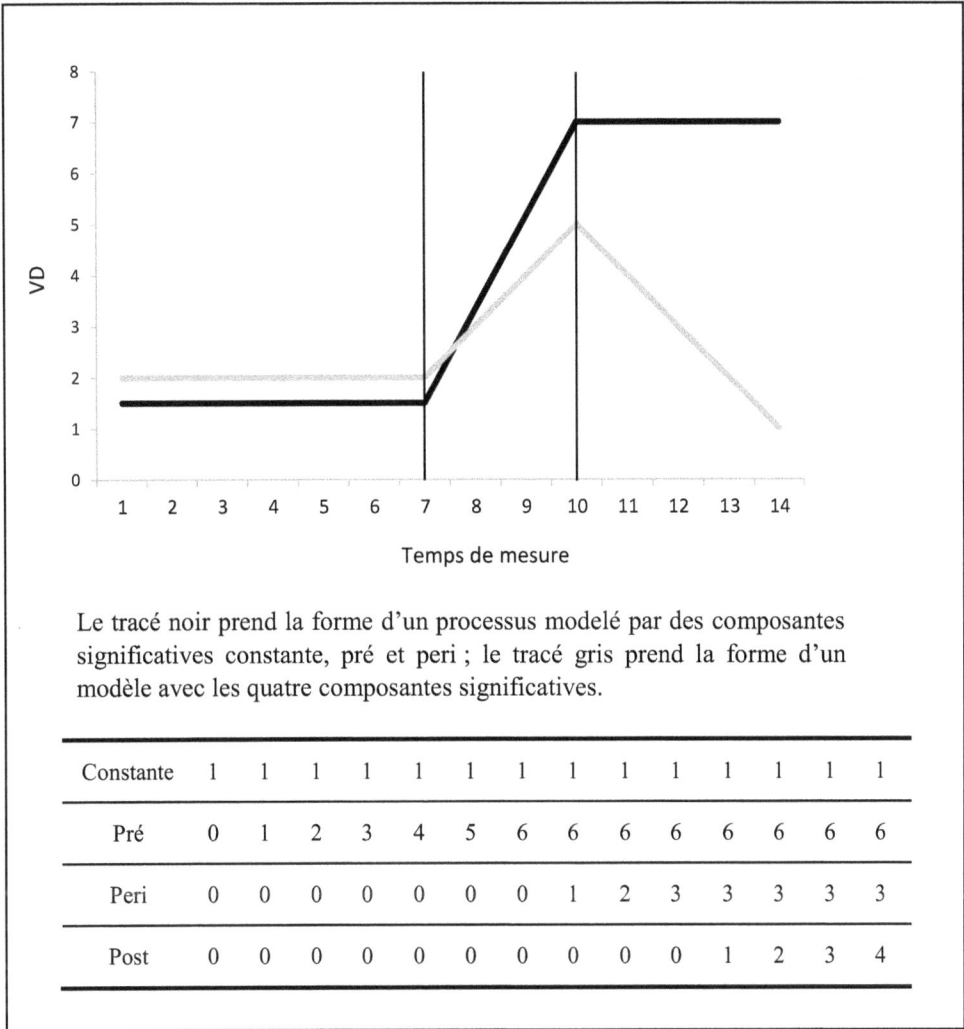

Le tracé noir prend la forme d'un processus modelé par des composantes significatives constante, pré et peri ; le tracé gris prend la forme d'un modèle avec les quatre composantes significatives.

Constante	1	1	1	1	1	1	1	1	1	1	1	1	1	1
Pré	0	1	2	3	4	5	6	6	6	6	6	6	6	6
Peri	0	0	0	0	0	0	0	1	2	3	3	3	3	3
Post	0	0	0	0	0	0	0	0	0	0	1	2	3	4

Graphique 8.4 : Codage de plusieurs composantes procédurales. La constante et les trois composantes procédurales (pré, peri, post) sont représentées par trois variables distinctes

Les deux exemples procéduraux illustrés dans le graphique 8.4 montrent pour le tracé noir (comparé au gris) une valeur légèrement plus élevée de la constante, une valeur identique (0) pour la variable pré, une valeur plus élevé pour la variable peri, et une valeur de 0 de la variable post (valeur négative pour le tracé gris). L'équation de cette situation peut être formulée ainsi (équation 3) :

$$\text{VD}_{ij} = b_{0j}(\text{CONSTANTE}) + b_{1j}(\text{PRÉ}) + b_{2j}(\text{PERI}) + b_{3j}(\text{POST}) + e_{ij} \qquad \text{(équation 3)}$$

Souvent, la présence de plusieurs composantes procédurales ne comporte pas des aspects successifs, mais des aspects parallèles ou simultanés (un exemple en est l'estimation curvilinéaire, voir ci-dessus). Ceci est particulièrement important pour l'analyse des séries temporelles, car cela permet d'analyser séparément divers aspects de processus respectivement de "nettoyer" les tracés individuels de certaines variables. Un exemple en est le contrôle des tendances linéaires dans un design ABAB.

Composantes de variance

Tandis qu'au niveau 1, le modèle est spécifié pour les données de série temporelle à l'intérieur de chaque cas, les différences entre ces derniers sont formulées à un niveau plus élevé. Par conséquent, les équations du niveau plus élevé prennent la forme suivante :

$$b_{0j} = b_{00} + u_{0j}$$
$$b_{1j} = b_{10} + u_{1j} \hspace{4cm} \text{(équations 4)}$$

Les deux équations se réfèrent au niveau 2 du modèle. Les paramètres b_{0j} et b_{1j} représentent des valeurs individuelles d'une personne j et sont modelés par les valeurs de l'échantillon pour les paramètres b_{00} respectivement b_{10}, desquelles la personne j dévie dans une certaine mesure. Ces écarts – ou résidus – u_{0j} respectivement u_{1j} sont estimés pour chaque individu et la totalité de ces écarts au sein d'un échantillon u_0 respectivement u_1 reflète la variance de l'estimation pour l'échantillon. Ici, u_{0j} représente l'écart de la moyenne (des variables centrées) respectivement l'écart de la constante pour les valeurs de la moyenne de l'ensemble de l'échantillon d'une personne j. De manière analogue, u_{1j} reflète l'écart du processus de la personne j du processus moyen dans l'échantillon.

Les équations des niveaux plus élevés peuvent être élargies par des variables qui représentent des différences individuelles entre les cas. Ainsi on peut expliquer des différences inter-individuelles dans les paramètres procéduraux :

$$b_{0j} = b_{00} + b_{01}(\text{caractéristique}_j) + u_{0j}$$
$$b_{1j} = b_{10} + b_{11}(\text{caractéristique}_j) + u_{1j} \hspace{2.5cm} \text{(équations 5)}$$

Alors que l'estimation de b_{01} indique dans quelle mesure une caractéristique individuelle prédit des différences inter-individuelles de la variable dépendante VD, b_{11} indique de combien un aspect procédural diffère dans cette caractéristique. Si l'on introduit une équation de niveau 1 (p.ex. équation 1) dans les équations 5, on obtient l'équation 6 "mixte" (car la constante est mise à 1 ; le caractère de remplacement étant redondant) :

$$VD_{ij} = b_{00} + b_{10}(\text{PROCESSUS}) + u_{0j} + u_{1j}(\text{PROCESSUS})$$
$$+ b_{01}(\text{caractéristique}_j) + b_{11}(\text{caractéristique}_j \cdot \text{PROCESSUS}) + e_{ij} \hspace{1cm} \text{(équation 6)}$$

Cette équation met en évidence que le paramètre b_{01} représente un effet principal (de niveau 2), tandis que le paramètre b_{11} correspond finalement à un *effet d'interaction*, tel un effet modérateur. Pour tenir compte du fait que la variable modératrice varie au niveau 2, tandis que la variable procédurale varie au niveau 1, on utilise souvent le terme *"cross-level interaction"* pour ces paramètres.

Au cas où le paramètre b_{1j} ne représente pas une caractéristique de processus mais une caractéristique de situation, la valeur estimée b_{11} reflète l'action conjuguée entre individu et situation ; ce paramètre démontre alors directement l'*interaction entre une caractéristique de la personne j* et *une caractéristique de la situation*.

Cette composante du modèle est particulièrement intéressante dans de nombreuses analyses de cas singuliers multiples. On trouve des exemples dans les interventions cognitivo-comportementales où l'on s'intéresse aux différences individuelles dans les contingences entre situation et renforcement ou dans le potentiel renforçateur de certaines situations sociales. Un autre exemple est la diminution de la réactivité au stress en fonction de caractéristiques situationnelles, notamment lorsque l'on s'intéresse aux effets différentiels d'une intervention chez différents groupes de personnes (p.ex. femmes *vs* hommes) ou en fonction de certaines conditions d'intervention (p.ex. entraînement au comportement *vs* psychoéducation ; entraîneur masculin *vs* féminin ; expérience professionnelle de l'entraineur en années ; taille du groupe dans les interventions, etc.).

Pour prévenir tout malentendu : ce que l'on définit comme caractéristique de l'unité d'étude n'est pas forcément une caractéristique de personnalité, mais plutôt un aspect spécifique de l'étude qui peut représenter une caractéristique décrivant l'individu. En principe, toute variable qui reste stable durant l'étude et qui fournit des informations utiles pour différencier les cas examinés peut être prise en compte (p.ex. l'entraîneur dans le cours de gestion de stress au cas où plusieurs personnes ont assuré l'entraînement ; l'état civil du sujet ; la date du début de l'intervention). Il y a donc également des variables qui ont des valeurs identiques pour certains cas, mais pas pour tout l'échantillon.

Comparaisons de modèles

À l'aide des comparaisons de modèles, on peut évaluer dans quelle mesure l'introduction de patterns procéduraux de plus en plus complexes contribuent – de manière significative – à l'explication de la variable dépendante. Ceci est surtout important lorsqu'on élabore et teste différentes composantes procédurales, éventuellement combinées les unes avec les autres.

Lors de comparaisons de modèles, on calcule les déviations (-2 · loglikelihood) des modèles à comparer, et on teste la significativité de la différence des déviations à l'aide d'un test χ^2 (un test de *likelihood-ratio*). La différence du nombre de paramètres estimés détermine les degrés de liberté du test. On évalue si le modèle plus élaboré ou plus complexe (qui comprend plus de paramètres) décrit effectivement mieux les données que le modèle plus simple ; un résultat significatif confirme cette attente. La description par un modèle plus complexe est toujours "meilleure" au niveau numérique – mais seule une amélioration marquée (et significative) justifie une plus grande complexité.[2]

Supposons que l'on souhaite examiner si une tendance curvilinéaire basée sur deux polynômes (un effet linéaire et un effet carré) décrit mieux les séries de données qu'un modèle avec une seule tendance linéaire. Nous pouvons comparer un modèle comprenant les deux composantes avec le modèle avec la seule composante linéaire pour tester l'augmentation de la variance expliquée par le modèle curvilinéaire. La différence en termes de paramètres du modèle est de 4 (= degrés de liberté supplémentaires), concrètement : (1) de l'effet au carré, (2) de la composante de variance pour l'effet au carré, (3) de la covariance entre l'effet au carré et la constante, (4) de la covariance entre l'effet au carré et l'effet linéaire). Si la comparaison (chiffrée) s'avère plus grande que 9.49 (valeur critique du χ^2 pour 4 degrés de liberté), elle indique alors que la curvilinéarité dans les tendances des personnes est significative.

On peut également utiliser une comparaison de modèles pour tester les différences entre les divers coefficients au sein d'un même modèle. Par exemple, si l'on veut tester dans un plan ABAB (voir chapitre 2.3.2) si les effets de la condition B diffèrent dans les deux segments AB de manière significative, il faut un modèle qui représente la condition B par deux paramètres, *b1* et *b2* (les deux codés de manière dichotomique 0 / 1), qui différencient les conditions B de la ligne de base A. Dans un premier modèle, on estime les paramètres *b1* et *b2* de manière libre. Ce modèle est ensuite comparé avec un deuxième modèle dans lequel on introduit une contrainte (*constraint*), à savoir la même valeur pour *b1* et *b2*. Dans ce modèle 2, on suppose alors le même effet pour les deux phases B. Une comparaison de ces deux modèles permet, si le test χ^2 est significatif, de valider l'hypothèse d'un effet différent entre *b1* et *b2* (la valeur explicative du modèle se détériore significativement). Si ceci n'est pas le cas (test non significatif), les valeurs estimées de *b1* et *b2* ne diffèrent pas significativement (pour une discussion plus détaillée voir Moeyaert, Ferron, Beretvas & Van den Noortgate, 2014).

Une situation courante vise par exemple à savoir si l'humeur d'un enfant est plus élevée en présence de la mère que de celle du père. On exprime la présence de la mère et du père par une variable "dummy" (0 = absent, 1 = présent) et on estime une valeur prédictive pour les deux paramètres. Ce modèle est comparé avec un modèle plus simple qui ne fait pas de différence entre mère et père (soit en remplaçant les deux variables dummy par une seule variable "présence d'un parent", soit en demandant au programme d'estimer une valeur prédictive identique par le biais d'une "contrainte de paramètre"). Le modèle avec une estimation libre pour les deux paramètres est comparé avec celui qui possède un seul paramètre de présence. Le

---

[2] Les comparaisons de modèles avec des paramètres différents devraient être effectuées seulement en se basant sur des estimations Maximum Likelihood (ML), et non sur des estimations Restricted Maximum Likelihood (REML).

résultat de cette comparaison met en évidence l'éventuelle différence entre les effets de présence des deux parents. Si le test (avec un seul degré de liberté ; le modèle le plus simple ne comprend qu'un seul paramètre à la place de deux) est significatif, il démontre que l'estimation séparée des effets de présence de la mère et du père est statistiquement importante, donc les effets de présence diffèrent.

Un exemple intéressant, bien différent, se trouve dans une recherche en psychologie de la santé (Sniehotta, Presseau, Hobbs & Arauji-Soares, 2012). Ces auteurs ont étudié les interventions visant l'autorégulation pour augmenter la durée de marche quotidienne à l'aide d'un design factoriel et aléatoire portant sur des cas singuliers multiples.

8.3.4. Programmes d'analyse et logiciels

La majorité des programmes d'analyse statistique possèdent un module d'analyse multiniveaux. Tout d'abord, il y a les programmes statistiques généraux (tel SPSS) où les applications multiniveaux sont regroupées dans une catégorie "modèles mixtes". Des applications multiniveaux sont aussi proposées par exemple dans le paquet *nlme* pour l'environnement *R*. Ensuite, il existe des programmes spécialisés – tels que *Mplus* (Muthén & Muthén, 2013) par exemple – qui disposent d'un module multiniveaux sophistiqué permettant de spécifier plusieurs niveaux, également en termes d'équations structurales. Finalement, on trouve des programmes spécifiques aux MLA. La variante la plus répandue est *HLM* (actuellement en version 7) de *Scientific Software International* (Raudenbush, Bryk & Congdon, 2011) qui, de par sa convivialité, convient aux novices. Une version gratuite – limitée cependant par le nombre d'unités d'analyse et de paramètres de modélisation – est disponible sur www.ssicentral.com/hlm/student.html. Elle suffit probablement à la plupart des analyses de cas singuliers. Un autre logiciel spécifiquement développé pour les MLA est le programme *MLwiN* (Rasbash et al., 2009 ; Centre for Multilevel Modelling, University of Bristol, UK). *MLwiN* est un système très flexible bien qu'un peu moins convivial que *HLM*. Une version utilisable gratuitement pendant 30 jours est disponible sous www.bristol.ac.uk/cmm/software/mlwin.

L'estimation de la *puissance statistique* ("*power*") est aussi un aspect non négligeable dans l'analyse de cas singuliers multiples. Or, l'estimation de cette puissance dans les designs multiniveaux est complexe et ne peut pas être développée dans ce chapitre introductif. Cependant, il existe des méthodes permettant une estimation de la puissance, notamment par le biais de logiciels gratuits, comme par exemple le programme *Optimal Design* (Spybrook et al., 2011) qui fournit une spécification du design de l'étude à l'aide d'une interface graphique pour l'utilisateur. De plus, il est possible d'effectuer une estimation de puissance qui se base sur une simulation du modèle, en tenant compte des paramètres attendus. De telles possibilités sont offertes par le programme *Mplus* qui repose sur une simulation MCMC (voir ci-dessous).

8.3.5. Bénéfices et coûts des MLA de cas singuliers multiples

Quels sont les avantages de l'approche MLA dans l'analyse et l'évaluation des cas singuliers ? Même si l'on se focalise au niveau 2 – surtout pour différencier les cas singuliers – l'analyse permet également d'obtenir nombre d'informations utiles pour l'évaluation d'un cas singulier particulier. En intégrant une variable de niveau 2, on peut contrôler statistiquement la contribution d'une caractéristique et "nettoyer" par conséquent le tracé d'une VD pour une personne donnée. Les méthodes MLA distinguent les estimations portant sur l'échantillon entier (effets fixes) des estimations individuelles et permettent par conséquent de considérer l'évolution d'un cas singulier en contrôlant les estimations globales. Ainsi, on peut partialiser et enlever des séries temporelles individuelles la tendance générale à travers le temps ou d'autres aspects procéduraux qui découlent éventuellement du design de l'échantillon.

De plus, on peut – à partir des composantes de variance d'un échantillon – générer des valeurs d'ancrage qui permettent de décrire les effets et de qualifier leur taille, au moins pour les cas de l'étude.

Les MLA présentent aussi des avantages lorsque l'on veut se prononcer sur des groupes de cas singuliers. Les indices statistiques concernant l'échantillon que génèrent les MLA tiennent compte de l'ensemble des données disponibles pour une personne et la fidélité d'une seule série temporelle dans le calcul des indices statistiques de l'échantillon. Lors de la saisie de séries temporelles plus longues, il y a souvent des données manquantes ce qui peut, par exemple, poser des problèmes dans l'analyse de courbes de croissance à l'aide des modèles utilisant des équations structurales. L'analyse de ces données est toutefois possible avec l'approche multiniveaux.

Par contre, une limite générale des MLA consiste au fait qu'elles ne s'appliquent pas à de petits échantillons. C'est surtout l'effectif de cas qui est important pour la puissance statistique. Même si certaines études de simulation suggèrent des estimations robustes pour 10 à 15 cas déjà, on recommande le plus souvent un effectif minimal de 30 cas.

Les MLA ont été développées pour de grands échantillons et il n'est certain que l'on puisse tirer des conclusions pertinentes sur la base de petits jeux de données, comme on les trouve souvent dans les études de cas singuliers. Des jeux de données avec une dizaine de sujets ont été analysés à titre d'exemple (voir Shadish, 2014). De tels jeux de données sont à situer à la borne inférieure en ce qui concerne la taille de l'échantillon, car la fiabilité des tests de significativité peut être mise en question. Notamment, lorsqu'une analyse se focalise sur la variabilité des estimations des composantes procédurales – et par conséquent sur les composants de variance – on a besoin d'un échantillon comportant plus de 30 personnes. Hox (2010) discute les tailles d'échantillon pour les modèles MLA en fonction de différents aspects d'analyse (pour une discussion de la taille d'échantillon voir Maas & Hox, 2005 ; Snijders, 2005).

Dans des petits jeux de données, des méthodes d'estimation de Bayes fournissent des résultats plus fiables (p.ex. *Markov Chain Monte Carlo Methods* ; *MCMC*). De telles méthodes d'estimation sont disponibles avec *MLwiN* ou *Mplus*, mais aussi dans des programmes spécialisés comme *WinBUGS* (Lunn, Thomas, Best & Siegelhalter, 2000). Le lecteur trouvera par exemple une illustration de cette approche pour les cas singuliers chez Rindskopf (2014).

8.4. Bibliographie

Littérature supplémentaire

- concernant les analyses ARIMA :

Köhler, Th. (2008). *Statistische Einzelfallanalyse.* Weinheim: Beltz.

Köhler, Th. (2012). Inferenzstatistischer Nachweis intraindividueller Unterschiede im Rahmen von Einzelfallanalysen. *Empirische Sonderpädagogik, No. 3/4*, 265-274.

Schmitz, B. (1989). *Einführung in die Zeitreihenanalyse.* Hans Huber: Bern.

Schmitz, B. (1996). Grundlagen der quantitativen Einzelfallanalyse. In E. Brähler & C. Adler (Hrsg.), *Quantitative Einzefallanalysen und qualitative Verfahren* (S. 47-79). Giessen: Psychosozial-Verlag.

- concernant les analyses multiniveaux :

Singer, J.D. & Willett, J.B. (2003). *Applied longitudinal data analysis: Modeling change and event occurrence.* Oxford University Press.

Snijders, T.A.B., and Bosker, R.J. (2012). *Multilevel Analysis: An introduction to basic and advanced multilevel modeling* (2nd ed.). London: Sage Publishers.

- concernant les analyses du cas singulier avec mesures répétées :

Bolger, N. & Laurenceau, J. P. (2013). *Intensive longitudinal methods: An introduction to diary and experience sampling research.* New York: Guilford Press.

Références

Ackermann, K., Aebi, E. & Revenstorf, D. (1996). Anwendungsbispiele uni- und multivariater Zeitreihenanalysen nach dem ARIMA-Modell. In E. Brähler & C. Adler (Hrsg.), *Quantitative Einzefallanalysen und qualitative Verfahren* (S. 81-101). Giessen: Psychosozial-Verlag.

Box, G.E.P. & Jenkins, G.M. (1976). *Forecasting and control* (2nd ed.). San Francisco: Holden Day.

Ding, M. Chen, Y. & Bressler, S.L. (2006). Granger causality: Basic theory and application to neuroscience. In S. Schelter, N. Winterhalder & J. Timmer (Ed.), *Handbook of time series analysis*. Weinheim: Wiley.

Gottman, J.M. (1981). *Time series analysis*. Cambridge, UK.: Cambridge University Press.

Granger, C. (2007). Personal account [by Clive Granger]. In Seth, A., Granger causality, *Scholarpedia, 2(7)*:1667.

Kenny, D.A., Kashy, D.A. & Cook, W.L. (2006). *Dyadic data analysis*. New York: Guilford Press.

Köhler, T. (2008). *Statistische Einzelfallanalyse: Eine Einführung mit Rechenbeispielen*. Weinheim: Beltz.

Lunn, D., Thomas, A., Best, N. & Siegelhalter, D. (2000) WinBUGS – a Bayesian modeling framework: Concepts, structure, and extensibility. *Statistics and Computing, 10*, 325-337.

Maas, C. & Hox, J. (2005). Sufficient sample sizes for multilevel modeling. *Methodology: European Journal of Research Methods for the Social Sciences, 1*(3), 86–92.
doi:10.1027/1614-1881.1.3.86

Moeyaert, M., Ferron, J.M., Beretvas, S.N. & Van den Noortgate, W. (2014). From a single-level analysis to a multilevel analysis of single-case experimental designs. *Journal of School Psychology, 52*, 191-211.
doi:10.1016/j.jsp.2013.11.003

Muthén, L.K. & Muthén, B.O. (2013). *Mplus*. Los Angeles, CA: Muthén & Muthén.

Pankratz, A. (1983). *Forecasting with univariate Box-Jenkins-Models*. New York: Wiley & Sons.

Rasbash, J., Charlton, C., Browne, W. J., Healy, M. & Cameron, B. (2009). *MLwiN Version 2.1*. University of Bristol: Centre for multilevel modelling.

Raudenbush, S.W. & Bryk, A.S. (2002). *Hierarchical linear models: Applications and data analysis methods* (Vol. 1). London: Sage Publishers.

Raudenbush, S.W., Bryk, A.S. & Congdon, R. (2011). *HLM 7 for Windows* [Computer software]. Lincolnwood, IL: Scientific Software International.

Revensdorf, D. (1979). *Zeitreihenanalyse für klinische Daten. Methodik und Anwendungen*. Weinheim: Beltz.

Rindskopf, D. (2014). Nonlinear Bayesian analysis for single case designs. *Journal of School Psychology, 52* (2), 179-189.
doi:10.1016/j.jsp.2013.12.003

Schlittgen, R. & Streitberg, B. (2001). *Zeitreihenanalyse* (9. Aufl.). München: Oldenbourg.

Schmitz, B. (1989). *Einführung in die Zeitreihenanalyse*. Huber: Bern.

Schmitz, B. (1996). Grundlagen der quantitativen Einzelfallanalyse. In E. Brähler & C. Adler (Hrsg.), *Quantitative Einzefallanalysen und qualitative Verfahren* (S. 47-79). Giessen: Psychosozial-Verlag.

Sniehotta, F.F., Presseau, J., Hobbs, N. & Arauji-Soares, V. (2012). Testing self-regulation interventions to increase walking using factorial randomized N-of-1 trials. *Health Psychology, 31* (6), 733-737.
doi: 10-1037/a0027337

Seth, A. (2007). Granger causality. *Scholarpedia, 2(7)*:1667.

Shadish, W.R. (2014). Statistical analyses of single-case designs: The shape of things to come. *Current Directions in Psychological Science*, *23*, 139-146.
doi:10.1177/0963721414524773

Singer, J.D. & Willett, J.B. (2003). *Applied longitudinal data analysis: Modeling change and event occurrence*. Oxford University Press.

Snijders, T.A.B. (2005). Power and sample size in multilevel linear models. In B.S. Everitt & D.C. Howell (Eds.), *Encyclopedia of Statistics in Behavioral Science* (Vol. 3, pp. 1570-1573). Chichester: Wiley.

Snijders, T.A.B. & Bosker, R.J. (2012). *Multilevel Analysis: An introduction to basic and advanced multilevel modeling* (2nd ed.). London: Sage Publishers.

Spybrook, J., Raudenbush, S.W., Liu, X.F., Congdon, R. & Martínez, A. (2006). *Optimal design for longitudinal and multilevel research: Documentation for the "Optimal Design" software*. University of Michigan: Survey Research Center of the Institute of Social Research at University of Michigan.

Partie IV

Applications

9. L'analyse du cas singulier en neuropsychologie : étude de l'effet d'une intervention sur les douleurs chroniques

Stéphanie Haymoz, Katharina Ledermann &
Chantal Martin-Soelch

Résumé

L'analyse de cas singuliers est une des méthodes traditionnelles de la neuropsychologie et de la neurologie. Elle permet d'un côté de développer des hypothèses sur les fonctions de régions cérébrales qui peuvent être ensuite testées avec des recherches ciblées sur des personnes saines en utilisant des méthodes d'imagerie médicale et des paradigmes neurocognitifs par exemple. D'un autre côté, les analyses de cas singuliers permettent également d'évaluer les effets d'interventions neuropsychologiques ou neurologiques, voire neurochirurgicales, ceci en particulier pour des interventions rarement pratiquées.

C'est dans ce cadre que s'inscrit l'étude de cas présentée dans ce chapitre puisqu'elle s'intéresse au suivi d'une patiente souffrant de douleurs chroniques neuropathiques avant et après une intervention neurochirurgicale. Nous présentons ici les résultats de mesures neurocognitives, psychopathologiques et de mesures liées à l'évaluation de la douleur, en général ainsi qu'au quotidien. L'évaluation post-intervention indique une amélioration du vécu douloureux en général et au quotidien, une certaine amélioration des fonctions neurocognitives et des symptômes dépressifs ainsi que des évaluations plus positives du vécu émotionnel au quotidien. L'analyse du cas présenté ne permet cependant que partiellement de distinguer les effets liés à l'intervention neurochirurgicale de ceux liés au traitement psychothérapeutique suivi par la patiente. Il aurait pour cela fallu opter pour un design plus complexe. Une analyse de cas multiples aurait de plus permis de donner des informations ultérieures sur la significativité et les possibilités de généraliser ces résultats.

En conclusion, cette analyse de cas singulier a montré la pertinence de cette méthode dans le domaine de la neuropsychologie, en particulier pour comprendre l'effet d'interventions rarement pratiquées. Les limites de cette étude de cas, en particulier en ce qui concerne la spécificité des résultats, leur significativité et leur généralisation indiquent cependant l'importance d'analyses de cas multiples pour ce champ d'investigation.

9.1. Introduction

Étant donné ses différentes formes et fonctions, l'analyse du cas singulier est une des méthodes traditionnelles de la neuropsychologie et de la neurologie qui a permis de mettre en évidence très tôt de nouveaux syndromes comme l'aphasie ou la maladie d'Alzheimer par exemple. Elle a surtout permis de comprendre les fonctions des différentes régions du cerveau sur la base de l'analyse systématique des déficits associés à des lésions particulières comme l'illustre un célèbre cas étudié par Milner (1966). Pour traiter de violentes crises d'épilepsie, Monsieur H.M. a subi une ablation chirurgicale bilatérale de l'hippocampe mais a développé, suite à cette opération, une sévère amnésie qui s'est manifestée par l'incapacité d'enregistrer de nouvelles informations. Ce cas a ainsi permis d'identifier le rôle de l'hippocampe dans l'encodage de nouvelles informations.

Les analyses de cas singuliers en neuropsychologie ont donc permis de développer des hypothèses sur les fonctions de régions cérébrales qui peuvent être testées ensuite avec des recherches ciblées sur des personnes saines en utilisant des méthodes d'imagerie médicale et des paradigmes neurocognitifs par exemple. Récemment, les études de cas unique ont rencontré un regain d'intérêt scientifique (Atzeni, 2009) et représentent une sorte d'outil de validation des modèles neurocognitifs. Leur valeur informative a même été considérée comme supérieure à celles des études de groupes dans le domaine de la neuropsychologie (Atzeni, 2009 ; Vallar, Boller & Grafman, 2000).

Les analyses de cas singuliers permettent également d'évaluer les effets d'interventions neuropsychologiques, ou neurologiques voire neurochirurgicales, en particulier pour des interventions rarement pratiquées. C'est dans ce cadre que s'inscrit l'étude de cas présentée dans ce chapitre. Elle s'intéresse au suivi d'une patiente souffrant de douleurs chroniques avant et après une intervention neurochirurgicale. Cette analyse de cas fait partie d'un projet de suivi de patients présentant des douleurs chroniques suite à une intervention neurochirurgicale qui a donné lieu à une publication d'analyses de cas multiples (Pirrotta et al., 2013). Ce projet était d'abord motivé par la volonté de mettre en évidence les risques potentiels des lésions volontairement provoquées durant l'intervention neurochirurgicale sur les fonctions cognitives, affectives et sur différentes variables de personnalité. Il a cependant également évolué comme un suivi clinique et une préparation à l'intervention. En effet, les données récoltées de manière systématique et approfondie pour chacun des participants au projet ont servi aux neurochirurgiens de base de décision pour pratiquer ou non l'intervention. Dans certains cas, un accompagnement psychothérapeutique proposé en cabinet privé, indépendant de la prise en charge hospitalière, a été par exemple conseillé avant que l'intervention ne soit pratiquée.

Nous décrivons dans ce chapitre les aspects neuropsychologiques liés à l'expérience de la douleur chronique ainsi que les interventions neurochirurgicales dans ce domaine avant de présenter l'analyse de cas de Madame A. qui a été adaptée pour les besoins de ce chapitre.

9.2. Douleurs chroniques : aspects neuropsychologiques

La douleur est la raison principale pour laquelle les patients vont consulter un médecin (Gatchel, Peng, Peters, Fuchs & Turk, 2007). On parle de douleur chronique lorsque la douleur persiste au-delà de six mois et lorsqu'elle a perdu sa fonction de signal d'alarme (Gatchel et al., 2007). La douleur neuropathique est causée par une ou des lésions des nerfs centraux ou périphériques et peut toucher toutes les parties du corps (Pirrotta et al., 2013).

La douleur chronique est souvent associée à la dépression, avec une prévalence de ce trouble dépassant 20% selon les études (Fishbain, Cutler, Rosomoff & Rosomoff, 1997 ; Wilson, Eriksson, D'Eon, Mikail & Emery, 2002). La douleur chronique est également associée à d'autres difficultés affectives et d'autres problèmes de régulation des émotions, comme par exemple l'alexithymie (Celikel & Saatcioglu, 2006 ; Makino et al., 2013). L'alexithymie est un dysfonctionnement affectant la perception et le traitement des émotions (Lumley, Neely & Burger, 2007). Les patients avec de hauts scores d'alexithymie montrent de plus hauts niveaux d'intensité de la douleur, ce qui laisse supposer que les difficultés dans la régulation des émotions, en particulier le manque de conscience de ses propres émotions, pourrait indirectement influencer l'expérience de la douleur (Hosoi et al., 2010 ; Katz, Martin, Page & Calleri, 2009).

En plus des difficultés affectives, il a été bien établi que la douleur chronique est également souvent associée à des problèmes neuropsychologiques (Hart, Martelli & Zasler, 2000 ; Libon et al., 2010). Les patients présentant des douleurs chroniques peuvent avoir des déficits dans plusieurs fonctions cognitives. En particulier, on peut mettre en évidence des déficits par le biais de divers tests mesurant les processus attentionnels, la vitesse de traitement de l'information et la rapidité psychomotrice (Clauw & Chrousos 1997 ; Hart et al., 2000), ainsi que la mémoire, en particulier la mémoire à court-terme (Legrain, Crombez, Verhoeven & Mouraux, 2011 ; Weiner, Rudy, Morrow, Slaboda & Lieber, 2006). Le problème principal dans l'interprétation des difficultés cognitives observées chez ces patients est que ces performances sont aussi influencées par des difficultés affectives, en particulier par la dépression (Fishbain, Lewis, Gao, Cole & Steele Rosomoff, 2009 ; Hart et al., 2000; Hart, Wade & Martelli, 2003 ; Lopez-Lopez, Montorio, Izal & Velasco, 2008). Pour cette raison, il fait sens de mesurer les processus affectifs en plus des processus cognitifs, ainsi que la perception de la douleur chez les patients souffrant de douleurs chroniques.

9.3. Intervention neurochirurgicale dans le domaine de la douleur

Un des problèmes majeurs dans la prise en charge de la douleur chronique neuropathique est qu'il n'existe aucun traitement efficace pour tous les sujets. De plus, les différentes formes de thérapie médicamenteuses et comportementales ont des taux de succès généralement modestes et obtiennent une diminution de la douleur souvent à court ou moyen terme seulement (Fresenius, Hatzenbühler & Heck, 2004). C'est la raison pour laquelle on préconise actuellement des traitements individualisés dans la prise en charge de la douleur chronique neuropathique (Gilron, Baron & Jensen, 2015). Pour les cas qui n'ont répondu à aucune forme de traitement, on peut proposer une intervention neurochirurgicale (Young et al., 1995). Ce genre d'intervention a été proposée depuis les années 1950 déjà et consistait au départ à pratiquer l'ablation partielle de certaines parties du thalamus, une forme spécifique de thalamotomies (Jeanmonod, Magnin, Morel & Siegemund, 2001 ; Jeanmonod & Morel, 2009 ; Young et al., 1995). Ces méthodes ont été récemment réactualisées sur la base de résultats d'études neurophysiologiques, comme l'enregistrement intracrânien de l'activité neuronale ou l'électroencéphalographie qui ont montré des ondes delta/theta et beta/gamma excessives dans certaines parties du thalamus chez les patients souffrant de douleurs chroniques (Sarnthein & Jeanmonod, 2008 ; Sarnthein, Stern, Aufenberg, Rousson & Jeanmonod, 2006 ; Schulman et al., 2005). Ces données sont également en accord avec les résultats obtenus par des études d'imagerie médicale fonctionnelle qui ont identifié un ensemble de régions cérébrales impliquées dans le traitement de la douleur et qui comprennent entre autres le thalamus, le striatum, le cervelet ainsi que des régions du *cortex préfrontal, pariétal* et *insulaire* ainsi que le *cortex cingulaire* (Tracey & Mantyh, 2007).

Suite à ces résultats, la thalamotomie stéréotactique centrale est devenue la forme d'intervention de choix pour le traitement des douleurs chroniques neuropathiques résistantes (Jeanmonod & Morel, 2009). Stéréotactique signifie ici que l'opération est basée sur l'anatomie précise du cerveau du patient qui est entrée dans un système de coordonnées permettant ensuite de pratiquer une lésion à un endroit très précisément localisé. Dans le cas de la thalamothomie stéréotactique centrale latérale, la lésion est effectuée par abrasion du thalamus dans le noyau central latéral qui est impliqué dans ce qu'on appelle le système médial de la douleur ("medial pain system"). Il s'agit d'un système composé des parties du thalamus impliquées dans le traitement des informations de douleurs et dans la génération de douleurs chroniques (Jeanmonod & Morel, 2009).

9.4. Étude de cas singulier : Madame A.

Nous présentons ici le cas de Madame A., adapté aux besoins de ce livre. Mme A. est âgée de 51 ans au moment de sa prise en charge. Elle souffre de douleurs chroniques depuis son adolescence et, depuis trois ans, d'un syndrome douloureux du maxillaire droit. Divorcée et sans enfant, elle bénéficie de l'Assurance-Invalidité à 100% depuis sept ans. Ses douleurs étant chroniques et résistantes aux traitements par anesthésies locales, l'intervention neurochirurgicale décrite ci-dessus lui a été proposée. Avant de présenter l'anamnèse, les résultats pré-opératoires et post-opératoires, il convient d'abord de décrire les méthodes d'évaluation utilisées dans cette étude de cas.

9.4.1. Méthodes d'évaluation

Nous avons effectué des mesures ponctuelles avant et après l'intervention neurochirurgicale tout comme des mesures d'évaluation ambulatoires consistant en un carnet journalier de la douleur. Ceci a permis d'obtenir une description claire et détaillée de la douleur de Mme A. Ce carnet journalier a été rempli durant la semaine précédant l'intervention (ligne de base) puis au cours des trois mois suivants (mesures postopératoires).

Mesures neurocognitives et affectives ponctuelles

Les fonctions neurocognitives ont notamment été mesurées en utilisant le *Mini Mental Status Test* (MMST) qui permet de tester de manière générale le fonctionnement cognitif et de dépister des troubles cognitifs. Un score en-dessous 24 au MMST est un indicateur de troubles cognitifs (Folstein, Folstein & McHugh, 1990). De plus, nous avons utilisé le *Frontal Lobe Score* (FLS) pour mesurer les fonctions frontales et investiguer de potentiels dommages ou dysfonctions des lobes frontaux au niveau du comportement en utilisant un seuil clinique (*cut-off*) de 12 points (Ettlin et al., 2000). L'utilisation de ce test a été motivée par le fait que les études chez les patients avec des douleurs chroniques ont mis en évidence des activations cérébrales dysfonctionnelles – en général dans le cortex frontal ou préfrontal – ou ont montré des déficits cognitifs dans des tâches liées à l'activité du cortex frontal et préfrontal, comme celles faisant appel à la mémoire à court-terme (Hart et al., 2000 ; Malinen et al., 2010). Le FLS est composé de 6 dimensions : (1) le contrôle moteur et la programmation motrice testés avec un contrôle des réflexes moteurs et des impulsions motrices, ainsi que par la performance à des séquences motrices complexes ; (2) le contrôle mental, testé par un test de flexibilité dans le *"shifting"* cognitif (*Trail Making Test*, Reitan, 1958 ; Tombaugh, 2004) et par la capacité d'inverser des séries automatisées ; (3) la personnalité et les émotions mesurés par 12 items de l'échelle *Neurobehavioral Rating Scale* (Levin et al., 1987) ; (4) le langage par évaluation du discours spontané et narratif ; (5) la fluidité verbale sémantique et non-verbale (*five-point test* ; Goebel, Fischer, Ferstl & Mehdorn, 2009 ; Regard, Strauss & Knapp, 1982) et (6) la mémoire par le biais d'un test d'apprentissage d'une liste de mots.

Les fonctions affectives ont été mesurées avec d'une part le *Beck Depression Inventory* (BDI, Hautzinger, Bailer, Worall & Keller, 1994) comme mesure des symptômes dépressifs et, d'autre part, avec le *State-Trait Anxiety Inventory* (STAI, Laux, Glanzmann, Schaffner & Spielberger, 1981) pour mesurer l'anxiété état et l'anxiété trait. L'intensité de la douleur a aussi été mesurée de manière ponctuelle avant et après l'opération au moyen d'une auto-évaluation de l'intensité de la douleur (minimale et maximale) sur une échelle visuelle analogique de 100 mm (Price, McGrath, Rafii & Buckingham, 1983). De plus, la patiente a évalué l'amélioration de la douleur et de sa qualité de vie en pourcent.

Le carnet journalier de la douleur

Le carnet journalier de la douleur permet de décrire et d'évaluer l'intensité des douleurs ainsi que le vécu affectif et les pensées présents au moment de l'évaluation. Plus précisément, les items portent sur la localisation de la douleur, son intensité générale, sa description ainsi que sur les moyens éventuellement utilisés pour la diminuer. Le vécu affectif est évalué au moyen de la valence affective et de descripteurs affectifs (basés sur le *"Learning Affect Monitor"* ; Reicherts, Salamin, Maggiori & Pauls, 2007). Le carnet journalier de la douleur est à remplir au minimum trois fois par jour à différents moments de la journée, pendant les plages horaires suivantes : entre 6h00 et 13h59, entre 14h00 et 18h59, entre 19h00 et 23h59, et finalement entre 0h00 heures et 5h59. Cette procédure combine ainsi la méthode dite de l'échantillonnage temporel (*"time-sampling"*, c'est-à-dire dans la matinée, en milieu de journée et en soirée par exemple) et de l'échantillonnage événementiel (*"event-sampling"*, c'est-à-dire en lien avec une situation particulière ; voir chapitre 4.3.2). Si aucune douleur n'est présente, la personne indique son absence en traçant la case correspondante, ceci dans le but de distinguer entre une valeur manquante et l'absence de douleur.

Le carnet journalier comme évaluation ambulatoire de la douleur

L'évaluation ambulatoire est une méthode d'évaluation des processus physiologiques, comportementaux, cognitifs ou affectifs, réalisée en temps réel et dans le milieu de l'individu (Fahrenberg, Myrtek, Pawlik & Perrez, 2007 ; voir chapitre 4 pour un survol). Bien que ce terme se réfère généralement à l'utilisation de méthodes le plus souvent informatisées (*"computer-assisted methodology"* ; tels les ordinateurs de poche) pour la récolte de données dans les situations de la vie au quotidien, il s'applique également au *format papier-crayon*, retenu pour Madame A. pour des raisons logistiques. Plusieurs stratégies d'échantillonnage peuvent être utilisées, dont l'échantillonnage temporel (c'est-à-dire mesure à des moments fixes de la journée) et événementiel (c'est-à-dire mesure contingente à la survenue d'un événement spécifique), tous deux combinés pour les carnets journaliers de la douleur (Fahrenberg et al., 2007). Cette méthode présente de nombreux avantages, à commencer par celui de mettre en exergue les variations intra-individuelles de la personne au cours de sa journée et dans différentes situations. De plus, permettant des mesures dans la vie quotidienne, les résultats sont davantage généralisables au contexte de vie général de l'individu ; la validité écologique s'en voit ainsi améliorée. Par ailleurs, de telles mesures limitent les biais liés au rappel rétrospectif ; ceci influence également positivement la validité interne de l'étude. En effet, lors d'évaluation rétrospective, les patients souffrant de douleur chronique ont tendance à surestimer leur douleur (Stone, Broderick, Shiffman, & Schwartz, 2004). Finalement, il semble que cette méthode – et ses nombreux avantages – soit bien acceptée par les personnes souffrant de douleurs chroniques (Stone et al., 2004).

Dans le cadre de cette analyse de cas, nous présentons les résultats relatifs à la localisation de la douleur, son intensité (sur une échelle allant de 1 [douleur la moins intense imaginable] à 10 [douleur la plus intense imaginable]) ainsi que la valence affective générale (sur une échelle allant de 1 [ressenti le plus désagréable] à 9 [ressenti le plus agréable]). Les différentes mesures sont présentées dans le graphique 9.1 ci-dessous.

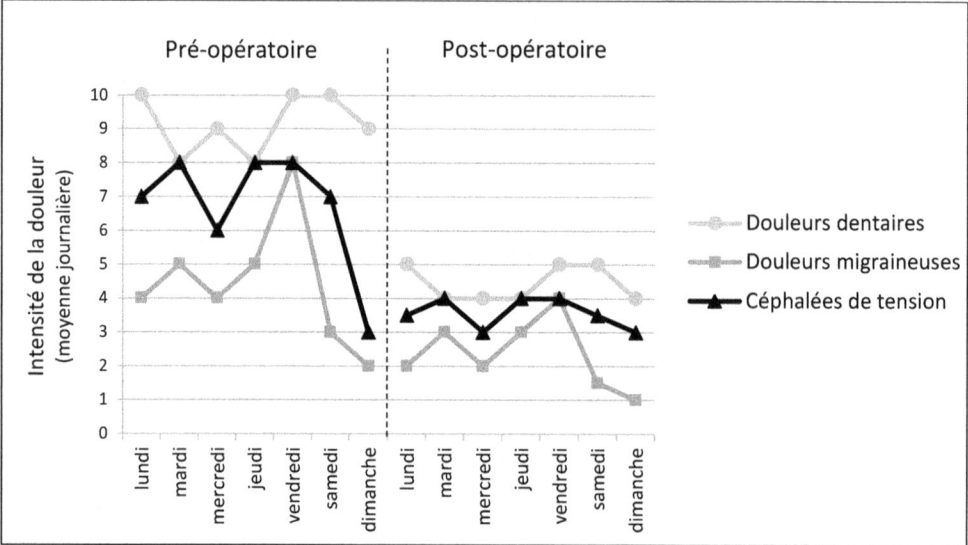

Figure 9.1 : Valeurs quotidiennes (moyennes des 4 mesures journalières) de l'intensité de la douleur sur une semaine, relativement aux trois principaux types de douleurs (comparaison entre évaluation pré- et post-opératoire après 3 mois)

9.4.2. Anamnèse et évaluation pré-opératoire

Mme A. éprouve d'importantes douleurs qui ont débuté au cours de son adolescence (dorsalgies et problèmes gynécologiques) et qui ont conduit à neuf opérations (deux au niveau dorsal et sept dans le bas-ventre). Depuis trois ans et suite à une ablation dentaire qui a endommagé le nerf trijumeau, Mme A. souffre en plus d'un syndrome douloureux du maxillaire droit. Ses douleurs à la tête et au visage ne peuvent être réduites de manière satisfaisante, malgré des traitements par anesthésies locales. Elles sont décrites comme étant aiguës et profondes, "comme si elles étaient ressenties dans les nerfs", avec des sensations de type brûlures, décharges électriques, coups de poignards et compressions. La douleur est constamment présente, mais fluctue durant la journée "par vagues" (entre une à dix fois par jour, avec diverses intensités, allant de quelques secondes à une heure). Dans les moments les plus difficiles, Mme A. décrit un état douloureux "de fond", venant s'ajouter aux pics de douleurs.

À cause de ses douleurs, Mme A. observe une diminution de sa qualité de vie, un fort retrait social, une réduction des activités de loisirs et un sommeil perturbé (à savoir maximum cinq heures de sommeil par nuit). De plus, elle souffre d'un état dépressif chronique (dépression moyennement sévère ; BDI = 15), probablement réactif à ses douleurs chroniques. L'anxiété (état et trait) se situe dans la norme (STAI Y-A = 44 ; STAI Y-B = 37). En ce qui concerne ses fonctions cognitives, les résultats obtenus sont dans la limite inférieure de la norme (MMS = 27), ce qui indique spécifiquement des problèmes d'attention. Ces résultats sont confirmés par le *Frontal Lobe Score* dans lequel les tâches liées à l'attention et à la mémoire à court-terme sont réduites (le score total est cependant dans la norme ; FLS = 10). Les résultats des mesures quotidiennes avec le carnet de la douleur sont illustrés dans la figure 9.1.

Puisque les données sont représentées sur une échelle ordinale, le médian *Md* et l'écart semi-interquartile *Q* (voir chapitre 7.2) sont indiqués ci-dessous ; les moyennes et les écarts-types (*SD*) sont également mentionnés à titre indicatif. Pour la période *pré-opératoire*, les résultats sont les suivants :

- pour les douleurs dentaires *Md* = 9 et *Q* = 1 (*m* = 9.14 ; *SD* = 0.90) ;
- pour les douleurs migraineuses *Md* = 4 et *Q* = 1 (*m* = 4.71 ; *SD* = 2.06) ;
- pour les céphalées de tension *Md* = 7 et *Q* = 1 (*m* = 6.71 ; *SD* = 1.80).

Les valeurs de tendance centrale et de dispersion pour la période post-opératoire sont :

- pour les douleurs dentaires *Md* = 4 et *Q* = 0.5 (*m* = 4.43 ; *SD* = 0.53) ;
- pour les douleurs migraineuses *Md* = 2 et *Q* = 0.75 (*m* = 2.36 ; *SD* = 1.03) ;
- pour les céphalées de tension *Md* = 3.5 et *Q* = 0.5 (*m* = 3.57 ; *SD* = 0.45).

Étant donné les composantes neurologiques et psychologiques impliquées dans la névralgie maxillaire, une chirurgie (à savoir la thalamotomie stéréotactique centrale latérale sous anesthésie locale) combinée à une psychothérapie – prévue en cabinet privée par une psychiatre – sont proposées à *Mme* A.

9.4.3. Évaluation post-opératoire et mesure de suivi

À la sortie de l'hôpital, aucune complication post-opératoire n'est à relever. Une réduction des douleurs est constatée. En effet, celles latéralisées à gauche ne sont pas réapparues et du côté droit, seules de petites douleurs sont présentes. La patiente rentre chez elle 2 jours plus tard.

Trois mois après l'intervention neurochirurgicale, Mme A. constate une stabilisation satisfaisante de la névralgie maxillaire. Les douleurs primaires semblent constantes et diminuées en intensité de 50%. L'évaluation des douleurs spécifiques au quotidien est illustrée dans la figure 9.1 (partie de droite). Des céphalées de tension s'y ajoutent toutefois depuis un mois. Ainsi, la plainte somatique porte encore sur trois principaux types de douleurs :

(1) douleurs dentaires : 2 à 5 fois par jour (avec une intensité allant de 55% à 80%) ; réduites globalement de moitié en intensité suite à l'opération et décrites comme étant, dans l'ensemble, supportables ;

(2) douleurs migraineuses (également déjà présentes avant l'opération) : 4 fois par mois, à une intensité de 100% ;

(3) céphalées de tension – accompagnées de photophobie – qui s'accentuent lors des migraines (1 fois par semaine, d'une durée d'environ une journée).

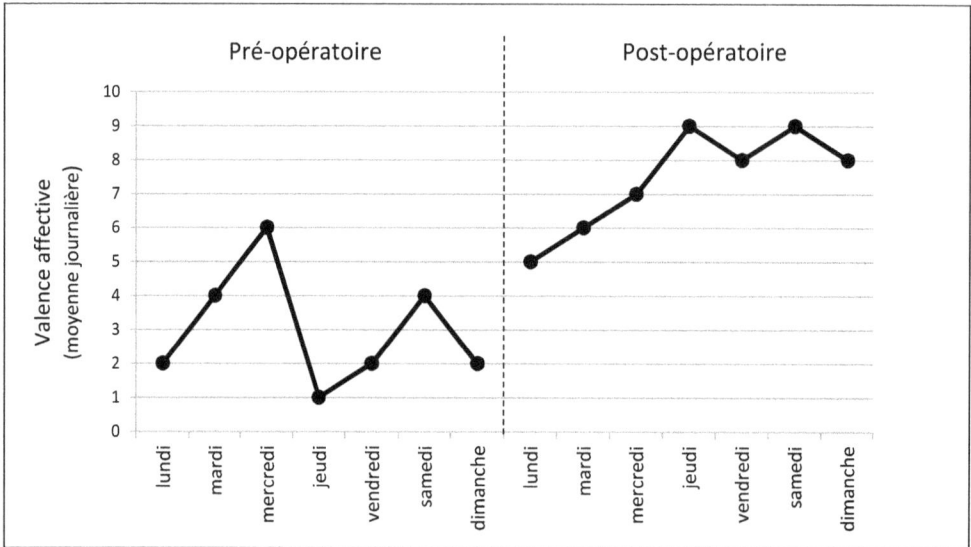

Figure 9.2 : Valeurs quotidiennes moyennes de la valence affective de Mme A. sur une semaine (comparaison entre évaluation pré- et post-opératoire après 3 mois)

La patiente a estimé, sur une échelle de pourcentage, que la diminution de sa souffrance a permis d'engendrer une *amélioration de sa qualité de vie* de 50%, valeur non négligeable. Ses activités sociales demeurent restreintes, étant donné un état de fatigue encore prononcé. Durant son temps libre, Mme A. jardine et se promène. Ses difficultés à dormir persistent, avec une durée de sommeil inférieure à cinq heures par nuit. Sur le plan émotionnel, l'état dépressif de Mme A. a légèrement diminué vers une dépression de faible sévérité (BDI = 12). Par contre, son anxiété reste stable et dans la norme. Au niveau de ses fonctions cognitives, les résultats au *Mini Mental State* et au *Frontal Lobe Score* sont dans la norme (MMS = 29 ; FLS = 5), indiquant ainsi une légère augmentation de ses capacités d'attention et de mémorisation à court-terme.

Les changements entre les mesures pré- et post-opératoires, en ce qui concerne la valence affective dans la vie quotidienne, sont représentés dans la figure 9.2. Avant l'opération, les indices de tendance centrale et de dispersion relatifs à cette *valence affective* s'élevaient à $Md = 3$ et $Q = 1$ ($m = 3$; $SD = 1.73$) ; après l'opération, les valeurs sont de $Md = 8$ et $Q = 1.5$ ($m = 7.4$; $SD = 1.51$).

9.4.4. Analyse statistiques des changements

Pour analyser les modifications des scores d'auto-évaluation pour les trois types de douleur ainsi que pour la valence affective (voir figure 9.3), le test non-paramétrique du signe proposé par Cox et Stuart (voir chapitre 7.4.2) a été utilisé.

Les résultats sont les suivants :

Pour les *douleurs dentaires et migraineuses*, 7 différences (sur 7) sont positives ; la significativité exacte est de $p = .0078$. En ce qui concerne les *céphalées de tension*, 6 différences (sur 7) sont positives, avec cette fois-ci un $p = .0156$. Les changements sont donc significatifs à $p < .05$ voire $p < .01$ indiquant une baisse significative de l'intensité de la douleur.

Si on analyse la *valence affective*, 7 différences (sur 7) sont négatives. La significativité exacte de ce résultat est de $p = .0078$, ce qui indique une augmentation de valence significative ($p < .01$).

Avec les instruments standardisés il est possible d'évaluer les changements suivant le rationnel psychométrique (voir chapitre 5.6). Ainsi, on teste la significativité de la différence entre la deuxième mesure (*post*) et la première mesure (*pré*).

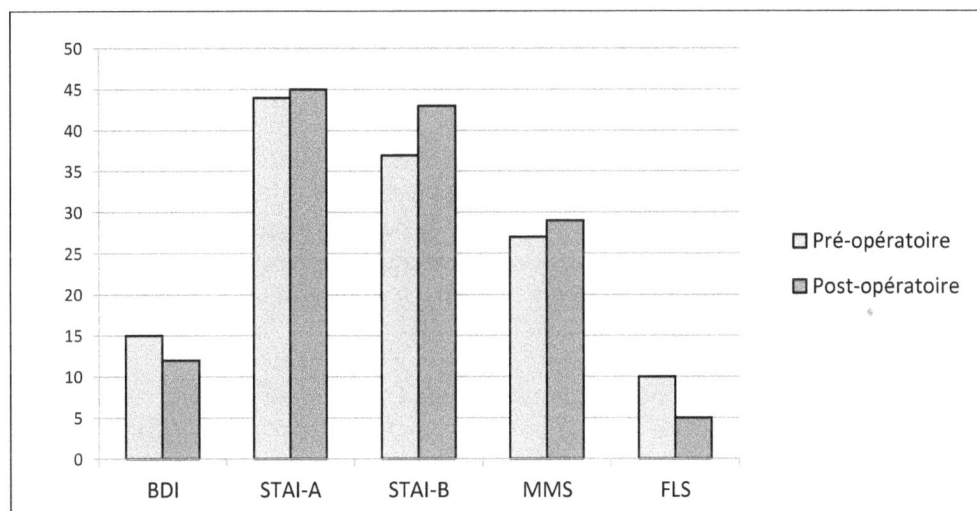

Figure 9.3 : Comparaison des valeurs pré- et post-opératoires aux questionnaires standardisés chez Mme A.

Selon les valeurs normatives (groupe de référence : femmes entre 30 et 59 ans), les niveaux d'anxiété relevés chez Mme A. (STAI-trait) se trouvent dans fourchette qualifiée de normale tant pour l'évaluation pré-opératoire ($T = 51$) que pour celle post-opératoire ($T = 58$). La valeur critique de différence (avec un risque d'erreur de 5%) se situe à 8.1 ; ainsi, l'augmentation observée d'un score de 37 à un score de 44 ne se révèle pas significative.

Les mesures effectuées avec le BDI montrent une faible diminution (passage de 15 à 12). Ces deux scores indiquent des symptômes légers. Ici également, la valeur critique pour un changement significatif (avec un risque d'erreur de 5%) est de 9.1, bien plus important que la différence observée qui n'est donc pas significative.

Pour la suite du suivi, un traitement par étirement et apport local de chaleur lui est proposé. La poursuite d'un travail psychothérapeutique est prévue pour lui permettre d'apprendre des techniques, telle la relaxation, visant à mieux gérer son vécu et ses douleurs chroniques. Mme A. souhaite également débuter des séances de shiatsu.

9.5. Conclusion

En conclusion, on peut observer que l'opération neurochirurgicale a apporté un bénéfice au niveau des douleurs chroniques ressenties par notre patiente et que cette modification s'est accompagnée d'une légère amélioration des fonctions cognitives mesurées, ainsi que des symptômes dépressifs. Les résultats obtenus chez cette patiente sont en accord avec ceux obtenus dans un plus grand groupe de patients souffrant de douleurs neuropathiques qui montrent (au niveau du groupe) une amélioration significative des fonctions cognitives, une diminution des symptômes dépressifs et une baisse significative de la douleur ressentie (Pirrotta et al., 2013). L'utilisation des mesures de la douleur au quotidien a permis de corroborer les indications subjectives données de manière ponctuelle par la patiente avant et après l'opération. Ces mesures – basées sur un carnet quotidien de la douleur – permettent une observation plus fine et plus spécifique des différents types de douleurs rapportés par Mme A. De plus, l'analyse des processus affectifs – d'un côté au quotidien et de l'autre de manière ponctuelle – permet de mieux comprendre leur lien avec la douleur et d'obtenir des observations qui ne sont pas seulement basées sur des processus psychopathologiques, comme dans le BDI, mais sur les états émotionnels momentanés ressentis au quotidien. Il est intéressant de noter qu'après l'opération (voir figure 9.2) la valence affective des états émotionnels momentanés semble indiquer une valence plus positive de ces états. Cette évolution peut être mise en parallèle avec la diminution des symptômes dépressifs rapportés par Mme A. Ces observations ont également permis de créer un traitement sur mesure pour elle. En particulier, les aspects liés au traitement affectif en général et au quotidien (évaluation ambulatoire) ont mené à l'indication d'une psychothérapie pour accompagner les changements visés par l'opération.

D'un côté, cette analyse de cas singulier montre l'importance de cette méthode pour examiner des effets spécifiques des interventions dans le domaine de la neuropsychologie et, par la même, pour donner des informations sur des aspects de sécurité du traitement qui dépassent la sécurité physique. D'un autre côté, cette méthode a permis de développer une prise en charge individualisée pour cette patiente et de mieux comprendre ses besoins sur la base de la combinaison de plusieurs niveaux de mesures (évaluation ponctuelle *vs* ambulatoire ; mesures multi-dimensionnelles). Nous avons opté pour un design relativement simple afin de mettre en exergue les effets de l'intervention neurochirurgicale sur Mme A. Un autre design aurait été nécessaire pour mesurer en plus les effets de l'intervention psychothérapeutique (qui n'était pas le sujet de cette étude). Nous aurions pu par exemple le complexifier par un design à ligne de base multiple (voir chapitre 2) afin de distinguer les effets de l'intervention chirurgicale de celle psychologique. Cependant, comme la prise en charge thérapeutique a été effectuée de manière totalement indépendante, en cabinet privé, il n'y a pas eu de possibilité de collaboration ou d'échange avec la psychiatre impliquée dans le traitement psychothérapeutique. Nous ne pouvons donc pas exclure que la psychothérapie a eu un effet sur nos résultats. Toutefois, la prise en charge thérapeutique a été peu intensive après l'intervention neurochirurgicale et ses effets avant l'opération sont déjà compris dans les mesures pré-opératoires. Nous pouvons donc postuler, avec une certaine prudence, que les changements observés autant au quotidien qu'avec les tests psychométriques sont majoritairement lié à l'effet de l'intervention neurochirurgicale. Cela se confirme par de multiples autres cas singuliers (patients souffrant de douleurs neuropathiques et dont Mme A. fait partie) évalués avant et après une thalamothomie centrale latérale (Pirrotta et al., 2013). L'analyse de leurs mesures montre en effet des résultats similaires alors que les autres patients n'ont pas suivi de traitement psychothérapeutique.

En conclusion, cette analyse de cas singulier a montré la pertinence de cette méthode dans le domaine de la neuropsychologie, en particulier pour comprendre l'effet d'interventions rarement pratiquées. Les limites de cette étude de cas (en particulier en ce qui concerne la spécificité des résultats), leur significativité et leur généralisation plaident cependant pour l'utilisation d'analyses de cas multiples dans ce champ d'investigation.

9.6. Bibliographie

Atzeni, T. (2009). Statistiques appliquées aux études de cas unique: méthodes usuelles et alternatives. *Revue de Neuropsychologie, 4* (1), 343-351.

Celikel, F.C. & Saatcioglu, O. (2006). Alexithymia and anxiety in female chronic pain patients. *Ann Gen Psychiatry, 5*, 13.
doi: 10.1186/1744-859X-5-13

Clauw, D.J. & Chrousos, G.P. (1997). Chronic pain and fatigue syndromes: overlapping clinical and neuroendocrine features and potential pathogenic mechanisms. *Neuroimmunomodulation, 4* (3), 134-153.

Ettlin, T.M., Kischka, U., Beckson, M., Gaggiotti, M., Rauchfleisch, U. & Benson, D. F. (2000). The Frontal Lobe Score: part I: construction of a mental status of frontal systems. *Clin Rehabil, 14* (3), 260-271.

Fahrenberg, J., Myrtek, M., Pawlik, K. & Perrez, M. (2007). Ambulatory assessment – Monitoring behavior in daily life setting. A behavioral-scientific challenge for psychology. *European Journal of Psychological Assessment, 23* (4), 206-213.

Fishbain, D.A., Lewis, J.E., Gao, J., Cole, B. & Steele Rosomoff, R. (2009). Is chronic pain associated with somatization/hypochondriasis? An evidence-based structured review. *Pain Pract, 9* (6), 449-467.
doi: 10.1111/j.1533-2500.2009.00309.x

Folstein, M.F., Folstein, S.E. & McHugh, P.R. (1990). Mini-Mental-Status-Test MMST. Deutschsprachige Fassung. In J. Kessler, H. J. Markowitsch & P. Denzler (Hrsg.), *Der Mini-Mental-Status Test*. Weinheim: Beltz Test.

Fresenius, M., Hatzenbühler, K. & Heck, M. (2004). *Repetitorium Schmerztherapie.* Berlin: Springer.

Gatchel, R.J., Peng, Y.B., Peters, M.L., Fuchs, P.N. & Turk, D.C. (2007). The bio-psychosocial approach to chronic pain: scientific advances and future directions. *Psychol Bull, 133* (4), 581-624.

Gilron, I., Baron, R. & Jensen, T. (2015). Neuropathic pain: principles of diagnosis and treatment. *Mayo Clin Proc, 90* (4), 532-545.
doi: 10.1016/j.mayocp.2015.01.018

Goebel, S., Fischer, R., Ferstl, R. & Mehdorn, H.M. (2009). Normative data and psychometric properties for qualitative and quantitative scoring criteria of the Five-point Test. *Clin Neuropsychol, 23*, 675-690.

Hart, R.P., Martelli, M.F. & Zasler, N.D. (2000). Chronic pain and neuropsychological functioning. *Neuropsychol Rev, 10* (3), 131-149.

Hart, R.P., Wade, J.B. & Martelli, M.F. (2003). Cognitive impairment in patients with chronic pain: the significance of stress. *Curr Pain Headache Rep, 7* (2), 116-126.

Hautzinger, M., Bailer, M., Worall, H. & Keller, F. (1994). *Beck-Depressions-Inventar (BDI). Bearbeitung der deutschen Ausgabe. Testhandbuch.* Bern: Huber.

Hosoi, M., Molton, I.R., Jensen, M.P., Ehde, D.M., Amtmann, S., O'Brien, S., Arimura, T. & Kubo, C. (2010). Relationships among alexithymia and pain intensity, pain interference, and vitality in persons with neuromuscular disease: Considering the effect of negative affectivity. *Pain, 149* (2), 273-277.
doi: 10.1016/j.pain.2010.02.012

Jeanmonod, D., Magnin, M., Morel, A. & Siegemund, M. (2001). Surgical control of the human thalamocortical dysrhythmia: I. central lateral thalamotomy in neurogenic pain. *Thalamus & Related Systems, 1*, 71-79.

Jeanmonod, D. & Morel, A. (2009). The central lateral thalamotomy for neuropathic pain. In A. M. Lozano, P.L. Gildenberg & R.R. Tasker (Eds.), *Textbook of Stereotactic and Functional Neurosurgery* (pp. 2081-2096). Berlin: Springer.

Katz, J., Martin, A.L., Page, M.G. & Calleri, V. (2009). Alexithymia and fear of pain independently predict heat pain intensity ratings among undergraduate university students. *Pain Res Manag, 14* (4), 299-305.

Laux, L., Glanzmann, P., Schaffner, P. & Spielberger, C.D. (1981). *Das State-Trait-Angstinventar. Theoretische Grundlagen und Handanweisung.* Weinheim: Beltz Test.

Legrain, V., Crombez, G., Verhoeven, K. & Mouraux, A. (2011). The role of working memory in the attentional control of pain. *Pain, 152* (2), 453-459. doi: 10.1016/j.pain.2010.11.024

Levin, H.S., High, W., Goethe, R., Sisson, R.A., Overall, J.E., Rhoades, H., Eisenberg, H.M., Kalisky, Z. & Gary, H. (1987). The neurobehavioral rating scale: Assessment of the behavioural sequelae of head injury by the clinician. *J Neurol Neurosurg Psychiatry, 50,* 183-193.

Libon, D.J., Schwartzman, R.J., Eppig, J., Wambach, D., Brahin, E., Peterlin, B.L., Guillermo, A. & Kalanuria, A. (2010). Neuropsychological deficits associated with Complex Regional Pain Syndrome. *J Int Neuropsychol Soc, 16* (3), 566-573. doi: 10.1017/S1355617710000214

Lopez-Lopez, A., Montorio, I., Izal, M. & Velasco, L. (2008). The role of psychological variables in explaining depression in older people with chronic pain. *Aging Ment Health, 12* (6), 735-745. doi: 10.1080/13607860802154408

Lumley, M. A., Neely, L. C. & Burger, A. J. (2007). The assessment of alexithymia in medical settings: implications for understanding and treating health problems. *J Pers Assess, 89* (3), 230-246. doi: 10.1080/00223890701629698

Makino, S., Jensen, M.P., Arimura, T., Obata, T., Anno, K., Iwaki, R., Kubo, C., Sudo, N. & Hosoi, M. (2013). Alexithymia and chronic pain: the role of negative affectivity. *Clinical Journal of Pain, 29* (4), 354-361. doi: 10.1097/AJP.0b013e3182579c63

Malinen, S., Vartiainen, N., Hlushchuk, Y., Koskinen, M., Ramkumar, P., Forss, N., Kalso, E. & Hari, R. (2010). Aberrant temporal and spatial brain activity during rest in patients with chronic pain. *Proc Natl Acad Sci USA, 107* (14), 6493-6497. doi: 10.1073/pnas.1001504107

Milner, B. (1966). Amnesia following operation on the temporal lobes. In C. Whitty & O. Zangwill (Eds.), *Amnesia* (pp. 109-133). London: Butterworths.

Pirrotta, R., Jeanmonod, D., McAleese, S., Aufenberg, C., Opwis, K., Jenewein, J. & Martin-Soelch, C. (2013). Cognitive functioning, emotional processing, mood, and personality variables before and after stereotactic surgery: a study of 8 cases with chronic neuropathic pain. *Neurosurgery, 73* (1), 121-128. doi: 10.1227/01.neu.0000429845.06955.70

Price, D.D., McGrath, P.A., Rafii, A. & Buckingham, B. (1983). The validation of visual analogue scales as ratio scale measures for chronic and experimental pain. *Pain, 17* (1), 45-56.

Regard, M., Strauss, E. & Knapp, P. (1982). Children's production on verbal and non-verbal fluency tasks. *Perceptual and Motor Skills, 55*, 839-844.

Reicherts, M., Salamin, V., Maggiori, C. & Pauls, K. (2007). The Learning Affect Monitor (LAM) – A computer-based system integrating dimensional and discrete assessment of affective states in daily life. *European Journal of Psychological Assessment, 23* (4), 268-277.

Reitan, R. M. (1958). Validity of the trail making test as an indicator of organic brain damage. *Perceptual and Motor Skills, 8*, 271-276.

Sarnthein, J. & Jeanmonod, D. (2008). High thalamocortical theta coherence in patients with neurogenic pain. *Neuroimage, 39* (4), 1910-1917.
doi: 10.1016/j.neuroimage.2007.10.019

Sarnthein, J., Stern, J., Aufenberg, C., Rousson, V. & Jeanmonod, D. (2006). Increased EEG power and slowed dominant frequency in patients with neurogenic pain. *Brain, 129* (Pt 1), 55-64.
doi: 10.1093/brain/awh631

Schulman, J., Ramirez, R.R., Zonenshayn, M., Ribary, U., Llinas, R. & Schulman, J. (2005). Thalamocortical dysrhythmia syndrome: MEG imaging of neuropathic pain. *Thalamus & Related Systems, 3*, 33-39.

Stone, A.A., Broderick, J.E., Shiffman, S.S. & Schwartz, J.E. (2004). Understanding recall of weekly pain from a momentary assessment perspective: Absolute agreement, between- and within-person consistency, and judged change in weekly pain. *Pain, 107* (1-2), 61-69.

Tombaugh, T.N. (2004). Trail Making Test A and B: normative data stratified by age and education. *Arch Clin Neuropsychol, 19* (2), 203-214.
doi: 10.1016/S0887-6177(03)00039-8

Tracey, I. & Mantyh, P.W. (2007). The cerebral signature for pain perception and its modulation. *Neuron, 55*(3), 377-391.
doi: 10.1016/j.neuron.2007.07.012

Vallar, G. (2000). The methodological foundations of human neuropsychology: Studies in brain-damaged patients. In F. Boller & J. Grafman, J. (Eds.), *Handbook of neuropsychology* (2nd ed.) (Vol. 1, pp. 305-344.). Amsterdam: Elsevier Science Publishers.

Weiner, D.K., Rudy, T.E., Morrow, L., Slaboda, J. & Lieber, S. (2006). The relationship between pain, neuropsychological performance, and physical function in community-dwelling older adults with chronic low back pain. *Pain Med, 7* (1), 60-70.
doi: 10.1111/j.1526-4637.2006.00091.x

Young, R.F., Jacques, D.S., Rand, R.W., Copcutt, B.C., Vermeulen, S. & Posewitz, A.E. (1995). Technique of stereotactic medial thalamotomy with the Leksell Gamma Knife for treatment of chronic pain. *Neurol Res, 17* (1), 59-65.

Zimmermann, G., Salamin, V. & Reicherts, M. (2008). L'alexithymie aujourd'hui: essai d'articulation avec les conceptions contemporaines des émotions et de la personnalité. *Psychologie Française, 53,* 115-128.

10. Analyse du cas singulier dans le contexte scolaire : dynamique des attitudes en cours de mathématiques

Philippe A. Genoud, Gabriel Kappeler & Jean-Luc Gurtner

Résumé

La plupart des recherches menées dans le domaine de la scolarité ont recours à des statistiques quantitatives se basant sur de grands nombres d'élèves. L'indépendance des données, récoltées auprès de sujets regroupés en classes, n'est généralement pas garantie et appelle l'utilisation de modèles multiniveaux. Toutes ces démarches ne permettent cependant pas d'analyser les processus au niveau *micro* afin de tenir compte des différents profils d'élèves. Dans ce chapitre, nous prenons le contre-pied en proposant un exemple d'analyse de cas singuliers avec des mesures effectuées durant un cours de mathématiques.

Ce chapitre présente plus précisément le cas de deux élèves dont nous analysons les fluctuations d'attitude à l'aide de représentations graphiques et statistiques non paramétriques appropriées. La démarche peut être étendue à l'analyse de nombreux cas, ceci sans difficulté technique ou coût particulièrement conséquent. Ainsi, ce type d'analyse peut s'articuler de manière pertinente avec d'autres statistiques réalisées sur de plus grands groupes d'élèves.

10.1. Introduction : les attitudes face à l'apprentissage

Lorsque l'élève aborde un apprentissage, il ne le fait jamais de manière totalement neutre. Il appréhende en effet chaque activité avec un certain nombre de pensées, d'attentes et de sentiments qui vont avoir un impact sur son travail, notamment par le biais de son attention et de sa motivation. On parle alors volontiers d'*attitudes* que l'on peut définir ainsi : "état interne à l'individu, résultant de la combinaison de perceptions, de représentations, d'émotions, d'expériences, et de l'analyse de leurs résultats. Cet état interne rend plus ou moins probable un comportement déterminé dans une situation donnée." (Raynal & Rieunier, 2001, p. 45).

Le modèle des attitudes de Triandis (1971) offre une perspective intéressante pour mieux saisir la manière dont un élève envisage l'apprentissage d'une discipline. On y trouve une structure avec trois registres.

En premier, le registre cognitif concerne les croyances, les connaissances et les opinions que le sujet peut avoir au sujet de chacune de ses branches. Les dimensions que l'on peut dès lors relier à ce registre sont proches de celles que l'on retrouve dans les déterminants de la motivation (Viau, 1997). Ainsi, l'utilité que l'élève perçoit dans les activités d'apprentissage qui lui sont proposées est une croyance qui aura un impact sur son engagement. On trouve de même l'autoévaluation que fait l'élève de ses propres compétences qui, indépendamment de son réalisme, va l'amener à se comporter d'une certaine manière face à son travail. La perception de la contrôlabilité – qui appartient au concept des attributions causales (Weiner, 1985) – peut également être considérée comme une dimension importante du registre cognitif. La perception de l'élève relative aux causes de sa réussite ou de son échec concerne non seulement des expériences passées (dans une optique de compréhension ou de justification), mais aussi des événements à venir (en termes d'attente ou de prévision ; voir aussi Bandura, 2003).

Parfois, les stéréotypes sont inclus dans le registre cognitif (Fishbein & Ajzen, 1975) et peuvent constituer une mesure complémentaire des attitudes face à une discipline (Triandis, 1971). Dans le domaine scolaire, ceux-ci sont à examiner, car leur impact sur le comportement de l'élève est appréciable. Celui qui s'avère le plus manifeste est sans aucun doute le stéréotype de masculinité relatif à l'apprentissage et aux raisonnements mathématiques.

Le deuxième registre des attitudes concerne le domaine *affectif*. En effet, les émotions de l'élève (considérées au sens large du terme) sont en lien – souvent dans une perspective d'influence réciproque – avec les aspects cognitifs développés ci-dessus (Pekrun, 2006). Les dimensions qui constituent ce registre sont l'ensemble des affects (incluant humeurs, sentiments et états émotionnels) positifs et négatifs. En effet, l'élève peut ressentir de la fierté, de l'espoir ou du plaisir dans ses apprentissages. Parfois, la distinction entre ces émotions positives n'est pas facile à faire, tant pour celui qui les éprouve que pour le chercheur qui tente de les mesurer. Les affects négatifs (p.ex. anxiété, stress, désespoir, honte) constituent une autre dimension dans ce registre, avec une difficulté de différenciation semblable. Dans ce modèle, on trouve également le sentiment d'être capable de réguler ses états affectifs. Il s'agit ici de la perception qu'a l'élève de pouvoir affronter son anxiété, non seulement durant les évaluations, mais aussi lors des apprentissages ou des devoirs.

Le troisième registre (du domaine *comportemental*) peut être opérationnalisé de deux manières distinctes. D'un côté, il est possible d'évaluer l'implication de l'élève dans son travail scolaire (comportement effectif et observable), de l'autre, on peut d'aborder ce registre par le biais d'une mesure conative, à savoir l'intention qu'il a de s'engager dans ses apprentissages.

10.2. La mesure des attitudes par le biais de questionnaire et durant le cours (évaluation ambulatoire)

Nous présentons dans ce chapitre un fragment d'une recherche menée auprès d'élèves du secondaire I (scolarité obligatoire) et plus précisément dans un contexte d'enseignement des mathématiques. Elle fait appel à une évaluation des attitudes en mathématiques, d'une part dans une perspective de *trait* (données récoltées avant le cours et considérées comme relativement stables dans le temps) et, d'autre part, avec une mesure de type *état*, permettant ainsi une évaluation à divers moments du cours. Grâce à une mesure ambulatoire répétée à de multiples reprises durant l'apprentissage, les données récoltées peuvent être non seulement comparées à la mesure plus stable (*trait*), mais aussi permettre une meilleure compréhension de l'évolution des quatre dimensions évaluées : le sentiment de compétence, les affects positifs et négatifs, ainsi que l'investissement. La clarification des relations entre ces aspects dynamiques du processus d'ajustement devraient contribuer à formuler des hypothèses spécifiques concernant les attitudes des élèves en cours de mathématiques.

Méthode

Par le biais d'un questionnaire évaluant les attitudes socio-affectives en maths (Genoud & Guillod, 2014), nous avons mesuré différentes dimensions constitutives des trois registres des attitudes présentés plus haut. Si la validation du questionnaire a été réalisée auprès d'élèves du niveau secondaire II, nous retrouvons des qualités psychométriques similaires auprès d'un large échantillon d'élèves du secondaire I (Genoud, Kappeler & Guillod, 2015).

Le questionnaire (comprenant 45 items) développé autour de huit dimensions (voir tableau 10.1) offre une mesure intéressante des attitudes, mais les considère sous un angle "traitiste"[1]. En effet, l'élève doit répondre à des items évaluant ses attitudes face à l'apprentissage des mathématiques en général, mais cet outil ne tient pas

---

[1] La mesure peut être considérée comme un trait stable (par opposition à un état momentané). Les coefficients de corrélation test-restest après trois semaines d'intervalle indiquent une assez forte stabilité puisqu'ils sont tous clairement supérieurs à .80.

compte de la variabilité des attitudes en fonction des tâches spécifiques en mathématiques (et du moment auquel l'élève y est confronté).

Tableau 10.1 : Dimensions du Questionnaire des attitudes socio-affectives en maths (Genoud & Guillod, 2014 ; en italique, dimensions reprises dans l'évaluation *état* ponctuelle)

Registre cognitif	*Sentiment de compétence*	Utilité perçue	Contrôlabilité
Registre affectif	*Affects positifs*	*Affects négatifs*	Régulation des affects
Registre comportemental	*Investissement*		
Mesure "normative"	Masculinité		

Ainsi, il est par exemple tout à fait possible d'imaginer un élève dont les attitudes envers les mathématiques sont globalement positives (fort sentiment de compétence, plaisir, aucune anxiété, fort engagement, etc.) mais qui, momentanément, éprouve des attitudes plus négatives envers un devoir à effectuer à domicile qui entrerait en concurrence avec une autre activité souhaitée par l'élève (aller jouer dehors avec ses amis). De même, durant une séquence d'enseignement, les croyances, les affects et les comportements peuvent évoluer plus ou moins fortement, comme par exemple, le sentiment de compétence pourrait diminuer à mesure que les contenus abordés se complexifient au fil d'une leçon.

À l'instar de l'évaluation de la motivation (Vallerand, 2000 ; Boekaerts, 2001), il semble donc nécessaire de pouvoir évaluer les attitudes au niveau *micro*, celui de la situation momentanée dans laquelle l'élève se trouve (voir chapitre 4 pour une vue plus générale sur l'évaluation ambulatoire). Grâce à l'utilisation de *boîtiers de vote* maniables (zappettes interactives permettant le transfert d'une information chiffrée ; voir figure 10.1) nous avons pu, à différentes reprises durant une séquence de deux périodes successives (et continues) d'enseignement des mathématiques, évaluer des fluctuations d'attitudes. Afin d'avoir un dispositif le plus léger possible, nous avons conservé la mesure de 4 dimensions seulement (en italique dans le tableau 10.1).

Figure 10.1 : Boîtier de vote interactif (source : www.powervote.com)

Très concrètement, lors d'un cours sur la résolution de problèmes algébriques, nous avons demandé aux élèves, toutes les 5 minutes, de répondre à 4 items (chaque fois les mêmes). Ces derniers constituent l'évaluation ponctuelle et sont formulés ainsi : Par rapport à la matière du cours, et en ce moment … (1) Je me sens compétent-e ; (2) Je me sens anxieux-se ou stressé-e ; (3) Je ressens du plaisir ; et (4) Je m'investis. Afin de simplifier les réponses, nous avons laissé les élèves répondre sur les dix touches du boîtier, c'est-à-dire sur une échelle de 0 [intensité minimale] à 9 [intensité maximale]. Cette procédure de récolte de données diffère significativement du questionnaire trait étant donné que les items se réfèrent explicitement à l'ici et maintenant, alors que le questionnaire à 45 items vise une évaluation plus stable et transsituationnelle (en classe, pendant les évaluations, en situation de devoirs à domicile). Ainsi, nous nous éloignons quelque peu ici de la conception d'attitudes de Triandis puisque nous suggérons une certaine variabilité évidente sur un laps de temps relativement court avec un point de vue dynamique. En revanche, certains auteurs (p.ex. Moliner & Tafani, 1997) abordent ce type de mesure d'attitude avec une perspective beaucoup plus flexible puisque considérée comme "représentation sociale", plus spécifiquement, comme des éléments périphériques de ces représentations. De manière semblable aux cas d'évaluation ambulatoire reposant sur un paradigme d'auto-observation (voir chapitre 4), les élèves ont été familiarisés en amont avec le matériel de vote ainsi que les quatre items répétitifs. Lors du cours, malgré le fait que chaque interruption n'ait pas duré plus de 15 secondes, le dispositif s'est révélé un peu gênant tant pour les élèves que pour l'enseignant.

Étant donné que les mesures ont été réalisées à intervalles courts (cinq minutes), nous avons supposé que les élèves se souviendraient de leurs réponses précédentes et que ceci aurait un impact sur la diminution de la variabilité attendue. Ceci, tout comme la présence d'une certaine dépendance entre les données de la série temporelle, nous a incité à envisager uniquement des analyses non-paramétriques (voir ci-dessous). Cependant, l'analyse des résultats démontre une dispersion importante des données, du moins pour certaines dimensions (différentes selon les sujets évalués), ce qui suggère que les mesures correspondent effectivement – ou du moins en partie – aux attitudes (variables) du moment.

10.3. Résultats

La présentation de nos résultats se concentre uniquement sur deux cas particuliers qui présentent des profils intéressants. L'objectif de ces analyses est d'examiner dans quelle mesure on peut observer (graphiquement mais également par le biais d'analyses) des augmentations ou des diminutions dans les scores des quatre dimensions retenues. Pour des raisons didactiques, les données présentées ci-après ont été aménagées dans ces deux exemples afin de mettre en évidence des résultats bien lisibles. Il s'agit donc de résultats reconstruits sur la base de différents profils d'élèves différents.

Cas N°1

Nathan est un élève de 14 ans qui aime beaucoup l'école, à l'exception du cours d'économie familiale. Dès le début de sa scolarité, il a pu développer de bonnes relations avec ses camarades. C'est un garçon qui a de la facilité à l'école, dans tous ses apprentissages et tout particulièrement en mathématiques. Cependant, il ne se montre pas très travailleur et se repose souvent sur ses acquis. Lors de l'évaluation de ses attitudes avec la version *trait* (45 items), on constate dans le registre cognitif un sentiment de compétence plutôt élevé, mais surtout une très forte contrôlabilité. En revanche, l'utilité perçue reste dans une moyenne similaire à celle de sa classe. Dans le domaine affectif, Nathan dit ressentir beaucoup de plaisir en cours de mathématiques, avoir une bonne régulation et, en lien, une absence nette d'affects négatifs. Le stéréotype genre est très présent chez cet élève dont les résultats sont plutôt bons en dépit d'un investissement plutôt faible dans les tâches. Le profil trait est reporté dans la figure 10.2 pour les quatre dimensions qui nous intéressent ici.

Dans l'analyse de son profil évolutif durant toute la séquence d'enseignement (figure 10.2), on constate tout d'abord que les affects négatifs sont quasiment absents durant le cours. Outre les quelques premières minutes du cours, son anxiété stagne au plus bas. Les affects positifs sont quant à eux plutôt élevés, car l'élève apprécie apparemment les développements algébriques présentés par son enseignant. Une légère tendance à l'augmentation peut être relevée dans le tracé (*Tau* = 0.58 ; $p < 1\%$; voir tableau 10.2). Le sentiment de compétence augmente en moyenne durant le cours (le *Tau* de Kendall se révèle significatif ; voir le détail du calcul plus bas). En effet, peut-être un peu déstabilisé par rapport à ses connaissances initiales durant le premier quart d'heure, Nathan semble alors assimiler rapidement la matière en cours de route. Son sentiment de compétence devient maximal durant le dernier tiers du cours. Étonnamment, son investissement dans la tâche chute parallèlement (avec une diminution significative, voir *Tau* de Kendall). À mesure qu'il comprend la matière, il s'en désengage. Nous pouvons faire l'hypothèse que cet élève plutôt doué "économise" son attention et son énergie. Ainsi, dans une situation où il pense maitriser la contenu, malgré un certain plaisir ressenti (ou la satisfaction de bien comprendre), il diminue parallèlement son investissement.

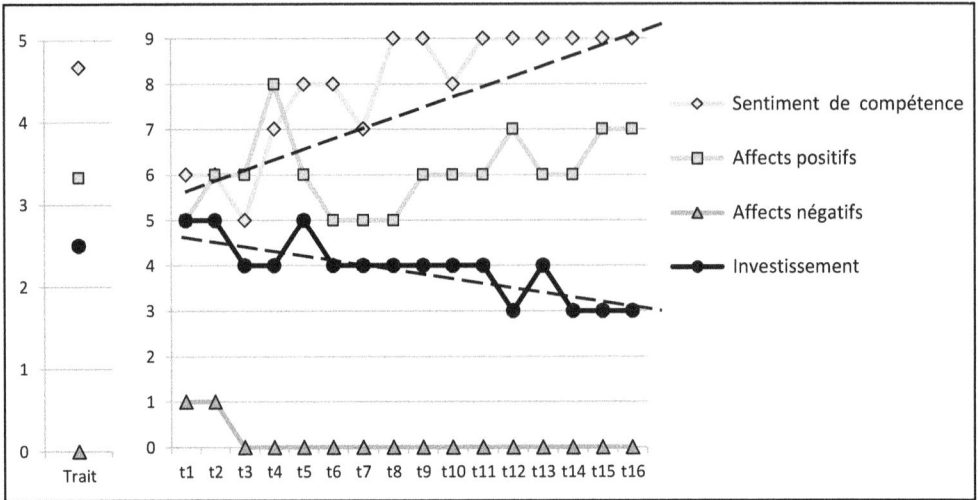

Figure 10.2 : Évolution des mesures (cas N°1) au fil du cours

Le profil que l'on peut observer après le premier tiers de la séquence reste ensuite plutôt stable. Si les différentes mesures varient passablement au départ, lors des derniers points de mesure, on retrouve dans ces évaluations ponctuelles (à partir des quatre items) le profil que l'on avait dans les mesures *trait*, même si les échelles de réponses de ces deux outils ne sont pas identiques. Pour résumer les différentes mesures de la série temporelle, Nathan peut être décrit comme un élève ayant un sentiment de compétence très fort, ressentant passablement de plaisir (et aucune anxiété), mais démontrant un investissement plutôt faible dans son ensemble.

Dans la représentation graphique (figure 10.2), les droites sont construites par le biais d'analyses de régression linéaire. Il est important de relever que, pour représenter graphiquement l'évolution des scores, nous utilisons ici une statistique paramétrique puisque nous nous intéressons au tracé (statistique descriptive) qui correspond alors à une droite passant par le centre gravité du nuage formé par les observations répétées. Ainsi, par le biais de ces analyses, nous obtenons les droites suivantes :

- pour le sentiment de compétence : $\hat{y} = 5.93 + 0.24 \cdot t$
- pour l'investissement : $\hat{y} = 4.95 - 0.12 \cdot t$

Les changements au fil du temps, dans le sens d'une tendance à l'augmentation ou à la diminution, ont été déterminés par des corrélations de rang – entre les temps de mesure et les scores – (ici avec *Tau* de Kendall ; voir chapitre 7.4.2 pour des développements concernant ce test non-paramétrique).

Tableau 10.2 : Calcul du *Tau* de Kendall (cas N°1)

	$Tau = \dfrac{P - Q}{\frac{1}{2}n(n-1)}$	$SD_{(Tau)} = \sqrt{\dfrac{2(2n+5)}{9n(n-1)}}$	$z_{(Tau)}$	p
Sentiment de compétence	$P = 75 / Q = 6$ $Tau = 0.575$	$SD_{(Tau)} = 0.185$	$z_{(Tau)} = 3.11$	$p < 1\%$
Affects positifs	$P = 60 / Q = 23$ $Tau = 0.308$	$SD_{(Tau)} = 0.185$	$z_{(Tau)} = 1.67$	NS
Affects négatifs	$P = 0 / Q = 28$ $Tau = -0.233$	$SD_{(Tau)} = 0.185$	$z_{(Tau)} = -1.26$	NS $p < 10\%$
Investissement	$P = 3 / Q = 72$ $Tau = -0.575$	$SD_{(Tau)} = 0.185$	$z_{(Tau)} = 3.11$	$p < 1\%$

Nous avons également calculé les corrélations de rang (*Tau* de Kendall) entre les dimensions mesurées afin de voir dans quelle mesure les scores varient de manière concomitante. Sur un nombre si restreint de données (16 points de mesure), nous avons décidé (1) de ne pas prendre en compte la mesure d'affect négatif puisque cette dernière ne possède pas de variabilité suffisante et (2), de ne retenir que les corrélations très fortes (et dont le seuil alpha est inférieur à 1%, en supposant l'indépendance des mesures ; voir aussi chapitre 7.6). Ainsi, et sans surprise, une seule corrélation peut être relevée, à savoir celle entre le sentiment de compétence et l'investissement (*Tau* = −.58 ; *Rho* = −.65 ; $p < 1\%$).

Finalement, afin d'observer une éventuelle séquence dans l'évolution des séries temporelles des différentes dimensions, nous avons tenté d'effectuer ces mêmes corrélations en observant un décalage temporel (*lag* ; voir chapitre 8.2.5) dans la séquence de durée 1 à 3. Cet intervalle nous paraît adapté puisqu'il correspond à environ 15 minutes et qu'un intervalle plus grand diminuerait de manière trop importante le nombre de données pouvant être prises en considération. Afin d'éviter les effets liés aux tendances des observations (un score qui augmente va toujours être corrélé avec un autre score qui augmente, quel que soit le décalage), nous avons redressé nos observations en soustrayant la valeur de la droite de régression (et en gardant donc le résidu ajouté à la moyenne), tel que présenté dans la figure 10.3.

L'examen des corrélations non paramétriques entre les dimensions avec un décalage de 5, 10 ou 15 minutes (*lag* 1 à 3) ne fait ressortir aucune séquence particulière (en conservant les mêmes critères qu'énoncés précédemment). Ainsi, outre la variation concomitante observée entre une augmentation du sentiment de compétence et une diminution de l'investissement, les scores des quatre dimensions retenues semblent évoluer indépendamment les unes des autres.

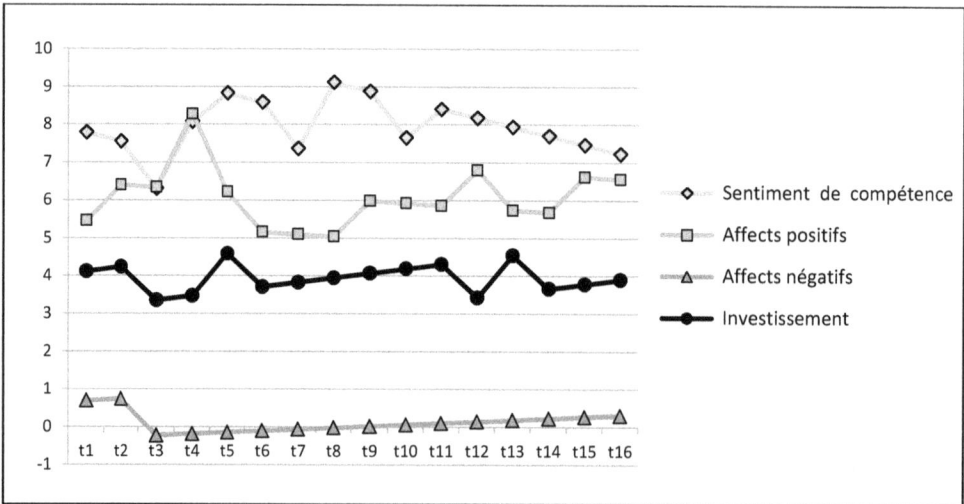

Figure 10.3 : Séries temporelles des données redressées (cas N°1)

Ces analyses suggèrent qu'un sentiment de compétence excessivement élevé nuit à l'investissement de Nathan dans les activités proposées. Il est alors possible que le niveau du cours ne soit pas adapté aux compétences effectives de l'élève dans ce domaine et que ce dernier se désengage de ses apprentissages en raison de sa facilité. Pour l'instant, cette diminution d'investissement ne semble pas avoir d'effet sur le plaisir ressenti, mais à plus long terme, il n'est pas exclu que l'élève s'ennuie et ne trouve plus grand intérêt durant les cours. Par conséquent, il pourrait être intéressant de proposer à cet élève des activités/exercices plus complexes afin que, même avec un petit niveau de stress présent au démarrage, il puisse s'investir tout en conservant du plaisir, et surtout qu'il puisse progresser dans ses apprentissages en maintenant un niveau d'investissement important pour cette matière qu'il semble apprécier.

Cas N°2

Le second cas que nous analysons plus particulièrement est celui de Pauline, une jeune fille de 15 ans qui a redoublé une classe durant sa scolarité primaire. Ainée d'une fratrie de trois enfants, elle vit en alternance chez son père et chez sa mère qui sont divorcés. Pauline est une élève plutôt travailleuse et appliquée mais qui a cependant de grandes difficultés en mathématiques. On relève chez elle un score nettement plus élevé que ses pairs en ce qui concerne la mesure normative du stéréotype genre. Par ailleurs, elle justifie actuellement ses notes insuffisantes par le fait qu'une fille ne peut réussir aussi bien que les garçons dans cette branche. Sur les

Genoud & Reicherts · L'analyse du cas singulier © 2016 ZKS-Verlag

autres dimensions de son profil « trait » (issu du questionnaire rempli avant la séquence d'enseignement), on constate un sentiment de compétence très faible en mathématiques. Toutefois, elle reconnaît fortement l'utilité des mathématiques pour la fin de sa scolarité et sa formation future. Les affects complètent ce profil puisque les émotions positives sont totalement absentes alors que les négatives sont relativement élevées (même si certains de ses camarades en ressentent encore plus qu'elle). Par le biais du questionnaire, elle indique avoir des difficultés à gérer son stress et son anxiété lors de ses apprentissages dans cette discipline (dimension de régulation des affects).

L'analyse visuelle de la série de mesures répétées prises durant le cours est particulièrement intéressante. Si les affects positifs sont toujours au minimum, les affects négatifs fluctuent énormément. On constate des variations très importantes en début de séquence. En effet, en moins d'une demi-heure, Pauline passe d'un stress maximum à un niveau faible, ceci à plusieurs reprises. Elle cherche certainement diverses stratégies pour y faire face, avec une réussite en dents de scie. En revanche, vers le milieu du cours, l'oscillation s'atténue pour se stabiliser progressivement vers un niveau intermédiaire. La diminution de variabilité s'avère significative (voir test des records dans le tableau 10.4 ainsi que la représentation graphique correspondante en figure 10.5 ; pour le détail du calcul, voir aussi chapitre 7.4.4).

Lorsque l'on observe le sentiment de compétence, on constate que celui-ci augmente significativement (voir analyse avec le test du *Tau* de Kendall ; tableau 10.3). C'est peut-être cette augmentation qui est la cause de la diminution de la fluctuation des affects négatifs ressentis (figure 10.4). À mesure que l'élève se rend compte qu'elle arrive à assimiler la matière présentée, on observe une stabilisation des scores sur cette dimension, sans pour autant que la tendance générale diminue (le score moyen des derniers points de mesure n'est pas significativement plus bas que celui des premiers points). Bien que mesuré sur une autre échelle, on constate par la mise en regard des scores de la mesure *trait* (partie gauche de la figure 10.4) que le sentiment de compétence s'avère plus élevé en fin de cours qu'il ne l'est de manière globale. Il en va de même pour les affects négatifs qui sont plus présents lorsque l'élève se base sur un ensemble de situations d'apprentissage et non sur ce cours en particulier.

L'investissement de Pauline reste plutôt stable au cours des deux périodes de cours. Les affects négatifs semblent ainsi ne pas avoir d'emprise sur sa motivation et son attention pour la matière abordée. Cependant, elle reste à un niveau intermédiaire alors que cette dimension se révèle bien plus élevée dans le profil *trait* réalisé auparavant.

Dans la représentation graphique (figure 10.4), la droite est construite par le biais d'une analyse de régression linéaire :

- pour le sentiment de compétence : $\hat{y} = 0.55 + 0.21 \cdot t$

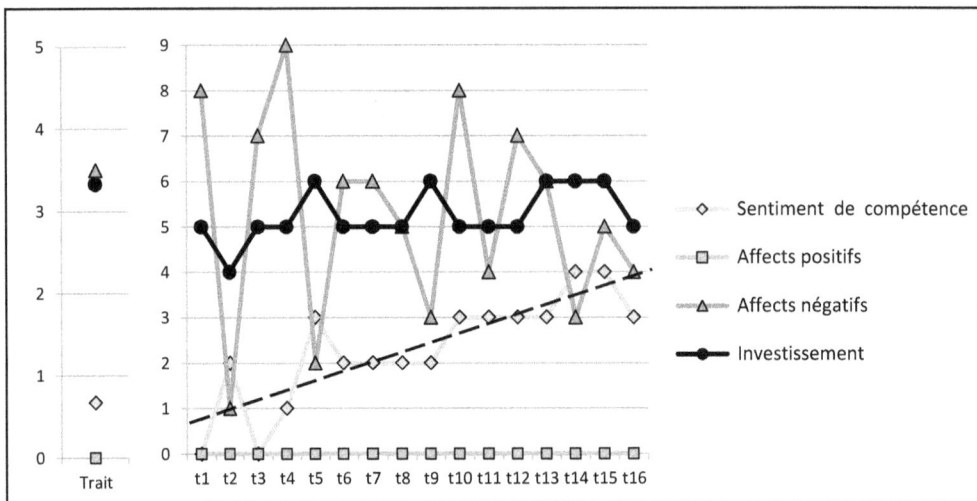

Figure 10.4 : Evolution des mesures (cas N°2) au fil du cours

Tableau 10.3 : Calcul du Tau de Kendall (cas N°2)

	$Tau = \dfrac{P-Q}{\frac{1}{2}n(n-1)}$	$SD_{(Tau)} = \sqrt{\dfrac{2(2n+5)}{9n(n-1)}}$	$z_{(Tau)}$	p
Sentiment de compétence	$P = 89 / Q = 10$ $Tau = 0.658$	$SD_{(Tau)} = 0.185$	$z_{(Tau)} = 3.56$	$p < 1\%$
Affects positifs	$P = 0 / Q = 0$ $Tau = 0$	$SD_{(Tau)} = 0.185$	$z_{(Tau)} = 0$	NS
Affects négatifs	$P = 46 / Q = 66$ $Tau = -0.167$	$SD_{(Tau)} = 0.185$	$z_{(Tau)} = -0.90$	NS
Investissement	$P = 50 / Q = 15$ $Tau = 0.292$	$SD_{(Tau)} = 0.185$	$z_{(Tau)} = 1.58$	NS

Pour ce second cas également, nous avons observé la matrice des corrélations (de rang de Spearman) entre les trois séries temporelles qui fluctuent. Etant donné que les affects positifs ne varient pas, ils n'ont pas été pris en considération. Aucune des

corrélations n'apparaît forte (et significative à 1%). Il faut noter que seul le sentiment de compétence montre une évolution au fil du temps, alors que les deux autres
dimensions (investissement et affects négatifs) ne présentent aucune croissance ou
décroissance visible.

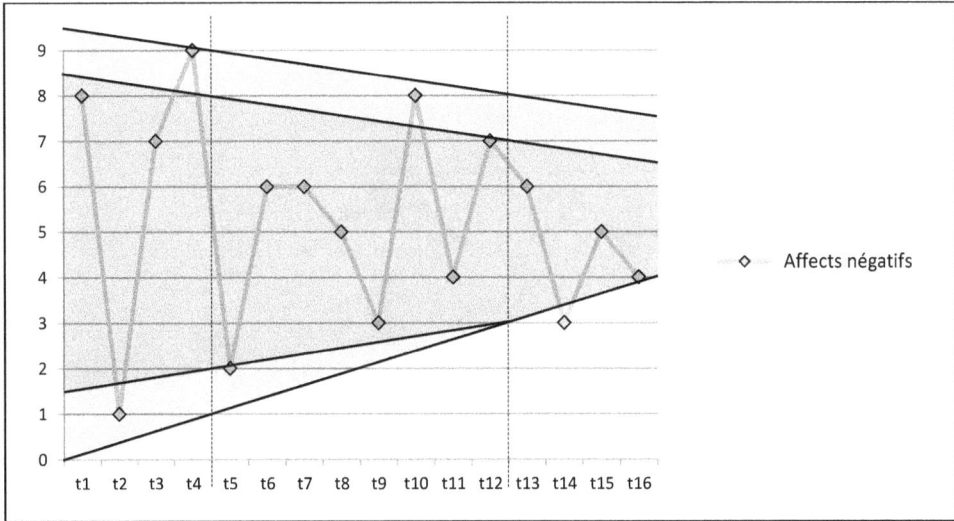

Figure 10.5 : Mise en évidence graphique de la diminution de variabilité des affects
négatifs (cas N°2)

Afin de mettre en évidence les liens éventuels entre la diminution de variabilité
observée pour les affects négatifs (ou leur stabilisation, voir figure 10.5) et les autres
dimensions (notamment le sentiment de compétence), nous avons calculé les écarts
(en valeur absolue) observés entre les temps de mesures et les avons moyennés trois
par trois (par exemple, pour l'intervalle de temps t5-6, nous avons la moyenne des
trois valeurs $t_5 - t_4$, $t_6 - t_5$ et $t_7 - t_6$) ; et pour le score du sentiment de compétence sur
ce même intervalle, nous avons calculé la moyenne des scores aux temps 5 et 6.
Ainsi, cette démarche nous permet de chiffrer le lien observé entre la diminution de
variabilité des affects négatifs et l'augmentation du sentiment de compétence, lien
qui se monte à $Tau = -.58$ et $Rho = -.72$ (p < 1%).

Tableau 10.4 : Test des records pour évaluer un changement de variabilité (voir
Morley & Adams, 1989 ; les valeurs d'espérance et d'écart-type sont tirées de Foster
& Stuart, 1954, voir chapitre 7.4.4)

	U_r'	L_r'	s	E(s)	SD(s)	$z_{(s)}$	p
Affects négatifs	5	3	8	4.76	1.56	1.76	p < 5%

Comme cela a été fait pour le cas N°1, nous avons tenté d'observer une éventuelle séquence dans l'évolution des scores en effectuant des corrélations avec un décalage temporel (*lag* de durée 1 à 3) dans la séquence. A nouveau, nous avons redressé les observations avant de calculer les corrélations (voir figure 10.6).

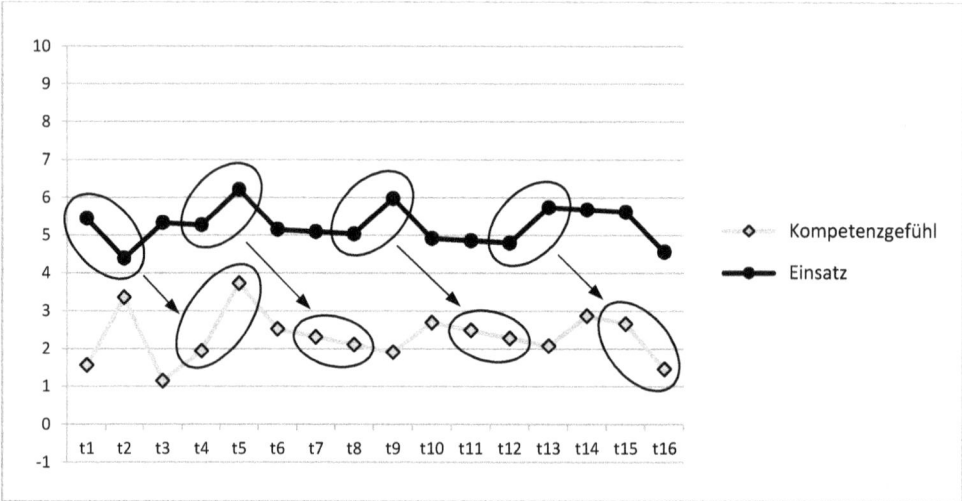

Figure 10.6 : Séries temporelles des données redressées (cas N°2)

Parmi les différentes corrélations calculées, une seule est à relever : il s'agit du lien (et de la dépendance possible) entre l'investissement et, avec un décalage de 15 minutes (*lag* de durée 3), le sentiment de compétence. Cette corrélation est significative ($Rho = -.64$; p < 1%). Ainsi, et comme nous avons tenté de le mettre en évidence graphiquement (figure 10.6), une diminution (respectivement une augmentation) de l'investissement au temps *t* provoque, au temps *t+3* (soit une quinzaine de minutes plus tard), une augmentation (respectivement une diminution) du sentiment de compétence. Nous pouvons expliquer ceci par le fait que lorsque l'élève retire son engagement de la tâche (par exemple ici pour se concentrer sur ses affects négatifs) et ne constate pas conséquemment une diminution de sa réussite, son sentiment de compétence est alors renforcé, même si celui-ci est à un niveau plutôt bas et augmente progressivement afin d'atteindre un score moyen en fin de séquence. Il faut cependant rester prudent puisque ces variations, bien que systématiques (on observe dans la série plusieurs variations répétitives), sont relativement faibles et reposent sur une interprétation *ad hoc*. Ainsi, il ne s'agit ici que d'une hypothèse spécifique plausible, et la présence à plusieurs reprises d'un tel pattern sur une autre séquence de cours s'avère nécessaire pour confirmer (ou infirmer) ce qui est observé ici (voir chapitres 1 et 2, ainsi que le chapitre 8.2.5 en particulier).

Dans la synthèse des différentes analyses menées, nous pouvons relever chez Pauline que la diminution de variabilité des affects négatifs lors des cours de mathématiques est en lien avec l'augmentation du sentiment de compétence dans cette discipline. Ainsi, on peut penser que réduire le stress généré par l'apprentissage des mathématiques chez cette élève – par le biais de stratégies de coping et de régulation des émotions efficaces (p.ex. Reicherts, 1999 ; Reicherts, 2014) – pourrait être un levier pour améliorer l'auto-évaluation de ses compétences dans cette discipline. Toutefois, même si une diminution de l'investissement semble également renforcer ponctuellement le sentiment de compétence (figure 10.6), il semble important de diminuer prioritairement le stress et l'anxiété en travaillant notamment sur le stéréotype genre très présent chez elle. De cette façon, il serait ensuite pertinent – dans un second temps seulement – de montrer à Pauline en quoi un investissement dans ses activités d'apprentissages pourrait lui permettre d'avoir un meilleur contrôle sur la compréhension de la matière. Ceci pourrait l'amener à renverser la tendance observée, à savoir qu'une augmentation de l'investissement devrait à terme avoir un impact (éventuellement différé dans le temps) non seulement sur ses compétences en mathématiques, mais également sur son sentiment de compétence.

10.4. Conclusion et perspectives

Dans le domaine de l'éducation, et plus spécifiquement dans les recherches menées dans ce contexte, l'utilisation de mesures de traits plus ou moins stables dans le temps sont nécessaires et précieuses pour mieux comprendre le fonctionnement intrapsychique des élèves. En revanche, une compréhension plus fine des phénomènes s'avère souvent indispensable à un niveau supérieur de résolution (niveau *micro*). Dans ce cas-là, les analyses n'ont plus comme impératif de porter sur de larges échantillons mais peuvent très bien se baser sur quelques cas singuliers analysés en détails à l'aide de mesures répétées.

Les mesures d'attitudes en sont un exemple caractéristique. Il n'est cependant pas suffisant de comprendre la manière dont les élèves appréhendent leurs apprentissages de manière générale. En effet, si l'on peut mesurer des attitudes relativement stables pour telle ou telle discipline, des variations intra-individuelles plus ou moins fortes de ces attitudes en fonction d'éléments personnels (fatigue, humeur, concentration, etc.) et contextuels (type de tâche, climat de classe, etc.) sont présentes. Ainsi, grâce à l'utilisation de boîtiers de vote (voir également d'autres dispositifs de mesure dans le chapitre 4), il est possible d'effectuer une série de mesures régulières et longitudinales, sans que cela ne perturbe trop fortement le fonctionnement du cours. De plus, l'utilisation d'un questionnaire n'est pas directement envisageable (voir les restrictions pour ce type de mesure dans le chapitre 4.1).

L'analyse du cas singulier ne peut se baser sur une simple observation "libre" ; elle requiert des démarches permettant de tirer des déductions claires. Ainsi, tant les outils graphiques (voir chapitre 6) que les tests – principalement non paramétriques (voir chapitre 7) – sont utiles. Ils permettent d'explorer des tendances et de formuler des hypothèses. Les deux cas présentés dans ce chapitre aident à mieux comprendre le fonctionnement des élèves à la lumière des fluctuations constatées et de covariations entre certaines dimensions dans un contexte particulier. Une telle démarche implique cependant un nombre de mesures suffisant pour dégager des tendances. En effet, une analyse basée sur trois ou quatre points de mesure seulement ne permet pas de mettre en évidence des patterns particuliers de fluctuation, de tendance et de covariation reflétant des processus réels.

Bien que basées sur des données réaménagées pour cet exemple, nous constatons que des représentations graphiques adaptées et des analyses statistiques simples contribuent à une meilleure compréhension des processus en jeu. Les résultats obtenus au niveau *micro*, sur des cas singuliers, apportent une contribution indépendante et précieuse à d'autres analyses paramétriques menées au niveau *macro*, généralement sur de plus larges échantillons

10.5. Bibliographie

Bandura, A. (2003). *Auto-efficacité: le sentiment d'efficacité personnelle*. Bruxelles: De Boeck

Boekaerts, M. (2001). Context sensitivity: Activated motivational beliefs, current concerns and emotional arousal. In S. Volet & S. Järvelä (Eds.), *Motivation in learning contexts: Theorical advances and methodological implications* (pp. 17-31). Oxford: Pergamon.

Fishbein, M. & Ajzen, I. (1975). *Belief, attitude, intention and behavior: An introduction to theory and research*. Reading, MA: Addison-Wesley.

Foster, F.G. & Stuart, A. (1954). Distribution-free tests in time-series based on the breaking of records. *Journal of the Royal Statistical Society, 16* (1), 1-22.

Genoud, P.A. & Guillod, M. (2014). Développement et validation d'un questionnaire évaluant les attitudes socio-affectives en maths. *Recherches en Education, 20*, 140-156.

Genoud, P.A., Kappeler, G. & Guillod, M. (2015). Attitudes face aux mathématiques: filles et garçons égaux dans la façon d'aborder leurs apprentissages? *Revue Suisse des Sciences de l'Education, 37*(2), 301-319.

Moliner, P. & Tafani, E. (1997). Attitudes and social representations: a theoretical and experimental approach. *European Journal of Social Psychology, 27*(6), 687-702.

Morley, S. & Adams, M. (1989). Some simple statistical tests for exploring single-case time-series data. *British Journal of Clinical Psychology, 28*, 1-18.

Pekrun, R. (2006). The control-value theory of achievement emotions: Assumptions, corollaries, and implications for educational research and practice. *Educational Psychology Review, 18* (4), 315-341.

Raynal, F. & Rieunier, A. (2001). *Pédagogie: dictionnaire des concepts clés* (3ème éd.). Paris: ESF.

Reicherts, M. (1999). *Comment gérer le stress? Le concept des règles cognitivo-comportementales.* Fribourg/Suisse: Editions Universitaires.

Reicherts, M. (2014). *Emotionale Offenheit und Emotionsregulation in der sozialtherapeutischen Arbeit mit jungen Menschen – Ein neuer Ansatz.* Coburg: ZKS-Verlag.

Triandis, H.C. (1971). *Attitude and attitude change.* New York: John Wiley & Sons.

Vallerand, R.J. (2000). Deci and Ryan's Self-Determination Theory: A view from the hierarchical model of intrinsic and extrinsic motivation. *Psychological Inquiry, 11* (4), 312-318.

Viau, R. (1997). *La motivation en contexte scolaire.* Bruxelles: De Boeck & Larcier.

Weiner, B. (1985). An attributional theory of achievement motivation and emotion. *Psychological Review, 92* (4), 548-573.

11. Analyse du cas singulier dans le travail social clinique : Petra – un exemple pluridimensionnel

Helmut Pauls & Michael Reicherts

Résumé

La présentation du cas de "Petra" commence avec la situation et le diagnostic initial d'une problématique complexe en travail social clinique dans laquelle différents types de problèmes sont identifiés et traités par un processus d'interventions en plusieurs étapes, sur une durée d'une année et demie environ. Plusieurs méthodes d'analyse du cas singulier présentées dans cet ouvrage y sont appliquées.

Parmi les aspects les plus importants de la problématique enfant-famille-école exposée par Petra, des objectifs sont d'abord définis à l'aide de l'évaluation des buts à atteindre (ÉBA, comprenant des échelles opérationnalisées) et des éléments d'interventions sont développés. Le déroulement de l'intervention est présenté et étudié par des mesures effectuées tous les 14 jours.

La courbe de tendance est aussi examinée au niveau statistique avec des analyses non-paramétriques. De plus, les changements de ce cas singulier sont démontrés à l'aide d'un questionnaire standardisé avec valeurs normatives, illustrant ainsi la démarche psychométrique.

Pour la majorité des buts fixés, les résultats démontrent des améliorations qui peuvent être caractérisés d'acceptables jusqu'à très bonnes. Les changements de niveaux envisagés deviennent visibles, mais on constate aussi des crises et "ruptures" dans le processus, comme cela peut s'observer dans la réalité de tout cas singulier.

Remarques préliminaires

Comme déjà abordé dans le chapitre d'introduction, la plupart des disciplines psycho-sociales travaillent dans leur *pratique* en majorité avec des *cas singuliers* : individus, couples, familles ou autres systèmes sociaux, avec leurs problématiques spécifiques et leurs propres situations à chaque fois. Cependant, l'*analyse du cas singulier* – comme instrument de travail sur un cas, comme contrôle de cas et comme recherche orientée vers la pratique – ne fait pas encore l'objet d'une utilisation à la mesure de l'importance des applications qui lui seraient appropriées. Cela, bien que l'approche du cas singulier joue en fait depuis longtemps un rôle autonome en tant que méthode de recherche en psychologie, en psychiatrie, mais aussi en pédagogie et en travail social.

L'exemple d'application suivant – qui repose sur la réalité psychosociale complexe et sur la problématique multiple d'un cas réel – vise à expliciter les possibilités de systématiser et de contrôler le travail clinique social à l'aide d'analyses du cas singu-lier.

11.1. Le cas Petra[1] : introduction et problématique de départ

L'office de la jeunesse et de la famille a mandaté le centre de conseil afin d'établir un diagnostic psychosocial pour *Petra*, 11 ans, et recommander des mesures appro-priées visant un soutien de l'enfant et de la famille. Le motif de la requête était la présence de troubles comportementaux marqués, des vols fréquents à la maison et à l'école, de l'énurésie diurne et nocturne, des accès de fureur incontrôlés, de très mauvais résultats scolaires, une attitude de travail inacceptable à l'école et une posi-tion marginalisée en classe. L'enseignante de la fillette s'était tournée vers l'office de la jeunesse et de la famille car ses discussions avec les parents n'avaient amené aucun changement et Petra n'était plus gérable en raison de son odeur d'urine et des vols fréquents en classe.

Lors de l'entretien initial dans le cadre d'une visite au domicile des parents de Petra, ces derniers ont décrit leurs tentatives faites jusque-là pour soutenir leur fille, ainsi que leurs échecs dans ce domaine. Les deux sont sans emploi et mariés pour la deuxième fois. Petra est l'enfant du premier mariage de la mère. L'enfance précoce de Petra aurait été marquée par une violence prononcée de la part du père biologique à l'encontre de sa mère. L'enfant elle-même aurait été menacée par l'atmosphère qui régnait à la maison (cependant pas sur le plan physique). La mère aurait pu contrôler en partie la violence de son mari d'alors par résignation, c'est-à-dire qu'elle se serait

---

[1] Prénom fictif. Le cas présenté ici est un cas réel en ce qui concerne l'ensemble des aspects d'intervention présentés à l'Institut IPSG pour la santé psychosociale, institution scientifique à l'Université appliquée de Coburg.

laissée frapper et l'aurait "calmé" en acceptant des relations sexuelles. La mère aurait divorcé avec un fort sentiment de culpabilité lorsque Petra avait trois ans.

Lors de contacts antérieurs avec les institutions, la mère s'est souvent sentie traitée injustement (par l'école et l'enseignante, le psychiatre pour enfants et adolescents, l'office de la jeunesse et de la famille). La mère et le beau-père se sentaient désemparés étant donné qu'ils voulaient le meilleur pour leur enfant et étaient disposés à ce que la conseillère vienne régulièrement. En outre, il est mentionné qu'un diabète mellitus débutant a été décelé chez Petra il y a quelque temps. Elle doit prendre des médicaments. Les parents ne voulaient cependant en aucun cas se séparer de l'enfant et envisager un placement.

Un élément central de la problématique de Petra (rapporté par elle-même) est sa solitude en classe et le manque d'amis. Ses mauvaises notes et la relation tendue avec sa maîtresse l'affectent également fortement, c'est pourquoi elle ne viendrait parfois plus à l'école ou arriverait en retard en n'ayant fait aucun devoir. Ses parents ne la comprendraient pas et se disputeraient avec elle. En parlant de l'alimentation, Petra rapporte que sa mère cuisinerait rarement et que les plats chauds se limiteraient à des pizzas sorties du congélateur, des hamburgers voire des kebabs achetés dans des fast-foods. La mère ne ferait pas attention à son alimentation et à son diabète. De plus, elle dormirait sur un matelas installé dans une pièce minuscule, et ses deux frères cadets la feraient souffrir. Ses camarades ne viendraient pas chez elle et ne l'inviteraient pas non plus. Finalement, elle parle de manière hésitante des sujets qui lui sont très pénibles, comme le vol, l'énurésie ou l'hygiène.

11.2. Dimensions et objectifs du traitement – Développement d'indicateurs et d'échelles

Les dimensions choisies pour l'analyse de cas singulier font partie d'une approche psychosociale intégrée avec un profil clinique, multimodal et socio-thérapeutique (voir chapitre 11.4 ; voir aussi Pauls & Reicherts, 2013 ; Pauls 2013). Les indicateurs présentés ici ne restituent pas l'ensemble des dimensions de la problématique et des objectifs de changement, ainsi que des mesures prises. Ils représentent toutefois, à notre avis, un choix valide et suffisant pour le contrôle du processus et l'évaluation du cas. Ils sont également appropriés pour une évaluation quantifiée au cours du processus de changement.

Dimension 1 – "Implication et renforcement de l'implication, création de la relation et collaboration active"

Indicateur : Participation de Petra aux séances (présence / absence), ponctualité et implication. Indicateur enregistré à chaque séance par la spécialiste (résumé comme indicateur tous les 14 jours).

Échelle	Atteinte du but	Indicateurs
8	100%	Présence, ponctualité, collaboration très active, y.c. devoirs scolaires, contribution productive (p.ex. proposition de solutions)
7		
6	75%	Présence, ponctualité, collaboration active, y.c. devoirs scolaires
5		
4	50%	Présence, pas de ponctualité, sans collaboration active ou devoirs scolaires
3		
2	25%	Absence, excuses, y.c. nouvelle prise de rendez-vous, etc.
1		
0	0%	Absence, sans excuses

Dimension 2 – "Diminution des problèmes psychiques : énurésie"

Dimension évaluée au moyen de différents indicateurs enregistrés séparément. Ci-dessous, seule la dimension centrale de l'énurésie est présentée en synthèse (enregistrée chaque séance, résumée tous les 14 jours).

Échelle	Atteinte du but	Indicateurs
8	100%	Aucune énurésie
7		
6	75%	Au maximum 1 énurésie en 14 jours
5		
4	50%	Au maximum 3 énurésies en 14 jours
3		
2	25%	Énurésie fréquente
1		
0	0%	Énurésie (quasi) quotidienne

Dimension 3 – "Amélioration des résultats scolaires et de l'apprentissage : auto-régulation et auto-efficacité"

Indicateur : Amélioration des résultats scolaires, évaluée toutes les deux semaines par une moyenne des évaluations (notes orales également) et de la qualité de la collaboration (basé sur le jugement de l'enseignante). Les valeurs moyennes des notes sont directement enregistrées (échelle scolaire allemande allant de 6 à 1 ; 1 étant la meilleure note). L'évaluation des buts à atteindre (voir chapitre 3) a aussi été ajoutée ici. Par rapport aux performances individuelles de Petra, une moyenne de "bien" est envisageable (considérée comme atteinte "maximale" de l'objectif), son état actuel se situant à environ 4.7.

Échelle	Atteinte du but	Indicateurs
1.0 – 1.5		Très bien
1.6 – 2.5		Bien
< 2.5	100% (8)	
2.6 – 3.5	75% (6)	Satisfaisant
3.6 – 4.0	50% (4)	Suffisant
4.1 – 4.5	25% (2)	
> 4.5	0% (0)	Performances scolaires déficientes

Dimension 4 – "Amélioration de l'intégration sociale et auto-implication active" dans les groupes de pairs

La participation sociale et l'auto-intégration est évaluée tous les 14 jours sur la base de l'observation et du questionnement de l'enfant par la spécialiste.

Échelle	Atteinte du but	Indicateurs
8	100%	Participation régulière à au moins une offre, collaboration et engagement actifs
7		
6	75%	Participation relativement fréquente à une ou plusieurs offres, collaboration et engagement actifs
5		
4	50%	Participation relativement fréquente à au moins une offre / une activité
3		
2	25%	Participation occasionnelle à une offre
1		
0	0%	Aucune participation à des offres scolaires / extra-scolaires (chorale scolaire, jeu, activité créatrice, sport, etc.)

Dimension 5 – "Amélioration de l'environnement familial et hygiène alimentaire"

Il s'agit ici de l'amélioration de l'encadrement familial et de l'engagement des parents dans les relations avec leurs enfants. Comme un début de diabète mellitus a été décelé chez Petra, un aspect central de santé concerne l'alimentation préparée par les parents en termes de composition adaptée (nourriture variée, le plus possible adaptée au diabète, avec des fruits et légumes également) et d'heures régulières de repas. En raison de nombreux conflits et de l'insatisfaction de Petra à ce sujet, la satisfaction de l'enfant couplée à l'attention parentale (respect de ses besoins) a été choisie comme deuxième indicateur (voir dimension 6).

Cet indicateur se réfère ainsi à l'offre faite par les parents relative à une alimentation adaptée aux besoins, qui tienne compte des aspects liés à la santé (diabète, régularité et composition) de l'enfant. L'échelle a été évaluée par la spécialiste chaque semaine en interrogeant l'enfant (occasionnellement les parents aussi) et résumée tous les 14 jours en une valeur de mesure.

Échelle	Atteinte du but	Indicateurs
8	100%	Plusieurs repas par jour – au moins un chaud – à des moments fixes, variés, adaptés aux besoins
7		
6	75%	Au moins un repas par jour, dont un chaud, adapté aux besoins
5		
4	50%	Au moins un repas par jour sans régularité temporelle
3		
2	25%	Repas occasionnellement proposés (plusieurs fois durant la semaine), "n'importe où" et "n'importe quand"
1		
0	0%	Aucun "vrai" repas proposé, "junkfood"

Dimension 6 "Amélioration de l'environnement familial : relation parents-enfant / communication"

Il s'agit pour cet indicateur que Petra soit comprise par ses parents, respectivement qu'elle se sente comprise, valorisée, de sorte que ses intérêts personnels importants soient perçus (cotation par l'enfant, en se référant aux deux dernières semaines ; estimation tous les 14 jours).

Échelle	Atteinte du but	Indicateurs
8	100%	Valorisation fréquente (par les deux parents si possible) ; les intérêts et les besoins importants sont perçus la plupart du temps
7		
6	75%	Valorisation occasionnelle à fréquente (par l'un ou l'autre des parents) ; les intérêts et les besoins importants sont perçus occasionnellement par les parents (très peu ignorés)
5		
4	50%	Valorisation occasionnelle (au moins par un parent) ; aucune punition ou violence physique ; ignorée que parfois
3		
2	25%	Aucune valorisation, insulte ou punition occasionnelles (sans violence physique) ; aucune considération la plupart du temps
1		
0	0%	Aucune valorisation, insulte ou punition occasionnelles avec violence ; totalement ignorée

11.3. Interventions

Le cas de Petra est exemplaire dans sa complexité (enjeux d'une problématique bio-psychosociale multiple ; Pauls, 2013). Les objectifs généraux des interventions chez Petra sont, outre la suppression des symptômes psychiques et sociaux, la normalisation des interactions familiales et de l'intégration sociale (surtout dans le contexte scolaire), l'amélioration des performances scolaires et l'atteinte par les parents d'une prise en charge adéquate (alimentation, hygiène, communication). C'est pourquoi des aspects du mode de vie (vécu, comportements, relations) de Petra, de sa famille, de l'école et du réseau social (proches et pairs) sont inclus dans les dimensions. Dans cette optique, un concept de traitement multimodal (psycho- et sociothérapeutique) est mis en place. Il comprend par conséquent non seulement des éléments du travail clinique social, mais aussi des éléments tant pédagogiques que psychothérapeutiques (Pauls, 2013).

11.3.1. Diagnostic

Dans le cadre des séances diagnostiques, une expertise a été établie au moyen de divers questionnaires (formulaire d'anamnèse, questionnaires pour les parents et pour l'enseignant), d'échelles psychométriques (tel que le Questionnaire d'Influence Enfant-Parents), de tests projectifs, de tests de performance et d'observation du comportement. Dans le cadre de la planification de l'intervention, les interventions ont été organisés au moyen du "*Koordinaten psychosozialer Diagnostik und Intervention*" (Pauls, 2013, p. 209ss).

Pour le diagnostic des problèmes concernant les interactions enfant-parents, le *Questionnaire d'Influence Enfant-Parents* (QIEP, Reicherts, Pauls & Brodard, 2006 ; adapté et validé du *Fragebogen zur Erfassung kindlicher Steuerung,* FEKS, Pauls &

Reicherts, 1991) a été inclus. Il s'agit d'un *questionnaire situation-comportement* fondé théoriquement et empiriquement. Au moyen de situations problématiques et conflictuelles entre parents et enfant, il permet d'évaluer des modes de comportements par lesquels l'enfant cherche à influencer, respectivement à contrôler ses parents.

Lors de l'examen préalable, Petra a obtenu au QIEP une valeur brute de 9 (sur 22) pour la catégorie centrale "contrôle actif-constructif", mais on trouve en revanche 13 réponses "problématiques" en ce qui concerne les tentatives de contrôle (voir à ce sujet le manuel du FEKS, Pauls & Reicherts, 1991). Parmi les *modes de comporte-ments problématiques*, 5 tentatives de contrôle "passif-résigné" (sur 7 possibles) apparaissent ; les 8 autres réponses comportementales dysfonctionnelles se partagent parmi différentes catégories ("punition", "dévalorisation", "ignorance" ou "(sur)adap-tation / récompense"). Si l'on considère les situations problématiques, c'est la gestion dysfonctionnelle (avec les "exigences" et la "considération positive" des parents) qui se situe au premier plan.

L'évaluation psychométrique qui donne 9 réponses "actives-constructives" comme valeur brute, se situe selon la norme des 11-12 ans a une valeur standard de $T = 38$, (*stanine* = 3). Les deux valeurs sont *inférieures à la moyenne* (c'est-à-dire qu'elles se situent à un écart-type en dessous de la valeur moyenne de la population de référence ; voir à ce sujet le chapitre 5.2).

Ainsi, au niveau diagnostique, une *influence problématique* de Petra dans l'interac-tion avec les parents se dégage lors de la mesure préalable. Comme d'autres résultats issus du diagnostic initial le suggèrent, l'influence problématique de Petra va de pair avec un contrôle hautement problématique de la part des parents (manque de soutien et d'attention, inconsistance des exigences, punition injustifiée et sévère, limites floues). Jusque-là, Petra n'a pas pu développer un répertoire comportemental pour influencer de manière adaptée ses parents, pour formuler ou défendre ses propres intérêts voire pour résoudre les conflits de façon constructive. Il s'en suit des cercles vicieux au niveau des contrôles inadaptés entre Petra et ses parents, qui maintiennent des conflits et qui se renforcent mutuellement.

11.3.2. Setting, contrat et encouragements

La durée de l'intervention est de 32 semaines, soit 16 mesures effectuées. Il y a la volonté de créer un setting de traitement structurant, social et institutionnellement connecté.

Interventions :

- Explication de la planification des mesures, du déroulement probable, ainsi que des objectifs. Il est convenu qu'une décision quant à une éventuelle prise en charge en institution devrait être prise après six mois.
- Variabilité du lieu et de la durée des rencontres avec Petra (rendez-vous au centre de traitement, à domicile, à la maison des jeunes, en ville avec pour but la prise en compte d'aspects du quotidien et des encouragements dans un environnement social coopérant).

- Intégration d'autres personnes de référence et aides actives (discussions avec des proches souvent présents – comme la tante ou la grand-mère – sur les événements concernant Petra, clarifications concernant tant certains aspects institutionnels que les problèmes avec des enfants du cercle social. Discussions avec l'enseignante, explication des symptômes, concertations par rapport à la gestion d'éventuels autres vols).

- Dès le début, structures, règles et orientation claires quant aux mesures et à la collaboration souhaitée : lors de l'entretien initial, des rendez-vous réguliers avec les parents et l'enfant sont fixés par écrit sur la durée. En cas d'absence, discussion avec l'enfant et les parents, proposition de rendez-vous de remplacement, consultation téléphonique avec les parents si l'enfant n'excuse pas son absence ; un suivi constant et une offre relationnelle positive sont susceptibles de fournir un appui.

11.3.3. Énurésie et encouragement de l'auto-attention et de l'estime de soi

La durée de l'intervention court des semaines 1 à 60 et 66 à 82 ; les mesures correspondantes sont de 1-30 et de 34-41. Durant ces périodes, on propose une thérapie par le jeu avec Petra, des jeux de rôles, un soutien émotionnel notamment par la gestion compréhensive-explicative des symptômes, un encouragement de la prise de conscience (ici : auto-attention et "pleine conscience") et un soutien de l'estime de soi.

Interventions :

- Activités ludiques et jeux de rôle, techniques d'entretien se référant au vécu, inclusion de moyens créatifs et de techniques activant le vécu (exercices d'imagination, peinture, travail avec de l'argile), travail sur le mouvement, approche thérapeutique comportementale (plans de renforcement en rapport avec le comportement social et l'hygiène, développement d'habitudes alimentaires adaptées au diabète).

11.3.4. Résultats scolaires

La durée de l'intervention se déroule sur les mêmes périodes (de la semaine 1 à 60 et 66 à 82 ; mesures 1-30 et 34-41). Pour Petra et ses parents, une amélioration immédiate de la situation à l'école est apparue au début du traitement.

Interventions :

- Les séances thérapeutiques de jeu avec Petra ont été complétées par quatre heures hebdomadaires d'appui à l'apprentissage avec une spécialiste (pédagogue scolaire formée, membre de l'équipe de travail clinique-sociale, sous supervision). Les parents ont été informés des possibilités de financement du matériel scolaire à l'office de la jeunesse et de la famille.

- Semaines 1-4 : Plusieurs entretiens de conseil avec l'enseignante afin de clarifier sa relation avec Petra et ses attentes (faire les devoirs, apporter son matériel, porter chaque jour des habits propres en raison de l'odeur d'urine).
- Semaines 5-52 : Dès la cinquième semaine et durant environ un an, entretiens de conseil mensuel régulier avec l'enseignante : la spécialiste renseigne cette dernière sur la problématique dans la famille (avec levée du secret professionnel), sur la symptomatologie de l'enfant et ses tentatives d'adaptation à son environnement de vie. L'enseignante peut développer une certaine tolérance aux symptômes, toutefois ses possibilités de gestion de l'enfant en classe sont limitées. Petra se distingue toujours et encore par ses vêtements, le matériel de travail manquant et, de temps en temps, par son odeur d'urine.

11.3.5. Soutien et offre nutritionnelle au sein de la famille

La durée de l'intervention s'étend de la semaine 1 à 24 puis 53 à 82 (mesures 1-12 et 27-41). La mauvaise situation économique de la famille s'explique par le fait que le beau-père (avec un apprentissage terminé) n'arrive pas à conserver sa place de travail (ceci à plusieurs reprises) ou n'accepte pas les reconversions proposées par l'office du travail. L'alimentation se résume souvent à un "fast-food" sans vraiment fruits et légumes frais ; il n'y a généralement pas de repas chaud quotidien. Petra est souvent enrhumée et ses parents fument beaucoup en sa présence. On constate une certaine négligence concernant les visites médicales pour Petra et la prise de médicaments est irrégulière ; les parents ne prennent pas au sérieux la maladie.

Interventions :

- Conseil aux parents, aide et conseils relatifs à l'éducation familiale (semaines 1-24 ; intensifiée à nouveau dès la semaine 53 et jusqu'à la fin) avec focalisation sur l'alimentation, l'hygiène, la gestion des symptômes (énurésie, vols), l'amélioration du travail scolaire de Petra, la mise sur pied d'activités sociales des parents avec l'enfant, entre autres.
- Bienveillance à l'égard de Petra lors des séances thérapeutiques de jeu (s'allonger, être recouverte, boire un thé, se détendre, ressentir empathie, chaleur et valorisation), discussions sur les façons de "prendre soin de soi" à la maison.

11.3.6. Communication au sein de la famille, amélioration des relations parents-enfant

La durée de l'intervention couvre les semaines 4 à 82 (mesures 2-30 et 34-41).

Interventions :

- Conseils éducatifs pour les parents (semaines 4-82, irrégulier) : composer avec les conflits, les besoins de l'enfant et les conséquences de ses comportements ; avoir recours à de l'aide extérieure, même si cela est désagréable ; réduire la peur de perte de contrôle au profit de l'acceptation d'offres d'aides.

- Entraînement des parents avec un accent mis sur la communication, le fait de s'occuper et de valoriser l'enfant et ses ressentis, ainsi qu'activités de loisirs avec les enfants (semaines 18-32).

La durée de l'intervention touche ici les semaines 13 à 82 (mesures 7-41).

Interventions :

- Organisation "systémique" du setting de traitement ; réunion du réseau (regroupement de tous les participants comme le personnel qualifié du centre de conseil et de l'office de la jeunesse, l'enseignante, la psychiatre pour enfants et adolescents) ; intégration des ressources sociales (inclusion de la marraine et la grand-mère maternelle de l'enfant) ; autonomie progressive dans les activités qui étaient initialement faites sous supervision du personnel qualifié (démarches administratives, entretiens avec l'enseignante, ponctualité des rendez-vous chez la psychiatre pour enfants et adolescents).

- Évaluation des hobbies et des intérêts de Petra ; prise de contact avec des institutions et établissements pour jeunes. Les parents n'étaient pas favorables à ce que Petra participe aux activités de la maison des jeunes (soucis relatifs aux tentations liées au vol, à la consommation de drogues ou aux contacts avec des jeunes à problèmes). Ils étaient toutefois d'accord qu'elle participe à des activités de loisir dans son école durant l'après-midi.

- Première participation active de Petra à des activités de loisir à l'école durant l'après-midi (dès la semaine 18) : chœur (où on lui confie peu après une partition de soliste), groupe de danse pour filles, journal des élèves.

Comme Petra cesse rapidement les vols (dès la semaine 8) et l'énurésie *en journée* (dès la semaine 10), ceci de manière stable, elle acquiert (progressivement) à nouveau confiance auprès de ses camarades de classe. Cela soutient de surcroît son intégration dans des activités sociales et dans des groupes de pairs.

1.3.7. Intervention de crise avec retraits périodiques du milieu familial

L'intervention dure de la semaine 46 à 68 (mesures 23-34).

Après six mois, il faut opter entre une poursuite du traitement ambulatoire *ou* une entrée en institution (respectivement un placement hors du foyer familial). Même après plusieurs mois à la maison, Petra a des difficultés à transposer nombre d'expériences hors des séances thérapeutiques et les maintenir, car la dynamique dyssociale et inconsistante est trop forte dans le système familial : elle est toujours et à nouveau confrontée à l'écart entre les valeurs et normes de la famille et celles du système social (école), et plongée dans des conflits de loyauté (exemples : Petra doit apporter de l'argent pour les photocopies mais sa mère n'a pas d'argent ; Petra dit qu'elle l'a oublié ; l'enseignante rappelle Petra à l'ordre et se fâche ; cette dernière n'en dit rien à la maison. La mère ne prête pas vraiment attention à l'alimentation de Petra et à son diabète. Petra dort toujours sur un matelas dans une chambre minuscule). Ses performances scolaires sont certes clairement meilleures avec le soutien scolaire, et cela bien que Petra n'ait pas de place à la maison pour s'y aménager une bonne atmosphère de travail. La relation avec l'enseignante est caractérisée par des hauts et des bas (dont des échanges avec des insultes).

La question du maintien de Petra à domicile ou d'un placement hors du domicile familial est tranchée après six mois dans le sens d'un prolongement du traitement et de l'encadrement ambulatoires. Toutefois, le placement hors du domicile familial reste encore en suspens et les parents appréhendent toujours et encore cette possibilité, ce qui charge émotionnellement la situation pour toutes les personnes impliquées. Après environ 11 mois (mesure 22), cela mène finalement à une rupture (crise) des développements positifs effectués jusque-là.

Intervention :

- Éloignement de la famille limité dans le temps dans le cadre d'une prise en charge médico-sociale externe (durée d'intervention de la semaine 62 à 68 ; mesures 31-34).

La spécialiste en travail social propose une prise en charge médico-sociale de *six* semaines pour l'enfant. Les préoccupations et les attentes de Petra et des parents sont d'abord discutées. Le placement a lieu. Durant cette dernière, le personnel garde un contact par écrit avec Petra.

En outre, durant cette prise en charge, des entretiens avec les parents ont lieu de manière hebdomadaire. Ces derniers vivent certes cette période sans l'enfant comme un soulagement, mais Petra leur manque.

11.3.8. Après la fin de la prise en charge

La durée d'intervention s'étend de la semaine 70 jusqu'à la fin (mesures 35-41). La prise en charge a des effets très positifs : le diabète est résorbé et Petra n'a pratiquement plus d'énurésie. Elle se sent surtout bien et n'éprouve pas d'ennui démesuré. Environ quatre semaines plus tard (semaine 73), Petra indique qu'elle souhaite rester auprès de sa mère et de son beau-père.

Autant Petra que sa mère se sentent plus fortes, ce qui amène à un espacement des séances thérapeutiques de jeu avec Petra (à une fois par semaine) et des conseils socio-thérapeutiques en lien avec l'éducation pour les parents (à une fois par mois). La symptomatologie a clairement diminué et la situation est stabilisée.

Travail sur l'affectivité et la régulation des émotions de Petra

Le travail pluridimensionnel sur l'affectivité de Petra (ses forts ressentis négatifs de rage, de colère, d'abandon, de déprime, d'anxiété, etc.), et sur ses compétences insuffisantes dans la régulation des émotions est présenté en détails dans une contribution séparée (Reicherts, 2014).

11.4. Résultats

L'analyse du suivi repose sur plusieurs séries temporelles dont les mesures ont été *enregistrées* tous les 14 jours. Les valeurs saisies reposent en partie sur un résumé des données de base hebdomadaires ou même quotidiennes de la part de la cliente et des spécialistes, parfois des parents ou de l'enseignant. Les mesures ont été effectuées à l'aide d'échelles individuelles – développées préalablement – qui s'appuient sur l'évaluation des buts à atteindre et ses indicateurs. Le traitement a duré environ 20 mois, avec 41 mesures durant 82 semaines.

Les données du suivi montrent une évolution et des effets importants qui peuvent en partie être mis en lien avec les composantes de l'intervention à différents moments comme par exemple durant la phase initiale (mesures 1 à 8) ou lors de la prise en charge externe. En revanche, ils peuvent être aussi liés, en partie du moins, à des influences externes comme la "phase de crise" (mesures 25 à 29) ou être l'expression d'une dynamique propre du développement de Petra qui n'évolue pas de manière simplement linéaire et continue dans l'environnement problématique.

11.4.1. Séries temporelles

Les graphiques suivants (11.1 et 11.2) montrent l'évolution des différents indicateurs au cours de la durée du traitement.

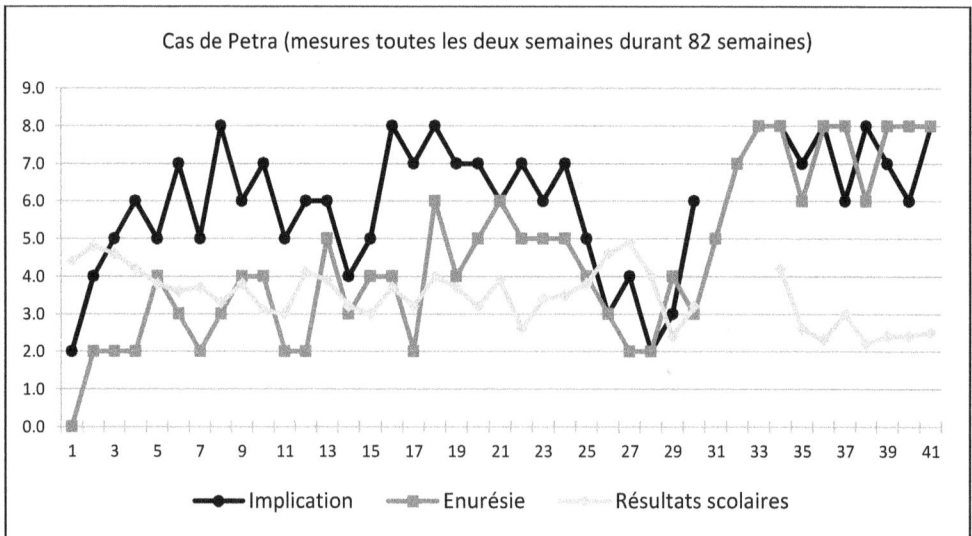

Graphique 11.1 : Implication, énurésie et résultats scolaires au cours du traitement[2]

---

[2] Pour les résultats scolaires, ce sont directement les notes qui sont présentées (la note 2.5, atteinte par Petra vers la fin de la mesure, correspond, après conversion, à une valeur de 8 sur l'échelle de l'ÉBA).

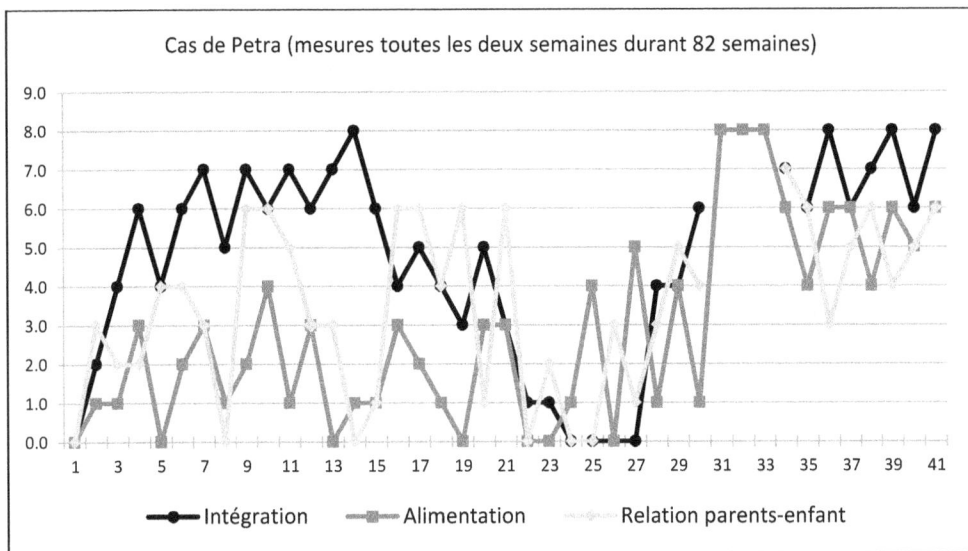

Graphique 11.2 : Intégration sociale, alimentation (soin parental) et relation parents-enfant au cours du traitement

11.4.2. Vue d'ensemble des processus dans les différents domaines

Considérées dans leur ensemble, les mesures de suivi laissent apparaître différentes "phases" et évolutions (voir les graphiques 11.1 et 11.2) :

(1) Une *phase de départ* (d'une durée de 3-4 mois environ ; mesures 1 à 7) peut être identifiée, phase durant laquelle on peut surtout observer une augmentation et une consolidation de l'implication ainsi que quelques améliorations manifestes (en particulier dans les résultats scolaires et dans l'intégration sociale au sein du groupe de pairs).

(2) Ensuite, une deuxième phase (mesures 8 à 21 environ) peut être distinguée. Elle comprend certaines améliorations relatives à des aspects particuliers (p.ex. auto-implication sociale) et une première consolidation. Cependant, on observe également quelques instabilités.

(3) Entre la 22ème et la 29ème mesure, une *phase de "crise"* apparaît clairement, liée entre autres à l'incertitude des parents et de Petra quant à la prolongation du traitement ambulatoire et la crainte que Petra doive être placée. On constate ici, sur plusieurs dimensions, des "ruptures" et des détériorations (passagères) claires. On note en particulier le manque de valorisation de Petra, la négligence au niveau de l'alimentation et des conflits parents-enfant accentués. Il est très important de relever que la crise apparaît *d'abord* (dès la mesure 22) clairement dans la famille (relation parents-enfant et alimentation) ainsi que dans les relations sociales, ceci avant qu'elle ne devienne visible également dans la relation thérapeutique, dans l'énurésie et dans les résultats scolaires (deux symptômes principaux).

(4) *Le placement.* La coupure de six semaines entraînée par le placement est importante. Étant donné que Petra est éloignée de son contexte habituel, il n'y a pas de mesure de l'implication, des résultats scolaires ou de l'intégration sociale. Comme convenu, Petra a donné des informations par écrit à sa thérapeute sur l'absence d'énurésie (!) et la bonne alimentation.

(5) La *phase finale* (mesures 34 à 41). Suite au retour de Petra dans sa famille et à l'école (après son placement), une guérison très claire et une amélioration supplémentaire s'observent pour pratiquement tous les indicateurs retenus : l'énurésie est maintenant pratiquement absente, les résultats scolaires s'améliorent à nouveau après une brève acclimatation (avec une moyenne de 2.5 !), tout comme l'intégration sociale ou même l'alimentation pour lesquelles on observe clairement des évolutions positives. Dans l'ensemble, l'évaluation finale va dans le sens de l'atteinte des buts fixés. On observe en effet une stabilisation de la plupart des indicateurs à un niveau assez élevé, indiquant ainsi une large amélioration et présageant d'une bonne consolidation à moyen terme des progrès visibles. Toutefois, le contexte parental se trouve encore à un niveau quelque peu plus faible, et surtout relativement instable : cela se remarque à la fois par l'alimentation qui, bien qu'améliorée, s'avère être toujours aussi irrégulière qu'auparavant, ainsi que par le climat relationnel perçu par Petra (attention et chaleur qui lui sont apportées).

11.4.3. Résultats par dimensions

Dimension 1 : Implication et relation de travail

Une relation solide et de plus en plus empreinte de confiance et de coopération a pu s'établir relativement tôt avec Petra. En l'espace de deux mois (jusqu'au temps de mesure 4), l'objectif de la dimension "implication / relation de travail / structuration" a déjà atteint les 75%. Immédiatement après, de légères fluctuations sont apparues à un niveau assez élevé (ponctualité approximative, absences occasionnelles, devoirs effectués négligemment). Durant le traitement d'un an et demi, il y a eu deux périodes durant lesquelles davantage de problèmes ont surgi : entre les mesures 14 à 16 (de la 28ème à la 32ème semaine ; au même moment, une nette détérioration a eu lieu dans le climat familial, alors que les relations avec les pairs commençaient à se dérouler de manière optimale) ; ainsi que plus tard, entre la 52ème et la 56ème semaine (une année après le début du processus) où une crise a eu lieu dans la famille, en lien avec d'autres dégradations. Cette phase problématique a pris fin avec le placement de Petra (fort engagement avec la spécialiste lors de la phase de préparation). De même, l'échange par lettres avec la thérapeute a également très bien fonctionné durant le placement. Immédiatement après – dès la 34ème mesure et jusqu'au terme – l'implication se situait à un niveau vraiment élevé (valeurs entre 6 et 8 sur l'échelle, correspondant à une atteinte des buts entre 75% et 100%).

Dimension 2 : Énurésie

Pour l'énurésie – l'un des principaux symptômes psychologiques qui a été choisi pour l'évaluation des buts à atteindre – c'est lentement qu'une réelle amélioration est apparue : bien que Petra ait réussi relativement tôt à ne plus avoir d'énurésie en journée hors du domicile, cela arrivait encore à la maison – et surtout durant la nuit. Ici également, la (première) rechute est apparue entre la 11ème et la 13ème mesure : Petra s'est retrouvée en peu de temps au niveau 2, mais a pu toutefois rapidement se reprendre. Elle a atteint l'objectif relatif à ce symptôme durant son placement. Elle y a fait l'expérience d'un très bon accompagnement, au niveau de l'hygiène également, qui exigeait aussi une initiative personnelle dans un cadre chaleureux, soutenant et encourageant, proche d'autres enfants et adolescents. Dans ce contexte hors domicile, Petra a voulu puis a pu montrer ce dont elle était capable. À son retour, elle est restée pratiquement asymptomatique outre quelques rares épisodes nocturnes qu'elle a interprétés comme des "pannes". Durant les six dernières semaines (mesures 39 à 41), elle a été totalement asymptomatique et a terminé ainsi la thérapie avec une atteinte des buts de 100% sur ce critère. Comme elle a pu en même temps améliorer nettement son hygiène personnelle et faire l'expérience dans la famille d'une "offre" d'hygiène peu à peu améliorée (bien qu'encore instable), ce domaine semble bien consolidé chez elle.

Dimension 3 : Résultats scolaires

Malgré ses difficultés en classe (au moins durant le premier mois de la thérapie), ainsi qu'envers l'enseignante, Petra a pu rapidement – en particulier grâce au dispositif de soutien à l'apprentissage et aux devoirs à domicile – augmenter ses résultats scolaires dans la plupart des matières. Après trois mois, elle a amélioré d'un point sa moyenne (qui se trouvait initialement à environ 4.5). Ici aussi, des fluctuations sont apparues. Ces fléchissements observés sont notamment en lien avec l'environnement d'apprentissage problématique à la maison et l'accumulation de résultats plus faibles durant la "crise" entre la 25ème et la 28ème mesure (la note ayant même atteint 5.0). Après le placement cependant, Petra a réussi à retrouver un niveau plus que satisfaisant en trois semaines seulement ; nettement plus motivée et concentrée, elle a obtenu durant les derniers mois (mesures 36 à 41) de très bons résultats (note inférieure à 2.5). Ici également, grâce à l'ensemble des interventions multimodales et au concours efficace de la thérapeute, des spécialistes de l'accompagnement scolaire ainsi que de l'équipe socio-thérapeutique (sans oublier la coopération active de l'enseignante), le degré d'atteinte des buts de Petra est très élevé ($< 2.5 = 100\%$), ce qui semblait peu probable – bien que théoriquement possible – au début de la thérapie (voir chapitre 3.3 sur l'opérationnalisation des critères à atteindre, en particulier le niveau de 100%). Petra a clairement développé sa confiance en elle et a augmenté son auto-efficacité, non seulement dans les activités scolaires, mais aussi dans son comportement global d'apprentissage et dans ses modes de comportement à l'école.

Dimension 4 : Intégration sociale et auto-implication sociale active

Une dimension centrale du cas de Petra concerne l'amélioration de son intégration sociale et son implication active dans les groupes de pairs, à l'école et en dehors. Le suivi montre la présence d'améliorations nettes, manifestement grâce aux différentes interventions : après deux mois déjà, le niveau 6 de l'échelle est atteint pour la première fois ; ceci correspondant à une atteinte de but de 75% (participation relativement fréquente à une ou plusieurs offres, collaboration et engagement actifs). Durant plus de six mois, Petra a continué à développer son réseau social sur ce niveau vraiment élevé. Elle a participé régulièrement et activement à des activités, en particulier le chœur dans lequel elle a commencé à jouer un rôle important. Dès la 16ème mesure, les activités ont diminué quelque peu en raison d'une plus grande irrégularité, mais manifestement pas à cause d'un appauvrissement des relations. Toutefois, la phase de crise qui a débuté à partir de la 21ème mesure s'est faite nettement ressentir sur cet aspect : Petra s'est sentie déstabilisée, n'a pas voulu faire part aux autres de ses difficultés à la maison et s'est considérablement retirée des activités durant plusieurs semaines. À partir de la 28ème mesure, elle est retournée régulièrement au chœur et au groupe de bricolage. Elle a renoué aussi avec ces activités à son retour du placement et est ensuite restée à un niveau élevé (échelle 6, respectivement 8 ; atteinte du but de 75% à 100%). Dans l'ensemble, sa capacité à s'engager dans un groupe, sa motivation et ses compétences semblent clairement renforcées. L'intégration sociale est, à côté de la dimension 1 (engagement et relation thérapeutique), celle qui atteint la valeur la plus élevée (4.7 en moyenne, ce qui correspond à une atteinte d'environ 62%). Ici aussi, l'évolution n'est pas rectiligne, il y a des fluctuations et des crises, mais la tendance positive apparaît très clairement.

Dimension 5 : Hygiène alimentaire

L'hygiène alimentaire – en termes d'une nutrition proposée par les parents qui soit adéquate et adaptée au diabète – n'a présenté aucune amélioration notable durant de nombreuses semaines. Des tentatives ont certes été entreprises par les parents, avec de légères adaptations. Toutefois, elles n'ont pas été durables et ont à chaque fois été abandonnées au profit de repas négligemment improvisés ("malbouffe" fréquente), en lien également avec le manque d'organisation familiale et le peu d'attention portée par les parents à l'état de santé de Petra. L'atteinte du but (très fluctuante) n'a que très rarement atteint les 50% (niveau 4 de l'échelle). C'est seulement durant le placement que Petra a pu faire l'expérience d'une préoccupation adéquate, notamment en ce qui concerne l'alimentation qu'elle a pu ainsi apprécier (selon la description écrite de ses ressentis à sa thérapeute). Il semble qu'elle a pu emporter avec elle cette expérience – et le savoir qui y est lié – à la maison, en exprimant plus clairement ses besoins à ses parents. En tout cas, suite à son retour, une amélioration s'est produite avec des valeurs de 4 (atteinte du but de 50%) et même de 6 (75%). Les parents n'ont manifestement pas vraiment profité des efforts du conseil en éducation familiale sur cet aspect jusqu'à ce que Petra, avec sa propre expérience et sa confiance renforcée, ait pu formuler et exiger elle-même plus clairement ses besoins en matière d'alimentation, en lien avec une meilleure prise de conscience de son état de santé (éviter de devenir "vraiment diabétique").

Dimension 6 : Relation parents-enfant

Petra a perçu relativement tôt déjà – de la 2ème à la 5ème mesure – une amélioration de la relation et de la communication avec ses parents (jusqu'au niveau 4 ; but atteint à 50%) : les parents se donnent de la peine (dans une certaine mesure) de mieux la valoriser, mais Petra se sent encore fréquemment ignorée. À la 8ème mesure (semaine 16), son père a "piqué une colère" lors d'une altercation, l'a fortement insultée et l'a même frappée (niveau 0%). De telles ruptures sont également apparues ultérieurement, même si elles ont surtout concerné le fait d'être grossier et d'insulter (niveau 1 sur l'échelle ; p. ex. mesures 15 et 20) ; frapper est heureusement resté une exception (p.ex. mesures 14 et 22). La crise s'observe très clairement entre les mesures 22 et 28 dans la relation parents-enfant : les scores ont fluctué entre 0 et 3. L'entente et la valorisation se sont à nouveau améliorées seulement dès la décision du placement (mesure 28). Au retour de Petra, la qualité de la relation perçue avec ses parents s'est stabilisée à un niveau plutôt élevé (entre 4 et 7). La valeur moyenne se situe à environ 5, c'est-à-dire une atteinte de but entre 50% et 75%. Ceci aussi est une amélioration réjouissante, bien qu'elle ne soit pas totalement stabilisée.

Contrôle enfant-parents

Un aspect important de la relation parents-enfant concerne le contrôle exercé par l'enfant – en l'occurrence l'influence de Petra sur ses parents – qui a aussi été l'objet direct et indirect de l'intervention. Ceci a été évalué au début et à la fin de l'intervention avec le questionnaire QIEP.

Lors de la mesure finale, Petra a obtenu une valeur de 15 pour le "contrôle actif-constructif" au QIEP. Cela correspond à une valeur T de 47 et une valeur stanine de 5 ; sa tendance au contrôle actif-constructif se situe donc à un niveau moyen selon la population de référence. Par conséquent, sa faible valeur de départ (9) "en dessous de la moyenne" s'est améliorée jusqu'à une valeur "moyenne". En outre, l'analyse affinée au moyen de l'erreur standard de mesure (voir chapitre 5.2) montre que la valeur après l'intervention est significativement plus élevée que la valeur de départ, tant avec un seuil d'erreur de 5% [15 > (9 + 3.7 = 12.7)] qu'avec un seul fixé à 1% [15 > (9 + 4.8) = 13.8] (voir à ce sujet le chapitre 5.6, ainsi que le manuel du QIEP, Reicherts, Pauls & Brodard, 2006 ; Pauls & Reicherts, 1991).

Les autres améliorations dans le contrôle exercé par "Petra" sont aussi significatives. Les 7 tentatives de contrôle problématique à la fin de la thérapie se répartissent sur plusieurs catégories de comportements dysfonctionnels ("punition", "dévalorisation", "opposition" ; ce sont donc surtout les tentatives de contrôle passif-résigné qui ont régressé (plus que 2 sur 7)). Ces changements sont cohérents avec le pattern de changement général de Petra dans son environnement familial.

11.4.4. Changement global et analyses statistiques

Changement global de l'atteinte des buts ("Indice de changement global" ICG, ÉBA)

Outre l'implication, toutes les valeurs d'atteinte des buts se situaient au départ à 0, respectivement 0% (voir chapitre 3.3). Si l'on résume l'atteinte des différents buts lors de la *dernière mesure* (par pondération égale des dimensions dans l'indice de changement global), il en ressort un ICG de 7.33 ; (8+8+8+8+6+6) / 6. Si l'on prend en compte les trois dernières mesures uniquement, il s'en dégage un ICG de 6.78 ; (7.0+8.0+7.67+7.33+5.67+5.0) / 6. Cela correspond à une atteinte des buts de plus de 80% (6.78 / 8 du niveau maximal), ce qui peut être considéré comme un très bon résultat. Les deux dimensions qui concernent principalement sa famille (hygiène alimentaire, respectivement relation parents-enfant) sont clairement plus basses, avec une valeur d'environ 5.33 – correspondant à des buts atteints à environ 65%, ce qui reste cependant acceptable, voire bon.

Résultats des analyses quantitatives

Les moyennes et les dispersions des différentes dimensions, respectivement des échelles d'atteinte des buts, sont très différentes : les *moyennes* les plus élevées concernent l'implication ($Md = 6$; $m = 5.9$, correspondant à une atteinte des buts moyenne d'environ 75%), et les résultats scolaires ($Md = 3.50$; $m = 3.48$; échelle de notes originale, correspondant également à une valeur d'atteinte des buts de 75%). Suivent la participation sociale ($Md = 5.50$; $m = 4.66$; environ 60% d'atteinte des buts) et l'énurésie ($Md = 4$; $m = 4.44$; plus de 50% d'atteinte des buts). Nous observons les moyennes les plus faibles pour la relation parents-enfant et l'alimentation. La prise en compte des valeurs moyennes globales n'a toutefois que peu d'intérêt car les changements durant les trois derniers mois (niveaux atteints sur les 6 dernières mesures) sont bien plus importants. Comme déjà présenté plus haut, ces valeurs d'atteinte des buts de Petra sont des valeurs en majorité bonnes voire très bonnes. Comme attendu, l'implication possède la plus faible dispersion, alors que celles calculées pour l'intégration sociale et l'alimentation sont fortes en raison des fluctuations et les "ruptures" observées.

Analyse statistique des changements durant le processus

Les informations concernant les changements statistiquement significatifs ne sont pas faciles à interpréter en raison de la phase de crise et de la période de placement. En raison des valeurs manquantes (placement de Petra), l'analyse de corrélation de rang (*Rho*) pour l'évaluation d'une tendance de changement sur la durée du traitement pour les variables implication, résultats scolaires, relation parents-enfant et participation sociale ne se base que sur 38 valeurs effectivement mesurées. Le coefficient de corrélation non-paramétrique compare la concordance des rangs de la série de valeurs de mesure avec les rangs de la série temporelle (1, 2, 3, ... N). Dans le cas présent, cette corrélation pour les résultats scolaires s'élève à $Rho = -.52$, une valeur qui est fortement significative ($p < .001$; en supposant des mesures indépendantes). Nous observons d'autres améliorations significatives comme une diminution de l'*énurésie* durant le traitement (*Rho* = .74) et une meilleure hygiène alimentaire (*Rho* = .61) ; pour la relation parents-enfant, la valeur n'est que tendanciellement significative (*Rho* = .30 ; *p* < .10) en bilatéral mais le devient cependant si l'on postule une amélioration de la relation avec le traitement (*p* < .05 en unilatéral).

L'implication occupe une position particulière car elle peut être considérée non seulement comme une variable liée au processus, mais aussi comme un prérequis pour les autres processus de changement. Par conséquent, il s'agit de développer cette implication le plus rapidement possible et de la maintenir stable à un niveau élevé. Indépendamment de la phase initiale, on ne s'attend pas forcément à une tendance à l'amélioration sur toute la durée globale du traitement. La phase de crise de Petra représente un épisode qui s'est même fait ressentir négativement jusque dans la relation thérapeutique – pour cependant revenir rapidement au niveau antérieur élevé.

Tableau 11.2 : Tendance centrale, dispersion et tendance de changement des dimensions sur l'ensemble du traitement (*Rho*)

	Md	*Q*	*m*	*s*	*Rho*	*p*
Engagement	6	1	5.92	1.68	.29	< .10
Énurésie	4	1.75	4.44	2.19	.74	< .0014
Résultats scolaires	3.50	0.5	3.48	0.74	-.52	< .001
Implication sociale	5.50	2.00	4.66	2.57	.17	ns
Hygiène alimentaire	3	1.75	2.88	2.44	.61	< .001
Relation parents-enfant	3.50	2.15	3.45	2.20	.30	< .10

Comme cela a déjà été mentionné plus haut, l'analyse psychométrique du contrôle exercé par Petra montre aussi une amélioration significative avec le QIEP.

11.5. Synthèse et perspective

L'axe essentiel de l'analyse du cas singulier "Petra" se situe d'une part au niveau du recueil des données au fil de l'accompagnement et à la fin de la prise en charge et, d'autre part, au niveau des interventions complexes proposées. L'évaluation finale montre clairement quelques pistes (parmi d'autres) d'analyse et d'interprétation des cas singuliers. Dans le cas de Petra, c'est d'abord l'évaluation des buts à atteindre (ÉBA) qui se situe au premier plan ; elle offre un cadre de référence pertinent pour la planification et le contrôle de l'intervention ainsi que pour l'analyse et le suivi du déroulement global. Les dimensions, les indicateurs et les échelles développés ici représentent le cœur des stratégies de traitement orientées vers un but. À la fin du traitement, nous observons chez Petra des résultats globalement positifs – et différenciés – de l'atteinte des buts en comparaison avec les mesures initiales. Au moyen d'échelles développées pour l'analyse des buts à atteindre, des améliorations peuvent être mise en exergue pour toutes les dimensions, reflétant ainsi des *améliorations cliniquement significatives*. Elles peuvent être interprétées directement dans le sens des échelles d'atteinte des buts individuels développées avec Petra.

Sur la base des valeurs des échelles de l'ÉBA, nous reconnaissons en outre un déroulement pluridimensionnel et complexe, non linéaire, qui est caractérisé par une amélioration générale, mais aussi par des fluctuations et des ruptures sous forme de crises. Un tel développement discontinu n'est pas rare dans des études à long terme avec des prises en charge complexes, tout particulièrement avec des enfants et des adolescents. À différents moments, une telle démarche a nécessité des adaptations et des compléments pour l'ensemble des interventions (voir l'aperçu des interventions mentionné ci-dessus).

De par la complexité des multiples interventions – de surcroît adaptées durant le processus – il n'a pas été possible de vérifier chez Petra les effets directs et immédiats de chacune des différentes mesures sur les dimensions. Cependant, grâce à l'ÉBA, des effets ont été rendus visibles au cours du processus.

En outre, une analyse psychométrique de ce cas singulier est présentée pour la comparaison pré-post sur un aspect important – le contrôle exercé par l'enfant sur les parents – au moyen du *Questionnaire d'Influence Enfant-Parents* (QIEP, Reicherts, Pauls & Brodard, 2006 ; FEKS, Pauls & Reicherts, 1991). D'autres instruments psychométriques standardisés introduits dans le cadre du diagnostic initial, comme la *Child Behavior Checklist* (CBCL 4-18, version allemande de Döpfner et al., 2002) ou le *Persönlichkeitsfragebogen für Kinder* (PFK 9-14, Seitz & Rausche, 2004) n'ont pas été abordés ici pour des raisons de place. Leur application suit cependant le même principe et permet un appui et une différenciation supplémentaires de la mesure des changements et du contrôle de l'atteinte des buts.

11.6. Bibliographie

Arbeitsgruppe Deutsche Child Behavior Checklist (Döpfner et al.) (2002). *Eltern-fragebogen für Klein- und Vorschulkinder (CBCL / 1 ½-5)*. Köln: Arbeitsgruppe Kinder-, Jugend- und Familiendiagnostik (KJFD).

Pauls, H. (2013). *Klinische Sozialarbeit – Grundlagen und Methoden psychosozialer Behandlung* (3. Aufl.). Weinheim und München: Juventa.

Pauls, H. & Reicherts, M. (2013). Allgemeine Basiskompetenzen für sozialtherapeutische Beratung – ein Konzept zur Systematisierung. In H. Pauls, P. Stockmann & M. Reicherts (Hrsg.), *Sozialtherapeutische Beratungskompetenzen* (S.58-78). Freiburg i. Br.: Lambertus.

Pauls, H. & Reicherts, M. (1991). *FEKS – Fragebogen zur Erfassung kindlicher Steuerung.* Weinheim: Beltz.

Reicherts, M. (2014). *Emotionale Offenheit und Emotionsregulation in der sozialtherapeutischen Arbeit mit jungen Menschen – Ein neuer Ansatz.* Coburg: ZKS-Verlag.

Reicherts, M., Pauls, H. & Brodard, F. (2006) *Questionnaire d'Influence Enfant-Parent (QIEP).* Göttingen: Hogrefe Test System.

Seitz, W. & Rausche, A. (2004*). PFK 9-14. Persönlichkeitsfragebogen für Kinder zwischen 9 und 14 Jahren* (4., überarbeitete und neu normierte Auflage). Göttingen: Hogrefe.

12. Contrôle et qualité du travail du cas psychosocial dans le contexte des interventions médico-légales ambulatoires : le cas Karl M.

Gernot Hahn & Helmut Pauls

Résumé

Le travail psychosocial avec un cas singulier est caractérisé par l'évaluation, la prise en compte et le traitement de situations problématiques complexes, à différents niveaux, et avec des processus de traitement souvent proposés sur le long terme. L'accent de nos propos est mis sur le travail avec des clients non volontaires – une situation standard du travail social clinique. À côté de l'évaluation des différents niveaux, le travail dans de tels contextes de contrainte dépend de l'amplitude de la motivation, des possibilités de la développer et de formuler avec le client des objectifs. De plus, il faut intégrer ici des perspectives externes et internes avec le risque d'aboutir à différentes définitions de la problématique et à des objectifs qui se contredisant en partie. Les caractéristiques qui différencient le cas singulier de la norme, respectivement du groupe de comparaison à risque, doivent être enregistrées, évaluées et pronostiquées de manière fiable, et cela généralement dans une perspective durable. Ce chapitre illustre les possibilités d'analyse de cas quantitative à l'aide d'un exemple de cas complexe dans le cadre d'un traitement médico-légal ambulatoire et introduit à cette méthode d'évaluation.

12.1. Introduction et bases du travail sur le cas dans un contexte coercitif

Le travail sur le cas au niveau social dépend de l'évaluation d'aspects généraux inhérents à la constellation du cas et à ses particularités individuelles dans le cadre de l'interaction entre l'individu, son environnement social et la situation actuelle spécifique (données biographiques et socio-culturelles) (Dorfman, 1996 ; Pauls & Reicherts, 2013 ; Pauls 2013). Les interventions au niveau social doivent apporter des aides psychosociales dans des conditions de terrain complexes et variées. Il est également important de focaliser l'attention sur les facteurs de risque socio-pathologiques, souvent quelque peu négligés dans le diagnostic psychologique et psychiatrique : précarité économique ou pauvreté, discrimination sociale de tout type et sociogenèse de troubles et maladies dans le cadre d'une compréhension élargie de la personne dans son environnement (*person-in-environment*) (Richmond, 1922). Il s'agit de mettre en évidence que, dans la recherche en travail social, ce sont surtout les procédures qualitatives de l'analyse du cas qui sont répandues ("compréhension du sens" respectivement "compréhension du cas avec une perspective multiple", voir Heiner 2004 ; Dörr, 2002 ; Schaub, 2008 ; Gahleitner, Schmitt & Gerlich, 2014 ; voir aussi chapitre 1.1). Cependant, il faut noter que Karls et Wandrei (1994) ont par exemple déjà abordé (avec le "Person-In-Environment-System – PIE") l'évaluation du cas de manière quantifiée, démarche avec laquelle les origines du problème de la personne, de la structure sociale et des processus sociaux peuvent être évaluées de manière pertinente dans une perspective multiple (voir Hahn, 2006, p. 46 ; Ortmann & Röh, 2007). Mais cet instrument ne s'est toutefois que peu imposé dans la pratique. C'est la raison pour laquelle il semble d'autant plus important de défendre l'approche empirique-quantitative dans l'analyse du cas singulier adoptée dans ce livre, de telle sorte que son utilité et ses apports pour le travail social sur le cas singulier apparais-sent clairement (p.ex. chapitre 3 relatif à l'analyse des buts à atteindre de Reicherts et Pauls, ou exemple pratique de Pauls et Reicherts présenté dans le chapitre 11 ; voir aussi Hemmerich, 2013).

L'exemple de cas présenté dans ce chapitre appartient au travail en contexte coercitif. Les spécialistes travaillant dans le conseil socio-thérapeutique sont souvent confron-tés à des "clients involontaires" dans leurs domaines d'activités (Conen & Cecchin, 2007 ; Labonté-Roset, Hoefert & Cornel, 2010) ; ainsi le contexte coercitif est à considérer comme une situation standard (Kähler & Zobrist, 2013). Le motif d'une prise de contact provient généralement d'une initiative externe, moins en raison d'une prise de conscience d'un problème ou d'un souhait de changement de la part des clients. Par exemple, le travail dans le cadre d'une assistance en période de probation vise en premier lieu l'objectif d'"éviter la récidive", ce qui implique avant tout une démarche orientée vers les risques et les déficits (voir Mayer, 2009). Le processus de contrôle dans l'assistance en période de probation (voir Koob-Sodtke 2010) prime sur des processus d'aide tout autant importants pour la construction du cas (voir Hahn, 2013a).

Outre la découverte d'aspects dysfonctionnels et potentiellement dangereux, l'analyse du cas comprend également la recherche et la poursuite structurée de souhaits de changement selon les besoins, les ressources et les facteurs de protection (voir Hahn, 2007 ; 2013a), ainsi que l'intégration des éléments – apparemment – contradictoires constituant le cas. On considère tout ceci comme une base de travail sur le cas en s'appuyant sur les intérêts en matière de sûreté *et* sur les besoins individuels de changement. Wagner et Werdenich (1998) ont dénommé "art du traitement sous contrainte" une telle orientation de traitement consistant à faire de la motivation propre des clients, masquée par une attribution extérieure de dangerosité, l'objet et le but du traitement.

Les conséquences pour le travail avec des délinquants (comme dans cet exemple de cas) sont vastes : à côté de l'évaluation des caractéristiques générales, d'aspects liés aux risques et des paramètres pertinents du suivi, la phase de diagnostic dépend de l'identification des ressources et des facteurs de protection pertinents (voir Hahn, 2007) ainsi que de l'état actuel de la motivation du client. Pour l'évaluation diagnostique de ces facteurs de protection, des instruments de mesure structurés sont à disposition (voir de Vogel, de Ruiter, Bouman & Fries-Robbé, 2010). La planification de l'intervention doit inclure le rapport entre le contrôle du risque et l'encouragement des ressources en tenant compte de la perspective du client, en particulier de sa motivation. La création de la relation dans un contexte de contrainte nécessite – pour toutes les difficultés, les aspects dysfonctionnels, les aspects liés aux risques, le "manque" de motivation, le cas échéant la négation des faits – des compétences relationnelles différenciées de la part des spécialistes (voir Hahn & Stiels-Glenn, 2010 ; Wagner & Werdenich, 1998 ; Klug & Zobrist, 2013).

De nouvelles approches du traitement de la délinquance se focalisent plus fortement sur la formulation d'objectifs positifs, tel le *"Good Lives Model"* (GLM) de Ward et Maruna (2007). Soutenir les délinquants dans le fait de mener une vie remplie, réussie et productive implique, dans le développement d'objectifs et à côté de l'évaluation des caractéristiques liées aux risques, une orientation sur les ressources et les facteurs de protection, sur différents niveaux de motivation et sur la formulation de buts positifs d'approche (*approach goals*) (voir Miller & Rollnick, 1999 ; Prochaska & Di Clemente, 1984).

En tenant compte des caractéristiques des différents plans de recherche (voir chapitres 1 et 2), les savoirs fondés (respectivement à fonder) pour le travail psychosocial ou socio-thérapeutique sur le cas dans des contextes de contrainte – qui forment l'arrière-plan du cas présenté dans ce chapitre – peuvent être approximativement classés relativement aux niveaux des *savoirs factuels, conditionnels et de changement* (voir tableau 12.1).

Ce tableau 12.1 montre le savoir d'arrière-plan pour le travail psychosocial avec le cas d'un délinquant et permet la déduction de dimensions pertinentes relatives à ce cas (p.ex. absence de récidive ou instauration de la relation). Les cinq domaines concernant le cas qui seront présentés et illustrés dans la vignette de cas sont : (1)

Intégration professionnelle / place de travail, (2) Situation économique / financement autonome, (3) Création de relations, (4) Comportement délinquant / absence de délit et (5) Motivation pour le traitement.

Tableau 12.1 : Bases de savoir pour le travail psychosocial sur le cas avec des délinquants

Types de savoir et structure propositionnelle	Contexte de recherche	Contexte d'application
Savoir factuel	1	2
Des facteurs de risque et de protection statiques et dynamiques caractérisent le parcours du cas : début précoce du comportement criminel, multi-délinquance, consommation de drogues, délinquance intensive, échec d'effet de la détention, fréquence élevée de récidive, atténuation de la problématique de la personnalité à partir de 50 ans	Résultats empiriques : preuves biographiques, recherche portant sur les troubles de la personnalité dyssociale et émotionnellement instable, présence de critères diagnostiques, recherche pratique sur les cas singuliers, définition de groupes, p.ex. "délinquants sexuels non récidivistes" (Hahn, 2007)	Référence au cas singulier : comparaison différenciée de groupes / cas singulier, classification diagnostique (CIM-10, diagnostics sociaux), évaluation du processus de la thérapie et de la resocialisation, situation (sociale), caractéristiques de l'environnement, état de la resocialisation
Savoir conditionnel	3	4
Étendue du trouble et pronostic criminel : (gravité) accessibilité et "traitabilité" d'aspects dyssociaux de la personnalité, chronicité du trouble ; plus les manifestations sont marquées, plus le succès du traitement est faible et le risque de récidive est élevé	Résultats empiriques : phase de suivi de 5 ans, en tant qu'"essai à long terme des mesures de sûreté", monitoring continu des caractéristiques liées aux risques (pronostic criminel), connaissances du début du suivi à long terme chez des délinquants (intensifs) (Hahn & Wörthmüller, 2011)	Méthodes d'estimation du cas : analyse continue du comportement et des relations, *case-management*, réflexion sur les aspects de changement et de développement, sources de stress et risques, communication dans le cadre de réunions interdisciplinaires au sujet du cas Établissement d'un modèle "typique du cas" Travail sur les récidives et les problèmes gérés positivement
Savoir lié au changement	5	6
Stratégies de traitement : efficacité des stratégies de traitement socio-thérapeutiques intégrant des modalités multiples cognitivo-comportementales et psychanalytiques (psychologie des profondeurs), durée des mesures de traitement, adaptation flexible des interventions aux aspects liés aux risques	Résultats empiriques : diagnostic psychologique et social continu, établissement de profils du suivi, évaluation structurée de la motivation et des ressources, respectivement diagnostic des risques, dénomination des facteurs favorables (Hahn 2007 ; 2013b)	Mesures visant le soutien du cas : dénomination des buts finaux et partiels, différenciation des domaines des buts (absence de délits, satisfaction, intégration sociale, statut socio-économique), mesure du changement dans le cadre d'entretiens individuels et en réunions interdisciplinaires

12.2. Le cas Karl M.[1] : introduction et problématique de départ

Le régime d'exécution de mesures de sûreté selon le §63 StGB (code pénal allemand), l'"hospitalisation en clinique psychiatrique", constitue le contexte coercitif du cas traité ici. Les délinquants considérés par la commission des délits comme irresponsables pénalement ou avec une responsabilité pénale atténuée en raison d'une maladie psychiatrique – et pour lesquels il faut s'attendre à des récidives importantes en raison de la dangerosité de la maladie – peuvent être condamnés à une telle hospitalisation. La mesure est une forme d'exécution des peines dite "mesure de sûreté". L'hospitalisation dure jusqu'à ce qu'"il puisse être attendu, que la personne hospitalisée ne commettra plus de délits illégaux en dehors de l'hospitalisation" (§67 d[2] StGB), autrement dit jusqu'à ce qu'un pronostic de criminalité suffisamment positif puisse être posé. Pour les patients concernés, il en résulte un système complexe d'aide, de contrôle, de traitement, de privation de liberté et par là de dépendance, car l'estimation de la dangerosité est d'abord toujours faite par les cliniciens traitants. Les allégements de l'exécution des peines et la libération dépendent du déroulement favorable de l'hospitalisation et de la thérapie (voir à ce sujet en détails : Hahn, 2007, p. 84ss ; Hahn 2009 ; Kammeier, 2009). Suite à la libération, un suivi socio-judiciaire (surveillance de conduite) est mis en place, dans le cadre duquel l'obligation d'un "suivi médico-légal ambulatoire" est prononcée. Dans le processus de cette thérapie psychologique ambulatoire pour criminels (celui dans lequel se situe l'exemple de cas), diverses mesures de contrôle, d'interventions de crise et d'entrevues de soutien sous forme de visite sont menées en plus du traitement médicamenteux.

Le tribunal de grande instance de B. a ordonné l'instauration d'un suivi médico-légal ambulatoire dans le cadre d'une condamnation, selon le régime d'exécution de mesures de sûreté du §63 du code pénal allemand (StGB). L'admission a eu lieu au service de consultation ambulatoire médico-légale de N. où Monsieur M. avait déjà été traité en stationnaire par le passé. Le thérapeute responsable connaissait donc le patient de manière approfondie pour l'avoir suivi de 2002 à 2005 dans le cadre d'une thérapie de groupe pour délinquants sexuels.

Antécédents : Le patient né en 1960, deuxième des trois fils, a grandi chez ses parents, et accompli l'école obligatoire avec un bilan modeste, suivi d'un apprentissage de peintre qu'il a interrompu peu avant son terme en raison d'une incarcération. Développement de la délinquance : à partir de 14 ans, vols avec effraction, délits avec lésions corporelles. De ce fait, multiples condamnations à des heures de travail d'intérêt général et détention pour mineurs, ainsi qu'une peine d'emprisonnement ferme de huit mois. Par la suite, peine d'emprisonnement de plusieurs années avec sursis (de 1977 à 1985) pour viol avec lésions corporelles. En arrière-plan des délits

---

[1] Prénom fictif ; le cas traité est réel pour tous les aspects liés aux interventions.

sexuels, on trouve des expériences antérieures d'affronts et de rejets ; les victimes des faits étaient à chaque fois inconnues du patient et les délits ont été initiés par Karl M. lorsqu'il se trouvait dans un état fortement alcoolisé. Hobbies et intérêts : musique (a joué durant plusieurs années dans un orchestre de danse) et travaux manuels.

Délit initial : Tentative de viol avec lésions corporelles et agressions verbales, résistance envers les huissiers. Auparavant, Karl M. souhaitais avoir une relation avec une femme plus âgée, mais cette dernière l'avait rejeté. Dans le cadre de l'expertise relative à l'établissement de la responsabilité, une dépendance à l'alcool (CIM-10, F 10.1) et un trouble de la personnalité combinant des traits de personnalité dyssociale et émotionnellement instable de type impulsif (CIM-10, F 61) ont été diagnostiqués. Karl M. a été condamné à une peine d'emprisonnement de cinq ans et à une hospitalisation en régime d'exécution de mesures de sûreté selon le §63 du code pénal allemand (StGB). Le casier judiciaire de Karl M. comporte à ce moment 17 inscriptions.

Déroulement de la thérapie stationnaire : En 1995, le transfert de Karl M. vers le centre médico-légal de la ville a lieu après de sa condamnation. Au début, rejet de la thérapie et résistance. Après un an et demi, intégration dans un programme thérapeutique multimodal spécialisé dans les troubles et délits (thérapie individuelle et de groupe, thérapie en milieu institutionnalisé, mesures de réhabilitation) avec une orientation clairement cognitivo-comportementale. Après trois ans, introduction et suivi d'un traitement médicamenteux visant à stabiliser l'humeur (Cypralex). Mise en place d'un allègement échelonné de la peine et préparation à la libération. Karl M. débute une relation avec une autre patiente, suivie d'une grossesse et de la naissance de son fils (2003). Conclusion d'un contrat de travail (temporaire) externe. En 2006, libération conditionnelle du setting stationnaire, emménagement dans un appartement avec sa femme Anna et leur fils.

Suivi ambulatoire : La libération conditionnelle du régime d'exécution de mesures de sûreté a eu lieu sous forme de mise à l'épreuve, sous suivi socio-judiciaire. Dans ce cadre, des contraintes et directives ont été données, notamment un *suivi médico-légal* ambulatoire devant durer les cinq années du suivi socio-judiciaire. C'est le traitement étudié et contrôlé au moyen de l'analyse de cas singulier qui est présenté ci-dessous.

12.3. Dimensions et objectifs du traitement : développement d'indicateurs et d'échelles

Au début du suivi médico-légal ambulatoire, un accord sur les objectifs et les mesures (plan de traitement ambulatoire) a été fait. Les domaines fonctionnels suivants y ont notamment été définis : intégration dans une place de travail, financement autonome, vie de famille, intensité flexible de l'encadrement adapté aux besoins et au développement du moment, absence de délits. Ces dimensions importantes pour l'analyse du cas singulier sont comparées ici avec les caractéristiques de cas ordinaires établies empiriquement sur la base d'une enquête (voir chapitre 12.5.3 et encadrés de l'annexe 12.8)[2]. Ceci est donc un aspect particulier de l'évaluation des résultats de notre étude de ce cas singulier. Le choix d'indicateurs effectué pour l'analyse du cas singulier ne représente pas l'ensemble des dimensions du problème et des domaines de buts, respectivement des mesures mises en place. Il représente toutefois une partie des caractéristiques centrales relatives au cas et comparables avec les données de l'enquête, qui peuvent être suivis par le contrôle du processus et l'évaluation et qui sont appropriés à une évaluation quantitative. Pour le *suivi initial*, cinq semaines avant la première "réunion interdisciplinaire" (point de mesure 1, voir chapitre 12.4), des objectifs pour les différents domaines et niveaux fonctionnels ont été formulés avec le patient dans le cadre d'un plan de traitement ambulatoire. Ces objectifs ont été opérationnalisés et pondérés par rapport à l'évaluation des buts à atteindre (ÉBA ; Pauls & Reicherts, 2001, 2012 ; voir chapitre 3). La base des mesures de changement a été ainsi constituée. Le survol des domaines suivants est présenté ici dans un choix restreint : "intégration sur la place de travail", "financement autonome / vie de famille", "création de la relation", "motivation pour le traitement" et "absence de délit". Les définitions des objectifs ont été remaniées et adaptées au niveau linguistique pour le présent texte.[3] Les indicateurs ne sont pas formulés de manière exclusivement individuelle, mais se réfèrent aussi à des critères généraux des cas issus de l'enquête, à des fins d'assurance qualité (voir annexe). Le niveau de départ n'est par conséquent pas toujours de 0%, comme elle est prévue dans l'application standard de l'ÉBA (voir chapitre 3.3.7).

Les indicateurs mentionnés dans ce qui suit ont été à chaque fois évalués par l'équipe spécialisée à l'occasion des réunions interdisciplinaires, avec environ 11 points de mesure entre mars 2006 et mars 2011.

---

[2] Les données cadre à ce sujet sont fournies par une "enquête sur les consultations médico-légales ambulatoires en Allemagne" menée annuellement à l'échelle fédérale (Allemagne) depuis 2009 (Hahn & Wörthmüller 2011 ; Hahn, en prép.); voir aussi en annexe.

[3] Le statut du début du suivi médico-légal ambulatoire a en outre été évalué au moyen de différentes procédures qui ne peuvent pas être présentées en détail ici :
- diagnostic de la personnalité (MMPI)
- diagnostic criminel (PCL, SVR-20)
- évaluation structurée de la situation psychosociale (grille du réseau, Eco-Map)
- évaluation des facteurs de risque et de protection avec différentes échelles : Questionnaire sur la situation des ressources (Ressourcenlage-Bogen ; Hahn, 2007)
- évaluation structurée des facteurs protecteurs au moyen du SAPROF (Strukturiertes Assessment Protektiver Faktoren ; de Vogel, 2010)
- Psychopathy-Checklist (PCL 20 ; Hare 2004)
- Sexual-Violence-Risk 20 (SVR-20 ; Boer et al., 2000)
- liste intégrative des variables liées aux risques (Integrierte Liste der Risikovariablen, ILRV ; Nedopil 2005)
- systématisation des facteurs de risque et de protection internes et externes au moyen du diagnostic et de l'intervention psychosociale coordonnée (Koordinaten psychosozialer Diagnostik und Intervention ; Pauls 2013).

Dimension 1 : Intégration professionnelle / place de travail – pondération 10%

Indicateurs : niveau d'intégration sur le marché du travail, salaire contractuel.

Échelle	Atteinte du but	Indicateurs
8	100%	Poste fixe sur le marché de l'emploi, salaire contractuel, durée indéterminée
7		
6	75%	Poste fixe sur le marché de l'emploi, salaire contractuel, durée déterminée
5		
4	50%	Engagement stable chez un employeur via un temps partiel, engagement à plus long terme planifié, salaire plus élevé (ouvrier qualifié)
3		
2	25%	Engagement stable chez un employeur via un temps partiel, engagement à plus long terme planifié
1		
0	0%	Activité dans une entreprise de travail à temps partiel, engagements flexibles et alternant selon divers domaines d'activité

Dimension 2 : Situation économique / financement autonome – pondération 10%

Indicateurs : référence aux prestations sociales, aux autres soutiens financiers, hauteur du prélèvement salarial adapté à la couverture des coûts de la vie avec/sans activité annexe.

Échelle	Atteinte du but	Indicateurs
8	100%	Revenu salarial couvrant les besoins et constitution d'une épargne
7		
6	75%	Revenu salarial couvrant les besoins
5		
4	50%	Revenu salarial nécessitant une activité annexe pour couvrir les besoins
3		
2	25%	Revenu salarial, prestations sociales complémentaires et activité annexe nécessaires pour couvrir les besoins
1		
0	0%	Revenu salarial, prestations sociales complémentaires, activité annexe et soutien financier de la part des proches nécessaires pour couvrir les besoins

Dimension 3 : Création de la relation – pondération 20%

Indicateurs : harmonie *versus* disputes dans la relation de couple, ouverture à la discussion, participation au conseil matrimonial.

Échelle	Atteinte du but	Indicateurs
8	100%	Relation harmonieuse au sein du couple, culture de dialogue ouverte, gestion autonome des conflits
7		
6	75%	Relation harmonieuse au sein du couple, culture de dialogue ouverte, conseil extérieur organisé de manière autonome
5		Relation harmonieuse au sein du couple, culture de dialogue changeante (discussions vécues en majorité positivement, interrompues par des phases de dispute), conseil extérieur presté par le service médico-légal ambulatoire
4	50%	
3		Relation partiellement harmonieuse au sein du couple, culture de dialogue changeante (disputes en alternance avec échanges lors des discussions), conseil extérieur presté par le service médico-légal ambulatoire avec une motivation moyenne
2	25%	
1		Relation peu harmonieuse au sein du couple, culture de dialogue clairement dysfonctionnelle (disputes et tensions prédominantes), aucun conseil extérieur
0	0%	

Dimension 4 : Comportement délictueux / absence de délit – pondération 40%

Indicateurs : comportement délictueux (en particulier par rapport au délit ayant mené à l'incarcération), idée de récidive, ampleur et fiabilité de l'application du plan visant l'évitement de récidive.

Échelle	Atteinte du but	Indicateurs
8	100%	Absence de délit dans tous les domaines, bonne estime de soi et auto-contrôle
7		
6	75%	Aucune délinquance du type ayant mené à l'incarcération, application autonome du plan d'évitement de récidive, impulsivité à peine présente
5		
4	50%	Aucune délinquance du type ayant mené à l'incarcération, application contrôlée du plan d'évitement de récidive, impulsivité rare, déviance faible
3		
2	25%	Aucune délinquance du type ayant mené à l'incarcération, réflexion et exercices soutenant le plan d'évitement de récidive, impulsivité occasionnelle, déviance faible
1		Aucune délinquance du type ayant mené à l'incarcération, réflexion et exercices soutenant le plan d'évitement de récidive en cas d'idée de récidive éventuelle, impulsivité occasionnelle, déviance faible
0	0%	

Dimension 5 : Motivation au traitement – pondération 20%

Indicateurs : respect des rendez-vous, présence et engagement durant les séances individuelles et de groupe.

Échelle	Atteinte du but	Indicateurs
8	100%	Présence, respect des rendez-vous individuels et de groupe, évocation autonome de thèmes / conflits / problèmes, acceptation des mesures de contrôle
7		
6	75%	Présence, respect des rendez-vous individuels et de groupe, évocation des problèmes par prospection du thérapeute
5		
4	50%	Présence, manque partiel de ponctualité, participation faible au niveau des contenus (création purement formelle de contacts)
3		
2	25%	Absence excusée avec remplacement du rendez-vous
1		
0	0%	Absence non excusée

Dimension I : Intensité de l'intervention (valeurs croissantes d'"intensité faible" à "intensité élevée")

En plus des dimensions 1 à 5, l'intensité de l'intervention a été évaluée à des fins de contrôle, et traduit ainsi un aspect – fortement simplifié – des variables indépendantes ou liées à l'intervention.

Échelle	Indicateurs
8	Intervention de crise stationnaire
7	Contacts au moins hebdomadaires, setting changeant + participation au groupe + contact téléphonique + réunions interdisciplinaires + entretien avec les proches
6	Contacts tous les 14 jours, setting changeant + participation au groupe + contact téléphonique + réunions interdisciplinaires + entretien avec les proches
5	Contacts tous les 14 jours, setting changeant + participation au groupe + contact téléphonique + réunions interdisciplinaires
4	Contacts tous les 14 jours, setting changeant + contact téléphonique + réunions interdisciplinaires
3	Contacts mensuels en ambulatoire + visite à domicile + contact téléphonique
2	Contacts mensuels en ambulatoire + contact téléphonique
1	Contact purement téléphonique
0	Aucune intervention (p.ex. interruption ou fin du suivi)

12.4. Interventions et points de mesure

Karl M. a été pris en charge de mars 2006 à avril 2011 par le service médico-légal ambulatoire. Des visites à domicile et des entretiens de couple ont été menés durant l'ensemble du processus. Monsieur K. a participé, chaque deux semaines, à l'offre de thérapie de groupe ambulatoire pour délinquants sexuels. Dans le cadre du suivi, des mesures de contrôle ont également eu lieu, notamment des dépistages de drogues et la vérification d'abstinence à l'alcool. Des réunions interdisciplinaires avec Karl M., le conseiller d'insertion et de probation, ainsi que les responsables du service médico-légal ambulatoire ont été menées deux fois par année pour l'évaluation du suivi et pour la concertation quant aux mesures à prendre. Ces dernières ont donc été basées sur les rapports du suivi, sur une présentation orale du suivi par le patient lui-même et sur la documentation écrite du service d'assistance. De plus, l'évaluation du cas s'est faite au moyen d'instruments standardisés visant le pronostic (SVR-20 de Boer, Hart, Kropp & Webster, 2000 ; PCL de Hare, 2003).

Ces réunions interdisciplinaires rythment les *points de mesure pour l'analyse de ce cas singulier.*

(1) Prise de contact / point de mesure 1 (mars 2006)

Dans le cadre de la première réunion interdisciplinaire, l'établissement des objectifs du suivi ambulatoire (voir ci-dessus), les besoins du patient, les mesures de contrôle prévues, la coopération avec les instances juridiques (service d'assistance de probation), ainsi que la fréquence des contacts ont à nouveau été discutés avec Monsieur M. et le conseiller d'insertion et de probation. Les aspects caractéristiques du délit (tels les affronts vécus, la consommation d'alcool, etc.) ont été abordés sur la base des dernières expertises relatives au pronostic et de l'épicrise fournie par la clinique médico-légale traitante antérieure. Monsieur M. a accepté le suivi ambulatoire et a précisé de lui-même son besoin de poursuivre le traitement (surtout en ce qui concerne l'évitement d'une récidive, les entretiens de couple encadrés et le conseil socio-juridique) (D5 : 4 ; correspond au 4ème niveau des indicateurs dans l'échelle de la dimension 5). L'intégration dans une place de travail était relativement faible (temps partiel, engagements changeants ; D1 : 0). La situation financière était tendue ; Karl M. a effectué des heures supplémentaires durant le week-end, sa femme a reçu des prestations du chômage et ses parents ont offert un soutien financier (D2 : 0). Des conflits virulents ont eu lieu occasionnellement au sein du couple (thèmes : finances, répartition des tâches ménagères ; conseil du service médico-légal ambulatoire) (D3 : 2). Karl M. a donné son accord pour des entretiens ambulatoires tous les 14 jours dans le cadre de visites à domicile, pour sa participation à des groupes et pour les contacts téléphoniques. Cette première réunion a aussi été l'occasion de déterminer les mesures individuelles, leur caractère obligatoire et les conséquences en cas de non-respect.

(2) Réunion interdisciplinaire / point de mesure 2 (mars 2006 – septembre 2006)

Le programme de traitement ambulatoire est à ce moment installé. Karl M. a participé chaque deux semaines aux séances de groupe, avec réflexion sur le plan d'évitement de la récidive en suivant les instructions (D4 : 4). Dans le domaine professionnel, un engagement à long terme chez un employeur a eu lieu (D1 : 2). La situation économique est restée inchangée et insatisfaisante (D2 : 0), tout comme les domaines relatifs à la situation relationnelle (D3 : 4) et la motivation pour le traitement (D5 : 4). Les entretiens ambulatoires toutes les deux semaines dans le cadre de visites à domicile, la participation à des groupes, les contacts téléphoniques, ainsi que les interventions présentées ci-après, ont correspondu à une intensité plutôt élevée (DI : 6).

Interventions : (a) thérapie de groupe ambulatoire (réflexion sur le suivi, travail sur les manières adéquates d'éviter une récidive), (b) entretiens socio-thérapeutiques individuels (réflexion sur, et mention des facteurs de risques et de protection, vérification individuelle des stratégies d'évitement de la récidive), (c) *case-management*, (d) interventions thérapeutiques comportementales (renforcement des mécanismes de gestion réussie des problèmes, assimilation de nouvelles compétences), (e) mesures de contrôle (dépistage de drogues), (f) traitement médicamenteux.

(3) Réunion interdisciplinaire / point de mesure 3 (septembre 2006 – mars 2007)

Après des altercations avec son employeur, Karl M. a changé de place de travail en mars 2007. L'employeur avait exigé des heures supplémentaires (y compris durant le week-end), sans compensation salariale. Karl M. a aussi reçu des critiques en raison d'une phase prolongée d'arrêt maladie ; il a en effet été incapable de travailler durant cinq semaines à la suite d'une hernie discale, suivie d'une opération et de mesures de rééducation ambulatoire. Durant la brève phase de chômage, il a fait une rechute liée à l'alcool (D4 : 0) qui a pu être travaillée dans le cadre ambulatoire. En parallèle, les problèmes d'argent sont devenus plus pressants. Du fait de la privation de salaire, du délai pour obtenir une rente de l'assurance chômage et de besoins financiers accrus (notamment de nouvelles acquisitions et une mauvaise gestion du budget), les dettes ont fortement augmentées, ce qui a mené à une estimation négative de l'atteinte du but (D1 : -1 ; D2 : -1). Karl M. a considéré que les responsables de cette situation étaient sa femme qui "jette l'argent par les fenêtres", son employeur "qui joue au seigneur et ne fait qu'exiger" (D3 : 2) et l'agence de placement "qui travaille comme s'ils avaient tout le temps". Durant cette phase, les contacts ambulatoires ont été intensifiés et le dépistage de drogues a été renforcé jusqu'à deux fois par semaine. Le thérapeute de référence voyait le patient au moins une fois par semaine, en alternance avec des visites à domicile ou sous la forme d'entretiens à la consultation ambulatoire (D5 : 4). L'intensité des interventions, du moins celles qui ont eu lieu, est élevée (DI : 7).

Interventions : poursuite des interventions énumérées au point de mesure 2, (a) à (e). En plus : (f) consultation de couple et (e) mesures de contrôle intensifiées (dépistage de drogues *à fréquence élevée* après récidive).

(4) Réunion interdisciplinaire / point de mesure 4 (mars 2007 – septembre 2007)

La famille a déménagé en septembre 2007 dans un appartement plus grand (auparavant un 2 pièces). Karl M. a obtenu une nouvelle place de travail fixe (D1 : 8). Comme résultat du traitement de crise (voir ci-dessus), il a pu ressortir que son image de soi en tant que "soutien de famille" avait été ébranlée. En même temps, des tensions ont eu lieu avec sa femme (D3 : 3) ; ses propositions visant à ce qu'elle prenne un travail à temps partiel afin de contribuer à soulager financièrement la famille sont restées lettre morte. À ce moment-là, cela faisait plus de dix ans que Madame M. n'avait plus du tout été active professionnellement ; il faut savoir qu'elle n'a pas terminé la formation de vendeuse en boulangerie débutée par le passé. Elle ne se faisait pas confiance pour exercer une activité. De son côté, Karl M. a été abstinent et a repris contact avec un groupe d'entraide dont il faisait partie auparavant (D4 : 5). Il a participé régulièrement aux rencontres de ce groupe. C'est dans ce cadre qu'il a connu son nouvel employeur, propriétaire d'une société immobilière pour laquelle il a commencé à travailler dans le service de conciergerie pour cinq immeubles (D1 : 8). Des stratégies visant une reprise de l'activité professionnelle ont été développées également avec sa femme. Finalement, par l'intermédiaire de l'agence de placement, un stage dans une boulangerie industrielle lui a été proposé ; Madame M. a ainsi travaillé cinq jours par semaine (le matin) au magasin d'usine et a obtenu pour la première fois son propre salaire (D2 : 6). Aucun changement n'est à relever dans la dimension 5 (D5 : 4) ; l'intensité des interventions est restée élevée (DI : 7).

Interventions : (a) à (f) comme ci-dessus ; mesures de contrôle (e) modifiées : en plus du dépistage de drogues, visites à domicile pour estimer les nouvelles conditions de logement et d'environnement.

(5) Réunion interdisciplinaire / point de mesure 5 (septembre 2007 – mars 2008)

Il y a une nette stabilisation dans le domaine du comportement délictueux, Karl M. a renoncé à l'alcool, a participé aux groupes d'entraide pour les personnes dépendantes et travaille intensivement sur ses stratégies d'évitement de la récidive lors de la thérapie de groupe (D4 : 5). La situation reste sinon inchangée sur les autres dimensions (D1 : 8 ; D2 : 6 ; D3 : 3 ; D5 : 4). L'intensité de l'encadrement a cependant été quelque peu réduite (DI : 6).

Interventions : (a) à (f) ; mesures de contrôle (e) à nouveau sans visite à domicile.

(6) Réunion interdisciplinaire / point de mesure 6 (mars 2008 – septembre 2008)

La situation reste encore stable et inchangée, avec une réduction de la fréquence des contacts (D1 : 8 ; D2 : 6 ; D3 : 3 ; D4 : 5 ; D5 : 4 ; DI : 5).

Interventions : inchangées, comme au point de mesure 5.

(7) Réunion interdisciplinaire / point de mesure 7 (septembre 2008 – mars 2009)

Aucun élément particulier n'est à relever ; la situation se maintient (D1 : 8 ; D2 : 6 ; D3 : 3 ; D4 : 5 ; D5 : 4 ; DI : 6).

Interventions : inchangées, voir ci-dessus.

(8) Réunion interdisciplinaire / point de mesure 8 (mars 2009 – septembre 2009)

En novembre 2009, Karl M. est contrôlé par la police. Il a emprunté la voiture d'un collègue de travail pour transporter des cadeaux, mais il ne possède pas de permis de conduire (D4 : 1). Comme l'histoire pénale préalable est ressortie dans le cadre de ce contrôle, une altercation très bruyante est survenue durant laquelle Karl M. a traité les policiers d'"andouilles". Dans la procédure pénale qui a suivi, Karl M. a été condamné à une amende pour conduite sans permis et pour agression verbale. Sa femme a critiqué son caractère de "tête brûlée", tout en étant cependant touchée qu'il se soit procuré des cadeaux pour sa famille (D3 : 4). Lors du rappel de cette situation, les différents motifs, le comportement de Karl M. et les alternatives possibles ont été discutés. Karl a caractérisé la situation en soi de "petite récidive" et l'a considérée comme l'occasion de remettre de l'ordre et faire un tri dans le classeur volumineux de ses documents de thérapie (stratégie de prévention de la récidive, alternatives de comportement) (D5 : 6). La fin du traitement médicamenteux planifiée au même moment a par conséquent été déplacée. Karl M. s'est trouvé insécurisé : "que se serait-il passé si j'avais totalement perdu le contrôle ? je serais peut-être allé beaucoup trop loin et j'aurais pu les frapper". Intensification de la fréquence des séances à un rythme hebdomadaire (DI : 7). Dans le cadre de la thérapie, Karl M. a commencé à chercher de nouvelles alternatives pour réguler son comportement. Il a renoué avec ses expériences de thérapie stationnaire. Les différentes offres (training autogène, Qi Gong) lui ont posé de grandes difficultés : "Ce n'est pas quelque chose pour moi". Ayant dû stopper le footing en raison de problèmes de dos, il a redécouvert son ancienne passion pour le cyclisme et s'est acheté un vélo de course après de longues conversations pour persuader sa femme. Il décrit ses sorties à vélo comme une "libération pour la tête" et tient un journal de ses activités sportives qu'il présente toujours fièrement au collaborateur du service ambulatoire lors des entretiens qui ont lieu tous les 14 jours (DI : 6). Aucun changement sur les niveaux économique et professionnel (D1 : 8 ; D2 : 6).

Interventions : (a) à (e) ; nouvel élément : un jeu de rôle socio-thérapeutique (gestion des sources de stress, résolution de conflit).

(9) Réunion interdisciplinaire / point de mesure 9 (novembre 2009 – mars 2010)

Dans le cadre des entretiens de couple, sa femme a abordé quelques mois plus tard le "comportement éducatif autoritaire et parfois brutal" de son mari. Karl M. a réagi avec contrariété, s'est renfermé et a menacé de partir. Il a mal toléré les remarques et a critiqué à son tour sa femme "qui laisserait tout aller et gâterait leur enfant". Après un long processus de discussion, les deux partenaires ont finalement accepté l'enca-drement du thérapeute du service ambulatoire, ont pu exprimer leurs attentes et leurs souhaits, mais ont surtout pu tolérer les critiques. Les étapes visant le développe-ment d'une gestion commune ont ainsi pu être développées (D3 : 2 ; D4 : 4). Aucun changement dans les autres dimensions : D1 : 8 ; D2 : 6 ; D5 : 6 ; DI : 6.

Interventions : inchangées de (a) à (e).

(10) *Réunion interdisciplinaire / point de mesure 10 (mars 2010 – septembre 2010)*

Après quelques séances de couple au service de consultation ambulatoire, Madame M. a exprimé le souhait de ne plus être suivie dans le cadre médico-légal ; elle voulait plutôt poursuivre les séances auprès d'un cabinet privé. Le couple a donc pris contact de manière indépendante avec un service de consultation près du lieu de leur domicile. Ils ont participé durant un an à une consultation en matière d'éducation et de couple. Les séances ont été menées à terme avec succès après un an (D3 : 6 ; D4 : 6). La situation reste sinon inchangée : D1 : 8 ; D2 : 6 ; D5 : 6 ; DI : 6).

Interventions : (a) à (e) ; fin de la consultation de couple (f).

(11) *Réunion interdisciplinaire / (dernier) point de mesure 11 (septembre 2010 – mars 2011)*

Une crise importante s'est produite peu avant la fin de la phase de suivi. La mère de Karl M. est décédée après un long séjour hospitalier. Karl M. a ressenti une forte tristesse et s'est replié sur lui-même ; il a même été en arrêt maladie sur une longue durée et parlait peu avec sa femme. Un conflit est survenu par rapport à l'enterre-ment. Karl M. ne voulait pas que son fils y participe, mais sa femme insistait pour y aller ensemble. Finalement, Karl M. a accepté, seulement il a insisté pour "le tenir par la main tout le temps" (D3 : 4). En raison de la thématique globale (décès de sa mère, structure et vécu familiaux, propre rôle), Karl M. a de nouveau travaillé inten-sément sur sa propre histoire. Les contacts avec le service ambulatoire ont donc été intensifiés ; Karl M. a lui-même suggéré des entretiens individuels hebdomadaires en plus des séances de groupe tous les 14 jours (DI : 7). Il a commencé à se reprocher d'avoir fortement affecté sa famille, en particulier sa mère : "Je lui ai brisé le cœur" (la mère est décédée d'un infarctus). Il s'est tourné vers le prêtre qui avait animé l'enterrement et lui a parlé de ses sentiments de culpabilité et son souhait de vouloir à nouveau faire quelque chose de bien. Les offres du prêtre ne lui ont pas parlé, mais il a développé l'idée d'écrire un livre sur lui avec pour titre : "Ma jolie vie merdique" (D4 : 6 ; D5 : 8). Aucun changement au niveau des autres dimensions du cas (D1 : 8 ; D2 : 6).

Interventions : (a) à (f) ; sans (e).

12.5. Description des résultats les plus importants

12.5.1. Synthèse des résultats de l'ÉBA

L'évaluation des cinq domaines de buts montre un processus positif dans son ensemble, avec aggravation due à une crise à la fin de la deuxième année d'encadrement (point de mesure 4).

Considéré dans l'ensemble, l'atteinte de buts établie selon l'index global de changement (pour le calcul, voir chapitre 3.3.5 ; Pauls & Reicherts, 2012, p. 59) est bien prononcée :

IGC = 0 .75 (clairement amélioré)

Les dimensions des buts prises individuellement reflètent ce résultat global positif :

- C'est surtout dans le domaine du *travail* que Karl M. est parvenu là où il le souhaitait : une place de travail fixe avec un salaire contractuel.
  Estimation d'atteinte du but : niveau 8 sur l'échelle (100%)
  → *amélioré de manière optimale*

- Le développement de la *situation financière* a évolué parallèlement de manière positive, ceci surtout depuis que sa femme Anna a débuté une activité à temps partiel.
  Estimation d'atteinte du but : niveau 6 sur l'échelle (75%)
  → *clairement amélioré*

- La *situation relationnelle* est certes stable ; le couple a développé des mécanismes pour gérer les conflits et a recherché de manière indépendante des offres de conseil. Le service médico-légal ambulatoire n'est plus directement nécessaire dans ce domaine, il est toutefois encore partiellement utilisé. Le conseil matrimonial externe est cependant (judicieusement) poursuivi.
  Estimation d'atteinte du but : niveau 4 de l'échelle (50%)
  → *acceptable*

- Le domaine concernant *l'absence de délit* nécessite encore un développement à la fin du suivi. Bien que l'auto-évaluation des aspects dysfonctionnels du comportement et l'examen de ses convictions soient dans l'ensemble plus faciles, Karl M. a toujours besoin de directives et de contrôle dans l'analyse des risques. Ainsi, une gestion complètement indépendante dans ce domaine n'a pas été atteinte. Par conséquent, la poursuite volontairement de l'accompagnement ambulatoire par le service médico-légal ambulatoire lui a été proposée.
  Estimation d'atteinte du but : niveau 6 de l'échelle (75%)
  → *clairement amélioré*

- Le domaine relatif à la *motivation au traitement* n'indique que peu de fluctuations, même si le patient souhaitait à la fin du suivi qu'on lui accorde "plus de confiance" (en lien avec un renforcement des mesures de contrôle).

  Estimation d'atteinte du but à la fin : niveau 6 de l'échelle (75%)
  → *clairement amélioré*

Tableau 12.2 : Aperçu des dimensions et des pondérations des buts avec leurs estimations d'atteinte au cours du processus (niveau des échelles et degré d'atteinte des buts en pourcentages)

Point de mesure	Dimension I *Intensité de l'intervention*	Dimension 1 *Travail* 10%	Dimension 2 *Finances* 10%	Dimension 3 *Relation* 20%	Dimension 4 *Absence de délit* 40%	Dimension 5 *Motivation* 20%
1	6	1 = 13%	2 = 25%	4 = 50%	4 = 50%	4 = 50%
2	6	0 = 0%	0 = 0%	4 = 50%	4 = 50%	4 = 50%
3	7	2 = 25%	0 = 0%	2 = 25%	4 = 50%	4 = 50%
4	6	-1	-1	3 = 38%	0 = 0%	4 = 50%
5	6	8 = 100%	6 = 75%	3 = 38%	5 = 63%	4 = 50%
6	5	8 = 100%	6 = 75%	3 = 38%	5 = 63%	4 = 50%
7	6	8 = 100%	6 = 75%	3 = 38%	5 = 63%	4 = 50%
8	7	8 = 100%	6 = 75%	4 = 50%	1 = 13%	6 = 75%
9	6	8 = 100%	6 = 75%	2 = 25%	4 = 50%	6 = 75%
10	6	8 = 100%	6 = 75%	6 = 75%	6 = 75%	6 = 75%
11	7	8 = 100%	6 = 75%	4 = 50%	6 = 75%	8 = 100%

Comme le montre le graphique 12.1 également, l'*importance de l'intervention* est restée relativement élevée durant le processus global des cinq années (variation entre 5 et 7).

Les données du suivi présentent d'importantes améliorations qui peuvent en partie être mises en lien avec les diverses composantes de l'intervention, respectivement avec d'autres caractéristiques du cas. Par exemple, le couple a pu s'engager dans une thérapie de couple au long cours, ceci une fois qu'une meilleure communication au sein de la relation ait pu être instaurée dans le cadre du suivi (point de mesure 9). Les crises repérables dans le déroulement global et la représentation graphique au point de mesure 3 et surtout 4 – mais aussi par la suite 8 et 9 – peuvent être identifiées comme des "crises développementales" dont les phases de stabilisation, de consolidation et d'atteinte suivent un niveau à chaque fois plus élevé.

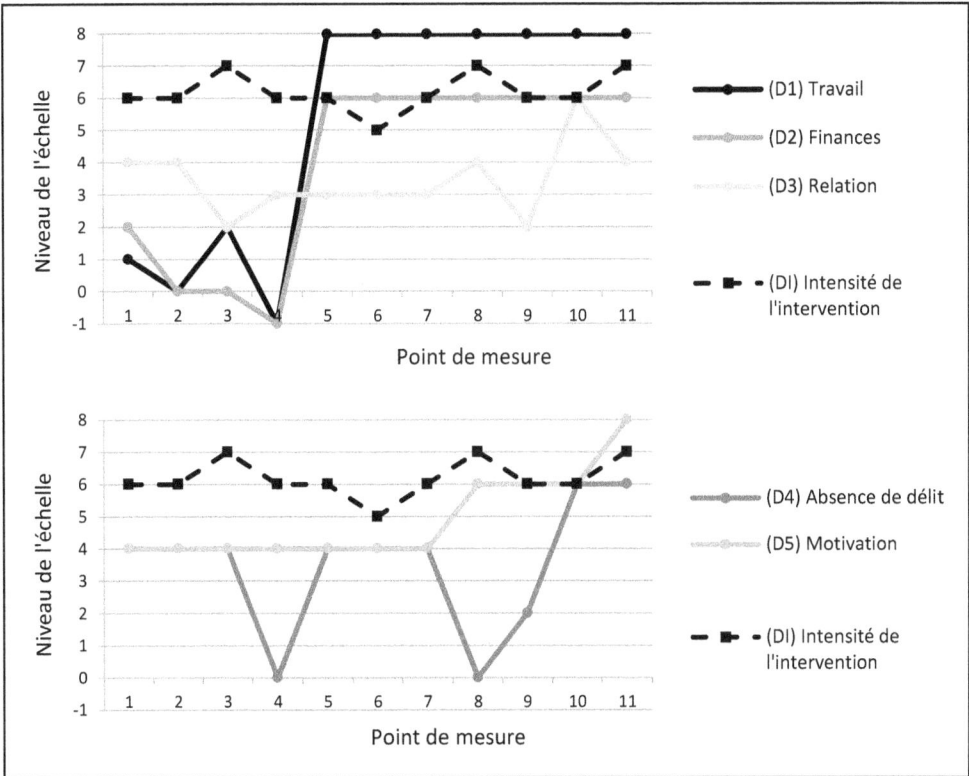

Graphique 12.1 : Atteinte des buts pour les différentes dimensions au cours du temps

Une analyse statistique des changements au cours du temps – sans distinction claire entre ligne de base et phase d'intervention – peut être effectuée au moyen des corrélations non-paramétriques avec le *Tau* de Kendall, respectivement le *Rho* de Spearman ; voir chapitres 7.4.3 et 7.4.4) ; on teste ainsi la présence d'une tendance monotone qui covarierait avec la suite des mesures. Le test est bilatéral puisqu'il n'y a pas d'attente de changements spécifiques a priori, bien qu'une tendance à l'amélioration – corrélation positive nécessitant un test unilatéral (voir chapitre 7.4) puisse être espérée.

Pour la *dimension 1 "Travail"*, l'analyse révèle sur les 11 mesures au cours du suivi (dates de référence) une corrélation $Tau = .60$ ($p < .05$), respectivement $Rho = .79$ ($p < .01$). Comme une amélioration marquée a été signalée entre la première mesure (1 = 12.5%) et la dernière mesure (8, correspondant à une atteinte du but optimale de 100%), le changement dans la série temporelle n'est donc pas seulement significatif au niveau clinique (pratique) au sens de l'ÉBA, mais aussi au niveau statistique avec $p < 5\%$, respectivement 1%.

Un résultat analogue se dessine pour la *dimension 2 "Finances"*. Monsieur M. a commencé ici au niveau de 2 sur l'échelle (25%) et a atteint à la fin un niveau de 6

(75%). Ce changement est également important au niveau clinique par rapport aux valeurs de l'ÉBA, tout en se traduisant au niveau statistique par des corrélations significatives avec les points de mesure au fil du temps ($Tau = .54$; $p < .05$, respectivement $Rho = .77$; $p < 1\%$), indiquant une amélioration marquée.

Pour la *dimension 5 "Motivation"*, la valeur d'atteinte du but augmente clairement entre la première mesure (4 = 50%) et la dernière (8 = 100%), et s'améliore ainsi également de manière importante au niveau clinique. Ici aussi, l'analyse statistique avec $Tau = .71$ ($p < 1\%$), respectivement $Rho = .84$ ($p < 0.1\%$) fait preuve d'une hausse significative.

Pour la *dimension 3 "Relation"* – mesure initiale et mesure finale de l'ÉBA = 4 (50%) – aucun changement clair de niveau n'apparaît entre le début et la fin des mesures. Avec $Tau = .13$ (*ns*) et $Rho = .17$ (*ns*), l'analyse statistique confirme l'absence de tendance monotone. On observe cependant des "crises" (mesures 3 et 9).

Pour la *dimension 4 "Absence de délit"*, le déroulement est semblable : Karl M. débute au niveau 4 (50%) et montre deux "ruptures" nettes (à 0%, voire en dessous) pour les mesures 4 et 8. Toutefois, il atteint un niveau manifestement plus élevé – plutôt stable – à la fin avec 6 (75%). Mis à part ce changement de niveau entre début et fin qui est cliniquement intéressant, le test statistique sur une tendance monotone croissante ne révèle ici aucun résultat significatif avec un $Tau = .18$ (*ns*), respectivement $Rho = .25$ (*ns*).

En résumé, l'analyse statistique montre des *processus* significativement améliorés sur trois des dimensions. Pour les deux dimensions restantes, les processus ne sont pas significatifs, en partie à cause des crises survenues à plusieurs reprises. Toutefois, les résultats sont incontestablement positifs dans l'ensemble, car outre la significativité "statistique", nous disposons d'un critère d'importance *clinique* des résultats qui peut être exprimé sur la base des valeurs d'atteinte des buts de l'ÉBA : nous voyons ici que pratiquement toutes les dimensions se situent à un niveau élevé – ou modérément élevé – d'atteinte des buts lors des deux dernières mesures.

12.5.2. Catamnèse

Le déroulement de l'ensemble de la phase de suivi a été évalué de manière positive lors de l'examen de contrôle effectué en 2013 (deux ans après la fin de la prise en charge) :

- Karl M. vit encore avec sa femme Anna et leur fils alors âgé de 8 ans.
- Il travaille toujours sous contrat à durée indéterminée (D1 : 8 = 100%).
- Anna M. a recommencé un travail à temps partiel en tant que vendeuse. La situation financière a finalement permis de prendre pour la première fois des vacances en famille en Italie (D2 : 8 = 100%).
- Même deux ans après la fin du suivi médico-légal, Karl M. a téléphoné occasionnellement pour demander un conseil ou "simplement décompresser".

- Occasionnellement, de sérieuses tensions sont survenues au sein du couple (D3 : 5 = 63%). Anna M. a clairement gagné en assurance depuis le début du travail. Karl M. a eu quant à lui de la difficulté à supporter cette assurance, surtout lorsque sa femme l'a confronté à ses attentes. Notamment, lorsqu'elle a souhaité poursuivre les entretiens (durant le traitement stationnaire et ambulatoire) en abordant le passé délinquant de son mari afin d'avoir une meilleure compréhension de ses actes, ce dernier n'a pas voulu "réveiller de vieilles blessures".

- Bien qu'il n'ait plus commis de délits (en termes de récidive) ; il admet toutefois réagir occasionnellement de manière impulsive (D4 : 6 = 75%).

12.5.3. Comparaison avec les données de l'enquête de référence

La récolte des données de cette étude (Hahn & Wörthmüller 2011 ; Hahn, en prép.)[4] saisit les différentes caractéristiques (histoire psychiatrique et judiciaire préalable) des patients suivis par le service médico-légal ambulatoire, la structure et l'intensité des mesures d'intervention, les aspects socio-économiques pour l'estimation du degré de resocialisation (type de logement, contacts sociaux, activité professionnelle, situation financière) et le déroulement de la phase de suivi (crises psychosociales, consommation de drogues, reprise de la délinquance).

La synopsis des données de l'enquête de référence (pour une présentation détaillée des résultats importants, voir l'encadré en annexe) prouve que les délinquants se trouvant en suivi médico-légal en raison d'une lourde condamnation pénale ne sont relâchés qu'après une longue hospitalisation stationnaire dans le cadre du régime d'exécution de mesures de sûreté. Ils présentent généralement d'importants troubles psychiatriques, la plupart du temps chronicisés. Les différents paramètres d'évaluation de l'intégration sociale montrent que ce groupe de patients est socialement peu intégré et que leurs possibilités de participation à la vie sociale sont nettement diminuées, en raison notamment de l'absence d'activité professionnelle. Selon les données récoltées, les contacts entre le service ambulatoire et le patient sont peu fréquents ; dans la plupart des cas, un contact mensuel semble suffisant avec la condition de pouvoir être flexible et d'adapter la fréquence des contacts au cours du traitement. Durant le suivi, des crises psychosociales surviennent à de multiples reprises (33%), pouvant être gérées la plupart du temps par les interventions ambulatoires : le recours à une intervention de crise stationnaire a lieu dans environ 15% des cas seulement.

---

[4] L'*enquête de référence* peut être considérée comme représentative, car sur les 2'500 patients médico-légaux ambulatoires recensés en Allemagne, environ 20% ont été évalués au moment de l'encadrement par le groupe de travail du "suivi médico-légal". Pour la comparaison avec le cas singulier traité ici, ce sont les résultats de l'évaluation du domaine "Suivi après hospitalisation en milieu psychiatrique selon le §63 du code pénal allemand (StGB)" – à savoir le groupe de patients auquel notre cas "Karl M." appartient – qui ont été reprises. L'ensemble des données regroupe cinq années d'enregistrement jusqu'alors, N = 342 (2009) ; 604 (2010) ; 571 (2011) ; 622 (2012) ; 363 (2013).

Malgré la présence de caractéristiques à risque "stables" (peu de changements attendus dans les facteurs de risque), la majorité des patients (environ 95%) n'est plus considérée comme délinquante durant le contrôle post-traitement qui vise à s'assurer de la bonne conduite du sujet.

Tableau 12.3 : Le cas singulier Karl M. comparé avec l'enquête de référence

Domaine	Karl M.	Enquête de référence – données de la population de base[5]
Nouvelle délinquance / récidive	Nouvel épisode délinquant environ 33 mois après la libération, avec une intensité faible en comparaison avec le délit initial	Taux de récidive 5,6%
Participation sociale	Habite avec sa femme et son fils dans leur propre appartement, activité professionnelle	46,9% habitent dans leur propre appartement, 42% d'entre eux vivent seuls
Intégration sociale	Activité professionnelle quasi continue, avec salaire contractuel décent	24,1% sont intégrés sur le marché du travail
Transfert des prestations sociales	Prestations à court terme du chômage	60% reçoivent des prestations sociales, 30% une rente
Formes d'interventions	Au cours de l'ensemble du suivi, offre de groupe tous les 14 jours, offre individuelle flexible et adaptée (hebdomadaire, tous les 14 jours), fréquence variable des dépistages de drogues	Fréquence des contacts avec l'ambulatoire : 39,7% à fréquence mensuelle, 36,4% contactés chaque 14 jours, 9,2% hebdomadairement, réunions interdisciplinaires dans 85,7% des cas

En observant plus précisément les domaines – (1) nouvelle délinquance / récidive ; (2) participation sociale ; (3) intégration professionnelle ; (4) transfert de prestations sociales et (5) formes d'interventions – et en comparant le profil de Karl M. avec les résultats de l'enquête de référence (2009-2013), différents aspects sont à relever :

L'intensité élevée de l'intervention dans le cas de Karl M. se démarque des données de référence. Les contacts ont eu lieu à un rythme d'au moins chaque deux semaines sur l'ensemble du cycle du suivi. Une adaptation dynamique des mesures (entretiens, dépistages de drogues) s'est produite de manière répétée. Le fonctionnement d'une telle organisation flexible – dimension en rapport avec les connaissances relatives au "savoir lié au changement (savoir technologique)", voir tableau 12.1 – a été identifié comme un facteur central de protection et comme condition pour une absence de récidive chez les délinquants sexuels (Hahn 2007, p. 373ss). Les mesures se réfèrent

---

[5] Les données sont des valeurs moyennes issues annuellement de l'*enquête de référence* de 2009 à 2013 ; voir aussi annexe A.

à la réflexion, au conseil, à l'intégration de nouveaux contenus, au lien avec des contenus thérapeutiques liés à la criminalité (thérapie individuelle et de groupe) et à des mesures de contrôle (notamment le dépistage de drogues). L'intensité moyenne de l'accompagnement de l'ensemble des patients du domaine médico-légal ambulatoire est comparativement plus faible (bien que les données de l'*enquête de référence* représentent l'enregistrement de la situation réelle au moment de la récolte des données, et ne décrivent donc pas le déroulement des différents suivis particuliers).

Les domaines relatifs au "transfert de prestations sociales" et à l'"intégration professionnelle" sont plus favorables dans le cas de Karl M. que pour la population de référence. Karl M. est intégré sur une place de travail durant presque tout l'accompagnement. Le patient et sa famille ont ainsi une base économique sûre grâce à sa propre activité professionnelle. En lien avec cela, se met en place tout un groupe de facteurs de protection contre la propension à la récidive (au sens du "savoir sur les conditions" esquissé dans le tableau 12.1) : "situation matérielle favorable / salaire régulier" (Hahn 2007, p. 377), "sentiment de contrôlabilité" (p. 363) et "vécu d'auto-efficacité" (p. 372).

Le lien entre la présence d'une source de revenus personnelle et l'absence de récidive repose sur deux éléments. Le premier est relatif à une situation financière permettant de satisfaire des besoins fondamentaux et à la sortie d'un état de pauvreté. Grâce à cela, le risque de "résoudre" les situations financièrement difficiles par des actes délinquants est clairement diminué. La recherche sur la récidive montre en effet que les cycles délictueux des délinquants sexuels peuvent être caractérisés par une criminalité générale durant la phase précoce et que le passage de délits contre la propriété vers de nouveaux actes criminels sexuels peut en découler (au sens du "savoir factuel" esquissé dans le tableau 12.1 ; voir Hahn, 2007, p. 378). Le deuxième élément concerne le vécu d'auto-efficacité. Faire l'expérience de pouvoir soi-même aménager et gérer des aspects de sa vie influence généralement la satisfaction et la stabilité des individus ("savoir nomologique"). Des aspects comme la présence de perspectives d'amélioration (p. 364), l'autonomie perçue et le bonheur (Ward & Maruna, 2007), mais aussi le fait de pouvoir donner un sens à son vécu (Hahn 2007, p. 363) y sont directement liés.

Le domaine "participation sociale" se présente également positivement dans l'exemple de cas. Karl M. est indépendant, dans son propre appartement avec sa femme et son enfant. Les besoins sociaux centraux sont ainsi satisfaits par cette situation et par d'autres champs sociaux qui se déploient (proches, parents des camarades de l'enfant, collègues de travail) et qui amènent un vrai réseau social avec des points de repère stables. L'intégration sociale est en lien étroit avec une manière de vivre satisfaisante et bien remplie. Elle influence de manière directe l'absence de récidive et constitue un réel facteur de protection ("savoir technologique") : "On peut constater les progrès dans la resocialisation de délinquants sexuels traités par de telles démarches au niveau de la qualité et de la quantité des contacts sociaux. Le fait de se sentir à nouveau intégré dans la vie en société s'exprime justement dans des contacts sociaux de nature variée : famille, amis, association, collègues de travail. L'influence protectrice des contacts sociaux peut être mentionnée par les aspects suivants : contrôle social, soutien par des aides instrumentales, prestations concrètes d'aide, sentiment d'appartenance, reconnaissance et validation, attention émotionnelle" (Hahn 2007, pp. 376ss, traduction des auteurs).

La présence d'un partenariat stable a une importance semblable, dans lequel jouent cependant des aspects supplémentaires (capacité relationnelle, confiance, amour, sexualité). Les fonctions citées ci-dessus exercent (peuvent exercer) une forte influence. La vie de famille de Karl M. et ses contacts sociaux sont marqués par ces caractéristiques, les contacts sociaux s'étant différenciés au cours du suivi.

12.6. Discussion : spécificités du travail social clinique en contexte de contrainte

Dans nombre de situations complexes ou de problématiques diverses avec de nombreux paramètres – comme habituellement dans le travail social clinique – l'analyse du cas singulier offre la possibilité de structurer, de mesurer et d'évaluer les résultats, notamment lorsque le travail sur le cas se déroule dans la durée. Il s'agit de prendre en considération le rapport du cas singulier aux théories générales et aux évidences à disposition (voir remarque préalable ci-dessus). Ainsi, les données peuvent être mise en lien avec les résultats concernant l'"accessibilité" des patients ayant de fortes manifestations de la personnalité dyssociale (Leygraf, 2006, p. 273), comme on peut le voir dans l'exemple du cas singulier présenté dans ce chapitre. De plus, la comparaison avec les résultats de l'enquête de référence (voir en annexe) montre que le cas singulier peut être situé par rapport aux dimensions importantes directement dans le tableau global du travail réalisé par le service médico-légal ambulatoire : Karl M. a pu se stabiliser et se développer plus avant grâce à une offre d'intervention progressivement intensive prolongée et multimodale. Il peut à présent mener sa vie de manière largement autonome, bien qu'un soutien au long cours dans sa réflexion relative aux aspects dysfonctionnels de sa personnalité et de son comportement soit encore nécessaire. Cet situation est atteinte en fin du processus et se poursuit toutefois sur une base volontaire, au-delà des obligations et des contrôles pénaux. L'offre de traitement en plusieurs étapes avec une thérapie initiale stationnaire, un passage progressif vers l'ambulatoire par des mesures importantes de préparation à la libération et une phase de suivi conséquente sont des éléments de base de ce développement constructif.

Contraster différents résultats de l'analyse d'un cas singulier – en particulier l'évaluation des buts à atteindre – avec les données issues d'une population de référence, permet une interprétation et une évaluation dynamique et offre des perspectives pour la recherche appliquée et l'identification de facteurs efficaces. Le travail psychosocial avec de tels cas complexes nécessite des compétences d'action spécifiques ainsi que des interventions à court, moyen et long terme avec une capacité importante de planification et d'analyse. Au niveau qualitatif, avec des actions du type "accompagnement coordonné du processus" („Koordinierende Prozessbegleitung", Gromann, 2010), on dispose d'une procédure permettant une estimation et un pilotage du cas. Les analyses de cas singulier quantitatives enrichissent cette procédure à deux niveaux : (a) elles permettent d'enregistrer de manière opérationnalisée des caractéristiques complexes des cas, de les présenter clairement et de les interpréter ; (b) grâce aux caractéristiques quantitatives (et aux méthodes d'évaluation statistique), elles offrent des possibilités de présentations comparatives et synthétiques qui peuvent servir de base pour une recherche appliquée en travail social.

12.7. Bibliographie

Boer, D. P., Hart, S. D., Kropp, P. R. & Webster, C. D. (2000). *Die Vorhersage sexueller Gewalttaten mit dem SVR-20*. Haina: Institut für Forensische Psychiatrie Haina.

Conen, M.-L. & Cecchin, G. (2007). *Wie kann ich Ihnen helfen, mich wieder loszu-werden? Therapie und Beratung in Zwangskontexten*. Heidelberg: Carl Auer.

De Vogel, V., de Ruiter, C., Bouman, Y. & de Vries-Robbé, M. (2010). *SAPROF. Leitlinien für die Erfassung von protektiven Faktoren bei einem Risiko für gewalt-tätiges Verhalten*. Utrecht: Forum Educatief.

Dörr, M. (Hrsg.). (2002). *Klinische Sozialarbeit – eine notwendige Kontroverse*. Schneider: Hohengehren.

Dorfman, R. A. (1996). *Clinical Social Work. Definition, Practice and Vision*. New York: Brunner & Mazel.

Gahleitner, S. B., Schmitt, R. & Gerlich, K. (Hrsg.). (2014). *Qualitative und quantitative Forschungsmethoden für EinsteigerInnen aus den Arbeitsfeldern Beratung, Psychotherapie und Supervision*. Weitramsdorf: ZKS-Verlag.

Gromann, P. (2010). *Koordinierende Prozessbegleitung in der Sozialen Arbeit*. München: Reinhardt.

Hahn, G. (2006). Standardisierte Diagnostik in der Sozialen Arbeit – Das Person-In-Environment System PIE. In: *Klinische Sozialarbeit, 2,* Online-Sonderausgabe, S. 45- 48. Online verfügbar: www.zks-verlag.de/wp-content/uploads/klinsa_special_2006.pdf [08.06.2014]

Hahn, G. (2007). *Rückfallfreie Sexualstraftäter. Salutogenetische Faktoren bei ehe-mals im Maßregelvollzug behandelten Patienten*. Bonn: Psychiatrie Verlag

Hahn, G. (2009). Psychisch kranke Straftäter. In H. Cornel & G. Kawamura-Reindl, B. Maelike & B.-R. Sonnen (Hrsg.), *Handbuch der Resozialisierung* (2. Aufl.) (S. 390-405). Baden-Baden: Nomos.

Hahn, G. & Stiels-Glenn, M. (2010). *Ambulante Täterarbeit. Intervention, Risiko-kontrolle und Prävention*. Bonn: Psychiatrie Verlag

Hahn, G. (2013a). Zuwendung zum straffälligen Menschen – Beziehungsfaktoren und Beziehungsgestaltung in der Forensischen Sozialarbeit. In W.R. Wendt (Hrsg.), *Zuwendung zum Menschen in der Sozialen Arbeit. Festschrift für Albert Mühlum* (S. 195-210). Lage: Jacobs Verlag,

Hahn, G. (2013b). Sozialtherapeutische Beratung in der Forensischen Sozialarbeit. In: H. Pauls, P. Stockmann, P. & M. Reicherts (Hrsg.), *Beratungskompetenzen für die psychosoziale Fallarbeit: ein sozialtherapeutisches Profil* (S. 225-242). Freiburg i.Br.: Lambertus.

Hahn, G. (in Vorb.). *Forensische Ambulanzen in Deutschland: Patientenstruktur, soziale Merkmale, Interventionen, Verlaufsdaten und Wirksamkeit. Daten der Stichtagserhebung 2009-2013*. Weitramsdorf: ZKS-Verlag

Hahn, G. & Wörthmüller, M. (2011). *Forensische Nachsorgeambulanzen in Deutschland*. Weitramsdorf: ZKS-Verlag

Hanses, A. (Hrsg.). (2004). *Biographie und Soziale Arbeit. Institutionelle und biografische Konstruktionen von Wirklichkeit* (Reihe: Grundlagen der sozialen Arbeit, Bd. 9). Baltmannsweiler: Schneider.

Hare, R. D. (2003). *Hare Psychopathy Checklist – Revised* (2nd ed.). Toronto: Multi-Health Systems.

Heiner, M. (2004). PRO-ZIEL Basisdiagnostik. Ein prozessbegleitendes, zielbezogenes, multiperspektivisches und dialogisches Diagnoseverfahren im Vergleich. In Heiner, M. (2010), Diagnostik in der Sozialen Arbeit. In H.-U. Otto & H. Thiersch (Hrsg.), *Handbuch Sozialarbeit / Sozialpädagogik* (4. vollst. überarb. Aufl., S. 237-250). München: Reinhardt.

Hemmerich, V. (2013). *Evaluation in der stationären Drogentherapie mittels Zieler-reichungsanalyse. Eine empirisch Studie in der Fachklinik Schloss Eichelsdorf.* Weitramsdorf: ZKS-Verlag. Online verfügbar: www.zks-verlag.de/evaluation-in-der-stationaren-drogentherapie-mittels-zielerreichungsanalyse/

Kähler, H. & Zobrist, P. (2013). *Soziale Arbeit in Zwangskontexten. Wie unerwünschte Hilfe erfolgreich wirken kann*. München: Reinhardt.

Kammeier, H. (2010). *Massregelvollzugsrecht*. Berlin: de Gruyter.

Karls, J. M. & Wandrei, K. E. (1994). *Person-In-Environment System. The PIE Classification System for Social Functioning Problems*. Washington: NASW-Press

Klug, W. & Zobrist, P. (2013). *Motivierte Klienten trotz Zwangskontext. Tools für die Soziale Arbeit*. München: Reinhardt.

Koob-Sodtke, G. (2010). Bewährungshilfe – ambulante Täterarbeit im Zwangskontext. In G. Hahn & M. Stiels-Glenn (Hrsg.), *Ambulante Täterarbeit. Intervention, Risikokontrolle und Prävention* (S. 226-252). Bonn: Psychiatrie Verlag.

Labonté-Roset, C., Hoefert, H.-W. & Cornel, H. (Hrsg.). (2010). *Hard to Reach: Schwer erreichbare Klienten in der Sozialen Arbeit.* Strasburg, Berlin: Schibri-Verlag.

Leygraf, N. (2006). Persönlichkeitsgestörte Rechtsbrecher. In H.-L. Kröber, N. Leygraf & H. Sass (Hrsg.), *Handbuch der Forensischen Psychiatrie. Bd. 3: Psychiatrische Kriminalprognose und Kriminaltherapie* (S. 271-287). Darmstadt: Steinkopf.

Mayer, K. (2009). Risikoorientierung in Bewährungshilfe und Maßnahmenvollzug. In K. Mayer & Schuldknecht (Hrsg.), *Dissozialität, Delinquenz, Kriminalität. Ein Handbuch für die interdisziplinäre Arbeit* (S. 291-302). Zürich: Schulthess

Miller, W. R. & Rollnick, S. (2005). *Motivierende Gesprächsführung.* Freiburg i.Br.: Lambertus.

Nedopil, N. (2005). *Prognosen in der forensischen Psychiatrie. Ein Handbuch für die Praxis.* Lengerich: Pabst Science Publisher.

Ortmann, K. & Röh, D. (Hrsg.). (2007*). Klinische Sozialarbeit. Konzepte – Praxis – Perspektiven.* Freiburg i.Br.: Lambertus Verlag.

Pauls, H. (2013). *Klinische Sozialarbeit. Grundlagen und Methoden psycho-sozialer Behandlung* (3. Aufl.). Weinheim & München: Juventa.

Pauls, H. & Reicherts, M., (2001): Die Zielerreichungsanalyse (ZEA). In D. Tscheulin, *Würzburger Leitfaden (WLF) zur Verlaufs- und Erfolgskontrolle Personenzentrierter Beratung und Psychotherapie.* Köln: GwG.

Pauls, H. & Reicherts, M. (2012). *Zielorientierung und Zielerreichungsanalyse in der psycho-sozialen Fallarbeit* (2. durchges. Aufl.). Weitramsdorf: ZKS-Verlag. Online verfügbar: www.zks-verlag.de/zielorientierung-und-zielerreichungsanalyse-der-psycho-sozialen-fallarbeit/

Pauls, H., Reicherts, M. (2013). Allgemeine Basiskompetenzen für sozialtherapeutische Beratung – ein Konzept zur Systematisierung. In H. Pauls, P. Stockmann & M. Reicherts (Hrsg.), *Beratungskompetenzen in der psychosozialen Fallarbeit – ein sozialtherapeutisches Profil* (S. 57-78). Freiburg i. Br.: Lambertus.

Prochaska, J.O. & DiClemente, C.C. (1984). *The transtheoretical approach: Crossing traditional boundaries of therapy.* Homewood: Dow Jones / Irwin.

Richmond, M. (1922). *What is social casework?* Russell Sage: New York.

Schaub, H.-A. (2008). *Klinische Sozialarbeit. Ausgewählte Theorien, Methoden und Arbeitsfelder.* Göttingen: V&R unipress.

Wagner, E. & Werdenich, W. (1998) (Hrsg.). *Forensische Psychotherapie. Psychotherapie im Zwangskontext von Justiz, Medizin und sozialer Kontrolle*. Wien: Facultas.

Ward, T. & Maruna, S. (2007). *Rehabilitation: Beyond the risk-paradigm*. London: Routledge.

12.8. Annexe A : Enquête "Consultations médico-légales ambulatoires en Allemagne"

Résultats de l'enquête "Consultations médico-légales ambulatoires en Allemagne" (enquête aux jours fixés)

(Hahn & Wörthmüller, 2011; Hahn, en prép.)

(Toutes les indications sont basées sur les moyennes de l'ensemble des valeurs récoltées entre 2009 et 2013)

Les patients pris en charge par le service de consultation médico-légal ambulatoire se sont retrouvés préalablement en traitement stationnaire durant 83 mois en moyenne avant d'intégrer le programme de suivi. Le groupe de délinquants sexuels constitue 19,7% des sujets. Le diagnostic psychiatrique sous-jacent se trouve majoritairement (54,6%) dans groupe F20 de la CIM-10 (psychose), mais aussi en deuxième lieu (23,2%), dans la catégorie des patients présentant un trouble de la personnalité (F60 de la CIM-10). La périodicité des contacts au cours du suivi ambulatoire est le plus souvent mensuelle (39,7%) ou bi-mensuelle (36,4%) ; peu de cas ont une fréquence hebdomadaire (9,2%). La durée moyenne du suivi est de 25 mois. Près de la moitié des patients (46,9%) habitent dans leur propre logement, dont 42,0% seuls. Une grande partie des patients (42,8%) se trouvent cependant en foyer d'hébergement (de manière fixe ou transitoire). Une assistance juridique est présente dans 50,4% des cas. Seuls 24,1% des sujets ont une bonne intégration sur le marché du travail ; la majorité ayant quitté la prise en charge stationnaire dépendent des services sociaux (60%) ou ont une rente (30%).

Le suivi après la prise en charge est caractérisé par un nombre relativement élevé (33%) de crises psychosociales (détérioration du bien-être, comportements dysfonctionnels ou délictueux), un taux comparable consomme des substances (drogue). La plupart de ces crises est traitée de façon ambulatoire. Seul 15,6% des cas nécessite une intervention d'urgence stationnaire conformément au §67 du code pénal qui stipule que la période probatoire peut être différée en vue d'un retour momentané (3 mois) en hôpital psychiatrique. Etant donné que la majorité des patients est accompagnée par plusieurs services et assistances (juridique, orientation professionnelle, probatoire, foyer d'hébergement, structure ambulatoire), la tenue de réunions interdisciplinaires s'avère obligatoire (dans 85,7% des situations). Le taux de récidive (ensemble des infractions, y compris la criminalité) – critère essentiel du succès de la prise en charge ambulatoire – est fort heureusement faible sur la période 2009-2013 puisque 5,6% des délinquants sous supervision ont commis une nouvelle infraction ; la fluctuation d'année en année reste basse (maximum 6,3%, minimum 3,8%).

Discussion des résultats

Les *enquêtes aux jours fixés* montrent certaines faiblesses dans leur capacité à être représentatives de situations complexes. La dynamique de l'évolution d'un cas particuliers ne peut pas être saisie adéquatement et la population de référence peut présenter des écarts importants et des caractéritiques bien différentes, ce qui peut conduire à une distorsion dans l'évaluation. L'échantillon de l'enquête aux jours fixés "Consultations médico-légales ambulatoires en Allemagne" a fait l'objet d'une analyse comparative longitudinale menée par l'Université de Regensburg "Suivi de sûreté ambulatoire" *("Ambulante Sicherungsnachsorge"* ; Butz et al., 2013). Les données récoltées montrent que les aspects centraux des données de l'enquête sont similaires et soulignent ainsi le côté robuste des informations à disposition. Seuls l'âge moyen des sujets (43,7 ans *vs* 46,3 ans) et le nombre de cas condamnés pour homicide (15% *vs* 27%) présentent des différences significatives. La différence d'âge des sujets de l'étude de Regensburg s'explique par le design de l'étude (choix de prendre en compte des personnes présentant une charge pénale plus importante, avec prises en charges plus longues, ce qui implique un âge proportionnellement plus élevé des sujets lors des mesures post-traitement). Le taux de récidive relatif aux comportements délinquants (5,6%) se retrouve également dans les résultats d'autres études menées à plus long terme. Le rapport d'évaluation du suivi de sûreté ambulatoire affiche un taux de 5,4% (Stübner & Nedopil, 2010) alors que Mokros et Osterheider (2010) indiquent une valeur de 4%.

Bibliographie

Butz, M., Mokros, A. & Osterheider, M. (2013). Ambulante Sicherungsnachsorge für Maßregelvollzugspatienten: Ergebnisse des zweiten bayerischen Modellprojekts. *Psychiatrische Praxis, 40,* 36-42.

Mokros, A. & Osterheider, M. (2010). Ambulante Sicherungsnachsorge für Maßregelvollzugspatienten in Bayern: Stand des aktuellen Modellprojekts (2005-2010). In G. Hahn & M. Stiels-Glenn, (Hrsg.), *Ambulante Täterarbeit. Intervention, Risikokontrolle und Prävention* (S. 189-201). Köln: Psychiatrie Verlag.

Stübner, S. & Nedopil, N. (2010). Ambulante Sicherungsnachsorge in Bayern: Bericht über das erste Modellprojekt. In G. Hahn & M. Stiels-Glenn (Hrsg.), *Ambulante Täterarbeit. Intervention, Risikokontrolle und Prävention* (S. 172-188). Köln: Psychiatrie Verlag.

Vue d'ensemble des exemples de cas détaillés dans l'ouvrage

Monsieur S.   Traitement des troubles du sommeil :
                   Designs de l'analyse de cas singulier
                   Chapitre 2.5.

Madame X.   Traitement des problèmes d'estime de soi et de couple :
                   Evaluation des buts à atteindre
                   Chapitre 3.4.

Ernst H.   Vécu du stress au quotidien chez un enseignant :
                   Evaluation ambulatoire
                   Chapitre 4.6.

Madame X.   Analyse psychométrique de l'anxiété généralisée :
                   Analyse de cas psychométrique
                   Chapitre 5.

Madame N.   Evaluation d'une patiente borderline avec un instrument multi-
                   dimensionnel (DOE) et de comparaison pré- et post- :
                   Analyse de cas psychométrique
                   Chapitre 5.9.

Quatre élèves   Amélioration de l'attention en classe, intervention avec un design
                   à ligne de base multiple :
                   Représentation graphique et analyse de série temporelle
                   Chapitre 6.2.

Madame G.   Anxiété généralisée et conflits de couple :
                   Analyse non-paramétrique avec corrélations croisées
                   Chapitre 7.5.

Madame G.	Anxiété généralisée et conflits de couple : *Analyse de séries temporelles ARIMA* Chapitre 8.2.6.
Madame A.	Effet d'une intervention neurochirurgicale sur les douleurs chroniques Chapitre 9.
Nathan / Pauline	Analyses non-paramétriques de l'évolution des attitudes de deux élèves concernant les apprentissages en mathématiques Chapitre 10.3.
Petra	Cas psychosocial et pluridimensionnel dans le travail social clinique Chapitre 11.
Karl M.	Cas psychosocial dans le contexte des interventions médico-légales ambulatoires Chapitre 12.

www.ingramcontent.com/pod-product-compliance
Lightning Source LLC
Chambersburg PA
CBHW080549270326
41929CB00019B/3243